Cuentos escogidos

Cuentos escogidos

ANTÓN CHÉJOV

Grupo Editorial Tomo, S. A. de C. V.
Nicolás San Juan 1043
03100, México, D. F.

1a. edición, enero 2016.

Tales
Antón Chéjov

© 2016, Grupo Editorial Tomo, S. A. de C. V.
Nicolás San Juan 1043, Col. Del Valle
03100 México, D. F.
Tels. 5575-6615, 5575-8701 y 5575-0186
Fax. 5575-6695
www.grupotomo.com.mx
ISBN-13: 978-607-415-767-3
Miembro de la Cámara Nacional
de la Industria Editorial No 2961

Traducción: Roberto Mares
Formación y diseño tipográfico: Francisco Miguel M.
Diseño de portada: Karla Silva
Supervisor de producción: Leonardo Figueroa

Impreso en México - *Printed in Mexico*

CONTENIDO

PRÓLOGO

Antón Chéjov, escritor ruso de fama universal nació en 1860, en el puerto de Taganrog, frente al mar de Azov, donde su padre, descendiente de siervos de la gleba, ejercía de comerciante, aunque con grandes descalabros, por lo que tuvo que emigrar a Moscú en 1875. Más tarde se reunió su familia y Antón estudió medicina en la Universidad de Moscú, donde obtuvo su doctorado en1884; sin embargo, pronto abandonó esta profesión para dedicarse a la literatura, como cuentista y dramaturgo; en principio, para ganarse la vida, como los grandes escritores rusos de aquella época; pero también como una pulsión creativa que era expresión de su talento como narrador. Habiendo contraído la tuberculosis en su juventud, Chéjov tenía una condición muy vulnerable, por lo que pasaba largas temporadas en lugares de reposo en Crimea, en Francia y en Alemania, donde murió el 15 de julio de 1904, a la edad de cuarenta y cuatro años.

Su obra está fuertemente influida por el naturalismo francés, pero matizada por una gran penetración psicológica y sentido del humor, que se proyecta sobre personajes, sentimientos y situaciones, aunque en el trasfondo de su obra se trasluce un pesimismo que en ocasiones revela un escepticismo radical, sentimiento común entre los intelectuales rusos de ese entonces, ávidos de un cambio social.

En su producción teatral, que tras un fracaso inicial llegó a tener un gran éxito, se destacan obras como *La gaviota* (1896); *El tío Vania* (1897); *Las tres hermanas* (1901) o *El jardín de los cerezos*, puesta en escena en 1904, año de su muerte, y donde se presenta un retrato satírico y mordaz de la aristocracia rusa, entonces en decadencia.

Más que por su producción teatral, de gran valor histriónico, Chéjov es reconocido como uno de los mejores cuentistas de la literatura rusa y universal, su acierto en la propuesta de anécdotas originales y su gran capacidad para la construcción de los relatos se ha convertido en escuela para los autores de su posteridad. Los cuentos seleccionados para esta antología refrendan la categoría de este gran narrador.

La joya robada

Máchenka Pavlezkaya, jovencita recién salida de la pensión, regresa del paseo y entra en la casa de Cuchin, donde es institutriz. El portero Miguel que le abre la puerta está agitado y echado como un cangrejo.

"De arriba llega un ruido extraordinario. Seguramente al ama le ha dado un ataque... —piensa Máchenka—, o bien se habrá peleado con su marido".

En la antesala y en el pasillo una de las doncellas con las que se cruza, llora.

Acercándose a su cuarto ve al dueño, Nicolás Serguievitch, que salía de él a toda prisa. No es un hombre viejo, pero tiene la cara arrugada y luce una gran calva. Su cuerpo se estremece... Pasa alzando los brazos y exclama sin advertir la presencia de la institutriz:

—¡Qué espanto! ¡Qué falta de delicadeza! ¡Tonto! ¡Abominable!

Máchenka entra en su cuarto y experimenta por primera vez en su vida el vivo sentimiento que sufren a menudo las personas condenadas a depender de gente rica. En su cuarto se lleva a cabo una pesquisa. El ama de la casa, Fedosia Vasilevna, gorda, de hombros anchos, bigotuda, con espesas cejas negras, de manos encamadas y modales bruscos, más parecida a una verdulera que a una señora, está al lado de su mesa, recogiendo en el saco de labores los ovillos de lana, trozos de telas, papelitos... Evidentemente no cuenta con ver a la institutriz, porque al volver la cabeza y, al advertir su presencia, su rostro pálido y asombrado se turba ligeramente y balbucea:

—Dispénseme..., he... he derramado esto sin querer..., se atoró con mi manga...

La señora Cuchin añade algo más y sale majestuosamente. Máchenka echa una mirada en derredor suyo, y se siente temerosa, sin saber por qué. ¿Qué buscaba Fedosia Vasilevna en su bolsa? Si es verdad que involuntariamente la enganchó y la derramó, ¿por qué Nicolás Serguievitch salía del cuarto tan exaltado? ¿Por qué un cajón de la mesa está entreabierto? ¿Por qué la alcancía donde la institutriz deposita las monedas y los sellos usados está también abierta? No han sabido cerrarla. La estantería, la mesa, la cama, todo presenta huellas de pesquisas. Lo mismo se nota en el cesto de la ropa blanca, la cual está evidentemente doblada de distinto modo del que ella acostumbra. Por lo visto todo ha sido revuelto, escudriñado; pero, ¿cuál es el motivo? Máchenka, acordándose de la faz turbada del portero, de su agitación, que continúa aún, de la cara llorosa de la doncella, se preguntó si habría en el fondo de todo esto algún crimen. Máchenka inquieta, se sienta sobre el cesto de la ropa. La doncella entra.

—Lisa, ¿sabe usted por qué han hecho pesquisas en mi cuarto?

—A la señora le falta un broche de dos mil rublos— responde Lisa.

—¿Qué tiene que ver eso con lo que ha ocurrido aquí? —dice con asombro la institutriz.

—Han registrado a todos, y a mí también. Hemos tenido que desnudarnos por completo... Dios es testigo de que no solamente yo no tenía el broche, sino que ni siquiera me acerqué al tocador... Así se lo diré a la policía.

—Pero, ¿para qué buscarlo entre mis cosas? —añadió la institutriz.

—¡Pero no le digo a usted que han robado el broche de la señora! Ella personalmente ha hecho todas las pesquisas. Incluso ha registrado al portero Mijaib. ¡Una vergüenza! El señor, que lo presenciaba, no se ha opuesto a ello, limitándose a cacarear como si fuera una gallina. Pero tranquilícese, señorita, no tiemble así. En su cuarto no han encontrado nada. Como usted no es la que tomó el broche, no tiene por qué apurarse.

—Pero es una ofensa, un ultraje —dice Máchenka, sofocada de indignación—; es abominable..., es una vileza... ¿Qué derecho tiene ella de sospechar de mí y buscar entre mis cosas?

—Vive usted en una casa ajena, joven —replica Lisa—. Es usted una señorita; pero, a pesar de todo, se le cuenta a usted en el número de los criados... No es lo mismo que si viviera en casa de sus padres.

Máchenka rompe en sollozos. Nunca le habían inferido tamaña injuria. Ella, una señorita bien educada, fina, es sospechosa de haber robado, y la registran como a una cualquiera. No puede nadie imaginarse mayor afrenta. A este sentimiento se une el temor de lo que pueda ocurrir en el futuro. Quizá la detendrán, la desnudarán, la meterán en una cárcel oscura, fría, llena de ratones y escarabajos.

¿Quién la defenderá? Sus padres viven lejos; no cuentan con recursos para el viaje. Ella está sola en la capital, sin amigos, sin parientes ni conocidos. Podrían hacer con ella todo lo que quisieran.

"Buscaré a los jueces, a los abogados —pensaba Máchenka temblorosa—; les contaré todo, prestaré juramento y me creerán, porque yo no soy una ladrona".

Máchenka se acuerda de pronto que en su cuarto, entre la ropa, tenía algunos dulces que le sobraban de las comidas y que se echaba al bolsillo. La idea de que ese pequeño misterio hubiera sido descubierto por los dueños, le dio tanta vergüenza, que se ruborizó y sintió latidos en las sienes.

—¡La comida está servida!

Máchenka se arregla el cabello, se pasa por la cara una toalla mojada y se encamina al comedor. Ya han empezado a comer. A un extremo de la mesa está Fedosia Vasilevna, orgullosa, muy seria. Al otro, Nicolás Serguievitch. A los lados, los invitados y los niños. Dos lacayos sirven la comida. Todos saben que la dueña tiene un disgusto y callan. No se oye más ruido que el producido al comer.

—¿Qué hay para tercer plato? —interroga Fedosia Vasilevna con voz angustiada.

—Esturiones al Rin —contesta el criado.

—Lo he encargado yo, Fenia —dice Nicolás Serguievitch—. Hoy se me antojó comer pescado. Si no te gusta, que no lo sirvan...

A Fedosia Vasilevna no le agradan los platos que ella misma no ha encargado. Sus ojos se inundan de lágrimas.

—¡Vamos! Se ha agitado usted demasiado —dice melosamente Mamikof, su médico, sonriendo con dulzura—. Es usted excesivamente nerviosa. Olvide lo del broche... ¡La salud vale más que dos mil rublos!

—No siento los dos mil rublos —replica la dueña, y una lágrima corre por sus mejillas—. Es el hecho en sí lo que me trastorna. No puedo permitir que haya ladrones en mi casa. No siento nada, nada; pero robarme a mí... es una ingratitud... ¿Así pagan mis bondades?

Todos miran sus platos, pero a Máchenka le parece que todos se fijan en ella. Siente una opresión en la garganta y rompe a llorar, tapándose la cara con su pañuelo.

—Dispénsenme —balbucea—; la cabeza me duele; me retiro...

Se levanta torpemente, haciendo ruido con la silla, y, turbándose aún más, sale del comedor.

—¡Dios mío! ¿Por qué practicar pesquisas en su cuarto? —dice Nicolás Serguievitch—. Ha sido un desacierto.

—Yo no dije que sea ella la que ha tomado el broche —contesta Fedosia Vasilevna—; pero, ¿puedes tú responder por ella?

—Claro que no, pero registrarla ha sido una torpeza, y por si fuera poco, la ley no te confiere derecho para hacerlo.

—Yo no conozco las leyes, pero lo que sé es que me han robado el broche y lo quiero de vuelta. ¡Y lo encontraré! —exclamó encolerizada, dando un golpe con su tenedor en el plato—. Y tú, come y no te metas en mis asuntos.

Nicolás Serguievitch suspira y baja tímidamente los ojos.

Entretanto, Máchenka llega a su cuarto y se deja caer en la cama. Ya no siente temor ni vergüenza, sino que se siente presa de un deseo irresistible de ponerse delante de aquella mujer arrogante, insensible, estúpida y feliz, y abofetearla. Piensa qué placer sería el suyo si pudiera ir a comprar un broche de lo mejor y arrojárselo a la cara; goza imaginando que Fedosia Vasilevna perdiera toda su fortuna y se viera obligada a pedir limosna, en tanto que ella, Máchenka, la ofendida por su altivez, le prestara auxilio. ¡Ah! Entonces comprendería las amarguras de la miseria y de la esclavitud. ¡Ah, si fuera posible recibir una herencia, comprar un coche y pasar ruidosamente por delante de sus ventanas!

Pero todo eso era ilusorio; en realidad, no quedaba sino abandonar sin tardanza la casa. Por otra parte, ¡qué terrible era volver a vivir en casa de su familia, donde faltaba lo más preciso! Máchenka no se siente capaz de ver de nuevo a la dueña ni de seguir viviendo en su cuartito, donde se asfixia. Fedosia Vasilevna, medio loca con su pretendido aristocratismo y sus enfermedades imaginarias, le inspira horror, y todo lo que se relaciona con aquella mujer le parece feo e insoportable. Máchenka salta de la cama y empieza a preparar su equipaje.

— ¿Puedo entrar? —pregunta en voz baja, del otro lado de la puerta, Nicolás Serguievitch, que se había acercado sigilosamente—. ¿Se puede?

—Entre usted.

Nicolás empuja la puerta. Sus ojos están turbios y su roja nariz brilla. Después de comer solía beber cerveza, lo cual se notaba en su modo de caminar y en la languidez de sus manos.

—¿Qué es esto? —pregunta.

—Empaco mis cosas. Usted me dispensará, Nicolás Serguievitch, pero me es imposible seguir en su casa. Me siento profundamente humillada.

—Lo comprendo..., pero es demasiado; ¿para qué? Solo han hecho un registro. ¿Qué tiene usted que ver con eso? Por ello no le ha ocurrido nada malo.

Máchenka calla y prosigue la operación. Nicolás Serguievitch se atusa los bigotes, buscando argumentos.

—Lo comprendo perfectamente; pero hay que ser condescendiente. Usted sabe muy bien que mi mujer es muy nerviosa y que no se le puede tomar en serio.

Máchenka continúa callada.

—Si hasta tal punto se siente usted ofendida —añade parsimonioso Nicolás Serguievitch—, ¿quiere usted que le dé mis excusas? Dispénseme...

Máchenka no contesta, pero se inclina más sobre su baúl. Este borrachín sin carácter no representa nada en su casa. Desempeña un papel nulo a los ojos de todos, incluso de la servidumbre, y sus excusas carecen de valor.

—Calla usted... ¿No le basta? En tal caso, le presento mis excusas en nombre de mi mujer. En su nombre, repito; ella procedió mal y sin delicadeza; lo confieso como caballero...

Nicolás Serguievitch da un paseo por el cuarto, suspira y prosigue:

—Veo que usted no me permite que mi conciencia se tranquilice...

—Pero yo sé que usted no tiene la culpa —dijo Máchenka, fijando en él sus grandes ojos llorosos.

—Naturalmente. Sin embargo, no se marche usted, se lo ruego...

Máchenka mueve negativamente la cabeza, Nicolás Serguievitch se para ante la ventana y golpea los cristales.

—Para mí, estos disgustos son un verdadero martirio. ¿Quiere usted que me ponga de rodillas? La han humillado, usted llora y quiere marcharse; pero yo también tengo mi orgullo, y usted no hace caso. ¿O quiere usted que le diga una cosa que no me atrevería a decir ni en la confesión? ¿Quiere usted que le confiese lo que no diré sino en la hora de mi muerte?

Máchenka sigue muda.

—Soy yo quien ha cogido el broche de mi mujer. ¡Ya está usted satisfecha! Sí, soy yo quien lo ha cogido. Naturalmente, confío en que usted no se lo dirá a nadie. Por Dios, ni una palabra a nadie, ni siquiera una insinuación.

Máchenka, entre asustada y asombrada, sigue embalando su ropa. Toma sus pertenencias y las tira al azar en la maleta y en el cesto. Con mayor razón, después de la confesión de Nicolás Serguievitch no puede quedarse un solo momento, ni sabe qué partido tomar.

—En esto no hay nada asombroso —prosigue al cabo de un rato Nicolás Serguievitch—. Es una cosa completamente natural. Necesito dinero, y ella me lo niega. Todo lo que hay aquí procede de mis padres, todo. Ese broche era de mi madre. Pero mi mujer se apoderó de todo. Usted se hará cargo; yo no la puedo llevar a los tribunales. Le suplico que me perdone; ¡quédese!... Comprender es perdonar. ¿Se queda usted?

—¡No! —afirma Máchenka temblorosa, pero enérgica—. Deje que me vaya.

—¡No, no! Que Dios la bendiga —suspira Nicolás Serguievitch, sentándose en un banquito junto a la maleta—. Confieso que admiro a quienes saben aún indignarse y ofenderse. Me quedaría aquí una eternidad mirando su cara irritada... ¿De modo que no quiere usted quedarse? Lo correcto..., esto no puede ser…, es natural..., pero, ¿qué he de hacer yo? ¿Marcharme a una de nuestras fincas? Allí tampoco hay más que dependientes de mi mujer. Todos, administradores y colonos, ¡que el diablo se los lleve!, no hacen más que hipotecar y rehipotecar. ¡Bribones!

—¡Nicolás Serguievitch! —grita desde la escalera la voz de Fedosia Vasilevna.

—¿De modo que no se queda usted? —insiste Nicolás Serguievitch, levantándose y dirigiéndose hacia la puerta—. Quédese usted; vendré a verla en su cuarto y charlaremos. Cuando usted se vaya no quedará en la casa un rostro humano. ¡Qué horrible perspectiva!

La cara pálida de Nicolás Serguievitch suplica; mas Máchenka mueve negativamente la cabeza. Él hace un gesto desesperado y sale.

Media hora después Máchenka está en camino.

La venganza

León Savitch Turmanof, está jugando al *bridge* en casa de uno de sus compañeros. Es uno de los tantos individuos con un pequeño capital, una joven esposa y calvicie asentada. Después de perder una fuerte suma experimenta un calor inusual y se acuerda de que aún no ha tomado una copita de vodka. Se levanta, pasa por entre las mesas, atraviesa el salón, en el que la juventud habla, y se detiene allí un instante, mirando alrededor suyo con sonrisa indulgente; finalmente entra por una puertecita que comunica con el comedor, donde en una mesa circular figura toda una variedad de botellas y garrafas con toda clase de aguardientes y licores. En otro lado de la mesa están los entremeses, sin olvidar los arenques en su lecho de cebolla y perejil, que atraen todas las miradas. León Savitch se acerca, bebe una copita, hace una ligera mueca y se dispone a comer un arenque, cuando una voz resuena detrás de la pared.

—Estoy de acuerdo —dice con desenvoltura una voz de mujer—; pero, ¿cuándo va a ser ello?

—¡Es mi mujer! ¿Con quién diablos conversa? —piensa León Savitch.

—Cuando quieras, alma mía —replica una voz de bajo profundo—. Hoy sin embargo, no es posible; mañana estaré ocupado todo el día.

—Es Degtiaref...

León Savitch lo reconoce por la voz. Degtiaref es uno de sus mejores camaradas.

—¿Tú también? ¡Ah! ¡Idiota! —murmura León Savitch—. Ella tendrá la culpa de seguro. ¡Qué mujer tan insaciable! Cada semana tiene una nueva aventura.

—Mañana —repite la voz de bajo— estaré sumamente ocupado, como te he dicho; escríbeme, si quieres, mañana; me causará gran satisfacción recibir una carta tuya. Habrá que planear nuestra correspondencia; inventar algo; hacer que el cartero no pueda enterarse de lo que yo te escriba, y arreglarnos de forma que mi esposa no se entere durante mi ausencia de lo que tú me escribas.

—¿Qué hacer, entonces?

—Utilizar la servidumbre, ni pensarlo.

—Oye, pequeña; ya di con una combinación extraordinaria: mañana, a las seis en punto de la tarde, saldré de mi despacho y me dirigiré al parque, con cuyo inspector necesito hablar; procura colocar tu cartita en el jarrón de mármol que está a la derecha de la glorieta. ¿Te acordarás? Pero no tardes. Ha de ser antes de las seis precisamente.

—Está bien, así lo haré.

—Idea poética, misteriosa y nueva. ¿Cómo se lo van a imaginar el barrigón de tu marido y mi costilla?... ¿Has entendido?

León Savitch apura una segunda copa y torna a la mesa de juego. Su descubrimiento no le causa ni rencor ni asombro. En otros tiempos se indignaba, emprendía escenas, reprendía y hasta pegaba. ¡Cuán lejanos se hallaban aquellos tiempos! Doce años han transcurrido; los encantos de su esposa le son del todo indiferentes y sus amores le tienen perfectamente sin cuidado. No obstante, en esta ocasión, su amor propio se siente ofendido. En el coloquio que acaba de oír se le han aplicado calificativos que él considera no merecer.

—¡Valiente miserable es ese Degtiaref! —dice para sí, mientras apunta sus nuevas pérdidas en el *bridge*—. Al encontrarse conmigo pone buena cara, parece que soy su mejor amigo, se muestra tan contento y satisfecho, que poco le falta para abrazarme; mas a espaldas mías, ¡buenos cumplidos me suelta! Me llama tonto, barrigón y otras lindezas.

Pierde continuamente, y a cada pérdida se siente más ofendido.

—¡Bribón! ¡Sinvergüenza! —piensa.

Sus dedos estrujan el yeso hasta desmenuzarlo. Durante la cena no puede mirar a Degtiaref, el cual no cesa de interrogarle sobre su aspecto triste, su suerte en el juego y otras cosas semejantes. Hasta tiene el descaro de aprovecharse de su calidad de amigo íntimo para regañar a su mujer por lo mal que cuida a su esposo. Entretanto, ella se ríe, le mira con aire afable, charla...; el diablo en persona no hubiera puesto en duda su fidelidad.

Al regresar, León Savitch se siente descontento, como si en vez de ternera le hubieran servido para cenar una suela vieja. La charla de su esposa no le permite olvidar lo de tonto, etcétera.

—¡Lo abofetearía sin parar! ¡El miserable! —piensa—. Le haría algún desaire público... Le mataría en duelo… o le haría perder su empleo... No estaría mal sacar la carta del jarrón y poner en su sitio algo asqueroso..., una rata muerta..., por ejemplo.

Con estas imaginaciones, Turmanof se entretuvo largo rato.

—¡Ya sé lo que tengo que hacer! —exclama con alegría—. ¡Qué magnífica idea!

En cuanto su mujer se queda dormida, se sienta a la mesa, coge la pluma, e imitando su letra, escribe la carta siguiente:

"Al comerciante Dulinof. Muy señor mío: Si hoy, doce de septiembre, a las seis de la tarde, no coloca usted en el jarrón de mármol al lado de la glorieta del jardín público 200 rublos, será asesinado y una bomba será depositada en su almacén".

Acabando esta carta, León Savitch da un brinco de satisfacción.

—¡Soberbia idea! ¡Magnífica! ¡Es la venganza de Satanás! —piensa, frotándose las manos—. Naturalmente, el tendero se asustará y solicitará inmediatamente el auxilio de la policía; mandarán seguramente algunos agentes para que vigilen el jarrón; probablemente les ordenarán esconderse en el matorral, y a las seis en punto, en cuanto introduzca la mano para tomar la carta, ¡lo atraparán! ¡Buen susto se llevará Degtiaref! Tendrá tiempo suficiente para meditar sobre sus amores mientras que se lleven a cabo las averiguaciones y el asunto se ponga en claro... ¡Viva!

León Savitch pega el sello y personalmente lleva la carta al buzón. Duerme con sonrisa de satisfacción y pasa la noche soñando en cosas agradables. Por la mañana, al recordar su hazaña, se pone a cantar y hasta acaricia el rostro de su esposa. En su oficina sonríe continuamente, imaginando el terror de Degtiaref al caer en la trampa...

Antes de las seis puede calmar su impaciencia y se va corriendo al jardín público para regodearse con la situación desesperada de su amigo.

—¡Ya están allí! —piensa viendo a un policía.

Al llegar a la glorieta se sienta debajo del matorral y clava su mirada en el jarrón. Su impaciencia no tiene límites. A las seis en punto Degtiaref aparece. Por lo visto, el joven se halla de excelente humor. Lleva el sombrero de copa echado hacia atrás y su abrigo entreabierto; silba un aire alegre y fuma un cigarro.

—¡Ahora sabrás quién es el tonto y barrigón! ¡Aguarda un momento! —se dice Turmanof.

Degtiaref se acerca al jarrón y mete en él la mano.

León Savitch se incorpora, devorándole con los ojos. El joven extrae del jarrón un pequeño paquete, lo inspecciona por todos los lados, encogiéndose de hombros, y lo abre vacilante. De nuevo se encoge de hombros y el asombro se dibuja en sus facciones. El paquete contiene dos billetes de cien rublos. Durante largo rato contempla Degtiaref los billetes; finalmente, sin dejar de encogerse de hombros, se mete los rublos en el bolsillo y exclama:

¡Muchas gracias!

El desgraciado León Savitch oye esta frase. Luego se pasa toda la noche delante de la tienda de Dulinof, amenazándole con los puños cerrados y murmurando con indignación:

—¡Cobarde! ¡Tendero despreciable! ¡Alma de liebre!... ¡Cobarde!...

Entre chiquillos

Papá, mamá y la tía Nadia están fuera casa, como invitados a un bautizo en casa de aquel oficial anciano que tiene una yegua gris.

Sentados alrededor de la mesa del comedor, jugando lotería, están esperándolos, Gricha, Ania, Aliocha, Sonia y Andrei, el hijo de la cocinera. Es la hora de irse a acostar pero, ¿quién puede dormir sin que mamá les cuente qué hacía el bebé cuando lo bautizaron y qué cenaron? La mesa, alumbrada por una lámpara, está cubierta de papelitos, cifras, cáscaras de avellanas y trocitos de cristal.

Delante de cada uno hay dos cartones de lotería y un montoncito de cristalitos para tapar las cifras. En medio de la mesa hay un platillo con cinco moneditas de a cinco *kopeks*. Junto al platillo se encuentra una manzana medio comida, unas tijeras y un plato donde echar las cáscaras.

Los niños juegan con dinero, siendo cada apuesta de un *kopek* y bajo la condición de que si uno hace trampa, será expulsado inmediatamente. En el comedor no hay más que los jugadores. El aya, Agafia Ivanovna, está abajo en la cocina enseñando a la cocinera cómo se corta un vestido, y el hermano mayor, Vasia, alumno de la quinta clase del Gimnasio, se halla tendido en el sofá de la sala, aburrido por no tener nada qué hacer.

Se juega con mucho afán. Gricha es el más entusiasta. Es un niño de nueve años, completamente rapado, de cara redonda y labios gordos, como los de un negro. Está en la primera clase, y por esto se le considera como el más sabio y el mayor. Juega exclusivamente por el afán de ganar. Si no hubiera *kopeks* en el platillo, hace ya tiempo que dormiría. Sus ojos pardos corren intranquilos y celosos por los cartones de los jugadores. El miedo de perder, la envidia y las combinaciones numéricas llenan su cabeza pelada y no le permiten concentrarse: se mueve en su silla como si estuviera sentado sobre alfileres. Cuando gana coge el dinero con avidez y lo esconde inmediatamente en el bolsillo. Su hermana Ania, de ocho años, con inteligentes y brillantes ojos y barbita de punta, también tiene miedo de que los otros ganen; palidece y enrojece de emoción y vigila atentamente a los jugadores. Pero los *kopeks* no le interesan; es la suerte la que reviste importancia para ella; es cuestión de amor propio.

La otra hermana, Sonia, tiene seis años, cabeza rizada y una tez como solamente se ve en los niños muy sanos o en las muñecas. Juega tan solo por distraerse. Su cara está alegre, aplaude y se ríe a cada ganancia, cualquiera que sea el ganador.

Aliocha es un chiquitín redondo como un bolo; sopla y mira los cartones; para él no hay ni ansia ni amor propio. No le mandan a dormir, ni le echan de la mesa: ya está contento. Tiene aspecto tranquilo, pero en realidad es un granuja. No juega por distracción, sino por las riñas que son inevitables en el juego. Disfruta cuando hay una pelea o alguno pega al otro. Hace tiempo que siente una pequeña necesidad, pero no se atreve, por el temor a que le sustraigan sus cristalitos y sus *kopeks*. No conoce más cifras que las primeras y las que acaban en cero; su hermana Ania le ayuda y tapa por él sus cartones.

El quinto jugador es el hijo de la cocinera, Andrei; es moreno y enfermizo; está vestido con una camisa de algodón; lleva al cuello una crucecita de cobre. Está inmóvil y fija sus miradas soñadoras en los números. A este la ganancia y los éxitos ajenos le dejan indiferente; está por completo sumergido en la aritmética del juego y su sencilla filosofía: ¡qué de cifras hay en el mundo! ¿Cómo no se embrollan?

Todos a excepción de Sonia y Aliocha, cantan los números por turno. Como estos se repiten con frecuencia, los hay que llevan apodos; así, el siete se nombra el gancho; el once, los palitos; el noventa, el abuelo, etc. El juego sigue con viveza.

—¡El treinta y dos! —exclama Gricha, metiendo la mano en el sombrero de su padre, donde están los pequeños cilindros amarillos—. ¡Dieciocho!... ¡El gancho! ¡El veintiocho!

Ania ve que Andrei no ha notado que tiene el veintiocho en sus cartones; se lo hubiera advertido en otro tiempo, pero ahora triunfa porque en el platillo, a la par del dinero, está puesto su amor propio.

—¡El veintitrés! —sigue Gricha—. ¡El abuelo! ¡El nueve!

—¡Una cucaracha! ¡Una cucaracha! —exclama Sonia, señalando una que corre por la mesa.

—No la mates —dice Aliocha en voz baja—; quizá tenga hijitos...

Sonia sigue con los ojos la cucaracha y reflexiona cómo será su casa y qué pequeños han de ser sus hijitos.

—¡El cuarenta y tres! ¡El uno! —continúa Gricha, padeciendo ante la idea de que Ania tiene ya casi todos los números tapados—. ¡El seis!

—¡He ganado! ¡He ganado! —grita Sonia levantado los ojos.

Las caras de los jugadores se estiran.

—¡Hay que comprobar! —dice Gricha mirando a Sonia con odio.

Aprovechándose de la fama de mayor y de más inteligente, Gricha se adjudicó el derecho de litigar las diferencias. Se hace todo lo que él manda. Durante mucho tiempo y con minuciosidad comprueban los cartones de Sonia; pero, con grave disgusto de los jugadores, todo está en regla y no hay trampas.

Empieza otra partida.

—¡Qué cosa he visto ayer! —dice Ania hablando como consigo misma—. Filip Filipovitch se volvió, sus párpados y sus ojos se pusieron encamados, terribles como los de un diablo...

—Yo también lo vi —contesta Gricha—. ¡El ocho! Tenemos en la clase un discípulo que mueve las orejas. ¡El veintisiete!

Andrei levanta la mirada hacia Gricha y dice:

—Yo también sé mover las orejas...

—A ver... ¡muévelas!

Andrei mueve los ojos, los labios y los dedos. Le parece que sus orejas se ponen también en movimiento. Risa general.

—Es un hombre malo este Filip Filipovitch —prosigue Sonia—; ayer entró en nuestro cuarto y yo estaba en camisa. Me avergoncé...

—¡He ganado! —grita con toda su fuerza Gricha, cogiendo apresuradamente el dinero del platillo—. ¡He ganado! ¡Pueden comprobar!

El hijo de la cocinera palidece, levanta los ojos y balbucea:

—En tal caso, no puedo jugar más.

—¿Por qué?

—Porque... Porque no tengo más dinero.

—Sin dinero no se puede jugar —decide Gricha.

Andrei buscaba por si acaso en sus bolsillos. No encuentra nada más que migajitas de pan y un lapicero medio roído. Su boca se contrae y se le nublan los ojos; llorará enseguida...

—Te prestaré —dice Sonia, no pudiendo ver su cara de mártir—; pero no te olvides de devolvérmelo.

Sonia pone el dinero, y el juego vuelve a empezar.

—Parece que se oyen campanas —dice Ania.

El juego se interrumpe; todos miran por la ventana oscura con la boca abierta. En la oscuridad se ve el reflejo de la lámpara.

—Te pareció...

—Por la noche las campanas solamente suenan en el cementerio —declara Andrei.

—¿Por qué suenan allí las campanas?

—Para que los bandidos no entren en la iglesia. Ellos temen el campaneo...

—¿Y para qué tienen los bandidos que entrar en la iglesia de noche? —pregunta Sonia.

—Para matar a los guardianes; todo el mundo lo sabe.

Todos permanecen en silencio algunos momentos y se miran unos a otros temerosos.

El juego sigue. Esta vez gana Andrei.

—¡Ha hecho trampa! —declara repentinamente Aliocha.

—¡No he hecho ninguna trampa! ¡Mientes!

Andrei palidece, contrae la boca y le da a Aliocha un golpe en la cabeza. Este abre desmesuradamente los ojos, salta furioso encima de la mesa y a su vez le da a Andrei un bofetón... Se reparten algunos golpes más y se echan a llorar. Sonia, que no puede soportar horrores semejantes, llora también y el comedor retiembla de sollozos. Pero no creas que el juego termina por este motivo. No transcurren cinco minutos sin que los niños vuelvan a charlar pacíficamente y a reír. Las caras están aún llorosas; pero a pesar de esto sonríen. Aliocha está satisfechísimo: ¡ha habido pelea!

En el comedor entra Vasia, el colegial de quinta clase. Su aspecto es adormecido y desencantado.

¡Es abominable! —murmura notando cómo Gricha tienta su bolsillo, en que suenan los *kopeks*—. ¡Cómo se puede dar dinero a los niños y permitirles jugar a juegos de azar! ¡Buena educación!... ¡Abominable! ¡Abominable!

Pero los niños juegan con tanto afán, que le asalta el deseo de probar también su suerte y de distraerse con ellos.

—¡Aguarden un momento, yo jugaré también!

—Pon un *kopek*.

—¿Ahora? —dice buscando en sus bolsillos—. No tengo *kopeks*; tengo un rublo. ¡Pongo un rublo!

—¡No, no; un *kopek*!

—¡Son unos estúpidos! El rublo vale más que un *kopek* —les explica—; el que gane me dará el cambio.

—No, no; haz el favor de irte.

El colegial encoge los hombros y se dirige a la cocina a pedir a los criados alguna moneda suelta; pero en la cocina no hay ninguna moneda suelta.

—En tal caso, cámbiame el rublo —le pide a Gricha al volver de la cocina—; te pagaré por el cambio. ¿No quieres? Entonces, véndeme diez *kopeks* por un rublo.

Gricha mira a Vasia de reojo; sospecha algún engaño; no se fía.

—¡No quiero! —repite, y aprieta su bolsillo.

Vasia empieza a encolerizarse, riñe a los jugadores, les llama "brutos y cabezas de asno".

—Vasia, te prestaré yo —dice Sonia—. ¡Siéntate!

El colegial se sienta y pone delante de sí dos cartones. Ania lee las cifras.

—¡Se me ha caído un *kopek*! —exclama Gricha inquieto—. ¡Esperen!

Cogen la lámpara y se arrodillan debajo de la mesa en busca del *kopek*. Se empujan con las cabezas; sus manos solo encuentran cáscaras de nueces, pero no el *kopek*. Vuelven otra vez a buscarlo, hasta que Vasia le quita a Gricha la lámpara de las manos y la pone en su sitio. Gricha sigue sus pesquisas a oscuras.

Por fin encuentra el *kopek*. Los jugadores vuelven a sentarse y quieren proseguir el juego.

—¡Sonia está dormida! —declara Aliocha.

Sonia tiene su cabecita rizada recargada en los brazos cruzados y duerme con un sueño dulce y tranquilo, como si estuviera en su cama. Se durmió sin notarlo mientras que los otros buscaban el *kopek*.

—Anda, échate en la cama de mamá; acuéstate —le dice Ania sacándola del comedor—. ¡Vámonos!

Todos la acompañan, y cinco minutos después la cama de mamá ofrece un espectáculo extraordinario: Sonia duerme; al lado suyo ronca Aliocha; Gricha y Ania tienen las cabezas descansando en las piernas de sus hermanas y están también profundamente dormidos, así como el hijo de la cocinera, acurrucado al pie de la cama. Alrededor están esparcidos los *kopeks*, que han perdido su valor hasta el próximo juego. ¡Buenas noches!

La dama del perrito

I

Se rumoraba que en la costa había aparecido una figura nueva: una dama con un perrito. Dmitry Dmitrich Gúrov, que ya llevaba dos semanas en Yalta y se había acostumbrado al lugar, empezó también a sentir interés por las caras nuevas. Sentado en el pabellón Vernet, vio pasar por la costanera a una dama joven, rubia, de mediana estatura y tocada con una boina; tras ella corría un blanco perro de Pomerania.

Después la encontraba varias veces por día en el parque de la ciudad y en el jardín público. Iba siempre sola, con la misma boina y acompañada por el perrito blanco. Nadie sabía quién era y la llamaban simplemente "la dama del perrito".

"Si está aquí sin marido y sin conocidos —cavilaba Gúrov— no estaría de más trabar amistad con ella".

Aún no cumplía los cuarenta, pero ya tenía una hija de doce años y dos hijos colegiales. Lo habían casado temprano, cuando cursaba el segundo año de estudios en la universidad, y ahora su esposa parecía mucho mayor que él. Era una mujer alta, de cejas oscuras, erguida; de modales graves y reposados; ella misma solía decir que era una mujer pensante... Leía mucho, escribía cartas con ortografía modernizada y al marido lo llamaba Dimitry en lugar de Dmitry, mientras que este, para sus adentros, la consideraba estrecha, mediocre y poco elegante; le tenía miedo y sentía pocas ganas de estar en casa. Hacía mucho tiempo ya que la engañaba, lo hacía con frecuencia y por esta causa, probablemente, siempre se expresaba mal de las mujeres; cuando se hablaba de ellas en su presencia, solía decir:

—¡Raza inferior!

Le parecía que su amarga experiencia le otorgaba suficientes derechos para llamarlas de cualquier manera, no obstante lo cual no podía pasar ni dos días sin la "raza inferior". La compañía de hombres le resultaba aburrida, no se sentía a gusto con ellos y se volvía parco y frío, mientras que con las mujeres era desenvuelto, sabía de qué hablar y cómo conducirse; hasta le resultaba fácil permanecer callado con ellas. En su físico, en su carácter, en toda su naturaleza había algo atrayente, inasible, algo que predisponía bien a las mujeres hacia él; sabiéndolo, también él se sentía arrastrado hacia ellas por una fuerza desconocida.

Una larga y, efectivamente, amarga experiencia le había enseñado hacía tiempo que todo acercamiento, que al principio diversifica la vida en forma agradable y constituye una aventura fácil y amable, para las personas decentes —especialmente los moscovitas, indecisos y sedentarios— inevitablemente se transforma en un problema, extraordinariamente complicado, y al final, la situación se toma penosa. Pero en cada nuevo encuentro con una mujer interesante esta experiencia se escurría de la memoria, quedaba el deseo de vivir y todo parecía gracioso y simple.

Una vez, al anochecer, mientras Gúrov estaba comiendo en el jardín, la dama de la boina se acercó sin prisa para ocupar la mesa vecina. La expresión de su rostro, su manera de caminar, su vestido, su peinado le decían que ella pertenecía a la sociedad, que estaba casada, que por primera vez se encontraba en Yalta, que estaba sola y se aburría. En los relatos sobre la deficiente moralidad local había mucha fantasía y él los despreciaba, sabiendo que aquellas historias, en su mayoría, son inventadas por personas que gustosamente pecarían si pudieran hacerlo; pero cuando la dama se sentó en la mesa vecina, a tres pasos de distancia, él recordó esos cuentos acerca de las conquistas fáciles y las excursiones a las montañas y se sintió tentado por la seductora idea de una breve, pasajera relación, un romance, con una mujer desconocida, de quien no sabía ni nombre ni apellido.

Llamó cariñosamente al perro y cuando este se acercó, lo amenazó con el dedo. El Pomerania gruñó y Gúrov volvió a amenazarlo.

La dama le dirigió una mirada, pero enseguida bajó los ojos.

—No muerde —dijo ruborizándose.

—¿Puedo darle un hueso? —y cuando ella asintió con la cabeza, le preguntó afablemente—: ¿Hace mucho que llegó a Yalta?

—Unos cinco días.

—Y yo estoy arrastrando ya la segunda semana.

Callaron un rato.

—El tiempo pasa rápido y sin embargo uno se aburre mucho aquí —dijo ella sin mirarlo.

—Así se dice. El hombre vive en su pueblo de Belev o en Zisdra y no se siente aburrido, pero llega hasta aquí y: "¡Ah, qué aburrimiento, qué polvo!". Como si viniera de Granada.

Ella rio. Luego ambos continuaron comiendo en silencio, como desconocidos; pero después de la comida salieron juntos y comenzó la graciosa y ligera conversación de personas libres y satisfechas, a quienes les resulta igual a donde ir y de qué hablar. Paseaban y hablaban de la extraña iluminación del mar; el agua tenía un suave y tibio color lila, y la luna tendía sobre ella una franja dorada. Hablaban del aire sofocante que quedó después de un día de calor. Gúrov le contó que era moscovita, que había hecho estudios de filología, pero que trabajaba en un banco; antes se preparaba para cantar en la ópera privada, pero luego abandonó el canto; que tenía dos casas en Moscú... De ella supo que se había educado en San Petersburgo, pero que se casó en S., donde vivía desde hacía dos años; que en Yalta se quedaría un mes, y que posiblemente la vendría a buscar su marido, quien también tenía ganas de descansar. Ella tuvo dificultades para explicar en qué actividad estaba ocupado su marido: en el gobierno provincial o en la dirección provincial del *zemstvo*, y eso le causó gracia a ella misma. Gúrov se enteró también de que ella se llamaba Anna Serguéievna.

Más tarde en su habitación, pensó en ella, en que probablemente mañana volverían a encontrarse. Así debía ser. Al acostarse, recordó que hacía poco tiempo que ella era colegiala y estudiaba, como ahora estudiaba la hija de él; recordó la timidez y cierta aprensión que aún se notaba en su risa y en su conversación con personas desconocidas. Debía ser la primera vez que se encontraba sola en semejantes circunstancias, cuando alguien andaba tras ella y la miraba y le hablaba con un propósito oculto no podía menos de adivinar. Recordó su cuello, fino y delicado, y sus hermosos ojos grises.

"Hay algo triste en ella" —pensó al dormirse.

II

Transcurrió una semana. Era un día festivo. En las habitaciones hacía un calor sofocante, mientras que por las calles el viento levantaba remolinos de polvo y hacía volar los sombreros. Durante todo el día se sentía sed y Gúrov a menudo entraba en el pabellón para ofrecerle a Anna Serguéievna refrescos y helados. No se podía ir a ningún lado.

Al anochecer, cuando el viento se había calmado un poco, fueron al muelle para ver llegar el vapor. En el muelle había mucha gente paseando; un grupo de personas, con ramos de flores, se aprestaba para recibir a alguien. Se notaban claramente las dos particularidades del elegante público yaltense: las damas de edad vestían como jóvenes, y había muchos generales.

El mar estaba agitado y el barco llegó tarde, cuando ya se había puesto el sol, y antes de atracar debió maniobrar durante largo rato. A través de los impertinentes, Anna Serguéievna miraba el vapor y a los pasajeros, como si buscara conocidos, y cuando se dirigía a Gúrov, sus ojos brillaban. Hablaba mucho, sus preguntas eran bruscas y ella misma las olvidaba enseguida; luego perdió los impertinentes entre la multitud.

El elegante público se dispersaba, las caras no se veían ya, el viento se calmó por completo, pero Gúrov y Anna Serguéievna permanecían inmóviles, como esperando que alguien más descendiera del barco. Anna Serguéievna estaba callada ahora y olía las flores, sin mirar a Gúrov.

—El tiempo ha mejorado —dijo este—. ¿A dónde iremos ahora? ¿Y si hiciéramos un viaje de paseo?

Ella no contestó.

Entonces él la miró fijamente y, de pronto, la abrazó y la besó en los labios; lo envolvió la húmeda fragancia de las flores y enseguida miró por todos lados con temor, ¿los habría visto alguien?

—Vamos a su hotel... —dijo en voz baja.

Los dos fueron caminando con rapidez.

Había una atmósfera sofocante en la habitación del hotel, y olía al perfume que ella había comprado en la tienda japonesa. Mirándola ahora, Gúrov pensaba: "¡Cuántos encuentros distintos tiene uno en la vida!". Del pasado conservaba el recuerdo tanto de las mujeres despreocupadas, benévolas y contentas, que le estaban agradecidas por la dicha, aunque fuese muy breve, como de otras que —igual que su esposa— amaban sin franqueza, con demasiadas conversaciones, amaneramiento, histeria y con una expresión que parecía reflejar algo más importante que el amor y la pasión, y de otras dos o tres, muy bellas y frías, en cuyos rostros aparecía de pronto una expresión feroz; un terco deseo de arrancar a la vida más de lo que puede dar. Eran mujeres de cierta edad, caprichosas, autoritarias y poco inteligentes, y cuando Gúrov perdía interés en ellas, su belleza despertaba en él un sentimiento de odio y los encajes de su ropa le parecían escamas.

Aquí, en cambio, había timidez, cierta torpeza de la inexperta juventud, la turbación; había también la sensación de desconcierto, como si alguien de repente golpeara en la puerta. Anna Serguéievna, esa "dama del perrito", interpretó lo sucedido de una manera singular, muy seria, como su caída —según parecía— y esto resultaba extraño e impropio.

Por ambos lados de su rostro ensombrecido caían tristemente sus largos cabellos; su figura, pensativa y afligida, hacía recordar a la pecadora de algún grabado antiguo.

—Eso no está bien —dijo ella—. Usted mismo no me respeta ahora.

Sobre la mesa había una sandía. Gúrov cortó una tajada y se puso a comer sin prisa. Una media hora, por lo menos, transcurrió en silencio.

Anna Serguéievna estaba conmovedora, irradiando la pureza de una mujer decente, ingenua e inexperta; la solitaria vela que ardía sobre la mesa, apenas iluminaba su rostro, pero se veía que ella estaba apesadumbrada.

—¿Y por qué habría de dejar de respetarte? —preguntó Gúrov—. No sabes lo que dices.

—¡Que Dios me perdone! —dijo ella, y sus ojos se llenaron de lágrimas—. Es terrible.

—Hablas como si quisieras justificarte.

—¿Cómo puedo justificarme? Soy una mujer mala, vil; me desprecio a mí misma, y ni pienso justificarme. No es a mi marido a quien engañé, sino a mí misma. Y no solamente ahora, hace tiempo que me engaño. Mi marido puede que sea un hombre bueno y honrado, pero ¡es un lacayo! No sé qué es lo que hace él allí ni en qué consisten sus funciones; solo sé que es un lacayo. Cuando me casé, tenía veinte años, me atormentaba la curiosidad, sentía deseos de vivir mejor; existe una vida distinta —me decía—, y tenía ganas de vivirla. Vivir. Me quemaba la curiosidad. Usted no lo comprenderá, pero le juro por Dios que ya no podía dominarme; le dije a mi marido que estaba enferma y me vine aquí... Y aquí anduve todo el tiempo como mareada, como aturdida... y ahora llegué a ser una mujer mala y vulgar, a quien cualquiera puede despreciar.

Gúrov ya estaba aburrido de escucharla; lo irritaba su tono ingenuo, su arrepentimiento tan inesperado e impropio; si no fuera por las lágrimas en sus ojos, se podía pensar que estaba bromeando o ensayando un papel.

—No comprendo —dijo en voz baja—. ¿Qué es lo que quieres entonces?

Ella ocultó su cara en el pecho de Gúrov, estrechándose contra él con ternura.

—Créame, créame, se lo ruego —decía—. Amo la vida honesta y pura; el pecado me repugna, yo misma no sé lo que hago. La gente sencilla dice en estos casos que es el demonio quien tiene la culpa. También yo puedo decir ahora que el demonio me ha tentado.

—Vamos, vamos... —murmuró él.

Miraba sus ojos inmóviles y asustados; la besaba, le hablaba con cariño en voz baja, y poco a poco ella se tranquilizó y recuperó su alegría; ambos se echaron a reír.

Más tarde, cuando salieron, en la costera no había ni un alma; la ciudad, con sus cipreses, tenía aspecto muerto, pero el mar golpeaba aún ruidosamente contra la orilla; una barca se balanceaba sobre las olas y un farolito somnoliento parpadeaba en ella.

Encontraron un coche y se fueron a Oreanda.

—Abajo, en el vestíbulo, conocí tu apellido: en la pizarra estaba escrito "Von Diderítz" —dijo Gúrov—. ¿Tu marido es alemán?

—No, parece que su abuelo era alemán, pero él es ortodoxo.

En la Oreanda se sentaron sobre un banco, cerca de la iglesia, mirando en silencio el mar que se extendía abajo. Yalta apenas era visible a través de la bruma matinal; las blancas nubes permanecían quietas en las cimas de las montañas. Las hojas de los árboles no se movían, cantaban las cigarras, y el monótono y sordo rugido del mar que llegaba desde abajo hablaba de la paz, del eterno sueño que nos espera. Así rugía el mar cuando no había aquí ni Yalta ni Oreanda; así ruge ahora y rugirá sordamente con la misma indiferencia cuando nosotros no estemos. Y esta constancia, en esta total indiferencia hacia la vida y la muerte de cada uno de nosotros se oculta quizá la premisa de nuestra salvación eterna, del continuo movimiento de la vida sobre la tierra, del continuo perfeccionamiento. Sentado junto a la joven, que parecía tan bella aquella mañana, calmado y hechizado por el paisaje de ensueño —el mar, las montañas, las nubes, el cielo inmenso—, Gúrov pensó que en realidad todo es bello en este mundo, todo excepto lo que pensamos y hacemos olvidando los supremos propósitos de la existencia y nuestra dignidad humana.

Se acercó un hombre —por lo visto el sereno—, los miró y se fue. Este detalle también parecía misterioso y bello. Luego vieron llegar un barco procedente de Theodosia, iluminado por el alba y con las luces ya apagadas.

—Hay rocío sobre la hierba —dijo Anna Serguéievna después de un largo silencio.

—Sí. Ya es hora de irnos.

Y volvieron a la ciudad.

Cada mediodía se encontraban en la costanera, almorzaban juntos, paseaban y admiraban el mar. Ella se lamentaba de que dormía muy mal y que tenía palpitaciones; le formulaba siempre las mismas preguntas, instigada por los celos o por el temor de que no la respetara del todo. Y a menudo, en la plazoleta o en el parque, cuando no había nadie cerca de ellos, él la atraía de pronto y la besaba con pasión. El ocio total, los besos en pleno día llenos de cautela y de temor, el olor del mar, el calor y el constante deambular del público ocioso, satisfecho y bien vestido parecían haberlo regenerado; le decía a Anna Serguéievna cuán hermosa y seductora estaba, se mostraba impaciente y apasionado, no la dejaba sola ni por un instante, mientras que ella con frecuencia se quedaba pensativa y le suplicaba que reconociera que no la respetaba ni la amaba en absoluto y que no veía en ella más que a una mujer vulgar. Casi todas las noches partían afuera, a Oreanda o a las cataratas, y el paseo siempre resultaba placentero: las impresiones invariablemente eran magníficas, soberbias.

Esperaban la llegada del marido. Pero llegó una carta suya, en la cual notificaba que le dolían los ojos y rogaba a su mujer que regresara a casa lo antes posible. Anna Serguéievna, presurosa, comenzó a prepararse para el viaje.

—Está bien eso de que me vaya —decía a Gúrov—. Es el destino.

Partió en una *lieika* y él la acompañó. Viajaron durante todo el día. Cuando subía al vagón del tren rápido y cuando sonó la segunda campanada, ella le dijo:

—Deje que lo mire un poco más. Un poco más... Así.

No lloraba, pero estaba triste y parecía enferma; su rostro temblaba.

—Pensaré en usted... lo recordaré —le decía—. Quédese con Dios y no me recuerde mal. Nos despedimos para siempre, es preciso que así sea, porque no debíamos encontrarnos. Bueno, ¡adiós!

El tren se fue rápido, sus luces desaparecieron muy pronto y al cabo de un minuto ya no se oía ningún ruido, como si todos se hubieran puesto de acuerdo adrede para interrumpir de golpe ese dulce sueño, esa locura. Al quedarse solo en el andén y al mirar la oscura lejanía, Gúrov escuchaba el canto de las cigarras y el zumbido de los cables telegráficos con la sensación de una persona recién despertada. Pensó que en su vida hubo una andanza más, una aventura más, que ya había terminado y que solo quedaba un recuerdo. Estaba conmovido, triste y un poco arrepentido; esta mujer con la cual nunca más había de encontrarse, no fue feliz con él; él había sido amable, cordial con ella, pero en su manera de tratarla, en su tono y en sus caricias aparecía la sombra de una leve ironía, de una ruda soberbia de un hombre feliz, quien además, prácticamente le doblaba en edad. Ella siempre lo llamó bueno, extraordinario, persona de elevados sentimientos; por lo visto, él aparecía ante los ojos de ella no como el hombre que era, sino como otro, y, por consiguiente, la engañaba sin querer.

Aquí, en la estación, ya olía a otoño; la noche estaba fresca.

"Ya es tiempo de que me vaya también al norte" —pensó Gúrov retirándose del andén.

III

En su casa de Moscú el ambiente era ya invernal: diariamente se prendía el fuego en las estufas, y las mañanas eran oscuras, de modo que cuando los niños se preparaban para ir al colegio y tomaban su desayuno, la niñera encendía la lámpara. Habían llegado ya los primeros fríos. Cuando cae la primera nevada, resulta agradable durante el primer viaje en trineo, mirar la tierra y los tejados blancos; uno respira suave y libremente y, en estos momentos recuerda sus años mozos. Los viejos tilos y abedules, blancos por la escarcha, tienen una expresión bonachona; están más cerca del corazón que los cipreses y las palmeras, y junto a ellos uno ya no tiene ganas de pensar en las montañas y el mar.

Gúrov era moscovita; regresó a Moscú en un día hermoso y frío, y cuando dio un paseo por la Petrovka, llevando puestos la *sbuba* y los guantes, así como al atardecer del sábado oyó el tañer de las campanas, el reciente viaje y los lugares en que había estado perdieron para él todo encanto. Poco a poco iba sumergiéndose en la vida moscovita; ya leía con avidez tres diarios por día, ya decía que sus principios le impedían leer los diarios de Moscú. Lo atraían los restaurantes, los clubes, las invitaciones y los aniversarios y se sentía halagado de recibir en su casa a abogados y artistas conocidos y de jugar a los naipes con un profesor universitario. Ya podía comerse una sartén entera de *selianka*...[1]

Le parecía que al cabo de un mes una niebla cubriría el recuerdo de Anna Serguéievna y que esta, solo de vez en cuando, se le aparecería en sueños con su conmovedora sonrisa, como antes hacían las otras. Pero había pasado más de un mes, llegó el pleno invierno, y el recuerdo seguía tan nítido como si se hubiera separado de Anna Serguéievna la víspera. Este recuerdo se tornaba cada vez más fuerte, más intenso. Al oír en el silencio nocturno de su escritorio las voces de sus hijos, que preparaban las tareas escolares; al escuchar una romanza en el restaurante o el aullido de la borrasca en la chimenea, de golpe renacía en su memoria todo lo vivido en Yalta: la escena sobre el muelle, el brumoso amanecer en las montañas, el barco procedente de Theodosia y los besos. Durante largo rato caminaba por la habitación, recordaba y sonreía; luego los recuerdos se transformaron en sueños y el pasado en su imaginación se confundía con el futuro. Anna Serguéievna ya no se le aparecía en sueños, sino que lo seguía por todas partes como la sombra, vigilándolo. Con los

[1] Carne o pescado con col blanca fermentada en salmuera (chucrut).

ojos cerrados, se la imaginaba vivamente y ella le parecía más bella, más joven, más dulce de lo que era: también a sí mismo se veía mejor de lo que él era en aquel entonces en Yalta. Por las noches ella lo miraba desde la biblioteca, desde la chimenea, desde el rincón; se oía su respiración, el suave crujir de su vestido. En la calle seguía con la mirada a las mujeres, buscando alguna parecida a ella.

Sentía un fuerte deseo de compartir con alguien sus recuerdos. Pero en casa no podía hablar de su amor y fuera de la casa no había con quién. ¿Acaso puede uno contar esto a los vecinos o a sus colegas en el banco? Y además, ¿de qué podría hablarles? ¿Acaso habría amado? ¿Hubo algo de poético, de bello, de ejemplar o, simplemente de interesante en su actitud hacia Anna Serguéievna? No podía hacer otra cosa, por lo tanto, que hablar vagamente sobre el amor y las mujeres y nadie se daba cuenta de qué se trataba. Solamente su mujer movía las oscuras cejas y decía:

—No te queda nada bien, Dmitry, el papel de presuntuoso.

Una noche, al salir del Círculo Médico con su *partenaire,* funcionario de una repartición pública, no pudo contenerse y le dijo:

—¡Si supieras qué mujer más encantadora conocí en Yalta!

El funcionario subió al trineo y emprendió la marcha, pero de pronto se volvió y lo llamó:

¡Dmitry Dmitrich!

—Dime...

—Tenías razón: el esturión no estaba fresco.

Estas palabras, tan comunes, indignaron a Gúrov; le parecieron despreciables y sucias. ¡Qué costumbres salvajes, qué gente! ¡Qué noches absurdas, qué días tan grises y poco interesantes! El desenfrenado juego a los naipes, la gula, la borrachera y las incesantes charlas siempre sobre lo mismo. Las innecesarias tareas y las conversaciones sobre el mismo tema se apoderan de la mejor parte del tiempo, de las mejores fuerzas, y queda al final una vida limitada y vacía, sin ningún sentido, de la cual ni siquiera uno puede escapar, como si estuviera recluido en una casa de locos o en una cárcel.

Lleno de indignación, Gúrov no pudo pegar los ojos en toda la noche, y luego, todo el día siguiente lo pasó con dolor de cabeza. En las noches sucesivas tampoco pudo dormir bien; permanecía sentado en la cama, pensando, o caminaba de un rincón a otro. Sus hijos lo fastidiaban, el banco también; no tenía ganas de ir a ninguna parte ni de hablar con nadie.

En diciembre, durante las fiestas, hizo las maletas, dijo a su esposa que iba a San Petersburgo para interceder por un joven y partió a S. ¿Para qué? Él mismo no lo sabía bien. Tenía deseos de ver a Anna Serguéievna, hablarle, concertar una entrevista si era posible.

Llegó a S. por la mañana y ocupó la mejor habitación en el hotel, cuyo suelo estaba cubierto por un soldadesco paño gris y donde había una mesa con un tintero gris a causa del polvo que lo cubría, y con un jinete sin cabeza que sostenía un sombrero en su mano levantada. El portero le dio los informes necesarios: von Dideritz vivía en la calle Antigua Gonchárnaia, en casa propia, no muy lejos del hotel; se trataba de una persona acomodada, que tenía caballos propios y que era conocida en toda la ciudad. El portero pronunciaba su nombre así: Dridirits.

Gúrov se encaminó sin prisa a la Antigua Gonchárnaia y encontró la casa. Frente al edificio se extendía una larga cerca gris, protegida con clavos.

"Con semejante cerca ante la vista, cualquiera tendría ganas de escapar", pensó Gúrov mirando alternadamente las ventanas y la cerca.

"Hoy es un día festivo —reflexionaba— y el marido seguramente está en casa. De todos modos sería de poco tino entrar en la casa y confundirla. Si le mando una carta, esta puede llegar a parar a manos del marido y entonces todo quedaría estropeado. Lo mejor es confiar en una ocasión".

Y seguía paseando por la calle, junto a la cerca, y esperando esta ocasión. Un mendigo entró por el portón y lo atacaron los perros; una hora más tarde se oyeron los sonidos del piano, débiles, apenas perceptibles. Seguramente Anna Serguéievna estaba tocando. Se abrió de repente la puerta principal de la casa y salió una viejecita, detrás de la cual corría el conocido Pomerania blanco. Gúrov quiso llamarlo, pero su corazón comenzó a latir con fuerza, y, dominado por la emoción, no pudo recordar el nombre del perro.

Seguía caminando y empezaba a odiar la cerca gris; pensaba con irritación que Anna Serguéievna podía haberlo olvidado y que, quizás, se divertía ya con otro, lo que no dejaría de ser perfectamente natural, dada la situación de la joven mujer, obligada a ver durante todo el día esa maldita cerca. Volvió a su hotel y durante largo rato permaneció sentado en el diván, sin saber qué hacer; luego comió y pasó mucho tiempo durmiendo.

"Todo esto resulta bastante estúpido y molesto —pensó al despertarse y mirando las oscuras ventanas; era de noche ya—. Después de tanto dormir, ¿qué haré ahora de noche?".

Estaba sentado en la cama, cubierta por una barata manta gris, parecida a las que se usan en el hospital, y se burlaba de sí mismo con fastidio:

"Aquí tienes a tu dama del perrito. Aquí tienes tu aventura. ¡Quédate pues aquí y descansa!".

Aún por la mañana, en la estación, le había saltado a la vista un anuncio con letras muy grandes: por primera vez presentaban *La Geisha.* Lo recordó ahora y fue al teatro.

"Es posible que vaya a los estrenos" —pensó.

El teatro estaba lleno. Como todos los teatros provincianos en general, había allí una niebla que se elevaba por encima de las arañas; el paraíso se agitaba ruidosamente; en la primera fila de la platea, antes del comienzo, estaban de pie los petimetres locales, con las manos echadas a la espalda; en el palco del gobernador, en el primer asiento se hallaba sentada la hija de aquel, con una estola al cuello, mientras que él mismo se ocultaba modestamente detrás de la cortina, de modo que solo se veían sus manos; el telón se movía, oscilando y la orquesta afinaba los instrumentos largamente. Mientras el público entraba y ocupaba los asientos, Gúrov buscaba con los ojos ansiosamente.

Anna Serguéievna llegó también. Se sentó en la tercera fila, y cuando Gúrov la miró, sintió oprimírsele el corazón, al comprender claramente que en todo el mundo no existía para él persona más íntima, más cara y más importante, que aquella mujer, perdida en la multitud provinciana, sin rasgos notables y con sus vulgares anteojos con manija en la mano, llenaba ahora toda su vida; era su desdicha y su alegría; era la única felicidad que deseaba para sí; y a los sones de una mala orquesta y de unos pobres violines provincianos, pensaba cuán bella era. Pensaba y soñaba.

Junto con Anna Serguéievna entró y se sentó a su lado un hombre joven, de patillas cortas, y muy alto, algo encorvado; a cada paso movía la cabeza, como si saludara constantemente. Debía ser el marido, a quien ella llamó lacayo en un arranque de amargura, en Yalta. En efecto, había algo de lacayo en su larga figura, en sus patillas, en su pequeña calva; tenía una sonrisa dulzona, y en su ojal brillaba, cual la formalidad del lacayo, el distintivo de una sociedad científica.

En el primer entreacto el marido salió a fumar y ella se quedó en su butaca. Gúrov, que también estaba en la platea, se le acercó y le dijo con voz insegura y con una sonrisa forzada:

—Buenas noches.

Ella lo miró, palideciendo; luego, sin creer a sus propios ojos, volvió a mirarlo con terror y apretó fuertemente en sus manos el abanico y los impertinentes, luchando consigo misma para no desmayarse. Los dos callaban. Ella se quedó sentada, mientras que él permaneció de pie, asustado por su turbación, sin atreverse a tomar asiento a su lado. Cantaron los violines y la flauta, que estaban siendo afinados; daba miedo: parecía que desde todos los palcos los estaban mirando. Ella se levantó y se dirigió de prisa hacia la salida; él la siguió, y los dos caminaron sin rumbo por los pasillos, por las escaleras, subiendo y bajando; ante su vista pasaban unos hombres con uniformes judiciales, administrativos o de profesor, todos ornados con distintivos; pasaban las damas y los abrigos colgados en los percheros; la corriente de aire traía el olor de colillas. Y Gúrov, cuyo corazón latía con fuerza, pensaba: "¡Dios mío! ¿Para qué esta gente, esta orquesta?...".

Y en este instante recordó de golpe cómo aquella noche en la estación, después de despedir a Anna Serguéievna, se decía a sí mismo que todo había terminado y que jamás volverían a verse. ¡Pero cuán lejos estaba aún el fin!

En una estrecha y oscura escalera, donde un letrero señalaba la entrada al anfiteatro, ella se detuvo.

—¡Qué susto me ha dado usted! —dijo, jadeando, pálida y aún aturdida—. ¡Oh, qué susto! Apenas me mantengo en pie. ¿Por qué ha venido usted? ¿Por qué?

—Por favor compréndame, Anna, compréndame... —dijo él apurado, en voz baja—. Le ruego que me comprenda...

Ella lo miraba con miedo, con amor, implorando; lo miraba fijamente para retener sus rasgos en la memoria con más nitidez.

—¡Sufro tanto! —prosiguió ella sin escucharlo—. Durante todo el tiempo solo pensé en usted; la vida para mí era pensar en usted. Quería olvidarlo, olvidar... ¿Por qué ha venido? ¿Por qué?

Mas arriba, en el descanso, dos colegiales fumaban, mirando abajo, pero eso tenía sin cuidado a Gúrov, quien atrajo a Anna Serguéievna, besando su cara, sus mejillas, sus manos.

—¡Qué hace usted, qué hace! —decía ella, atemorizada, apartándolo—. Los dos estamos perdiendo la razón. Parta hoy mismo, ahora mismo... Le suplico por lo más sagrado que tenga, le imploro... ¡Alguien viene!

Alguien subía por la escalera.

—Usted debe partir... —continuó Anna Serguéievna en un susurro—. ¿Me oye, Dmitry Dmitrich? Iré a verlo a Moscú. ¡Nunca fui feliz, no lo soy ahora ni lo seré nunca, nunca! Pues no me haga sufrir más aún. Le juro que iré a Moscú. Pero ahora separémonos. ¡Mi querido, mi bueno, mi amado, separémonos!

Ella le estrechó la mano y comenzó a bajar rápidamente, volviéndose para mirarlo, y en sus ojos se notaba que, en efecto, no era feliz... Gúrov se quedó un rato parado, aguzando el oído; luego, al cesar todos los ruidos, buscó el guardarropa y se fue.

IV

Anna Serguéievna empezó a ir a verlo a Moscú. Cada dos o tres meses, partiendo de S. decía a su marido que iba a consultar con el médico acerca de su dolencia femenina, y el marido le creía y no le creía al mismo tiempo. En Moscú se alojaba en el hotel "Bazar Eslavo" y enseguida enviaba a Gúrov un mensajero de gorra roja. Gúrov la visitaba y nadie en Moscú se enteraba de ello.

Una mañana de invierno se dirigía a verla (el mensajero no lo había encontrado en la víspera), mientras acompañaba a su hija al colegio, puesto que llevaban el mismo camino. Caían grandes y húmedos copos de nieve.

—Hay tres grados sobre cero ahora y sin embargo está nevando —decía Gúrov a su hija—. Pero este aire templado lo tenemos solo aquí, en la superficie de la tierra; en las capas superiores de la atmósfera la temperatura es muy distinta.

—Papá, ¿por qué no hay truenos en invierno?

Le explicó también esto. Al hablar, pensaba en que iba a una cita y que ni una sola alma viviente lo sabía ni lo sabría nunca probablemente.

Tenía dos vidas: una visible, que todos conocían, llena de una verdad convencional y de un engaño convencional, muy parecido a las de sus amigos y conocidos, y la otra, que transcurría en secreto. Y por una extraña conjunción de circunstancias, que quizás era casual, todo lo que resultaba sustancial, interesante e indispensable para él; en lo cual era sincero y a cuyo respecto no se engañaba; lo que constituía la médula de su vida ocurría en forma clandestina, mientras que todo lo que era su falsedad, su envoltura dentro de la cual él se escondía para ocultar la verdad, como por ejemplo, su trabajo en el banco, las discusiones en el club, su "raza inferior", la asistencia —junto con su mujer— a los aniversarios, todo ello era visible. Y sobre su propio ejemplo Gúrov juzgaba a los demás, sin creer en lo que veía, y suponía siempre que cada persona vivía su verdadera e interesante vida bajo el manto del misterio, cual bajo el manto de la noche. Cada existencia personal se sostiene sobre el misterio y en parte es por eso quizás que la persona culta se afana tanto para hacer respetar el secreto personal.

Después de acompañar a su hija hasta el colegio, Gúrov se dirigió al "Bazar Eslavo". Se quitó la chaqueta, subió y golpeó suavemente en la puerta. Anna Serguéievna, que llevaba puesto el vestido gris, el preferido de él, fatigada por el viaje y la espera —lo esperaba desde la tarde anterior— estaba pálida, lo miraba sin sonreír y apenas lo vio entrar, se arrojó en sus brazos. El beso fue lento, prolongado, como si no se hubieran visto durante dos años.

—Y bien, ¿cómo te va? —preguntó él—. ¿Qué hay de nuevo?

—Espera un poco... No puedo.

No podía hablar, puesto que estaba llorando. Se volvió hacia otro lado y se llevó el pañuelo a los ojos.

"Bueno, que llore un poco; me sentaré mientras tanto" —pensó Gúrov, sentándose en un sillón.

Luego tocó el timbre y dijo que le trajeran té; y más tarde, mientras él tomaba el té, ella permanecía de pie, mirando por la ventana... Lloraba sumamente emocionada, por la amarga conciencia de que sus destinos se presentaban tan tristes; se veían clandestinamente, ocultándose de las personas como si fueran ladrones. ¿Acaso no estaban destrozadas sus vidas?

—¡Bueno, no llores! —dijo él.

Tenía la evidencia de que este amor no terminaría pronto y no sabía cuándo llegaría a su fin. Anna Serguéievna se encariñaba con él cada vez más; lo adoraba, y no sería posible decirle que todo ello algún día debería de acabar; además, no lo hubiera creído.

Se le acercó y la tomó por los hombros para acariciarla y animarla con alguna broma, y en este momento se vio en el espejo.

En su cabeza ya aparecieron canas. Y le resultó extraño el haber envejecido y desmejorado tanto en los últimos años. Los hombros sobre los cuales descansaban sus manos estaban tibios y se estremecían. Sintió compasión por aquella vida, cálida y bella aún, pero que probablemente se acercaba ya al momento de la marchitez. ¿Por qué lo amaba así? Él siempre aparentaba a las mujeres ser alguien que no era y ellas no amaban en su persona a él mismo, sino al hombre creado por su imaginación y a quien buscaban ávidamente en su vida; y luego, al darse cuenta de su error, seguían amándolo. Ninguna de ellas había sido feliz con él. Pasaba el tiempo, él trababa amistad con alguna mujer, se unía a ella, se separaba, pero no la amaba; hubo cualquier cosa menos amor.

Y solo ahora, cuando su cabeza se había tornado canosa, llegó a amar de verdad, como es debido, por primera vez en su vida.

Anna Serguéievna y él se amaban como dos personas íntimamente ligadas, como marido y mujer, como tiernos amigos: les parecía que estaban predestinados el uno para el otro y era incomprensible por qué los dos estaban casados; eran como dos aves de paso, el macho y la hembra, atrapados y obligados a vivir en jaulas separadas. Habían perdonado el uno al otro aquella parte de su pasado de la cual se avergonzaban, se perdonaban todo en el presente y sentían que su amor los había cambiado a los dos.

Antes, en los momentos de tristeza, Gúrov trataba de tranquilizarse a sí mismo con cualquier razonamiento que se le ocurría, pero ahora no estaba para razonamientos; sentía una profunda compasión y el deseo de ser sincero, tierno...

—No llores, mi bien —decía—. Ya has llorado bastante... Ahora hablemos un poco, para ver si encontramos algún camino.

Y durante largo rato examinaron las posibilidades de eludir la necesidad de esconderse, engañar, vivir en ciudades distintas, sin verse por mucho tiempo. ¿Cómo liberarse de estas intolerables ataduras?

—¿Cómo? ¿Cómo? —se preguntaba él, tomándose la cabeza con las manos—. ¿Cómo?

Y parecía que faltaba poco para encontrar la solución pero ambos comprendían claramente que el final estaba todavía muy lejos y que lo más complicado y difícil no había hecho más que empezar.

Enemigos

En una oscura noche de septiembre, después de las nueve en casa del doctor Kirílov, médico del *zemstvo*,[2] fallecía de difteria su único hijo, Andrés, de seis años de edad. Cuando la esposa del médico se arrodilló ante la camita del niño muerto y se sintió invadida por el primer ataque de desesperación, en el vestíbulo sonó ásperamente el timbre.

[2] Organismo local encargado de la construcción y administración de hospitales, escuelas, caminos, correo local, suministro de comida, etcétera.

Debido a la difteria las criadas habían sido licenciadas y el mismo Kirílov, tal como se encontraba, sin levita, con el chaleco desabrochado, la cara mojada y las manos quemadas por el ácido fénico, fue a abrir la puerta. El vestíbulo se encontraba oscuro y en el hombre que había entrado solo podían distinguirse la mediana estatura, la blanca bufanda y el rostro, grande y pálido en extremo, tan pálido que parecía que con la llegada de aquella persona, el negro vestíbulo se iluminaba con mucha más luz.

—¿Está el doctor en casa? —preguntó de prisa el visitante.

—Estoy en casa —contestó Kirílov—. ¿Qué desea?

—Ah, ¿es usted? ¡Me alegro mucho! —exclamó el desconocido, quien se puso a buscar en la oscuridad la mano del médico, la encontró y la estrechó con fuerza entre sus manos—. ¡Estoy muy, pero muy contento! Nos conocemos. Soy Aboguin. Tuve el placer de verlo en casa de Gnuchev en verano. Muy contento por haberlo encontrado. Por el amor de Dios, no rehúse acompañarme hasta mi casa. Mi mujer enfermó gravemente. Tengo el coche conmigo...

Por la voz y los ademanes del visitante se notaba en él un estado de fuerte excitación. Como asustado por un incendio o por un perro rabioso, apenas contenía su respiración acelerada, hablaba de prisa, con voz temblorosa, y algo verdaderamente sincero, infantil y temeroso resonaba en sus palabras. Igual que todos los asustados y aturdidos, hablaba con frases breves, cortadas y pronunciaba muchas palabras innecesarias, que no venían al caso.

—Temía no encontrarlo —continuó diciendo—. Por el camino sufrí una barbaridad. Por Dios, se lo suplico, vístase y vámonos. Todo sucedió así: viene a mi casa Papchinsky, Alejandro Semiónovich, a quien usted conoce. Charlamos durante un rato y luego nos sentamos a tomar el té; de pronto mi mujer lanza un grito, se lleva la mano al corazón y cae sobre el respaldo de la silla. La llevamos a la cama, le froté las sienes con amoníaco y le rocié la cara con agua; estaba como muerta. Me temo que sea un aneurisma. Venga, por favor. También el padre de ella murió de aneurisma...

Kirílov escuchaba en silencio, como si no entendiera el ruso.

Cuando Aboguin volvió a mencionar a Papchinsky y al padre de su mujer y comenzó una vez más a buscar en la oscuridad la mano del doctor, este sacudió la cabeza y dijo con apatía, arrastrando cada palabra:

—Perdón, no puedo viajar con usted. Hace unos cinco minutos... ha muerto mi hijo...

—¡Será posible! —susurró Aboguin, retrocediendo un paso—. ¡Dios mío, en qué mala hora he venido! ¡Qué día tan funesto! Es sorprendente. ¡Qué coincidencia! Como si fuera a propósito...

Aboguin asió el picaporte de la puerta y bajó la cabeza, pensativo. Visiblemente vacilaba, sin saber qué hacer: irse o seguir rogando al doctor.

—Escúcheme —dijo con ardor, asiendo a Kirílov por la manga—. ¡Comprendo perfectamente su situación! Me da vergüenza tratar de atraer su atención, pero ¿qué puedo hacer? Juzgue usted mismo, ¿a dónde voy a ir? Aparte de usted, no hay aquí otro médico. ¡Venga, por amor de Dios! No lo pido por mí... ¡No soy yo el enfermo!

Sobrevino el silencio. Kirílov volvió la espalda a Aboguin; durante un rato permaneció inmóvil y luego pasó lentamente del vestíbulo a la sala. A juzgar por sus pasos, inseguros y mecánicos, por la atención con que acomodó la pantalla de una lámpara apagada y hojeó un grueso libro que estaba sobre la mesa, no tenía en estos momentos propósito ni deseo alguno; no pensaba en nada ni probablemente recordaba ya, que en el vestíbulo lo esperaba de pie una persona extraña. Por lo visto, el crepúsculo y el silencio de la sala intensificaron su aturdimiento. Al pasar de la sala a su gabinete, levantaba el pie derecho más alto de lo necesario, buscaba con las manos el quicio de las puertas y en toda su figura sentía entonces cierta perplejidad, como si estuviera en una casa ajena o por primera vez en la vida se hubiera emborrachado y se entregara sorprendido a la nueva sensación. Sobre una pared del gabinete, a través de los estantes con libros se extendía una amplia franja de luz; junto con el pesado olor a éter y ácido fénico, esa luz penetraba por la puerta entreabierta que daba al dormitorio. El doctor se sentó en el sillón ante la mesa; durante un minuto contempló, somnoliento, sus libros iluminados, luego se levantó y fue al dormitorio.

Reinaba allí una quietud mortal. Todo, hasta el último detalle hablaba elocuentemente de la tempestad recién soportada, del cansancio, y todo reposaba ahora. Una vela, colocada sobre el taburete en el compacto montón de frascos, cajas y tantos, y una gran lámpara encima de la cómoda iluminaban generosamente toda la habitación. En la cama, junto a la ventana, yacía un niño con los ojos abiertos y una expresión de sorpresa en el rostro. Estaba inmóvil: parecía, sin embargo, que sus ojos abiertos se tornaban a cada instante más oscuros y lejanos. Con las manos sobre su cuerpo y escondida la cara en los pliegues de la colcha, la madre estaba de rodillas ante la cama. No se movía, igual que el niño, y sin embargo, ¡cuánto movimiento se sentía en las curvas de su cuerpo y en sus brazos! Con la fuerza y el fervor de todo su ser, se inclinaba sobre la cama como temiendo alterar la tranquila y cómoda postura que encontró al fin para su fatigado cuerpo. Las colchas, los trapos, las palanganas, los charcos en el suelo, las cucharitas desparramadas por doquier, la gran botella blanca con agua de cal, el mismo aire, pesado y sofocante... Todo parecía sosegado y sumergido en la quietud.

El doctor se detuvo junto a su mujer, metió las manos en los bolsillos de sus pantalones e inclinando hacia un lado la cabeza, miró a su hijo. Su cara expresaba la indiferencia y solo por algunas gotas de rocío que brillaban en su barba, se notaba que había llorado.

El repulsivo terror con que suele hablarse de la muerte estaba ausente en el dormitorio. En la paralización general, en la postura de la madre, en la indiferencia del rostro del médico había algo atrayente, algo que conmovía el corazón, aquella leve y difícilmente asible belleza del dolor humano que aún no aprendieron a comprender y describir y que, al parecer, solo la música sabe transmitir. Hasta en el sombrío silencio había belleza; Kirílov y su mujer callaban, sin llorar, como si, aparte del peso de la pérdida, se percataran también del lirismo de su situación; del mismo modo como antaño había pasado su juventud, así ahora, junto con este niño, desaparecía para siempre su derecho a tener hijos. El doctor tenía cuarenta y cuatro años, estaba canoso y parecía un viejo; su enferma y demacrada mujer tenía treinta y cinco años, Andrés no era el único, sino también el último.

En contraste con su mujer, el doctor era de esas naturalezas que durante el dolor espiritual necesitan movimiento. Después de estar cinco minutos junto a su mujer, fue, levantando mucho el pie derecho, a una pequeña habitación, la mitad de la cual ocupaba un gran diván; desde allí pasó a la cocina. Habiendo deambulado entre el horno y la cama de la cocina, se inclinó y por una pequeña puerta salió al vestíbulo.

Allí vio de nuevo la bufanda blanca y el pálido rostro.

—¡Por fin! —suspiró Aboguin, asiendo el picaporte de la puerta—. ¡Vamos por favor!

El doctor se estremeció, lo miró y recordó...

—¡Escuche, yo ya le dije que no puedo ir con usted! —dijo, animándose—. Me extraña...

—Doctor, no soy un tronco, comprendo perfectamente su situación, ¡lo compadezco! —respondió con tono implorante Aboguin, poniendo la mano en la bufanda—. Pero no lo pido por mí. ¡Se está muriendo mi mujer! Si usted oyera aquel grito, viera su cara, entonces comprendería mi insistencia. ¡Dios mío, yo creí que usted había ido a vestirse! ¡Doctor, el tiempo es oro! ¡Vamos, se lo ruego!

—¡No puedo ir! —dijo lentamente Kirílov y se dirigió a la sala.

Aboguin lo siguió y lo asió por la manga.

—Usted está apenado, lo comprendo, pero no lo llamo para curar las muelas ni para una consulta, sino para salvar una vida humana —continuó rogando como un mendigo—. ¡Esta vida está por encima de cualquier dolor personal! ¡En fin, le pido un acto de valentía, de heroísmo! ¡En nombre del amor al prójimo!

—El amor al prójimo es un arma de doble filo —dijo Kirílov, irritado—. En nombre de este mismo amor al prójimo le ruego que me deje en paz. Me sorprende, francamente. Usted trata de asustarme con el amor al prójimo, ¡a mí que apenas me sostengo en pie! En este momento no sirvo para nada y no pienso ir a ningún lado. Y, además, ¿con quién voy a dejar a mi mujer? No, no...

Kirílov agitó las manos y dio un paso atrás.

—¡No me lo pida! —prosiguió atemorizado—. Perdóneme... Según el tomo trece de las leyes, estoy obligado a ir, y usted tiene derecho de arrastrarme a la fuerza. Muy bien, hágalo si quiere, pero... pero no sirvo para nada... Ni siquiera estoy en condiciones de hablar. Disculpe...

—Hace mal, doctor, en hablar conmigo en ese tono —dijo Aboguin, tomando otra vez al doctor por la manga—. No me importa el tomo trece. No tengo ningún derecho de forzar su voluntad. Si quiere, venga conmigo; si no quiere, Dios sea con usted. Pero no es a su voluntad a quien me dirijo, sino a su sentimiento. ¡Se está muriendo una mujer joven! Dice usted que acaba de fallecer su hijo, ¿quién si no usted debe comprender mi desesperación?

La voz de Aboguin temblaba de emoción; este temblor y el tono eran mucho más convincentes que sus palabras. Aboguin era sincero, pero sorprendentemente, todas sus frases resultaban vacuas, inanimadas, de un colorido fuera de lugar, y parecían ofender tanto el ambiente de la casa del médico como a la mujer que se moría en alguna parte. Lo sentía él mismo y por lo tanto, temiendo ser incomprendido, a toda costa trataba de dotar a su voz de un matiz de suavidad y de ternura, para imponerse, si no con las palabras, por lo menos, con la sinceridad del tono. En general, la frase, por más bella y profunda que sea, solo surte efecto sobre los indiferentes, pero no puede satisfacer a las personas felices o desdichadas; es por ello que la suprema expresión de la dicha o de la desgracia es, la mayoría de las veces, el silencio; los enamorados se comprenden mejor uno al otro cuando están callados, y un apasionado y fervoroso discurso pronunciado ante una tumba solo conmueve a los extraños, mientras que a la viuda y a los hijos del difunto les parece insignificante y frío.

Kirílov callaba. Cuando Aboguin dijo varias frases más acerca de la elevada vocación del médico, de la abnegación, etc., el doctor preguntó en tono sombrío:

—¿Es largo el viaje?

—Son unas trece o catorce *verstas.*[3] ¡Tengo muy buenos caballos, doctor! Le doy mi palabra de que haremos el viaje de ida y de vuelta en una hora. ¡Solamente una hora!

---

[3] Medida itineraria rusa, equivalente a 1067 m.

Las últimas palabras hicieron más efecto al doctor que las menciones sobre el altruismo o la vocación del médico. Pensó un rato y dijo con un suspiro:

—¡Bien, vayamos!

Rápidamente, ya con paso firme, se dirigió a su gabinete y poco después volvió vestido con una larga levita. Correteando a su lado al trotecillo menudo el reanimado Aboguin lo auxilió para ponerse el sobretodo y, junto con él, salió de la casa.

Afuera había más claridad que en el vestíbulo. Ya se distinguía en las tinieblas la alta y algo encorvada figura del doctor con su barba larga y estrecha y con su nariz aguileña. En cuanto a Aboguin, aparte de su pálido rostro, se veían su cabeza grande y la pequeña gorra de estudiante que apenas le cubría la coronilla. La blanca bufanda no se le notaba sino por delante, ya que por atrás la ocultaban sus largos cabellos.

—Créame, yo sabré apreciar su generosidad —murmuró Aboguin, ayudando al doctor a subir al coche—. No tardaremos en llegar. Lucas, querido, llévanos lo más rápido posible. ¡Te lo ruego!

El cochero emprendió una marcha veloz. Primero pasaron a lo largo de la fila de edificios del hospital; todo estaba a oscuras y solo en el fondo del patio una intensa luz irrumpía por la ventana; además, las tres ventanas del piso superior del cuerpo parecían más claras que el aire. Luego el coche penetró en las tinieblas más espesas; olía allí a hongos húmedos y se oía el murmullo de los árboles; las cornejas, despertadas por el ruido de las ruedas, se movieron entre las hojas y comenzaron a lanzar gritos angustiosos y lastimeros, como si supieran que al doctor se le había muerto el hijo y que Aboguin tenía a la mujer enferma. Luego pasaron raudamente árboles aislados, extensiones de arbustos; brilló melancólicamente un estanque sobre el cual dormían grandes sombras negras; un poco más, y el coche rodaba por una llanura. El grito de las cornejas resonaba aún sordamente y pronto cesó del todo.

Durante casi todo el viaje Kirílov y Aboguin callaban. Solo una vez Aboguin suspiró hondamente y masculló:

—¡Qué estado tan penoso! Uno nunca ama tanto a los seres queridos como en los momentos en que hay riesgo de perderlos.

Y cuando el coche vadeaba cuidadosamente el río, Kirílov se estremeció, como asustado por el chapoteo del agua, y comenzó a moverse.

—Escuche, déjeme ir —dijo, angustiado—. Más tarde iré a su casa. Solo quiero avisar al enfermero para que vaya a acompañar a mi mujer. ¡Está sola!

Aboguin callaba. El carruaje, balanceándose y golpeando contra las piedras, atravesó la arenosa orilla y continuó la marcha. Kirílov agitándose en su asiento miró en derredor. Atrás, iluminado por la escasa luz de las estrellas, se alargaba el camino y los sauces de la orilla desaparecían en la oscuridad. A la derecha, yacía la llanura, tan ilimitada y pareja como el cielo; lejos, acá y allá, probablemente los pantanos de turba, ardían opacas lucecitas. A la izquierda, paralelamente al camino, se extendía una colina que parecía peluda por los pequeños arbustos que la cubrían; sobre la colina pendía, inmóvil, una gran media luna roja, levemente envuelta en la niebla y rodeada por menudas nubecillas que parecían observarla por todas partes y vigilarla para que no se escapara.

En toda la naturaleza se sentía algo desesperado, doliente; la tierra, igual que una mujer caída que está sola en una habitación oscura y trata de no pensar en el pasado, languidecía con sus recuerdos de la primavera y del verano y esperaba, con apatía, la inevitable llegada del invierno. Dondequiera que uno mirara, la naturaleza aparecía como un oscuro pozo, infinitamente profundo y frío, del cual no había salido para Kirílov, ni para Aboguin, ni para la roja media luna...

Cuanto más se acercaba el coche a su destino, más impaciente se tornaba Aboguin. Se levantaba de un salto, se movía, miraba hacia delante por encima del hombro del cochero. Por fin el carruaje se detuvo ante el pórtico finamente adcrnado con lona a rayas, y cuando Aboguin miró las iluminadas ventanas del primer piso su respiración se hizo temblorosa.

Si algo ocurre... no lo voy a sobrevivir —dijo, entrando con el doctor en el vestíbulo y frotándose las manos a causa de la emoción—. Pero no se oye ningún alboroto, quiere decir que no hay nada grave aún —añadió, prestando atención al silencio.

En el vestíbulo no se oían voces ni pasos y toda la casa parecía dormida, a pesar de la intensa iluminación. Ahora el doctor y Aboguin, que hasta este momento habían permanecido en la oscuridad, ya podían verse el uno al otro. El doctor era alto, un poco encorvado, vestía con negligencia y su cara era más bien fea. Sus gruesos labios de negro, su nariz aguileña y su mirada indiferente y opaca, expresaban algo severo, duro, áspero. La cabeza mal peinada, las hundidas sienes, las prematuras canas en la estrecha y larga barba, a través de la cual traslucía el mentón; el color gris pálido de la piel y los modales, negligentes y algo torpes, sugerían la idea acerca de las necesidades y de la gente. Viendo su seca figura, uno no podía creer que este hombre tuviera mujer y que pudiera llorar la muerte de su hijo.

Aboguin, en cambio, representaba algo diferente. Era un hombre robusto, rubio, de cabeza grande, de facciones amplias pero suaves, vestido con elegancia, según la última moda. En su porte, en su levita, cuidadosamente abrochada, en su melena y en su rostro se percibía algo noble, leonino; caminaba con la cabeza erguida y con el pecho arqueado, hablaba con agradable voz de barítono, y los ademanes con que se quitaba la bufanda o arreglaba sus cabellos revelaban una finura delicada, casi femenina. Ni siquiera la palidez y el miedo infantil con que, quitándose el abrigo, miraba arriba, a la escalera, alteraban su porte ni afectaban la salud y el aplomo que respiraba toda su figura.

—No hay nadie ni se oye nada —dijo, subiendo la escalera—. No hay ningún alboroto. ¡Quiera Dios!

Después de atravesar el vestíbulo y una gran sala, en la que había un piano negro y pendía una araña cubierta con funda blanca, ambos entraron en un saloncito bello y acogedor, sumido en una agradable penumbra rosada.

—Bueno, doctor, espéreme un momento aquí —dijo Aboguin—. Volveré enseguida. Iré a ver y a avisar.

Kirílov quedó solo. El lujo del salón, la suave penumbra y su propia presencia en esta casa desconocida, que tenía el carácter de una aventura, no lo conmovían por lo visto. Estaba sentado en el sillón examinando sus manos quemadas por el ácido fénico. Solo fugazmente vio una pantalla de un color rojo muy vivo y un estuche de violonchelo; además, al volver la cabeza hacia el lado donde se oía el tic-tac de un reloj, notó el cuerpo disecado de un lobo, tan satisfecho y circunspecto como el propio Aboguin.

La casa permanecía silenciosa. En una habitación lejana alguien emitió en voz alta el sonido de "¡Ah!", resonó una puerta de vidrio, probablemente de un armario, y de nuevo se hizo el silencio. Habiendo esperado unos cinco minutos, Kirílov dejó de observar sus manos y miró la puerta detrás de la cual había desaparecido Aboguin.

En el umbral de esta puerta estaba Aboguin, mas no era el que había salido. El aire de satisfacción y de fina elegancia se había esfumado de su figura, y su rostro, sus manos y su porte se hallaban desfigurados por una repugnante expresión de terror o de torturante dolor físico. La nariz, los labios, los bigotes, todos sus rasgos se movían y parecían tratar de despegarse de la cara, mientras que sus ojos parecían reír de dolor.

Con pasos largos y pesados avanzó hacia el medio del salón, se encorvó, gimió y agitó los puños.

—¡Me ha engañado! —gritó, subrayando con fuerza la sílaba *ña*—. ¡Me ha engañado! ¡Se fue! Fingió estar enferma y me mandó a buscar al médico para poder huir con ese payaso de Papchinsky. ¡Dios mío!

Pesadamente, Aboguin dio un paso hacia el doctor, y agitando ante la cara de este sus blancos puños, continuó vociferando:

—¡Se fue! ¡Me ha engañado! ¿Por qué esta mentira? ¡Dios mío! ¿Por qué este truco sucio, este diabólico juego de víbora? ¿Qué le he hecho yo?

Las lágrimas saltaron de sus ojos. Giró sobre un talón y se puso a caminar por el cuarto. Con su corta levita, con sus estrechos pantalones de moda, con los cuales sus piernas parecían desproporcionadamente delgadas; con su cabeza grande y su melena, la semejanza que tenía con un león era ahora extraordinaria. En el indiferente rostro del doctor se encendió una chispa de curiosidad. Se levantó y observó a Aboguin.

—Permítame, ¿dónde está la enferma? —preguntó.

¡La enferma! ¡La enferma! —gritó Aboguin, riendo y llorando al tiempo que agitaba los puños—. ¡No es la enferma, sino la maldita! ¡Una bajeza, una infamia que el mismo Satanás no hubiera ideado mejor! Me hizo salir de la casa para escapar con ese payaso, ese estúpido saltimbanqui. ¡Dios mío, más le valdría morir! ¡No lo soportaré!

El doctor se irguió. Sus ojos parpadearon y se llenaron de lágrimas; su estrecha barba se movió hacia la derecha y hacia la izquierda junto con la mandíbula.

—Permítame, ¿cómo es eso? —preguntó, mirando alrededor con curiosidad—. Se me ha muerto un hijo, mi mujer está sola en la casa, con su angustia. Yo mismo apenas me sostengo en pie, no he dormido tres noches y, ¿qué ocurre, pues? Me obliga a tomar parte en una vulgar comedia, hacer el papel de un objeto de utilería. ¡No, no lo comprendo!

Aboguin abrió un puño, arrojó al suelo una arrugada carta y la pisó como un insecto que uno tiene ganas de aplastar.

—¡Y yo sin saber nada, sin comprender! —decía con dientes apretados, agitando el puño cerca de su cara y con la expresión del hombre a quien pisaron un callo—. No me daba cuenta de que venía todos los días; no reparé en que hoy había llegado en el carruaje cerrado. ¿Por qué en la berlina? Y yo sin ver nada... ¡Cabeza de chorlito!

—No, no comprendo —balbuceó el doctor—. ¿Cómo es eso? No es sino una burla, un mofarse del sufrimiento humano. Es algo increíble, ¡por primera vez en mi vida veo algo semejante!

Con la embotada sorpresa del hombre que acaba de comprender una grave ofensa que le han causado, el doctor se encogió de hombros, separó los brazos y, sin saber qué decir ni qué hacer, se dejó caer exhausto en el sillón.

—Muy bien, me ha dejado de amar, se ha enamorado de otro, que Dios sea con ella, pero, ¿para qué esta infame y traicionera maniobra? —decía Aboguin con voz llorosa—. ¿Para qué? ¿Y por qué? ¿Qué le he hecho? Escuche, doctor —dijo con vehemencia, acercándose a Kirílov—. Usted es involuntario testigo de mi desgracia y no le voy a ocultar la verdad. Le juro que amaba a un esclavo. Por ella lo sacrifiqué todo: reñí con mi parentela, dejé el empleo y la música, a ella le perdoné cosas que no hubiera perdonado a mi madre o a mi hermana. Nunca le dirigí una mirada recelosa; nunca le di un motivo de enojo. ¿Por qué, entonces, esta mentira? No exijo amor, pero, ¿para qué este vil engaño? Si no me quiere, ¿por qué no me lo dice directa, honestamente, tanto más que conoce mi opinión a ese respecto?

Con lágrimas en los ojos y temblando con todo el cuerpo, Aboguin sinceramente abría su alma ante el doctor. Hablaba con calor, estrechando ambas manos contra el corazón; sin ninguna vacilación revelaba sus secretos familiares y hasta parecía contento de poder arrojarlos, por fin, de su pecho. De haber hablado de esta manera una hora o dos, desnudando su alma, sin duda se hubiera sentido aliviado. Y quien sabe, de haberlo escuchado el doctor, de haberlo aconsejado amigablemente, quizás se hubiera reconciliado con su pena sin protestas, como suele ocurrir, y sin hacer innecesarias tonterías... Pero sucedió en forma distinta. Mientras Aboguin hablaba, el ofendido doctor cambiaba de aspecto. En su rostro, la indiferencia y la sorpresa poco a poco cedían lugar a una expresión de amargura, de indignación y de ira. Sus facciones se tornaron aún más duras, ásperas y desagradables. Cuando Aboguin acercó a sus ojos la fotografía de una mujer, con un rostro bello pero inexpresivo y seco, como el de una monja, y le preguntó si uno podía admitir que ese rostro fuese capaz de expresar una mentira, el doctor se levantó de un salto, y, con los ojos brillantes dijo recalcando cada palabra:

—¿Para qué me dice usted todo eso? ¡No quiero escucharlo! ¡No quiero! —gritó, dando un puñetazo sobre la mesa—. ¡No necesito sus vulgares secretos, que el diablo se los lleve! ¡No tiene usted derecho a contarme esas vulgaridades! ¿O cree usted, por ventura, que aún no estoy suficientemente ofendido? ¿Que soy un lacayo a quien se puede ofender hasta el final? ¿No es así?

Aboguin retrocedió unos pasos y fijó en Kirílov una mirada de asombro.

—¿Para qué me trajo usted acá? —prosiguió el doctor, sacudiendo la barba—. Si a usted se le ocurre casarse y luego armar escándalos y montar melodramas, ¿qué tengo yo que ver con ello? ¿Qué tengo que ver con sus romances? ¡Déjeme en paz! ¡Ejercite su noble derecho de fuerza, dése tono con las ideas humanitarias, toque —el doctor miró de reojo el estuche del violonchelo— el contrabajo y el trombón, engorde cuanto le plazca, pero no se mofe del ser humano! ¡Si no sabe respetarlo, por lo menos, libérelo de su atención!

—Pero ¿qué significa todo eso? —preguntó Aboguin, enrojeciendo.

—Eso indica que no se debe jugar con la gente. Es una acción indigna, despreciable. Yo soy médico; a los médicos y, en general, a los trabajadores que no huelen a perfumes y a prostitución, ustedes nos consideran como sus lacayos y hombres *mauvais ton.*[4] Y bien, pueden hacerlo, pero nadie les da derecho a tratar al hombre que sufre como si fuera un objeto de utilería.

—¿Cómo se atreve usted a hablar conmigo de ese modo? —preguntó Aboguin en voz baja y su cara volvió a estremecerse, esta vez de cólera.

—¿Cómo usted, conociendo mi desgracia, se atrevió a traerme aquí para escuchar vulgaridades? —gritó el doctor y volvió a golpear en la mesa con el puño—. ¿Quién le dio derecho para burlarse así del dolor ajeno?

—¡Está usted loco! —gritó Aboguin—. No es nada generoso de su parte. Yo mismo soy profundamente desdichado y... y...

—Desdichado —sonrió despectivamente el doctor—. No toque esa palabra, ella no tiene nada que ver con usted. Los haraganes que no encuentran dinero para pagar sus deudas también son desdichados. El capón agobiado por la excesiva grasa también es desdichado. ¡Qué futilidad!

—¡Señor mío, usted se olvida! —chilló Aboguin—. ¡Palabras como las suyas se pagan a puñetazos! ¿Comprende?

Apresuradamente Aboguin metió la mano en el bolsillo, extrajo la billetera, sacó dos billetes y los arrojó sobre la mesa.

—¡Aquí tiene usted! —dijo, moviendo las aletas de la nariz—. ¡Su visita está pagada!

—¿Cómo se atreve a ofrecerme dinero? —gritó el doctor, barriendo con la mano los billetes—. ¡Una ofensa no se paga con dinero!

---

[4] De mal gusto.

Aboguin y el doctor estaban frente a frente y, encolerizados, proseguían infiriéndose mutuamente inmerecidas ofensas. Parecía como si nunca en su vida, ni siquiera delirando, hubieran pronunciado tantas palabras injustas, crueles y absurdas. En los dos se reveló marcadamente el egoísmo del desgraciado. Los desgraciados son egoístas, maliciosos, injustos, crueles y menos capaces aun que los tontos de comprenderse uno al otro. La desgracia, en vez de unir, separa a la gente, y hasta allí donde parecía que los hombres debieran estar ligados por el dolor común, se cometen más injusticias y crueldades que en un medio relativamente satisfecho.

—¡Sírvase disponer mi regreso! —gritó jadeante el doctor.

Aboguin dio un brusco campanillazo. Como nadie acudiera a su llamado, hizo sonar la campanilla otra vez y la arrojó al suelo; aquella golpeó sordamente contra la alfombra, emitiendo el lastimero gemido de un moribundo. Apareció un lacayo.

—¿Dónde diablos se han escondido todos? —se le echó encima el amo, apretando los puños—. ¿Dónde estabas ahora? ¡Ve a decir que traigan el coche a este señor y que preparen la berlina para mí! ¡Espera! —gritó al lacayo cuando este se iba—. ¡Mañana que no quede ningún traidor en casa! ¡Afuera todos! ¡Tomaré gente nueva! ¡Víboras!

Mientras esperaban a los coches, Aboguin y el doctor guardaban silencio. El primero había recobrado ya su expresión satisfecha y sus finos modales. Caminaba por el salón, sacudía la cabeza con elegancia y, por lo visto, tramaba algo. Su ira no se había aplacado aún, pero trataba de aparentar indiferencia hacia su enemigo. El doctor, en cambio, estaba de pie, apoyándose con una mano en el borde de la mesa, y miraba a Aboguin con el profundo desprecio, algo cínico y feo, con que solo saben mirar el dolor y el infortunio cuando ven de frente y así el bienestar y la elegancia.

Cuando poco tiempo después, el doctor tomó asiento en el coche y emprendió la marcha, sus ojos continuaban aún mirando con desprecio. La oscuridad estaba más densa que una hora antes. La roja media luna se había ocultado detrás de la colina y las nubes que la vigilaban yacían junto a las estrellas en forma de manchas oscuras. Una berlina con luces rojas se adelantó al doctor con estrépito. Era la de Aboguin, quien iba a protestar y hacer tonterías.

Durante el viaje el doctor estaba pensando no en su mujer ni en su hijo, sino en Aboguin y en la gente que vivía en la casa que él acababa de abandonar. Sus pensamientos eran injustos y cruelmente inhumanos. Condenaba a Aboguin, a su mujer, a Papchinsky y a cuantos vivían en la rosada penumbra y olían a perfume, y durante todo el camino sentía en su alma odio y un doloroso desprecio hacia ellos. Y en su mente se formó una firme convicción acerca de aquellas personas.

Pasará el tiempo; pasará también el dolor de Kirílov, pero esta convicción —injusta, indigna del corazón humano— no pasará. Quedará en la mente del doctor hasta la misma tumba.

La casa del sotabanco

I

Todo sucedió hace unos seis o siete años, cuando yo vivía en uno de los distritos de la gobernación T. en la propiedad del terrateniente Belokúrov. El terrateniente era un hombre joven que siempre se levantaba muy temprano, andaba vestido con una *poddiovka,*[5] por las noches tomaba cerveza y se quejaba siempre de que en nadie ni en ninguna parte encontraba comprensión. Vivía en una casita en el jardín, mientras que yo me alojaba en la vieja casona señorial, en una enorme sala con columnas, en la cual no había ningún mueble, excepto un amplio diván, en el que yo dormía, y una mesa, en la cual hacía solitarios. Algo aullaba siempre allí en las viejas estufas, aun con tiempo apacible, mientras que durante las tormentas toda la casa se estremecía y hasta parecía que se resquebrajaba en pedazos, de modo que uno sentía un poco de miedo, especialmente de noche, cuando las diez ventanas se iluminaban de repente con los relámpagos.

[5] Abrigo largo y ajustado usado por los hombres de las clases bajas.

Condenado por el destino a un ocio constante, yo no hacía absolutamente nada. Durante horas enteras miraba por las ventanas al cielo, los pájaros, las alamedas, leía todo lo que me traían del correo, dormía. De vez en cuando, salía de la casa y vagaba hasta el anochecer.

Una vez, cuando regresaba a la casa, penetré sin querer en una finca desconocida. El sol ya se estaba escondiendo y sobre el centeno en flor se extendían las sombras crepusculares. Dos filas de abetos, muy altos, viejos, densamente plantados, formaban una alameda sombría y bella. Sin mucho esfuerzo traspuse el cerco y avancé por esta avenida, deslizándome sobre las agujas de abeto que cubrían la tierra con una capa de una pulgada de espesor. Había silencio y oscuridad, y solo en las cimas de los árboles temblaba, aquí y allá, la resplandeciente y dorada luz que reverberaba con los colores del arcoíris en las telas de araña. El aroma de los abetos era muy fuerte, hasta sofocante. Luego doblé por una larga avenida de tilos. También allí se notaba el abandono y el ocaso; el follaje del año anterior rumoreaba tristemente bajo los pies, y entre los oscurecidos árboles se escondían las sombras. A la derecha, entre los añejos frutales, con voz débil y con poca gana, cantaba una oropéndola, que también debía ser viejecita. Pero ya terminaron los tilos; pasé frente a una blanca casa con terraza y con sotabanco, y de repente, se extendieron ante mí un gran patio exterior y un amplio estanque con baños, una multitud de verdes sauces, una aldea en la otra orilla del lago, con un campanario alto y estrecho en el cual ardía la cruz, reflejando los últimos rayos del sol. Por un instante sentí el hechizo de algo familiar, muy conocido, como si ya hubiera visto este mismo panorama hace tiempo, en mi infancia.

Y junto al blanco portón de piedra, por el cual se pasaba del patio al campo, junto al antiguo y recio portón con leones, estaban de pie dos jóvenes. Una de ellas —la mayor—, delgada, pálida, muy bella, con un haz de espesos cabellos castaños y una boca pequeña y voluntariosa, denotaba una expresión severa y apenas reparó en mí; la otra, muy jovencita aún —no tendría más de diecisiete o dieciocho años— también delgada y pálida con una boca grande y con grandes ojos, me miró sorprendida, al pasar yo delante de ellas, dijo algo en inglés y se mostró confundida. Y me pareció que también estos dos agradables rostros me resultaban conocidos desde hacía tiempo. Y volví a la casa con la sensación de haber soñado con algo bueno.

Poco tiempo después, en un mediodía, paseábamos Belokúrov y yo cerca de la casa cuando inesperadamente, con un suave murmullo sobre la hierba, se acercó un coche con resortes, en el cual venía una de aquellas jóvenes. Era la mayor. Realizaba una colecta en favor de los campesinos víctimas de un incendio. Sin dirigirnos la mirada, muy seria y detalladamente nos contó cuántas casas se habían quemado en la aldea Sianovo; cuántos hombres, mujeres y niños se habían quedado sin techo y cuáles serían las primeras medidas que se proponía tomar el comité de ayuda del cual ella formaba parte. Después de hacernos firmar la lista de suscripción, se la guardó y se dispuso a regresar.

—Usted se olvidó de nosotros, Piotr Petróvich —dijo a Belokúrov tendiéndole la mano—. Venga a vernos, y si *monsieur* N... —ella dijo mi apellido—, tiene deseos de ver cómo viven los admiradores de su talento y se digna llegar hasta nuestra casa, mamá y yo estaremos muy contentas.

Hice una reverencia.

Cuando ella hubo partido, Piotr Petróvich se puso a explicar. Esta joven, de acuerdo con sus palabras, pertenecía a una buena familia y se llamaba Lidia Volchanínov, mientras la propiedad en la que vivía con su madre y su hermana, tenía el nombre de Shelkovka, lo mismo que la aldea del otro lado del lago. En otros tiempos su padre ocupaba un cargo prominente en Moscú, y al morir ostentaba la jerarquía de consejero secreto. No obstante el buen pasar, las Volchanínov vivían en el campo continuamente, en verano y en invierno; Lidia era maestra de la escuela rural en su aldea y recibía un sueldo mensual de veinticinco rublos. Para sus gastos empleaba solo este dinero y se enorgullecía de vivir por su propia cuenta.

—Es una familia interesante —dijo Belokúrov—. Habría que hacerles una visita. Ellas estarían encantadas de recibirlo a usted.

En uno de los días feriados, por la tarde, nos acordamos de las Volchanínov y fuimos a verlas. Todas, la madre y sus dos hijas, se encontraban en casa. La madre, Ekaterina Pávlovna —otrora bella, por lo visto, pero ahora prematuramente pesada y lenta, enferma de asma, triste y distraída—, trató de entretenerme con una conversación sobre la pintura. Enterada por su hija de la posibilidad de mi visita, recordó aprisa, dos o tres paisajes míos que había visto en las exposiciones en Moscú, y ahora me preguntaba qué era lo que yo deseaba expresar en ellos. Lidia —o Lida como la llamaban en casa— hablaba más con Belokúrov que conmigo. Seria, sin sonreír, le preguntaba por qué no prestaba ningún servicio en el *zemstvo* y por qué no asistía a sus asambleas.

—Eso no está bien, Piotr Petróvich —le decía en tono de reproche—. No está bien. Debiera de darle vergüenza.

—Es verdad, Lida, es verdad —asentía la madre—. Eso no está bien.

—Todo nuestro distrito se encuentra en manos de Balaguin —prosiguió Lida, dirigiéndose a mí—. Es presidente de la Dirección General, repartió todos los cargos en el distrito entre sus sobrinos y yernos y hace lo que le da la gana. Hay que luchar. La juventud debe formar con sus elementos un partido fuerte, pero ya ven ustedes qué clase de juventud tenemos. ¡Debería usted de avergonzarse, Piotr Petróvich!

La hermana menor, Yenia, mientras se hablaba del *zemstvo* permanecía callada. Ella no tomaba parte en las conversaciones serias; en la familia no la consideraban adulta, aún, y la llamaban *Missus,* como a una pequeña, porque de niña ella solía llamar así a la *Miss,* su institutriz. Me miraba con curiosidad y, cuando abrí un álbum de fotografías, me daba explicaciones: "Este es mi tío; este es mi padrino", señalaba los retratos con el dedito, rozándome infantilmente con el hombro, y yo veía de cerca su pecho, poco desarrollado, sus finos hombros, su trenza y su cuerpo delgado, muy estrechado por el cinturón.

Jugamos al *croquet* y al *lawn-tennis,* paseamos por el jardín, tomamos té, luego cenamos largamente. Después de la enorme y vacía sala con columnas, me sentía a gusto en esta pequeña y acogedora casa, en cuyas paredes no había oleografías y donde a los criados los trataban de "usted"; todo allí me parecía joven y puro por la presencia de Lida y Missus, y todo respiraba corrección. Durante la cena Lida volvió a conversar con Belokúrov sobre el *zemstvo,* sobre Balaguin, sobre las bibliotecas escolares. Era una joven despierta, sincera y convencida y resultaba interesante escucharla, aunque hablaba mucho y con voz fuerte, quizás porque se había acostumbrado a hablar así en la escuela. En cambio, Piotr Petróvich, quien desde los tiempos de estudiante tenía la costumbre de transformar cualquier diálogo en una discusión, hablaba aburrido, perezoso y largamente, con evidente deseo de parecer un hombre inteligente y avanzado. Gesticulando, volcó la salsera con la manga y se formó un gran charco sobre el mantel, pero, al parecer nadie, excepto yo, se dio cuenta de ello.

Todo era silencioso y oscuro alrededor de nosotros cuando caminábamos de regreso a nuestra casa.

—La buena educación no consiste en no volcar la salsera sobre el mantel, sino en no darse cuenta cuando alguien lo hace —dijo Belokúrov con un suspiro—. Sí, es una familia excelente y culta. Me quedé algo aislado de la buena gente, ando atrasado, ¡muy atrasado! Y todo porque estoy colmado de tareas, tareas y tareas.

Y me habló de cuánto tiene uno que trabajar si quiere ser un agricultor ejemplar, mientras yo pensé: ¡qué hombre tan pesado y perezoso! Al hablar seriamente sobre cualquier asunto solía prolongar con esfuerzo una "e-e-e-e" y trabajaba de la misma manera que hablaba: lentamente, atrasado, perdiendo plazos. Ya por el solo hecho de que las cartas que yo le encargaba despachar en el correo, él las llevaba en su bolsillo durante semanas enteras, no podía creer mucho en su celo.

—Lo peor es —barbotaba caminando a mi lado—, lo peor es que uno trabaja sin encontrar comprensión. ¡Ninguna comprensión!

II

Comencé a frecuentar la casa de las Volchanínov. Solía sentarme en el primer escalón inferior de la terraza; me oprimía el descontento conmigo mismo; me daba lástima mi vida que transcurría en forma tan rápida y tan poco interesante, y pensaba en que no estaría mal arrancar de mi pecho este corazón que llegó a ser tan pesado. Y mientras tanto, en la terraza se oían voces, el rumorcillo de los vestidos, alguien daba vueltas a las páginas de un libro. Pronto me habitué a ver a Lida durante el día, atender a los enfermos, repartir limosnas, ausentarse a menudo a la aldea, con una sombrilla sobre su cabeza descubierta, y por la noche explayarse en voz alta sobre el *zemstvo* y las escuelas.

Cada vez que se entablaba una conversación seria, esta delgada y bella joven, invariablemente severa, de boca finamente delineada, me decía con sequedad:

—Esto no le interesa.

Yo no le caí simpático. No me quería porque era paisajista, porque en mis cuadros no mostraba las necesidades del pueblo y porque era indiferente —según le parecía— a todo aquello en lo que ella creía tan firmemente. Recuerdo que una vez, al viajar por la costa del lago Baikal me encontré con un joven *buriata*[6] que montaba un caballo y vestía con una camisa y un pantalón de tela azul china; le pregunté si quería venderme su pipa, y mientras hablábamos, miraba con desprecio mi cara europea y sin sombrero; en un instante se hartó de charlar conmigo, azuzó el caballo y se fue galopando. De la misma manera, Lida despreciaba en mí a un extraño. Exteriormente no manifestaba en absoluto su desafecto, pero yo lo sentía y, sentado en el primer escalón de la terraza, experimentaba cierta irritación y decía que curar a los campesinos sin ser médico significaba engañarlos, y que no era difícil ser benefactor poseyendo dos mil *deciatinas* de tierra.

Su hermana Missus no tenía preocupación alguna y pasaba el tiempo en el mismo ocio total que yo. Al levantarse por la mañana, enseguida tomaba un libro y se ponía a leer en la terraza, sentada en un hondo sillón de tal modo que sus pequeños pies apenas tocaban el suelo, o bien se escondía con el libro en una alameda, o se iba al campo. Pasaba todo el día leyendo, los ojos clavados con avidez en el libro, y solo porque su mirada a veces se tornaba fatigada y anonada, y porque su rostro palidecía mucho, se podía adivinar cómo esta lectura cansaba su cerebro. Cuando yo llegaba a la casa, ella se ruborizaba levemente, dejaba el li-

---

[6] De Buriatos, uno de los pueblos mongólicos localizado en Siberia.

bro y con animación fijando en mi cara sus grandes ojos me contaba los acontecimientos del día: en el cuarto de los criados había comenzado a arder el hollín de las estufas, o un peón había sacado del estanque un pez grande. En los días hábiles vestía, por lo común, una blusa de colores claros y una falda azul oscura. Paseábamos juntos, arrancábamos guindas para el dulce, andábamos en bote, y cuando ella saltaba para alcanzar una guinda o manejaba los remos, sus delgados y débiles brazos traslucían a través de las amplias mangas. O si no, yo pintaba un boceto y ella se quedaba de pie a mi lado y me miraba trabajar con admiración.

Un domingo, a fines de julio, llegué a la finca de las Volchanínov por la mañana, a eso de las nueve. Di vueltas por el parque, manteniéndome lejos de la casa, busqué hongos blancos, muy abundantes en aquel verano, dejando marcas cerca de ellos para recogerlos más tarde junto con Yenia. Soplaba un viento tibio. Vi pasar a Yenia y a su madre que volvían de la iglesia. Ambas llevaban claros vestidos domingueros y Yenia sostenía el sombrero a causa del viento. Luego las oí tomar el té en la terraza.

Para mí, hombre despreocupado y que buscaba justificación a su ocio constante, estas mañanas dominicales de verano en nuestras fincas resultaban siempre singularmente atrayentes. Cuando el verde jardín, todavía húmedo por el rocío, brilla al sol y parece feliz; cuando cerca de la casa se siente el aroma de la reseda y del almendro, cuando los jóvenes acaban de regresar de la iglesia y están tomando el té en el jardín, cuando todos están alegres y llevan puestas ropas agradables y cuando uno sabe que todas estas hermosas, sanas y satisfechas personas durante todo el largo día no van a hacer nada, siente deseo entonces de que toda la vida fuese así. Y ahora yo estaba pensando lo mismo y paseaba por el jardín, dispuesto a caminar así, sin hacer nada y sin propósito, durante todo el día, todo el verano.

Vino Yenia con una canasta; tenía la expresión como si supiera o presintiera que me encontraría en el jardín, recogíamos los hongos y conversábamos, y cuando me preguntaba algo, se me adelantaba unos pasos para ver mi cara.

—Ayer en nuestra aldea se produjo un milagro —me dijo—. La renga Pelagia había estado enferma todo el año. Ningún médico y ningún remedio podían ayudarla, pero ayer una vieja curandera le susurró unas palabras y ya está bien.

—No tiene importancia —dije—. No se deben buscar milagros solamente junto a los enfermos y los curanderos. ¿Acaso la salud no es un milagro? ¿Y la vida misma? Lo que es incomprensible ya es un milagro.

—¿Y usted no le tiene miedo a lo incomprensible?

—No. Encaro jovialmente los fenómenos que no comprendo y nunca me supedito a ellos. Soy superior a ellos. El hombre debe considerarse por encima de los leones, de los tigres, de las estrellas, por encima de todo lo que existe en la naturaleza, hasta por encima de lo que no se comprende y lo que parece milagroso, si no, no sería un hombre sino un ratón que teme a todo el mundo.

Yenia creía que yo, como pintor, sabía muchas cosas y que podía acertar en aquello que no sabía. Quería que la introdujera en la esfera de lo eterno y de lo bello, en aquel mundo sublime que, según su opinión, me era familiar, y por eso hablaba conmigo sobre Dios, sobre la vida eterna, sobre lo milagroso. Y yo, que no podía admitir en mi ser y mi imaginación, después de la muerte, dejarían de existir por siempre jamás, le contestaba: "Sí, los hombres son inmortales", "Sí, nos espera la vida eterna". Ella me escuchaba, me creía, y no me pedía pruebas.

Cuando nos dirigíamos hacia la casa, se detuvo de repente y dijo:

—Nuestra Lida es una persona notable. ¿No es cierto? La quiero entrañablemente y en cualquier momento podría sacrificar mi vida por ella. Pero dígame —Yenia tocó mi manga con el dedo—, dígame: ¿por qué siempre discute con ella?

¿Por qué se muestra irritado?

—Porque ella no tiene razón.

Yenia meneó la cabeza negativamente y las lágrimas asomaron a sus ojos.

—¡Qué difícil es comprenderlo! —expresó.

En ese instante Lida acababa de regresar de alguna parte y, de pie junto a la puerta, con un látigo en las manos, esbelta y hermosa, iluminada por el sol, impartía algunas órdenes al peón. De prisa y hablando en voz alta atendió a dos o tres enfermos; luego, con aire preocupado, anduvo de una habitación a otra; abriendo un armario tras otro, se dirigió al sotabanco; durante un rato estuvieron buscándola y llamándola para almorzar y llegó cuando ya habíamos tomado la sopa. No sé por qué recuerdo y amo estos detalles, como también recuerdo vivamente todo aquel día, aunque no había ocurrido nada especial. Después de comer Yenia estuvo leyendo recostada en su hondo sillón, mientras que yo me senté en el escalón inferior de la terraza. Permanecimos callados. El cielo fue cubriéndose de nubes y comenzó a caer una fina llovizna. Pero hacía calor, el viento había cesado y parecía que el día nunca iba a tener fin. En la terraza apareció Ekaterina Pávlovna, somnolienta, con un abanico.

—Oh, mamá —dijo Yenia, besándole la mano—, el dormir de día te hace mal.

Se adoraban la una a la otra. Cuando una de ellas se iba al jardín, la otra ya estaba en la terraza y, mirando los árboles, llamaba:

¡E-e-a, Yenia! o: Mamita, ¿dónde estás? Rezaban siempre juntas, las dos creían de la misma manera y se entendían bien hasta cuando callaban. También dispensaban el mismo trato a la gente. Ekaterina Pávlovna no tardó en acostumbrarse a mí y hasta se encariñó conmigo, y cuando yo no aparecía por dos o tres días mandaba averiguar si yo estaba bien de salud. También ella contemplaba mis bocetos con admiración, y con la misma locuacidad y franqueza con que lo hacía Missus me contaba cuanto ocurría, con frecuencia confiándome sus secretos domésticos.

Veneraba a su hija mayor; Lida no era cariñosa y solo hablaba de cosas serias; vivía una vida particular y para su madre y su hermana era el mismo personaje sagrado que para los marineros lo es el almirante que pasa todo el tiempo en su camarote.

—Nuestra Lida es una persona notable —decía la madre con frecuencia—. ¿No es cierto? —y ahora mientras lloviznaba, estábamos conversando sobre Lida:

—Es una persona notable —insistió la madre y añadió en voz baja y mirando con miedo en su derredor, como si estuviera complotando—: A personas como ella hay que buscarlas de día con un farol, aunque, sabe, empiezo a sentirme algo inquieta. La escuela, los botiquines, los libros, todo esto está bien, pero ¿por qué caer en los extremos? Es que ya tiene veintitrés años cumplidos y ya es hora de pensar con seriedad en sí misma. Porque si no, con los libros y con los botiquines pasará la vida misma y una ni se dará cuenta... Debe casarse.

Yenia, pálida de tanto leer, con el peinado algo desordenado, levantó la cabeza y, mirando a su madre, dijo como para sí misma:

—Mamita, todo depende de la voluntad divina.

Y volvió a sumirse en la lectura.

Llegó Belokúrov, vestido con *poddiovka* y con camisa bordada. Jugamos al *croquet* y al *lawn-tennis*, luego al anochecer cenamos largamente y Lida de nuevo habló de las escuelas y de Balaguin, el que tenía todo el distrito en sus manos. Al irme aquella noche de la casa de las Volchanínov, me llevé la impresión de un día ocioso y largo, muy largo, con la triste sensación de que todo termina en este mundo, por más largo que sea. Yenia nos acompañó hasta el portón y, quizás a causa de que ella había pasado conmigo todo el día, desde la mañana hasta la noche, sentí que sin ella estaría aburrido y que toda esta simpática familia no me era extraña; y por primera vez en todo el verano tuve deseos de pintar.

—Dígame, ¿por qué lleva usted una vida tan aburrida, tan incolora? —le pregunté a Belokúrov por el camino—. Mi vida sí es aburrida, pesada y monótona porque soy pintor, soy un hombre raro; estoy, desde mis años juveniles, maltratado por la envidia, por el descontento conmigo mismo, por la falta de fe en mi actividad; soy siempre pobre; soy un vagabundo; pero usted, usted es un hombre normal, sano; es un terrateniente, un señor; ¿por qué vive usted en forma tan poco interesante?, ¿por qué toma usted tan poco de la vida? ¿Por qué, por ejemplo, no se ha enamorado usted aún de Lida o de Yenia?

—Usted olvida que yo amo a otra mujer —respondió Belokúrov.

Se refería a su amiga, Liubov Ivánovna que vivía con él en la casita del jardín. Era una gruesa dama, con aire de importancia, parecida a una gansa bien alimentada; todos los días la veía pasear por el jardín con ropas rusas adornadas con abalorios, llevando una sombrilla, y a cada rato la criada la llamaba, para comer o para tomar el té. Unos tres años antes había alquilado la casita para veranear y se quedó allí, por lo visto, para siempre. Era unos diez años mayor que él y lo manejaba con severidad, de tal modo que para ausentarse de la casa él debía pedirle permiso. A menudo sollozaba con voz de hombre y entonces yo mandaba decirle que si no dejaba de sollozar me iría de la casa; y los sollozos cesaban. Al llegar a casa, Belokúrov se sentó sobre el diván y frunció el ceño meditabundo, mientras que yo me puse a caminar por la sala sintiendo una leve emoción, como un enamorado. Tenía ganas de hablar de las Volchanínov.

—Lida solo puede amar a un funcionario del *zemstvo,* entusiasmado, igual que ella, con los hospitales y las escuelas —dije—. Oh, por una joven así no solo se puede ingresar en el *zemstvo,* sino también gastar un par de zapatos de hierro, como en el cuento de hadas. ¿Y Missus? ¡Qué delicia es esa Missus!

Belokúrov se puso a hablar largamente, estirando las "e-e-e-e", acerca de la enfermedad del siglo: el pesimismo. Hablaba con seguridad y en un tono desafiante como si yo discutiera con él. Centenares de *verstas* de la desierta, monótona y quemada estepa no pueden causar tanto tedio como un hombre que está sentado, habla y no se sabe cuándo se irá.

—No se trata de pesimismo ni de optimismo —observé con irritación. Lo que ocurre es que el noventa y nueve por ciento de los hombres carecen de inteligencia.

Belokúrov lo tomó muy a pecho, se mostró enojado y se fue.

—El príncipe está de visita en Malozemovo, te manda saludos —decía Lida a su madre al regresar de un viaje y quitándose los guantes—. Contó muchas cosas interesantes. Prometió volver a plantar la cuestión del puesto médico de Malozemovo, en la asamblea provisional, pero dice que hay pocas esperanzas. —Y dirigiéndose a mí añadió—: Disculpe, siempre olvido que esto no le puede interesar.

Sentí irritación.

—¿Y por qué no me puede interesar? —le pregunté, encogiéndome de hombros—. No le place conocer mi opinión, pero le aseguro que esta cuestión me interesa vivamente.

—Sí. A mi juicio, un puesto de médico en Malozemovo no es necesario en absoluto.

Mi irritación se transmitió a ella: me miró, entrecerrando los ojos, y preguntó:

—¿Qué se necesita entonces? ¿Paisajes?

—Tampoco los paisajes. Allí, no se necesita nada.

Ella terminó de quitarse los guantes y abrió el diario que acababa de traer del correo; al cabo de un minuto observó en voz baja, conteniéndose, por lo visto:

—La semana pasada Ana murió al dar a luz; de haber existido cerca un puesto médico ella hubiera salvado la vida. Y los señores paisajistas, me parece, debieron de tener algunas convicciones al respecto.

—Tengo una convicción bien definida al respecto —respondí, mientras ella se escondía detrás del diario como si no quisiera escucharme—. A mi juicio, los puestos médicos, las escuelas, las bibliotecas, los botiquines, dadas las condiciones existentes, no sirven sino para la opresión. El pueblo está atado con una gran cadena, y ustedes, lejos de cortarla, le agregan nuevos eslabones. He aquí mi convicción.

Ella levantó la mirada hacia mí y sonrió burlonamente, pero yo proseguí tratando de resumir mi idea principal:

—Lo importante no es que Ana haya muerto del parto, sino el hecho de que todas estas Anas, Mavras, Pelagias, encorvan sus espaldas desde el amanecer hasta la noche; se enferman a causa del trabajo excesivo; durante toda la vida tiemblan por sus hijos, hambrientos y dolientes; durante toda la vida temen a las enfermedades y a la muerte; durante toda la vida tratan de curarse, pero se marchitan temprano, envejecen temprano y mueren en el hedor y en la suciedad; sus hijos, al crecer, recomienzan la misma historia y así transcurren centenares de años y miles de millones de personas viven peor que las bestias (solo por un mendrugo de pan) sintiendo un miedo continuo. Lo terrible de su situación está en que no tienen tiempo de pensar en su alma; no tienen tiempo de recordar la imagen humana; el hambre, el frío, el miedo bestial, la enormidad del trabajo, cual aludes de nieve, les obstruyeron todos los caminos hacia la actividad espiritual, es decir, a lo que distingue al hombre del animal y que constituye lo único por lo cual vale la pena vivir. Ustedes acuden en su ayuda con hospitales y escuelas, pero, lejos de liberarlos de sus ataduras, por el contrario, los esclavizan más aún, ya que, al introducir en su vida nuevos prejuicios, ustedes aumentan el número de sus necesidades, sin hablar de que por los emplastos y por los libros, ellos deben pagar al *zemstvo*, o sea, doblar aún más la espalda.

—No voy a discutir con usted —dijo Lida bajando el diario—. Todo esto lo he oído ya. Solo le diré una cosa: no debe uno quedarse sin hacer nada. Es verdad, nosotros no estamos salvando a la humanidad entera y puede ser que estemos equivocados en muchas cosas, pero hacemos lo que podemos y tenemos razón. El más alto y sagrado propósito de una persona culta es servir al prójimo. A usted no le agrada, pero uno no puede satisfacer a todo el mundo.

—Es verdad, Lida, es verdad —dijo la madre.

En presencia de Lida, ella se mostraba siempre tímida y al hablar la miraba con inquietud, temiendo decir algo superfluo o inapropiado: nunca le contradecía sino que siempre estaba de acuerdo: "Es verdad, Lida, es verdad".

—La alfabetización de los *mujiks*, los libros con míseras instrucciones y máximas y los puestos médicos no pueden disminuir la ignorancia ni la mortalidad, de la misma manera que la luz de las ventanas no puede iluminar este enorme jardín —proseguí—. Ustedes no aportan nada; con su intromisión en la vida de esta gente ustedes no hacen sino crear nuevas necesidades, nuevos motivos para el trabajo.

—¡Dios mío, pero hay que hacer algo! —dijo Lida con fastidio, y por su tono se podía deducir que ella consideraba insignificantes mis razonamientos y los despreciaba.

—Hay que liberar a la gente del pesado trabajo físico —sostuve—. Hay que aliviar el yugo, darles un respiro, para que no pasen toda su vida junto a los hornos, las artesas y en el campo, sino que tengan también tiempo de pensar en su alma, en Dios, y que puedan manifestar en forma más amplia sus condiciones espirituales. La vocación de todo hombre está en la actividad espiritual, en la constante búsqueda de la verdad y del sentido de la vida. Hagan, pues, que les sea innecesario el brutal trabajo de bestias; permítanles sentirse en libertad y verán entonces que estos libritos y botiquines son, en realidad, una burla. Una vez que el hombre sea consciente de su auténtica vocación, solo podrán satisfacerle la religión, las ciencias, las artes y no estas menudencias.

—¡Liberarlos del trabajo! —sonrió Lida—. ¿Acaso eso es posible?

—Sí. Encárguense de una parte del trabajo de ellos. Si todos los habitantes de la ciudad y del campo, todos sin excepción, consintiéramos dividir entre nosotros el trabajo que en general realiza la humanidad para la satisfacción de sus necesidades físicas, a cada uno no le correspondería quizá más de dos o tres horas por día. Imagínese que todos, los ricos y los pobres, trabajamos solamente tres horas por día y el tiempo restante nos queda libre. Imagínese también que (para depender menos aún de nuestro cuerpo y trabajar menos) inventamos máquinas que nos reemplazan en ciertas labores y tratamos de reducir la cantidad de nuestras necesidades hasta el mínimo. Nos templamos a nosotros y a nuestros hijos para no temer al hambre y al frío y no tener que temblar constantemente por la salud de ellos, como tiemblan Ana, Mavra y Pelagia. Imagínese que no nos curamos, no mantenemos farmacias, ni fábricas de tabaco y de bebidas alcohólicas, ¡cuánto tiempo libre nos queda! Todos, en común, dedicamos este ocio a las ciencias y a las artes. De la misma manera como a veces todos los *mujiks* de una aldea se unen para arreglar el camino, nosotros, mancomunados todos, buscaríamos la verdad y el sentido de la vida, y (estoy seguro de ello) la verdad sería descubierta muy pronto; el hombre se liberaría de este constante, penoso y deprimente miedo a la muerte y aun de la misma muerte.

—Usted, sin embargo, se contradice —observó Lida—. Habla de las ciencias, pero antes negaba la alfabetización.

—La alfabetización que solo sirve al hombre para leer los letreros de las tabernas y a veces libros que no entiende. Esta alfabetización se mantiene en nuestras aldeas desde los tiempos de *Rúrik;*[7] *Petrushka*[8] gogoliano hace ya tiempo que sabe leer, mientras que el campo quedó igual que en la época de Rúrik. No es la alfabetización lo que necesitamos sino la

[7] Fundador de la dinastía Rúrika en el 862.

[8] Criado de Chíchikov en *Almas muertas* de Nikolái Gógol.

libertad para una amplia manifestación de capacidades espirituales. No son escuelas lo que necesitamos sino universidades.

—Pero usted niega también la medicina.

—Sí. Ella solo sería necesaria para el estudio de las enfermedades como fenómenos de la naturaleza y no para su tratamiento. Hay que curar no las enfermedades sino sus causas. Anulen la causa principal (el trabajo físico) y no habrá enfermedades. No reconozco la ciencia que cura —continué exaltado—. Las ciencias y las artes, cuando son auténticas, no aspiran a lograr propósitos temporales o particulares, sino que tienden hacia lo eterno y lo universal: buscan la verdad y el sentido de la vida, buscan a Dios y el alma, pero cuando se las ata a las necesidades y los problemas del día, a los botiquines y a las bibliotecas, ellas no hacen sino complicar y entorpecer la vida. Tenemos muchos médicos, farmacéuticos, juristas, mucha gente sabe ahora leer y escribir, pero carecemos totalmente de biólogos, matemáticos, filósofos, poetas. Toda la inteligencia, toda la energía espiritual se fueron gastando para la satisfacción de las necesidades temporales y pasajeras. Los sabios, los escritores y los pintores están llenos de trabajo; merced a ellos las comodidades de la vida crecen cada día, las necesidades del cuerpo se multiplican, mientras que la verdad queda lejos todavía y el hombre sigue siendo el animal más feroz y menos pulcro, y todo contribuye para que la humanidad, en su mayoría, se degenere y pierda para siempre su vitalidad. En estas condiciones, la vida de un pintor no tiene sentido, y cuanto más talento tiene, tanto más extraño e incomprensible es su papel; ya que resulta que él trabaja para la diversión de un animal feroz y sucio, sosteniendo el orden existente. Y yo no quiero trabajar ni trabajaré. No precisamos nada, ¡qué se hunda la tierra en el infierno!

—Missus, vete a tu cuarto —dijo Lida a su hermana, considerando, por lo visto, mis palabras como dañinas para una señorita tan joven.

Yenia miró con tristeza a la hermana y a la madre y salió.

—Estas lindas cosas se dicen comúnmente cuando quieren justificar su indiferencia —dijo Lida—. Negar hospitales y escuelas es más fácil que curar y enseñar.

—Es verdad, Lida, es verdad —asintió la madre.

—Usted amenaza, con dejar de trabajar —continuó Lida—. Por lo visto, aprecia usted altamente sus obras. No discutamos más: nunca llegaremos a un acuerdo, ya que la más imperfecta de las bibliotecas o farmacias, a las cuales se refirió usted con tanto desprecio, para mí es más importante que todos los paisajes del mundo —y enseguida, dirigiéndose a la madre, habló en un tono muy distinto—: el príncipe está muy delgado y ha cambiado mucho desde que estuvo en nuestra casa. Lo mandan a Vichy.

Ella contaba a su madre las cosas acerca del príncipe para no hablar conmigo. Su cara ardía y para ocultar su agitación se inclinó hacia la mesa, como miope, y aparentó leer el diario. Mi presencia era desagradable. Me despedí y me retiré.

IV

Afuera todo era paz; la aldea del otro lado del lago dormía ya, no se veía ninguna luz y solo en el agua brillaba apenas el pálido reflejo de las estrellas. Junto al portón de los leones, Yenia me esperaba de pie para acompañarme un trecho.

—Todos están durmiendo en la aldea —le dije, tratando de distinguir su rostro en la oscuridad, y vi sus oscuros y tristes ojos fijarse en mí—. El tabernero y el cuatrero duermen tranquilos, mientras que nosotros, gente de bien, nos irritamos el uno al otro discutiendo.

Era una triste noche de agosto; triste porque ya olía a otoño y cubierta por una nube purpurina, salía la luna y apenas iluminaba el camino y los oscuros campos. Con frecuencia caían estrellas fugaces. Yenia iba por el camino a mi lado e intentaba no mirar al cielo, ya que el verlas caer la asustaba sin razón aparente.

—Me parece que usted tiene razón —dijo ella, temblando a causa de la humedad nocturna—. Si todos los hombres, en común, pudieran dedicarse a la actividad espiritual, pronto llegarían a saberlo todo.

—Naturalmente. Somos seres superiores y si, efectivamente, tuviéramos conciencia de toda la fuerza del genio humano y viviéramos solo para propósitos supremos, al final seríamos como dioses. Pero ello no ocurrirá nunca, la humanidad se va a degenerar y del genio no quedará ni rastro.

Cuando el portón desapareció de la vista, Yenia se detuvo y me dio un presuroso apretón de manos.

—Buenas noches —dijo, temblando; solo una blusa liviana cubría sus hombros y ella se encogió de frío—. Venga mañana.

Sentí angustia al pensar que me quedaría solo, irritado, descontento con la gente y conmigo mismo; también yo traté de no mirar las estrellas fugaces.

—Quédese conmigo un minuto más —le dije—. Se lo ruego.

Yo amaba a Yenia. La amaba, quizá, porque solía recibirme y me acompañaba para despedirme; porque me miraba con ternura y admiración. ¡Cuán bellos y conmovedores eran su rostro pálido, su cuello fino, sus delgados brazos, su fragilidad, su ocio, sus libros!

¿Y su inteligencia? Yo sospechaba en ella una inteligencia notable, admiraba la amplitud de sus ideas, quizá porque ella pensaba de otra manera que la hermosa y severa Lida, que no me quería. Yo le agradaba a Yenia como pintor, conquisté su corazón con mi talento, y sentía un apasionado deseo de pintar solo para ella, soñando con ella como mi pequeña reina, que junto conmigo poseería estos árboles, campos, la niebla, el alba, esta naturaleza maravillosa y encantadora, pero entre la cual me sentí hasta entonces desesperadamente solo e inútil.

—Quédese un minuto más —supliqué—. Le imploro.

Me quité el abrigo y cubrí sus hombros helados; temiendo mostrarse fea y ridícula con el gabán masculino, ella se lo quitó, riendo, y entonces la abracé y comencé a besar su cara, sus hombros, sus brazos.

—¡Hasta mañana! —susurró ella y con cuidado, como si temiera alterar el silencio de la noche, me abrazó—. Tengo que contarlo todo enseguida a mamá y a mi hermana, pues no tenemos secretos entre nosotras. ¡Me da mucho miedo! No por mamá, ella lo quiere, ¡pero Lida...! —y se dirigió corriendo hacia el portón.

—¡Adiós! —gritó.

Luego, durante unos dos minutos la oí correr. No tenía ganas de volver a casa, y además no había para qué volver allá. Me quedé parado un rato, meditando, y desanduve lentamente el camino para dirigir una mirada más a la casa en que vivía ella: graciosa, ingenua y vieja casa que parecía mirarme con las ventanas de su sotabanco y comprenderlo todo. Pasé por delante de la terraza, me senté en un banco junto a la plazoleta de *lawn-tennis,* bajo un añoso olmo, y desde la oscuridad contemplé la casa. Las ventanas del sotabanco, donde vivía Missus, se iluminaron con una luz brillante, luego con otra atenuada y verde: la lámpara fue cubierta con una pantalla. Se movieron algunas sombras y me sentí embargado de ternura, silencio y satisfacción conmigo mismo, por haberme apasionado y enamorado: pero al mismo tiempo me molestaba la idea de que allí mismo, a pocos pasos de mí, en una de las habitaciones de la casa, vivía Lida, que no me quería y que quizá me odiaba. Estuve esperando que saliera Yenia, y al aguzar el oído me parecía oír hablar a alguien en el sotabanco.

Transcurrió cerca de una hora. La verde luz se había apagado y las sombras dejaron de verse. La luna ya se encontraba alta, encima de la casa, e iluminaba el jardín durmiente y los caminitos; las dalias y las rosas en el jardín frente a la casa, se veían con nitidez y parecían todas del mismo color. El aire se hacía muy frío. Salí del jardín, levanté del suelo mi sobretodo y me encaminé lentamente a mi casa.

Al día siguiente, cuando llegué por la tarde a la casa de las Volchanínov, la puerta de vidrio que daba al jardín estaba abierta de par en par. Me senté en la terraza, esperando que detrás del jardín en la plazoleta o en una de las alamedas no tardara en aparecer Yenia, o bien desde alguna de las habitaciones llegara a oírse su voz; luego pasé a la sala, al comedor. No había un alma.

Del comedor, a través de un largo pasillo, fui al vestíbulo, luego me dirigí nuevamente al comedor. En el pasillo había varias puertas y detrás de una de ellas resonaba la voz de Lida.

—En la rama... de un árbol... —pronunciaba ella en voz alta y arrastrando las sílabas, probablemente dictando—. Bien ufa-a-no y con-te-ento, con un queso en el pi-i-ico... esta-aba... ¿Quién está allí? —llamó de repente al oír mis pasos.

—Soy yo.

—¡Ah! Disculpe, no puedo salir ahora, estoy dando clase a Dasha.

—¿Ekaterina Pávlovna está en el jardín?

—No. Ella y mi hermana partieron esta mañana de visita a nuestra tía, en la gobernación de Penza. Y en invierno, probablemente, irán al extranjero... —añadió después de una pausa—. En la rama... de un árbol... bien ufa-a-no y contento... ¿Escribiste?

Salí al vestíbulo y sin pensar en nada me quedé de pie mirando el lago y la aldea, mientras llegaba a mis oídos:

—Con un queso en el pico, estaba el señor cuervo.

Y me fui de la finca por el mismo camino por el que había venido por primera vez, solo que en sentido contrario: primero del patio al jardín, por delante de la casa, luego por la avenida de los tilos. Allí me alcanzó corriendo un chiquillo y me entregó una carta. "Le conté todo a mi hermana y ella exige que me separe de usted —leí—. Estaría por encima de mis fuerzas apenarla con mi desobediencia. Que Dios le dé a usted mucha felicidad, perdóneme. ¡Si supiera usted con cuánta amargura lloramos mamá y yo!".

Luego la oscura avenida de abetos, el cerco caído... Por el campo donde aquella vez florecía el centeno y vociferaban las codornices, ahora vagaban las vacas y los caballos trabados. Allá y acá, sobre las colinas, verdeaba intensamente la sementera de otoño. Me invadió un humor sobrio y prosaico, y sentí vergüenza por todo lo que había hablado en casa de las Volchanínov; y volví a sentir el tedio de la vida. Al regresar a casa, hice las maletas y por la noche partí para San Petersburgo.

No he vuelto a ver a las Volchanínov. No hace mucho, en el viaje a Crimea, me topé en el tren con Belokúrov. Igual que antes, vestía una *poddiovka* y una camisa bordada, y al preguntarle sobre su salud me respondió: "La debo a sus oraciones". Nos pusimos a conversar. Había vendido su finca y comprado otra, más pequeña, a nombre de Lubov Ivánovna. Acerca de las Volchanínov contó poca cosa. Lida, según sus palabras, vivía siempre en Shelkovka y enseñaba a los chicos en la escuela; poco a poco logró reunir un círculo de personas que le eran simpáticas y que, llegando a constituir un partido fuerte, en las últimas elecciones del *zemstvo* desplazaron a Balaguin, que hasta entonces tenía en sus manos a todo el distrito. En lo que atañe a Yenia, Belokúrov solo me dijo que ella no vivía en su casa y que no sabía dónde se encontraba.

Comienzo a olvidar ya la casa del sotabanco, y solo alguna vez, cuando escribo o leo, de repente, sin causa ninguna, me acuerdo de la luz verde en la ventana y del ruido de mis pasos que resonaban de noche en el campo, cuando enamorado volvía a mi casa, frotándome las manos por el frío. Y con menos frecuencia aún, en momentos cuando me oprime la soledad y estoy triste, empiezo a recordar vagamente y me parece entonces que a mí también alguien me recuerda, me espera y que nos encontraremos...

Missus, ¿dónde estás?

Historia de una anguila

Es una mañana de verano y reina en la naturaleza una tranquilidad absoluta; se oye solamente, de vez en cuando, el cantar de los grillos. Junto a la caseta de baños en construcción, bajo las ramas verdes de un sauce, se agita en el agua el carpintero Guerasim, campesino alto, flaco, de rizados cabellos rojizos; sopla, refunfuña, guiña los ojos y procura sacar algo de entre las raíces del sauce. A su lado, con el agua hasta el cuello, está otro carpintero, Liubim, hombre joven, bajo de estatura y jorobado; su cara es triangular y tiene ojos de chino. Ambos llevan blusas y calzones y parecen hallarse ateridos por el frío, lo cual se comprende, porque hace más de una hora que permanecen en el agua.

—¿Por qué empujas sin cesar con la mano? —grita el jorobado, tembloroso—. ¡Cabeza de burro! ¡Tenlo!..., ¡tenlo!..., ¡que no se te escape el maldito pez! ¡Te repito que lo agarres bien!

—¡No escapará! ¿Por dónde quieres que se nos escape?

—Se ha metido por debajo de los troncos —contesta Guerasim con su voz de bajo ronco—. No hay por dónde cogerla.

—¡Cógela por las agallas! ¡Cógela y no la sueltes!

—¡Espera! Ya la tengo, no sé por dónde. El caso es que la tengo. ¡Demonios! La maldita muerde.

—Por las agallas te he dicho; no la sueltes...

—No se ven las agallas. Espera. Ya la he cogido por alguna parte; por el labio creo que la he cogido.

—¡No; por el labio no tires de ella! Se te va a escapar. ¡Por las agallas, por las agallas! Otra vez empujas con la mano. ¡Qué imbécil eres, válgame Dios! ¡Agárrala!

—¡Agárrala!... —exclama Guerasim irritado—. Es muy fácil dar órdenes: ¡Métete tú mismo en el agua y agárrala, diablo de jorobado que eres! ¿A que estás sin hacer nada?

—Bien la agarraría si pudiera. Bajo de estatura como soy, no puedo meterme allí porque es muy hondo.

—No importa que sea hondo; échate a nado.

El jorobado viene nadando y se sostiene de las ramas, pero a la primera tentativa de ponerse de pie, se hunde.

—Ya te decía yo; aquí el agua es profunda —grita con enfado al salir a flote—; ¿dónde me he de colocar? ¿He de sentarme en tu cuello?

—Súbete a uno de los troncos; los hay como si fueran una escalera.

El jorobado busca con el pie un tronco y se sitúa en él, asiéndose a las ramas. Resuelto este problema, empieza a rebuscar en el agua entre las raíces. Está agachado y hace lo posible por no tragar agua. Sus manos se enredan entre las algas, resbalan por el musgo que cubre los troncos, y, finalmente, topan con las pinzas de un cangrejo.

—¡Diablo! ¿Qué haces tú aquí? —exclama Liubim y, furioso, lanza el cangrejo a la orilla.

Prosiguiendo las investigaciones, su mano encuentra la de Guerasim, y llega hasta una cosa fría.

—¡Aquí está! ¡Qué enorme es la muy estúpida! Deja que meta la mano... Ahora... Por las agallas... No me empujes con el codo... Ahora mismo... Ahora... Deja que la agarre bien. Está muy metida entre los troncos y no sé por dónde cogerla. El vientre está por todos lados. ¡Mátame ese mosquito que me pica en el cuello! ¡Ya la cogí, ya!

El jorobado hincha las mejillas y detiene la respiración; evidentemente toca las agallas, cuando las ramas a que está asido se rompen. Liubim pierde el equilibrio y ¡cataplum!, cae en el agua. Se forman círculos concéntricos, y en la superficie aparecen burbujas. El jorobado reaparece nadando, da un fuerte resoplido y vuelve a colgarse de las ramas.

—Te vas a ahogar, ¡demonio!, y luego seré yo el responsable. ¡Vete al infierno! ¡La sacaré yo!

Los dos hombres se injurian entre sí. El sol, entretanto, sigue su curso. Las sombras se acortan, se repliegan como los cuernos de un caracol; la hierba caldeada por los rayos exhala un perfume intenso.

Las doce del día están a punto de sonar... Mientras, Guerasim y Liubim continúan, debajo del sauce, ensimismados en su tarea.

La voz ronca del uno y la voz aguda del otro resuenan sin cesar en el silencio de esta jornada de verano.

—¡Sácala... por las agallas! Espera, que yo empujaré. ¿Dónde metes el puño? Con el dedo, no con el puño. ¡Animal!, ¡animal! Córrete a la izquierda, que a la derecha hay un hoyo. ¡Tírala del labio!

Por la vertiente vecina baja un rebaño; el pastor Efim, que es muy viejo, tuerto y con la boca contraída, anda despacio, mirando fijamente el suelo. Los carneros llegan a la orilla del agua: luego los caballos; detrás de los caballos, las vacas.

¡Empújala por debajo! —grita Liubim—. Pasa el dedo por aquí. ¿Estás sordo? ¡Imbécil!

—¿Qué hacen, hijos míos? —les pregunta Efim.

—Intentamos sacar una anguila, pero no lo podemos hacer porque se ha metido por debajo de un tronco. Por este lado... ¡Ahora, ahora!

Efim se queda mirando con su único ojo a los pescadores. De repente se desata las sandalias, tira al suelo el saco y se quita la camisa, conservando el pantalón. Se persigna y extendiendo sus brazos morenos y escuálidos, se mete en el agua. Camina unos cincuenta pasos por el suelo fangoso, y luego se echa a nadar.

—¡Esperen, esperen, muchachos! —les grita aproximándose—. Van a dejarla escapar. Hay que saber cómo se hace esto.

Efim se une a los carpinteros, y los tres individuos, empujándose con los codos y rodillas, insultándose y estorbándose mutuamente, patalean en el mismo sitio.

El jorobado no cesa de tragar agua y tiene accesos de tos convulsiva.

—¿Dónde anda el pastor? —grita alguien desde la otra orilla—. ¡Efim! ¡Pastor! ¿Dónde estás? El rebaño se te ha metido en el jardín. ¡Échalo, échalo del jardín! ¡Pronto! ¿Dónde está ese viejo inútil?

Se escuchan voces de hombres y mujeres. Por la reja del jardín se asoma el dueño, Andreievitch, ataviado con una bata de tela oriental y en la mano sostiene su periódico. Observa con aire interrogativo en qué dirección vienen los gritos, y se encamina apresuradamente hacia el río.

—¿Qué hay? ¿Qué hay? ¿Quién grita de ese modo? —pregunta severamente al percibir las tres cabezas mojadas que emergen del agua—. ¿Qué diablos enredan ahí?

—Un pez; cogemos un pez —responde Efim sin levantar la cabeza.

—¿Cómo? ¡Ya te daré yo el pez! El rebaño se mete en el jardín mientras tú pescas. ¡Y la caseta! ¿Cuándo estará lista? Trabajas hace dos días y no has adelantado nada.

Estará, estará la caseta —refunfuña Guerasim—. El verano es largo; tendrá tiempo, señor, de remojarse... ¡Brrr!... No podemos con la anguila. Se ha metido debajo del tronco, y allí permanece como en una madriguera.

—¿Una anguila? —pregunta el dueño, y sus ojos se animan—. ¡A sacarla pronto!

—¡Nos darás cincuenta *kopeks*; verás qué pieza! Es gorda como un cerdo. Los vale, señor, cincuenta *kopeks* por las penas que nos ha causado. No la aprietes, Liubim; no la aprietes que reventará. Empuja desde abajo. Tú, abuelito, tira hacia arriba, ¿entiendes?, hacia arriba; no hacia abajo, ¡demonio!

Pasan cinco minutos, luego diez; el dueño se impacienta.

—¡Vasili! —grita, volviéndose hacia la finca—. ¡Vaska! Mándame a Vasili.

Vasili, el cochero, llega a todo correr; está mascando algo y respira con dificultad.

—¡Métete en el agua! Ayúdales a sacar la anguila, que no pueden con ella.

Vasili se desnuda rápidamente y se mete en el agua.

—¡Despacho en un instante! ¿Dónde está? Ya verán cómo esto va a ir aprisa. ¡Tú, Efim, vete de aquí! ¿A qué meterse en estas honduras un hombre viejo? Vete, y déjanos en paz; yo la sacaré. ¡Ya! ¡Aquí está! ¡Quita de ahí las manos!

—¿Quitar las manos? Las quitaremos cuando hayan agarrado el pez. ¡A ver cómo te las arreglas!

—De este modo no haré nada; hay que cogerla por la cabeza...

—¡Bruto! Ya sé que es por la cabeza por donde hay que cogerla; pero ¿dónde está la cabeza? ¡Búscala! Debe de estar debajo del tronco.

—No ladres, si no... ¡Bestia!

—¡Callen ya! ¿Cómo se atreven a proferir en presencia del señor tales palabras? —murmura Efim—. No la sacarán, chicos; es más testaruda que ustedes.

—¡Aguarda! Veo que no lograrán nada —dice el dueño, y se desnuda apresuradamente, añadiendo—: Son cuatro majaderos y no son capaces de acabar con una anguila.

Andrei Andreievitch, desnudo, espera un rato para orearse y se mete en el agua.

—Hay que cortar el tronco —decide Liubim—. ¡Guerasim, Guerasim, trae el hacha! ¡Alcánzamela!

—No vayan a cortarse los dedos —advierte el dueño, oyendo golpes de hachas debajo del agua—. ¡Efim, vete de ahí! Yo sacaré la anguila. Ustedes no sirven para nada.

El tronco está partido, lo levantan un poco y Andrei Andreievitch siente con gran satisfacción cómo sus dedos se introducen debajo de las agallas de la anguila.

—¡Ya la tengo! ¡Muchachos, no empujen! ¡Quédense quietos! ¡Ya va para afuera!

Aparece a la superficie una gran cabeza de anguila, y detrás de ella un cuerpo negro de un metro de largo.

La anguila menea la cola y busca la manera de escurrirse.

Una sonrisa triunfante resplandece en todas las caras. Después de unos momentos de admiración silenciosa, prorrumpen en gritos:

—¡Ea! ¡Ya te tenemos!

—¡Soberbia anguila! —balbucea Efim, rascándose el pecho—. Pesa lo menos diez libras.

—Seguramente —afirma el dueño-—. ¡Y lo gorda que está! Parece que va a reventar. ¡Ah!..., ¡ah!...

La anguila hace con la cola un movimiento tan rápido como imprevisto, y los pescadores la ven zambullirse en el agua.

Todos alargan las manos, pero ya es tarde; la anguila ha desaparecido para siempre.

En la casa de huéspedes

—¡Oiga usted! —ruge encarándose con el dueño de la casa de huéspedes la inquilina del cuarto número 47, la coronela Machatirina, que está morada de coraje y echa espuma por la boca—. O me da otra habitación o me voy de esta maldita posada. ¡Esto es una guarida de golfos! ¡Tengo muchachas casaderas y aquí no se escuchan más que horrores! ¿Cómo puede una soportarlo? ¡De día y de noche! Se oyen a veces tales cosas, que no sabe una ni dónde meterse. Afortunadamente mis niñas no comprenden aún nada, de otra suerte, tendría que escapar aunque me quedara sin albergue. Justamente ahora Carlaniza, mi vecino... Puede usted escucharle.

—Yo te contaré algo mejor —dice en la habitación contigua una voz de bajo profundo—. ¿Te acuerdas del teniente Drujkof? Pues bien, aquel Drujkof hizo una carambola y, según su costumbre, levantó la pierna en alto... De repente se oyó un grrr... Pensamos que se había roto el paño del billar, pero pronto nos dimos cuenta de que "los estados unidos" habían estallado por todas las costuras. ¡El animal levantó la pierna tan en alto, que no quedó una costura sana! ¡Ja, ja, ja! Y había señoras en la sala. Entre otras, la mujer de aquel papanatas de Okurin. Okurin se puso como un loco, rabiando. ¿Cómo atreverse a tan grande indecencia delante de una señora? Se hicieron de palabras, ya sabes. Acabó Okurin por mandar sus testigos a Drujkof, y Drujkof, que no tiene pelo de tonto, le respondió:

—¡Ja, ja, ja! Que no me mande a mí sus testigos, sino mi sastre, que me cosió mal estos pantalones. ¡Suya es la culpa! ¡Ja, ja, ja!

Lila y Mila, las hijas de la coronela, que se hallan sentadas junto a la ventana, apoyando sus mejillas gordinflonas en sus puños, se ruborizan y bajan los ojitos.

—¿Ha oído usted? —sigue Machatirina, volviéndose al dueño—. ¿Qué le parece? ¡Yo soy, señor mío, una coronela! ¡Mi marido ha ocupado un puesto importante! ¡No he de permitir que en mi presencia cualquier carretero relate indecencias semejantes!

—¡Señora, si no es un carretero! Es el capitán Kikin. ¡Es un caballero!

—Si hasta tal punto olvida sus deberes de caballero, que se expresa como un vulgar conductor de carros, merece ser despreciado aún más. ¡En una palabra, no discuta usted; emplee medios enérgicos!

—¡Pero, señora! ¿Qué puedo hacer yo? No solo es usted, todo el mundo se queja. ¡Si no puedo nada con él! Cuantas veces he ido a su cuarto tratando de convencerlo: "¡Aníbal Ivanovitch! ¡Por Dios! ¡Es una vergüenza!", me pone los puños cerca de la cara, diciéndome: "¿Los quieres probar?". ¡Es en realidad un escándalo! Por la mañana se despierta y se va al pasillo en..., usted dispense..., en paños menores. O bien se emborracha, coge el revólver y la emprende a tiros contra la pared. De día no cesa de beber vino, y por las noches juega a las cartas y de las cartas suceden las peleas.

—¿Y por qué no despide usted a ese gañán?

—¿Pero cómo despedirlo? Me debe tres meses. Yo renuncio al dinero con tal de que se vaya. El tribunal le ha notificado la expulsión. Apeló, entabló recurso de casación, y se las arregla como puede para dar largas. ¡Es una calamidad! ¡Y si viera usted qué hombre! ¡Joven, guapo, listo...! ¡Cuando no está borracho da gusto tratarle! El otro día, como no se hallaba ebrio, pasó el día entero escribiendo a sus padres.

—¡Desgraciados padres! —suspira la coronela.

—¡Naturalmente, son unos desgraciados! No es poca pena tener un hijo semejante. Le reprenden, le echan de las fondas, le imponen multas todos los días por escándalos, etc. ¡Vaya una desesperación!

—¡Pobre desgraciada esposa! —vuelve a suspirar la coronela.

—No, señora; si es soltero. ¿Acaso le es posible casarse? Gracia es que pueda sustentarse a sí mismo.

—¿De modo que es soltero? —pregunta—. ¿Soltero?

La coronela da otra vuelta y se queda un momento pensativa.

—Así, pues.... ¿soltero?... Lila, Mila, quítense de delante de la ventana. ¡Hay corriente de aire! ¡Qué lástima! ¡Un hombre joven y de tan mala conducta! ¿Y de qué proviene esto? De que nadie ejerce sobre él una benéfica influencia. No hay quien... Es soltero... Aquí tiene usted el motivo. Hágame usted el favor —prosigue amablemente— de ir a verle en mi nombre y suplíquele que se modere un poco en su manera de hablar. Dígale usted que es la coronela Machatirina quien se lo pide. Vive en el número 47 con sus hijas, y ha venido aquí desde su hacienda.

—Muy bien.

—No lo olvide; dígale que llegó con sus hijas. Que venga a disculparse por lo menos. Estamos siempre en casa después de comer. ¡Mila, cierra la ventana!

—Pero, mamá, ¿para qué ver a ese borracho? —le interroga Lila al marcharse el dueño—. ¡Valiente convidado: bebedor, pendenciero, tunante!

—No hables querida mía; ustedes siempre tienen algo que decir y por eso no se casan. ¿Por qué no? Cualquiera que sea, no hay motivo para despreciarlo. Quizá sirva de algo, ¿quién sabe? —suspira la coronela, fijándose con preocupación en sus hijas—. Tal vez esté ahí nuestra suerte. Vayan a vestirse por si acaso.

En la oscuridad

Una mosca le entra por la nariz al vicefiscal, el consejero Gáguim. Que entrara allí por curiosidad o por ligereza, a favor de la oscuridad, el caso es que la nariz no soporta la presencia de un cuerpo extraño, y Gáguim empieza a estornudar con tanto estrépito, que hasta la cama cruje.

La esposa de Gáguim, Marie Michailovna, una rubia gorda y robusta, se estremece y se despierta. Abre los ojos, observa la oscuridad, suspira y se vuelve del otro lado. Al poco rato, se vuelve de nuevo, aprieta los párpados, pero el sueño no regresa. Después de varias vueltas y suspiros, se incorpora, salta por encima de su marido, se calza las pantuflas y se aproxima a la ventana. Fuera de la estancia, la oscuridad es completa. Se ven únicamente las siluetas de los árboles y los tejados pardos de las granjas. En la atmósfera dormida reina un silencio absoluto. El guardián nocturno a quien se paga para que turbe esa tranquilidad se calla como un muerto. Marie Michailovna, al mirar hacia el patio, grita de repente. Le parece que una figura oscura se destaca sobre el parterre del jardín y se acerca a la casa. Al principio se imagina que se trata de una vaca o de un caballo, pero no tarda en distinguir los contornos de un ser humano. Se frota los ojos, y nota que la silueta oscura se acerca a la ventana de la cocina, ante la que se detiene indecisa unos momentos, luego pone el pie en el alféizar de la ventana y desaparece en el interior.

"¡Un ladrón!", se dice Marie Michailovna.

Su cara se cubre de intensa palidez. De inmediato su imaginación le hace representarse el cuadro que tanto terror inspira a los veraneantes. El ladrón se encarama, salta a la cocina, de ahí pasa al comedor; en el armario están los cubiertos de plata; más lejos está el dormitorio; las joyas corren peligro... Sus piernas flaquean y siente escalofríos en la espalda.

—¡Vasia! —exclama sacudiendo a su marido—. ¡Vasili Pravovitch! ¡Dios mío! ¡Despiértate, Vasili, te lo suplico!

—¿Qué ocurre? —balbucea el consejero Gáguim, aspirando el aire y moviendo las quijadas.

—¡Despiértate! Te lo suplico en nombre del Creador. Un ladrón se halla en la cocina. He mirado hacia fuera y he visto que un hombre saltaba por la ventana. De la cocina pasará al comedor; allí están las cucharillas. ¡Vasili! En casa de nuestra vecina ocurrió el año pasado lo mismo.

—¿Qué hay? ¿A quién llamas?

—¡Dios mío! No oye nada. Pero, ¡comprende mi terror! He visto a un hombre entrar en nuestra cocina. Pelagia se va a asustar, y los cubiertos están en el armario.

—¡Qué majaderías!

—Vasili, eres insoportable. Te digo que hay un ladrón en casa y duermes y roncas. ¿Qué quieres? ¿Que nos roben? ¿Que nos maten?

El vicefiscal se incorpora, se sienta en la cama y bosteza ruidosamente.

—¡Qué demonio! No le dejan a uno en paz ni durante la noche. ¡Imposible dormir tranquilo!

—Te lo juro, Vasili; he visto a un hombre encaramarse por la ventana.

—¿Y qué, después de todo? ¿Y qué que se encarame? Será probablemente el bombero de Pelagia.

—¿Qué dices?

—He dicho que probablemente será el bombero que viene a ver a Pelagia.

—Tanto peor —replica Marie Michailovna—; peor que si fuera un ladrón. Yo nunca permitiré en mi casa cinismo semejante.

—¡Vaya una virtud! No permitir cinismo. Esto no es un cinismo. ¿A qué emplear vocablos extranjeros? Es tradicional que cada cocinera tenga su bombero.

—Esto prueba que tú no me conoces. Yo no puedo tolerar que en mi casa nadie se permita... Hazme el favor de ir a la cocina y ordenar al bombero que se vaya. ¡Pero en este mismo instante! Mañana diré a Pelagia que no se atreva a reincidir. Cuando yo me muera, puedes emplear en esta casa todo el cinismo que te plazca; entretanto, te niego ese derecho. Sin tardanza, ve a decírselo.

—¡Diablos! —exclama Gáguim con un gesto de fastidio—. Reflexiona bien con tus sesos microscópicos. ¿A qué voy a ir yo allí?

—¡Vasili! Me desmayo.

Vasili escupe con desdén y se calza sus pantuflas; escupe de nuevo y va a la cocina. Está oscuro como un barril tapado. Gáguim tiene que andar a tientas. De paso, entra en el aposento de los niños y despierta a la niñera.

—Vasilia —le dice—, tú has cogido esta mañana mi bata para limpiarla. ¿Dónde está?

—Se la he dado a Pelagia para que la limpiara.

—¡Qué desorden! No colocas nunca las cosas en su sitio. Ahora me veo precisado a andar por la casa sin bata.

Entra en la cocina y se encamina al sitio donde, debajo de las estanterías y entre las cazuelas, duerme, encima de su baúl, la cocinera.

—¡Pelagia! —grita, sacudiéndola—. ¿Por qué te callas? ¿Quién ha venido a verte, saltando por la ventana?

—¿Por la ventana? ¿Y quién iba a entrar por la ventana? —dice Pelagia.

—Mejor es no representar una comedia. Dile a tu granuja que se largue, ahora que está todavía entero. Nada se le ha perdido por acá.

—¡Está usted soñando, señorito! ¿Me toma usted por tonta? Me canso durante todo el día; corro de un lado para otro desde la mañana hasta la noche; no tengo ni un momento de reposo, y ahora me sale usted con historias como esta. Le sirvo a usted por cuatro rublos al mes, pagando yo mi ropa y mi azúcar, ¿y debo escuchar ofensas como la que usted me acaba de dirigir?

—Basta de letanía. ¡Que se vaya tu soldado inmediatamente por donde ha venido!

—Usted comete un pecado —dice la cocinera—. Parece imposible que un caballero rico ofenda a una desgraciada como yo, que no tiene quien la defienda. Estoy sola en el mundo.

Y empieza a llorar a lágrima suelta.

—¡Basta, basta, Pelagia! A mí me tiene todo perfectamente sin cuidado. Es la señora quien me lo manda. En cuanto a mí, poco me importa que dejes entrar al diablo por la ventana.

Después de esta conversación, no le quedaba al consejero sino explicar a su esposa que se ha equivocado. Pero tiene frío y se acuerda de su bata.

—Escucha, Pelagia: ¿has cogido tú mi bata? ¿En dónde está?

—¡Ay, señorito, le pido mil excusas! Se me olvidó dejarla junto a su cama, y la colgué aquí en un clavo al lado de la estufa.

Gáguim, a tientas, busca la bata junto a la estufa, se la pone y se dirige al dormitorio.

Marie Michailovna, al irse su marido, se mete en la cama a esperar que este vuelva. Transcurren tres minutos de relativa tranquilidad, pero luego empieza a inquietarse.

—¡Cuánto tarda en volver! —piensa—. No faltaría más sino que topara con el ladrón.

Y en su imaginación se representa cómo en la oscura cocina, Gáguim recibe en el cráneo un golpe de maza y muere sin proferir un grito; en el suelo hay un charco de sangre...

Pasan cinco minutos..., seis... Un sudor frío corre por sus sienes.

—¿Qué te sucede? ¿Por qué chillas? —le contesta su marido—. ¿Te ahorcan acaso?

Gáguim se acerca y se sienta al borde de la cama.

—No hay nada —dice—; todo ha sido imaginación tuya. Puedes estar tranquila; tu estúpida Pelagia es tan virtuosa como Lucrecia. Eres muy cobarde, muy...

Y el consejero mortifica cuanto puede a su mujer. Está desvelado y no siente la necesidad de dormir.

—Eres muy cobarde —prosigue—. Es necesario que mañana vayas a ver al doctor para que te cure esas alucinaciones; eres una histérica.

—Huele a brea o a cebolla.

—Sí; algo hay en la atmósfera que huele mal. Encendamos la vela, ¿dónde están los fósforos? Te voy a enseñar el retrato de mi jefe, que ayer se despidió de nosotros y nos dio a cada uno su retrato con su autógrafo.

Gáguim enciende la vela. Antes de haber dado un solo paso en busca del retrato, unos pasos resuenan detrás de él y se oye un grito tremendo, salido de los labios de su mujer. Esta le contempla con asombro, coraje y espanto.

—¿Has cogido esa bata de la cocina? —le pregunta con voz sorda.

—¿Por qué lo dices?

—Contémplate.

El consejero se mira al espejo y prorrumpe en un ¡ahhh! fenomenal. Sobre sus hombros, en lugar de su bata, ve el capote del bombero.

—¿Cómo ha podido ir a parar ahí?

Mientras él trata de explicarse la cosa, su mujer se imagina otro cuadro terrible: su marido entra en la cocina; todo está oscuro, silencioso; se oye un cuchicheo, etcétera, etcétera, etcétera.

¿Qué es lo que pasa entre Gáguim y la cocinera? Marie Michailovna da rienda suelta a sus cavilaciones.

El miedo

Tres veces en mi vida he tenido miedo.

El primer miedo que me hizo temblar y me puso los pelos de punta, fue por una causa mínima pero extraordinaria.

Para distraerme fui un día a la estación a recoger los periódicos.

Era una tarde calurosa del mes de julio, silenciosa y serena como las hay en medio del verano; a veces se suceden así sin interrupciones una y dos semanas, y acaban repentinamente con una tormenta y un soberbio aguacero.

El sol había desaparecido y todo estaba envuelto en una sombra gris. El aire, inmóvil, se hallaba impregnado del perfume penetrante de las flores y de las hierbas campestres.

Yo iba en un carro ordinario. Detrás, colocada la cabeza en un saco de avena, dormía dulcemente el hijo del jardinero Pachka, niño de ocho años, que venía conmigo por si fuera necesario cuidar del caballo.

Íbamos por el estrecho camino vecinal que se escondía como una serpiente en medio del trigo. Empezaba a aparecer el crepúsculo. La raya luminosa del poniente era velada por una nube estrecha, que semejaba un hombre envuelto en una manta. Anduve uno, dos, tres kilómetros, y en el fondo claro del crepúsculo se distinguían unos tilos altos y delgados; detrás de ellos se veía el río, y como por encantamiento apareció delante de mí un hermoso cuadro. Hube de parar el caballo, porque la vertiente era escarpada. Estábamos en la cúspide del monte. Abajo, en el espacio lleno de crepúsculo, se encontraba el pueblo, guardado por hileras de tilos y cercado por el río. Sus casas, la torre de la iglesia, los árboles, se reflejaban en la superficie del agua, lo cual aumentaba el aspecto fantástico del paisaje. Todo dormía.

Desperté a Pachka, a fin de impedirle que se cayera del carro, y empecé a bajar lentamente.

—¿Hemos llegado a Lucovo? —preguntó Pachka, incorporándose perezosamente.

—Sí; ten las riendas.

Cogí el caballo del ramal para detenerlo en la bajada y observé. Al primer vistazo fui sorprendido por una circunstancia extraordinaria: en lo alto de la torre, a través de una ventanilla, brillaba una lucecita. Esta luz parecía la de una lamparita, y se apagaba, y resplandecía alternadamente con mayor fuerza.

Su procedencia me era completamente incomprensible. No podía arder tras las ventanas, porque en el campanario no había habitantes ni lamparitas; lo sabía perfectamente; allí no se encontraban sino vigas, te larañas y polvo; además era imposible llegar allí, porque la entrada estaba clavada. Me figuré que la lucecita podía ser el reflejo de alguna otra exterior; pero en vano trataba de encontrarla. Todo el inmenso espacio estaba oscuro, menos aquel único punto luminoso. Tampoco había luna; el pálido rayo del poniente no podía reflejarse en el campanario, porque este último se orientaba del lado opuesto. Todas estas reflexiones llenaban mi cabeza, mientras yo guiaba el caballo; al llegar abajo tomé asiento en el coche y miré otra vez en dirección de la torre. La luz centelleaba como antes.

—¡Qué raro! —pensé, haciendo diferentes suposiciones—, ¡qué extraordinario!

Y poco a poco sentí cómo una angustia se apoderaba de mí. Al principio pensé que era el disgusto de no encontrar la explicación de un fenómeno raro; pero luego, cuando volví la cabeza, comprendí que era el miedo. Agarré a Pachka y una sensación de soledad y de terror se apoderó completamente de mi alma. Me parecía estar solo en un abismo oscuro y que la torre me observaba con su único ojo encarnado.

—¡Pachka! —exclamé cerrando los ojos.

—¿Qué?

—¡Pachka! ¿Qué brilla arriba en el campanario?

Pachka miró a la torre por encima de mi hombro, bostezó y dijo tranquilamente:

—¡Quién sabe!

Este pequeño coloquio con el niño me calmó; pero no por largo rato. Pachka, al notar mi inquietud, fijó nuevamente sus grandes ojos en la lucecita, me miró a mí y exclamo:

—Tengo miedo...

Entonces, sin darme cuenta de mis actos, estreché al niño contra mi pecho y di un latigazo al caballo.

—¡Qué tontería! —pensaba interiormente—. Esta aparición me turba porque no me la explico; todo lo incomprensible inspira miedo.

Así trataba de tranquilizarme; pero a pesar de esto no paraba de fustigar al caballo.

Al llegar a la estación, me entretuve una hora en charlar con el jefe de la misma, leí dos o tres periódicos; pero el malestar no me abandonaba. Al regreso, ya no vi la lucecita; pero las casas, los tilos y el monte me parecían animados.

A estas horas todavía no he podido averiguar la procedencia de aquella luz.

* * *

La segunda vez que me sentí presa de terror fue igualmente por una causa insignificante. Volvía de una cita amorosa; era la una de la mañana, hora en que la naturaleza se encuentra sumergida en el más profundo y dulce sueño, el sueño que precede a la madrugada. Sin embargo, esta vez la naturaleza no dormía y la noche no se podía llamar tranquila. Los ruiseñores trinaban; los grillos lanzaban sus estridencias; otros insectos producían ruidos misteriosos. Una ligera niebla se extendía a ras del suelo, y por delante de la luna pasaban corriendo, una nube tras otra. La naturaleza no dormía, como si temiera perder estos momentos encantadores.

Caminaba por una estrecha vereda, al lado del terraplén del ferrocarril. Los rayos de la luna se deslizaban por los rieles cubiertos de rocío.

Las sombras de las nubes corrían por el terraplén. A lo lejos brillaba la luz verde del guarda.

"Quiere decir que todo está en orden" —pensé observándola.

Sentía en mi alma paz y una sensación de bienestar. Volvía de una cita; no tenía para qué apresurarme, no tenía sueño, la juventud rebosaba en mí.

Ignoro todas las sensaciones que experimentaba; lo que sé decir es que me sentía muy bien.

Caminé así cerca de un kilómetro, cuando escuché detrás de mí un ruido semejante al murmullo de un gran arroyo. Se acercaba a cada instante, crecía y aumentaba en intensidad. Me volví; detrás aparecía la silueta negra del bosque que acababa de atravesar. El terraplén torcía a la derecha y trazaba un bonito semicírculo, yendo a perderse en la arboleda. Me detuve asombrado y esperé. Inmediatamente una desmesurada forma oscura se mostró en la curva de la vía, abalanzándose hacia mí y siguió adelante con una velocidad vertiginosa. Antes de que transcurriera medio minuto la forma desapareció.

Era un vagón de mercancías. El mismo, de por sí, no tenía nada de extraordinario; pero su aparición sin locomotora me dejó perplejo. ¿De dónde venía y qué fuerzas lo empujaban con aquella velocidad?

Si yo fuera supersticioso, hubiera creído que eran brujas y diablos dirigiéndose hacia el *sabaot,* y hubiera continuado tranquilamente mi camino; pero esta aparición me dejó turbado; no sabía si creer lo que mis ojos veían y me perdía en mil suposiciones, como la mosca en una telaraña.

Una sensación de soledad se apoderó de mi corazón. El vasto espacio se me antojaba de mal agüero. La noche perdió para mí su encanto; millares de ojos observaban mis movimientos; los ruidos extraños y las aves nocturnas me parecía que existían tan solo para angustiarme. Sin darme cuenta aceleré los pasos, y luego me eché a correr con toda la velocidad de que era capaz, y al punto escuché el llanto lastimoso de los alambres telegráficos, que no había notado antes.

—¿Qué ocurre? —pensaba, tratando de tranquilizarme—. Es cobardía, es una estupidez...

Pero el terror era más fuerte que la razón. Detuve mis pasos al llegar a la luz verde, aliado de la casa del guarda, cuya figura distinguí en el terraplén.

—¿Has visto? —le interrogué jadeante.

—¿A quién? ¿Qué tienes?

—¿Ha pasado por aquí un vagón?

—Ha pasado... —repitió apáticamente el aldeano—; se desprendió del tren de mercancías. A veinte kilómetros hay un declive... Los vagones suben tirados de la máquina... Por lo visto, las cadenas eran viejas y se rompieron y volvió atrás... Trabajo les va a costar cogerlo...

El fenómeno estaba aclarado, y el misterio se desvaneció igual que el miedo... Proseguí mi camino sin otras aventuras.

* * *

La tercera vez que tuve un susto muy fuerte ocurrió en primavera, volviendo de caza. Oscurecía. El camino atravesaba un bosque. El suelo estaba impregnado de agua después de una lluvia torrencial. El poniente rojo atravesaba el follaje y pintaba de color rosa los troncos blancos de los árboles. Estaba cansadísimo y apenas podía moverme.

Faltaban aún cinco o seis kilómetros para llegar a mi casa, cuando repentinamente percibí delante de mí un gran perro negro. Al cruzarnos, el perro me miró fijamente a la cara y siguió corriendo.

—¡Qué hermoso animal! —pensé—. ¿De quién será?

Volví la cabeza. El perro estaba parado a unos diez pasos y me contemplaba sin apartar los ojos. Nos quedamos así algunos momentos, observándonos mutuamente; en fin, el perro, halagado por mi atención, se me acercó meneando el rabo. Yo seguí mi camino; el perro, detrás.

—¿De quién será? ¿Cómo ha venido a parar al bosque?

Yo conocía a todos los propietarios de la comarca, y sabía que ninguno de ellos poseía un perro semejante. ¿Cómo había venido a parar a este bosque, a un camino por donde no pasaba nadie y que solo utilizaban los leñadores? Me repetí que no podía haberse extraviado, porque no era un camino para personas poseedoras de perros de lujo.

Me senté a descansar en un tronco, y entretanto examinaba a mi compañero, que se había echado frente a mí y clavaba su vista en mi rostro... Me miró largo rato sin pestañear. No sé si bajo el influjo del silencio que me rodeaba, o por el cansancio que me deprimía, sentí un malestar extraño ante la mirada fija de aquel perro para mí desconocido. Me acordé de Fausto y de su *bull-dog*, y de que las personas nerviosas suelen tener alucinaciones a consecuencia de una gran fatiga. Me levanté bruscamente, y proseguí rápidamente mi ruta. El perro detrás...

—¡Vete! —le grité.

Mi voz debió ser del agrado del animal, porque al oírme dio un salto alegre y se puso a correr delante de mí.

—¡Vete! —le grité nuevamente. El perro volvió la cabeza, me miró otra vez y, satisfecho, meneó el rabo.

Era evidente que no me temía. Lo más natural era que yo lo acariciara; pero el recuerdo del *bull-dog* de Fausto no me abandonaba, y un sentimiento me torturaba. Entretanto, oscureció del todo; mi turbación aumentó, y cuando el perro se acercó y me tocó con su rabo cerré cobardemente los ojos, repitiéndose la misma historia que en otro tiempo se había verificado con la lucecita del campanario, y con el vagón de mercancías; perdí la cabeza y eché a correr...

En casa encontré un huésped, un antiguo amigo; después de saludarnos me contó que el cochero se equivocó de camino y le hizo atravesar un bosque, en el cual se había extraviado su hermoso perro.

Las bellas

I

Recuerdo que siendo colegial del quinto o sexto año, viajaba yo con mi abuelo desde el pueblo de Bolshoi Krepkoi, de la región de Don, a Kostov. Era un día de agosto, caluroso y tedioso. Por el calor y el viento seco y cálido, que nos llenaba la cara de nubes de polvo, los ojos se nos pegaban y la boca se nos secaba; uno no tenía ganas de mirar, ni hablar, ni pensar, y cuando el semidormido cochero, el ucranio Karpo, amenazando al caballo me rozaba la gorra con su látigo, yo no emitía ningún sonido en señal de protesta y solo, despertándome de la modorra, echaba miradas a la lejanía: ¿no se veía acaso alguna aldea a través de la polvareda? Para dar de comer a los caballos nos detuvimos en Bajch-Salaj, un gran poblado armenio, en casa de un rico aldeano, conocido del abuelo. Nunca en mi vida había visto nada más caricaturesco que aquel armenio. Imagínense una cabecita rapada, de cejas tupidas y sobresalientes, nariz de pájaro, largos y canosos bigotes y ancha boca desde la cual salía una larga pipa de cerezo; esa cabecita está pegada torpemente a un torso flaco y encorvado, vestido con un traje fantástico: una corta chaqueta roja y amplios bombachos de color celeste claro; esta figura caminaba separando mucho los pies y arrastrando los zapatos, hablaba sin sacarse la pipa de la boca y se comportaba con dignidad puramente armenia: no sonreía, abría desmesuradamente los ojos y trataba de prestar la menor atención posible a sus huéspedes.

En las habitaciones del armenio no había ni viento ni polvo, pero la atmósfera de la casa era tan desagradable, sofocante y tediosa como en la estepa y en el camino. Me recuerdo polvoriento y exhausto por el calor, sentado en el rincón sobre un baúl verde. Las paredes de madera sin pintar, los muebles y los pisos recubiertos de ocre expandían un olor a madera seca, quemada por el sol. En todas partes, por donde uno mirara, había moscas, moscas, moscas... El abuelo y el armenio conversaban a media voz acerca de las pasturas, el estiércol, las ovejas... Yo sabía que durante una hora entera iban a preparar el samovar; que mi abuelo emplearía no menos de una hora para tomar el té, que luego se echaría una siesta de dos o tres horas y que yo pasaría la cuarta parte del día esperando, después de lo cual volverían el calor, la polvareda y las sacudidas de la carreta. Al escuchar el murmullo de dos voces, se me figuraba que hacía ya mucho tiempo que yo estaba viendo al armenio; el armenio con la vajilla, las moscas, las ventanas, en las que pegaba el cálido sol, y que no las dejaría de ver sino en un futuro muy lejano y me dominaba entonces un odio a la estepa, al sol, a las moscas...

Una ucraniana, con un pañuelo en la cabeza, trajo una bandeja con la vajilla y luego el samovar. El armenio, sin prisa, salió al zaguán y gritó:

—¡Mashia! ¡Ven a servir el té! ¿Dónde estás? ¡Mashia!

Se oyeron unos pasos apresurados y entró una joven de unos dieciséis años, llevando un sencillo vestido de percal y un pañuelito blanco. Lavando la vajilla y sirviendo té, me daba la espalda y pude notar solamente que tenía un talle muy fino, que estaba descalza y que sus pequeños talones desnudos se escondían bajo unos pantalones que llegaban hasta el suelo.

El dueño me invitó a tomar el té. Al sentarme en la mesa, miré la cara de la joven, que me ofrecía el vaso, y de pronto sentí como si una ráfaga de viento sacudiera mi alma, borrando todas las impresiones del día, con su tedio y su polvo. Porque vi los encantadores rasgos del más hermoso de los rostros que jamás haya encontrado o soñado. Ante mí estaba una beldad, y lo comprendí a primera vista, como comprendo el relámpago.

Estoy dispuesto a jurar que Masha o, como le llamaba su padre, Mashia, era una verdadera belleza, mas no puedo demostrarlo. Ocurre a veces, que las nubes se acumulan desordenadamente en el horizonte, y el sol, escondiéndose tras ellas, las pinta con todos los colores posibles: purpúreo, anaranjado, dorado, lila, rosado sucio; una nubecita parece un monje, otra un pez, otra más un turco tocado con un turbante. El resplandor abarca la tercera parte del cielo; hace brillar la cruz de la iglesia y las ventanas de la mansión señorial; se refleja en el río y en las charcas; tiembla en los árboles: lejos, recortándose sobre el fondo iluminado, una bandada de patos silvestres vuela en busca de un lugar para pernoctar... El zagal, que va arreando vacas, el agrimensor, que atraviesa en carretela el dique: los señores que están de paseo: todos contemplan la puesta del sol y todos, sin excepción, encuentran que es terriblemente bella, pero nadie sabe ni podrá decir en qué consiste esta belleza.

No era yo solo quien encontraba bella a la joven armenia. Mi abuelo, un anciano de ochenta años, hombre duro e indiferente para las mujeres y las bellezas de la naturaleza, miró a Masha con cariño durante un minuto entero y preguntó:

—¿Es tu hija, Avet Nazárich?

—Mi hija, sí. Es mi hija —contestó el dueño.

—Linda señorita —elogió el abuelo.

Un pintor llamaría clásica y severa a la belleza de aquella armenia. Era, precisamente, esa clase de belleza, cuya contemplación, Dios sabe cómo, origina en uno la seguridad de ver facciones regulares, de que los cabellos, los ojos, la nariz, la boca, el cuello, el pecho y todos los movimientos del joven y bello cuerpo se han fundido en un solo acorde íntegro y armónico, en el cual la naturaleza no se había equivocado ni en un ápice: no se sabe por qué, nosotros creemos que una mujer idealmente bella debe tener una nariz exactamente igual a la de Masha, recta y levemente encorvada, los mismos ojos, grandes y oscuros, las mismas pestañas largas, la misma mirada lánguida; que sus ondulados cabellos negros y sus cejas hacen el mismo juego con el blanco y delicado color de la frente y las mejillas, como el verde cañaveral con el apacible río. El blanco cuello de Masha y su pecho juvenil no están bien desarrollados aún, pero a uno le parece que para esculpirlos es necesario tener un enorme talento creador. Se la está mirando y poco a poco, invade el anhelo de decirle a Masha algo muy agradable, sincero, bello, tan bello como ella misma.

Al principio me sentía ofendido y avergonzado por el hecho de que Masha no me prestaba atención alguna y siempre miraba al suelo; me parecía que un aire especial, feliz y orgulloso, la separaba de mí y la ocultaba celosamente de mis miradas.

"Debe ser —pensé— porque estoy cubierto de polvo, quemado por el sol y porque no soy más que un muchacho".

Pero luego, poco a poco, me olvidé de mí mismo y me abandoné por entero a sentir solamente su belleza. Ya no recordaba el tedio de la estepa ni la polvareda; no oía el zumbido de las moscas; no percibía el sabor del té, solo sentía que al otro lado de la mesa, se hallaba una hermosa muchacha.

Percibía aquella belleza de una manera extraña. No eran deseos, ni entusiasmo, ni tampoco placer lo que Masha suscitaba en mí, sino una honda, aunque agradable tristeza. Era una tristeza indefinida, vaga como un sueño. Sin saber por qué, sentía lástima por mí mismo, por mi abuelo, por el armenio y por la misma pequeña armenia, y experimentaba una sensación como si los cuatro hubiéramos perdido algo importante y necesario para la vida, algo que jamás volveríamos a encontrar. También mi abuelo se puso triste. Ya no hablaba de rastrojos ni de ovejas, sino callaba, pensativo, mirando a Masha de tiempo en tiempo.

Después del té el abuelo se acostó a dormir y yo salí de la casa y me senté en un escalón del pórtico. La casa como todas las casas en Bajch-Salaj, estaba expuesta directamente al sol; no había árboles, ni toldos, ni sombra. El gran patio exterior del armenio, cubierto de armuelle, ovillos y otras hierbas, a pesar del fuerte calor, se hallaba animado y hasta alegre. Detrás de una de las cercas que allá y acá cruzaban el patio, se realizaba la trilla. Alrededor de un poste, clavado en medio de la era, uncidos en fila y formando un solo radio, corrían doce caballos. Cerca de ellos caminaba un mozo ucranio vestido con un chaleco largo y amplios bombachos, quien hacía restallar el látigo y profería gritos, como si quisiera burlarse de los caballos y jactarse de su poder sobre ellos:

—¡A-a-a, malditos! A-a-a... ¡ya les daré! ¿Tienen miedo?

Los caballos, bayos, blancos y pintos, sin comprender para qué los obligaban a girar en el mismo lugar y aplastar la paja del trigo, corrían de mala gana, como haciendo un gran esfuerzo, y agitaban las colas ofendidos. Debajo de sus cascos el viento levantaba nubes enteras de pelusas doradas y las llevaba lejos, por encima de la empalizada. Junto a las altas y frescas hacinas se afanaban las mujeres con rastrillos y se movían los carros; más allá de las hacinas, en otro patio, corría alrededor del poste otra docena de parecidos caballos y otro ucranio, igual que el primero, hacía restallar el látigo y se burlaba de los caballos.

Los escalones en que me hallaba sentado estaban calientes; en algunos sitios del estrecho pasamanos y en los marcos de las ventanas el calor ablandaba el pegamento; bajo los peldaños y los postigos, en las angostas franjas de la sombra, se apretujaban insectos rojizos. El sol me quemaba la cabeza, el pecho y la espalda, pero yo no lo notaba y solo sentía el roce de los pies descalzos por los tablones del piso, en el zaguán, en las habitaciones. Después de retirar la vajilla, Masha, bajó corriendo por los peldaños, alcanzándome como una ráfaga de aire, y se fue volando como un pájaro hacia una pequeña y ahumada construcción que debía ser cocina y de donde llegaba un olor a cordero asado y un enojado parloteo armenio. Ella desapareció por la oscura puerta y en su lugar surgió en el umbral una vieja y encorvada armenia, de cara colorada, que vestía largos bombachos verdes. La vieja estaba enfadada y regañaba a alguien. Pronto apareció Masha, enrojecida por el calor de la cocina y con un enorme pan negro sobre el hombro; inclinándose con gracia bajo el peso del pan, corrió a través del patio en dirección al granero, en un santiamén se coló por la cerca y envuelta en la nube del dorado polvillo, desapareció detrás de los carros. El ucranio que fustigaba a los caballos bajó el látigo y durante un minuto se quedó mirando, en silencio, hacia el lado de los carros; luego, cuando la muchacha volvió a aparecer junto a los caballos y saltó la cerca, la siguió con la mirada y de repente gritó a los caballos de tal modo como si estuviera muy apenado:

—¡Eh, que se los lleve el diablo!

Permanecí escuchando sin cesar los pasos de los pies descalzos y viéndola correr por todo el gran patio, con la cara seria, preocupada. Ya descendía corriendo los escalones, echándome viento; ya volaba a la cocina, ya hacia el granero, ya corría fuera del patio, de modo que yo apenas tenía tiempo de mover la cabeza para poder seguirla con la mirada.

Y cuantas más veces pasaba corriendo, con su belleza, ante mi vista, más fuerte se tornaba mi tristeza. Tenía lástima de mí mismo, de ella y del mozo ucranio que la seguía con su triste mirada cada vez que ella corría hacia los carros, a través de una nube de pelusas. No sé si su belleza provocaba en mí la envidia, o lamentaba que la joven no fuera mía, ni nunca lo sería y que yo fuera un extraño para ella; o sentía vagamente que su rara belleza era casual, innecesaria, efímera; o, quizás, era mi tristeza aquel sentimiento especial que nace en el hombre al contemplar este una verdadera belleza. ¿Quién lo sabe?

Las tres horas de espera pasaron inadvertidas. Me pareció que no había tenido suficiente tiempo para ver bien a Masha, cuando Karpo ya había ido al río, bañado el caballo y ya estaba enganchándolo. El mojado caballo resoplaba contento y golpeaba con los cascos. Karpo le gritaba: "¡atra-ás!". El abuelo se despertó. Masha empujó el portón y este se abrió rechinando; nosotros subimos a la carreta y salimos del patio. Viajábamos en silencio, como si estuviéramos enojados.

Cuando, al cabo de dos o tres horas, a lo lejos se avistaron Rostov y Najicheván, Karpo, que durante todo el viaje había permanecido callado, se volvió por un instante hacia nosotros y dijo:

—¡Qué linda muchacha la del armenio!

Y fustigó al caballo.

II

Otra vez, siendo ya estudiante, iba por ferrocarril hacia el sur. Era el mes de mayo. En una de las estaciones, parece que fue entre Belgorod y Karkov, bajé del vagón para dar un paseo sobre el andén.

Sobre el pequeño jardín de la estación, el andén y el campo, descendía ya la sombra crepuscular; el edificio de la estación ocultaba la puesta del sol, pero por las bocanadas superiores de humo que salía de la locomotora y que estaba teñido de un suave color de rosa, se notaba que el sol aún no se había puesto del todo.

Paseando por el andén, observé que la mayoría de los pasajeros caminaban y se detenían siempre junto a un coche de segunda clase y lo hacían con una expresión que parecía señalar la presencia en el vagón de algún personaje célebre. Entre los curiosos que encontré cerca de este vagón se hallaba también mi compañero de viaje, un oficial de artillería, hombre inteligente, cordial y simpático, como todos aquellos con quienes trabamos un casual y pasajero conocimiento en el camino.

—¿Qué están mirando aquí? —le pregunté.

Sin responder, me señaló con los ojos una figura femenina. Era una joven de unos diecisiete o dieciocho años, vestida a la usanza rusa, con la cabeza descubierta y con una pequeña mantilla negligentemente echada sobre un hombro; no era una pasajera del tren, sino al parecer, la hija o la hermana del jefe de estación. De pie, junto a la ventanilla del coche, estaba conversando con una pasajera de cierta edad. Antes de darme cuenta de lo que estaba viendo, me invadió de repente la misma sensación que había experimentado en la aldea armenia.

La joven era una notable belleza y de ello no teníamos duda alguna ni los que la miraban junto conmigo ni yo.

Si tuviera que describir su físico por partes, como suele hacerse, debería de reconocer que lo único realmente bello que tenía la muchacha eran sus rubios, ondulados y espesos cabellos, que caían libremente sobre su espalda, los cuales solo estaban sujetos en la cabeza con una cintita negra; todo lo demás era irregular o muy ordinario. Fuera por una manera especial de coquetear o por la miopía, tenía los ojos entornados; su nariz era ligeramente respingada; la boca, pequeña; su perfil, apenas delineado; sus hombros eran demasiado estrechos para su edad y, sin embargo, la muchacha daba la impresión de ser una verdadera beldad. Mirándola, pude convencerme de que un rostro ruso, para parecer bello no necesita una rigurosa regularidad de facciones; más aún, si a la joven le hubieran cambiado su nariz respingona por otra, recta y plásticamente impecable, como la que tenía la pequeña armenia, su rostro, probablemente, hubiera perdido todo su encanto.

Parada junto a la ventanilla, la muchacha, al conversar, encogía los hombros a causa del aire fresco del anochecer; con frecuencia volvía la cabeza hacia nosotros, se ponía en jarras, alzaba sus manos para arreglarse los cabellos, hablaba, reía, expresaba en su cara tanto sorpresa como terror, por lo que no puedo recordar un solo instante en que su rostro y su cuerpo estuvieran quietos. Todo el secreto y el hechizo de su belleza consistían precisamente en estos pequeños e infinitamente graciosos movimientos, en su sonrisa, en el juego de su rostro, en las fugaces miradas que nos dirigía, en la conjunción de la fina elegancia, de sus ademanes con la juventud, la frescura, la pureza del alma que se revelaban en su risa y en su voz, y con esa debilidad que tanto amamos en los niños, en los pájaros, en los jóvenes ciervos, en los jóvenes árboles.

Era una belleza de mariposa a la cual tan bien le queda el vals, el revoloteo por el jardín, la risa, la alegría, y la que no concuerda con una idea seria, ni con la tristeza, ni con la paz; y bastaría al parecer que un fuerte viento corriera por el andén o que cayera una lluvia para que el frágil cuerpo se marchitara de golpe y su caprichosa belleza se aventara como el polvillo de las flores.

—¡Sí-sí...! —murmuró suspirando el militar, cuando, después de la segunda campanada, nos dirigíamos a nuestro vagón.

En cuanto al significado de ese "sí-sí", no puedo definirlo del todo.

Puede ser que estuviera triste y no tuviera ganas de abandonar a la bella joven y el crepúsculo primaveral para encerrarse en el sofocante ambiente del vagón; puede ser también que sintiera, igual que yo, una indefinible piedad por la bella, por sí mismo, por mí y por todos los pasajeros que lentamente, sin ganas, se encaminaban hacia sus coches. Al pasar delante de una ventana de la estación, tras la cual se hallaba sentado junto a su aparato el pálido y pelirrojo telegrafista, de cara descolorida y de pómulos salientes, el oficial suspiró y dijo:

—Apuesto que este telegrafista está enamorado de aquella preciosura. Vivir en medio del campo, bajo el mismo techo con esa celestial criatura y no enamorarse de ella estaría por encima de las fuerzas humanas. ¡Y qué desgracia, mi amigo, qué burla resulta ser encorvado, desgreñado, grisáceo, decente y juicioso y enamorarse de esa muchacha linda y tontita que no le presta a uno ni la menor atención! O peor todavía: imagínese que este telegrafista está enamorado, pero al mismo tiempo es casado y que su mujer es tan encorvada, greñuda y decente como él mismo... ¡Es una tortura!

Junto a nuestro vagón, apoyándose en el pasamanos de la plataforma, el guarda miraba hacia el lugar en que estaba la bella joven, y sus abotagados ojos y demacrado rostro, fatigado por las noches sin dormir y por el trajín del tren, expresaba ternura y profunda tristeza, como si en aquella muchacha viera su propia juventud, su felicidad, su pureza, su sobriedad, su mujer y sus hijos; miraba como si se estuviera arrepintiendo de algo y sintiendo con todo su ser que la muchacha no le pertenecía y que la común dicha humana, la de los pasajeros, resultaba tan inalcanzable para él —con su vejez prematura, su torpeza y su cara demacrada— como el cielo.

Sonó la tercera campanada, silbaron los pitos, y el tren se puso lentamente en marcha. Ante nuestras ventanillas pasaron primero el guarda, el jefe de estación, luego el jardín y la bella mujer con su maravillosa sonrisa infantil y pícara...

Asomándome por la ventanilla y mirando hacia atrás, la vi seguir con los ojos el tren, dar unos pasos por el andén ante la ventana del telegrafista, arreglar sus cabellos y correr al jardín. El edificio de la estación ya no obstaculizaba el panorama, y el campo hacia el lado occidental se mostraba abierto, pero el sol se había puesto ya y las negras bocanadas de humo se extendían por el verde terciopelo de los sembrados. Había tristeza tanto en el aire primaveral y en el oscurecido cielo, como en el vagón.

El conocido guarda entró en el vagón y se puso a encender las bujías.

Los nervios

El arquitecto Dmitri Osipovitch Vaksin, quien ha regresado a su casa de campo procedente de la ciudad, se encuentra impresionado por la sesión espiritista a la que ha asistido. Al desnudarse para acostarse en su lecho solitario (pues su mujer ha ido al santuario de San Sergio), Vaksin va recordando todo lo que acaba de presenciar. Hablando claro, esta no fue una verdadera sesión espiritista; la velada se basó en conversaciones tétricas. Una joven empezó por hablar de la adivinación del pensamiento; después siguieron con los espíritus, los fantasmas; de los fantasmas pasaron a los enterrados vivos... Un señor leyó la historia de un muerto que se revolcó en el ataúd. Vaksin pidió un platillo y demostró a las señoritas cómo se procede para comunicarse con los espíritus. Llamó a su tío Klavdi Mironovitch y le preguntó mentalmente si no sería propicio en este tiempo poner la casa a nombre de su mujer, a lo que su tío contestó: "Prever siempre es bueno".

—En la naturaleza hay muchas cosas misteriosas... y temibles —reflexiona Vaksin tapándose con la manta—. No son los muertos los que asustan; es la incertidumbre...

Suena la una de la mañana. Vaksin se vuelve del otro lado y echa una mirada a la lucecita azul de la mariposa. La lucecita centellea y apenas alumbra los rincones y el retrato del tío Klavdi Mironovitch, colgado en la pared frente a la cama.

—¿Qué haré si ahora en esta penumbra se me aparece la sombra del tío? —pensó Vaksin—. ¡No, son tonterías; esto no puede ser! Los fantasmas son producto de cabezas incultas...

Sin embargo, Vaksin se tapa la cabeza con la manta y cierra los ojos. En su imaginación se le aparecen el muerto que se revolcó en el ataúd, su difunta suegra, un compañero ahorcado, una joven ahogada... Vaksin procura pensar en otras cosas, pero todos sus esfuerzos resultan vanos; sus pensamientos se hacen más temibles y más complicados. El temor le oprime.

—¡Demonios! ¡Tengo miedo como un niño!... ¡Es absurdo!

Se oye el tictac, tictac, del reloj detrás de la pared. En la iglesia del lugar suenan las campanas; el toque es lento..., triste... Vaksin siente una descarga de frío en la espalda y en la nuca. Le parece que alguien respira al lado suyo; que el tío sale del marco y se inclina sobre él... Tiene un miedo invencible. Aprieta los dientes y contiene la respiración. En fin, cuando por la ventana abierta entra zumbando un moscardón, no puede más y toca desesperadamente el timbre.

—Dmitri Osipovitch, ¿qué desea? —dice al cabo de unos minutos la voz de la institutriz alemana.

—¿Es usted, Rosalía Carlovna? —dice con alivio Vaksin—. ¿Por qué se molesta usted? Gavrile hubiera podido...

—A Gavrile le dio permiso para que se fuera al pueblo; la chica ha salido también... No hay nadie en casa... Pero, ¿qué es lo que necesita?

—Es que quería... Pero entre usted..., no se avergüence, está oscuro...

La gorda y sonrosada alemana entra en el dormitorio y se para en espera de la explicación.

—Siéntese un momento... Verá usted de qué se trata... ("¿Sobre qué la puedo interrogar?", reflexiona Vaksin, mirando de reojo el retrato del tío y sintiendo cómo sus nervios se tranquilizan). Le quería decir... que mañana, cuando el mozo vaya a la ciudad..., le recuerde por favor que me traiga cigarros... ¡Pero siéntese!

—¿Quiere usted algo más?

—Sí; quiero..., no quiero nada... Pero ¿por qué no se sienta usted? ("Pensaré todavía otra cosa").

—No es correcto que una señorita permanezca en la alcoba de un caballero. Veo que usted Dmitri Osipovitch, es un travieso, un burlón; lo comprendo... Por los cigarrillos no se despierta a la gente..., lo comprendo...

Rosalía Carlovna sale de la habitación. Vaksin, algo tranquilizado por la conversación y avergonzado de su cobardía, se tapa la cabeza con la sábana y cierra los ojos. Pasan unos diez minutos relativamente soportables; pero luego se repiten las mismas cosas. Saca la mano a tientas, busca los fósforos y enciende la vela sin abrir los ojos. Pero la claridad no le alivia. Su imaginación turbada ve que su tío guiña los ojos y que alguien le contempla desde un rincón...

—¡La llamaré otra vez! ¡Que el demonio se la lleve!... —se dice Vaksin—. Diré que estoy malo... Pediré gotas...

Vaksin toca el timbre. No obtiene contestación. Llama otra vez, y solamente responden las campanas de la iglesia. Presa del pánico, sale como loco de la alcoba, y persignándose, empieza a correr por el pasillo hacia el cuarto de la institutriz. Está descalzo y en paños menores.

—¡Rosalía Carlovna! —llama con voz temblorosa—. ¡Rosalía Carlovna! ¿Duerme usted? Estoy..., estoy enfermo...

Nadie le contesta. El silencio es completo.

—Se lo ruego..., ¿comprende usted?; se lo ruego. ¿Para qué tantos remilgos? No lo entiendo..., y sobre todo si uno está enfermo. A su edad y tan escrupulosa...

—Se lo diré a su señora... ¡Déjeme en paz! ¡Soy una muchacha decente! Cuando yo servía en casa del barón Anzig y el barón quiso entrar en mi cuarto en busca de fósforos, lo comprendí todo... Inmediatamente comprendí qué fósforos buscaba y se lo advertí a la baronesa. Soy una muchacha honesta.

—¡Qué diablos tengo que ver con su honestidad! Estoy enfermo... y quiero unas gotas.... ¿entiende usted? Estoy malo...

—Su señora es una mujer buena, honorable; usted debería amarla. ¡Sí! ¡Es una persona noble! No tengo intención de ser su rival.

—¡Estúpida! ¡Es usted una estúpida! ¿Me comprende?

Vaksin se apoya en el dintel de la puerta, cruza los brazos y se queda ahí, esperando a que el miedo se le pase. No tiene fuerzas para volver a su cuarto y ver aquella lucecita centelleante y el retrato del tío. Tampoco le es posible quedarse medio desnudo en el pasillo. ¿Qué decisión tomar? Suenan las dos. El miedo no le abandona. El pasillo está oscuro; le parece que en cada rincón algo tenebroso le aguarda. Se vuelve de cara a la pared, pero en el mismo momento siente que le tiran de la camisa y que le tocan en el hombro.

—¡Demonios!... ¡Rosalía Carlovna!

Ninguna respuesta. Vaksin, indeciso, entreabre la puerta y echa una mirada al cuarto. La virtuosa alemana duerme tranquilamente. Una lamparita ilumina los relieves de su cuerpo macizo. Vaksin entra en el cuarto y se sienta en el baúl al lado de la puerta. La presencia de un ser vivo, aunque dormido, le tranquiliza y le ayuda a sentirse aliviado.

—¡Que duerma la tonta! Me quedaré aquí hasta que amanezca y me iré. Ahora amanece temprano.

Esperando la luz del día, Vaksin encoge los pies, pone la mano bajo la cabeza y se queda reflexionando: "¡Cuidado con los nervios! Yo, hombre culto, instruido, y tengo miedo..., miedo como un niño... ¡Qué vergüenza!..."

Poco a poco, oyendo la respiración monótona de Rosalía Carlovna, se tranquiliza completamente.

A las seis de la mañana, la señora Vaksin, de vuelta de su peregrinación, entra en el dormitorio y no encontrando allí a su marido, va al cuarto de la alemana a pedirle dinero suelto para pagar el coche. Al entrar ve el siguiente cuadro: Rosalía Carlovna, sofocada de calor, duerme en su cama, y a un metro de ella, acurrucado en el baúl, su marido ronca dulcemente. Está descalzo y en paños menores. Qué hizo la mujer y cuál fue la cara del marido al despertarse, que lo describan otros. Estoy agotado y entrego la estafeta.

Un casamiento por interés[9]

Novela en dos tomos

Tomo primero

En la casa de la viuda de Musurin se lleva a cabo un banquete de boda.

Veintitrés comensales; ocho de ellos no comen nada, dormitan y aseguran que están "mareados". Las velas, el quinqué y el candelabro rojo, alquilado en la hospedería vecina, resplandecen tanto, que uno de los invitados —el telegrafista— guiña los ojos y habla con remilgo de la electricidad, profetizando el dominio de este último sistema de alumbrado: "A la electricidad en general le está reservado un gran porvenir." Pero los comensales le escuchan con cierto desdén.

—La electricidad... —murmura el padrino, fijando su mirada aturdida en el plato—, la electricidad, o sea el alumbrado eléctrico, no es, a mi sentir, más que una trampa. Meten allí un carboncillo y se creen que la gente es tonta. ¡No amigo, dame lumbre que no sea un carboncillo, sino algo sustancioso, ardiente, que arda! Dame fuego, ¿comprendes? ¡Fuego verdadero!, no imaginario.

—Si usted viera de qué está compuesta una batería eléctrica —contesta el telegrafista, dándose tono —hablaría usted de otro modo.

—No tengo ningún deseo de verla... ¡son unos estafadores!...

¡Engañan a la gente sencilla! ¡Los conozco! Y usted, joven, señor don..., no tengo el honor de saber su nombre y apellido, en lugar de hablar en favor de esas engañifas, beba usted e invite a los demás a que beban.

—Soy completamente de su opinión, padrino —interviene con voz de falsete el novio, Aplombof, joven de cuello largo y cabellos erizados—. ¿Para qué entablar estas conversaciones científicas? No me disgusta a mí tampoco hablar de inventos nuevos; pero en otra ocasión y otro lugar. ¿Qué te parece *ma chère?* —prosigue, dirigiéndose a la novia.

---

[9] Antigua costumbre de los comerciantes rusos.

La novia, Dachenka, que tiene marcadas en sus facciones todas las cualidades menos una, la facultad de pensar, se ruboriza y murmulla:

—Veo que hacen alarde de su instrucción; siempre hablan de cosas incomprensibles.

—Hemos pasado, con el favor de Dios, toda la vida privados de instrucción, y, sin embargo, esta es la tercera hija que casamos con un hombre de provecho —observa del lado opuesto de la mesa la madre de Dachenka, dirigiéndose al telegrafista—; si le parece que no somos bastante instruidos, ¿a qué viene usted aquí? ¡Váyase enhorabuena con los suyos, los ilustrados!

Se hace un silencio. El telegrafista está avergonzado; no podía suponer que la conversación respecto a la electricidad tomara un giro tan inesperado. Este silencio está preñado de hostilidad. Notando el descontento general, cree necesario disculparse y dice:

—He respetado siempre a su familia, y si hablé ahora de la electricidad no ha sido por orgullo. Estoy aquí bebiendo con ustedes por mi propia voluntad. Siempre deseé que Dachenka encontrara un buen marido: en los tiempos que corremos es difícil encontrar un hombre que reúna buenas condiciones. Todos quieren casarse por interés, por dinero...

—¿Es una alusión? —pregunta el novio, mientras sus mejillas se enrojecen y su cabeza se mueve.

—No hay ninguna alusión —contesta el telegrafista asustado—; no se trata de los presentes; hablé en general... No lo tome usted a mal, ¡por Dios!... Todos saben que usted se casa por amor. El dote es, por lo demás, insignificante...

—No, nada de insignificante —replica, ofendida, la madre de Dachenka—. Habla lo que gustes, pero no digas necedades. No solamente le damos mil rublos, sino tres capotes, la cama y este mobiliario. ¡Que busque en otro sitio una dote semejante!

—¡Pero si yo no digo nada!... El mobiliario, en realidad, es muy bueno... Lo digo solamente en el sentido de que se cree ofendido..., cree que es una alusión...

—No tiene usted para qué hacer alusiones. Le honramos por sus padres; le hemos invitado a la boda, y nos sale usted aquí con indirectas.

Y si usted sabía que Jegar Fedorovitch se casa por interés, ¿por qué no lo dijo usted antes? Hubiera usted debido venir y decirnos claramente que fulano buscaba la dote... —y dirigiéndose al novio le dice con voz llorosa:

—Tú..., tú eres un canalla... La he criado con mimos..., la he cuidado como una alhaja..., y tú, ¡tú vienes por el interés!...

—¿De modo que está usted dispuesta a creer todas las calumnias? —exclama Aplombof levantándose y mesándose los cabellos—. ¡Muchas gracias! ¡Le agradezco mucho la opinión en que me tiene! En cuanto a usted, señor Blinchikof —añade volviéndose al telegrafista—, a pesar de ser usted conocido mío, no le he de permitir que venga a armar escándalos en casa ajena... Hágame el favor de marcharse...

—¿Qué es lo que dice usted?

—¡Que haga usted el favor de marcharse! Ya quisiera usted ser un hombre tan honrado como yo. En una palabra, ¡hágame usted el favor de irse!

—¡Cállate ya! —le dicen sus amigos, tratando de calmarle—. No vale la pena... ¡Siéntate! ¡Déjalo!

—No; yo le quiero probar que no tiene ningún derecho a expresarse como lo hace; yo contraigo matrimonio por amor... ¿Por qué no se levanta usted? ¡Hágame el favor de marcharse!

—¡Pero si yo no soy culpable de nada!... Es que yo tan solo... —balbucea el telegrafista, completamente confundido—. No comprendo por qué motivo... Si usted lo quiere, me iré...; pero antes devuélvame los tres rublos que me pidió para poder comprarse su chaleco de piqué blanco... Beberé todavía un vaso y me iré; pero devuélvame antes el dinero.

El novio cuchichea largamente con sus amigos; aquellos hacen una colecta y le entregan en moneda menuda los tres rublos, que el novio arroja al telegrafista, quien, después de muchas pesquisas, logra dar con su gorra, se despide y se marcha.

He aquí cómo pudo terminar una inocente conversación sobre la electricidad. Mas la cena está acabada..., es de noche..., el discreto autor pone freno a su fantasía y echa el velo del misterio sobre los acontecimientos...

Llega a su vez la mañana y hasta le da nuevo material para él.

Segundo y último tomo

Es una mañana gris de otoño. Todavía no son las ocho, pero hay gran movimiento en la callejuela donde está situada la casa de la viuda de Musurin. Los porteros y unos guardias municipales corren con mucha agitación por las aceras. A la entrada se agolpan sirvientas con expresión de perplejidad en sus caras heladas por el frío... A todos los balcones se asoman los vecinos. En la ventana del lavadero aparecen numerosas cabezas de mujeres.

¿Qué será esto? Parece nieve pero no lo es —se oye de todas partes.

En el aire, desde los tejados hasta el suelo, revolotea algo blanco, muy parecido a la nieve. El empedrado, los faroles, las techumbres, los bancos de los porteros junto a las entradas de las casas y hasta los hombres y las gorras de los transeúntes, todo está blanco.

—¿Qué ocurre? —preguntan las lavanderas a los guardias.

Estos no contestan, hacen gestos desesperados y siguen presurosos su camino... Es que ellos mismos no saben nada.

Pero al fin aparece un portero que anda despacio, gesticulando y hablando consigo mismo. Evidentemente viene del lugar del suceso y conoce lo que ocurre.

—¿Qué ha pasado, compadre? ¿Qué ocurre? —le interrogan las lavanderas desde su ventana.

—¡Un disgusto! —responde—. En casa de la viuda de Musurin, donde ayer hubo boda, han engañado al novio, pues en lugar de mil rublos le han dado solamente novecientos.

—¿Y qué ha hecho el novio?

—Se ha encolerizado mucho, ha cogido una navaja..., ha desgarrado el edredón y lo ha vaciado por la ventana. ¡Mira cuánto plumón; parece nieve...!

—¡Se lo llevan, se lo llevan! —se oye por todas partes.

De la casa de la viuda de Musurin sale una verdadera procesión. Delante marchan dos guardias municipales, con aspecto preocupado; luego viene Aplombof, con su abrigo nuevo y su sombrero de copa alta; su semblante parece decir: "Soy un hombre honrado; no permitiré que me engañen."

—¡En el tribunal verán de lo que soy capaz! —murmura volviéndose a cada paso.

Detrás de él, llorando, vienen Dachenka y la madre. Un guardia, seguido de una multitud de chiquillos y cargado de papeles, cierra la comitiva.

—¿Por qué lloras? —preguntan las lavanderas a la desposada.

—¡Cuánto siento lo del edredón! —contesta en lugar suyo la madre—. Pesaba nueve kilos.[10] ¡Y qué plumón, amigas mías! ¡No tenía ni una caña! ¡Qué desgracia!

La procesión desaparece detrás de la esquina... La callejuela se tranquiliza...

El plumón revolotea hasta la noche.

Vérochka

Iván Alekséich Ognev recuerda cómo en aquella noche de agosto abrió la puerta de vidrio haciéndola sonar, y salió a la terraza. Llevaba puestos entonces una liviana capa con esclavina y un sombrero de paja de anchas alas, el mismo que está tirado ahora en el polvo, bajo la cama, junto con las botas de montar. En una mano tenía un gran atado de libros y cuadernos, en la otra, un grueso y rugoso bastón. En la habitación, cerca de la puerta, iluminándole el camino con la lámpara, quedaba de pie el dueño de la casa, Kuznetsov, un viejo calvo, de larga barba canosa y vestido con una chaqueta de piqué blanca como la nieve. El viejo sonreía afablemente e inclinaba la cabeza.

—¡Adiós, viejecito! —le gritó Ognev.

---

[10] Por el calor que emiten, en Rusia se hacían antiguamente grandes edredones de plumas que servían incluso de colchón.

Kuznetsov dejó la lámpara encima de la mesa y salió a la terraza. Dos sombras, largas y estrechas avanzaron por los escalones rumbo a los canteros, tambalearon y apoyaron las cabezas en los troncos de los tilos.

—¡Adiós, amigo, y gracias una vez más! —dijo Iván Alekséich—. Gracias por su bondad, por sus atenciones, por su cariño... Nunca en mi vida olvidaré su hospitalidad. Tanto usted como su hija son buenas personas y toda la gente es aquí bondadosa, alegre y atenta. Una gente tan magnífica que ni siquiera puedo expresarlo como debe ser.

Por causa de la emoción y bajo la influencia del licor casero que acababa de beber, Ognev hablaba con alegre voz de seminarista y estaba tan conmovido que expresaba sus sentimientos no tanto con palabras cuanto con pestañeo y movimiento de hombros. Kuznetsov, asimismo algo bebido, y conmovido, abrazó al joven y lo besó.

—Me acostumbré a esta casa como un perro —prosiguió Ognev—. Venía casi todos los días, unas diez veces pasé la noche aquí, y he tomado tanto licor que ahora da miedo recordarlo. Pero lo fundamental por lo que yo agradezco, Gavril Petróvich, es su colaboración y ayuda. Si no fuera por usted, yo hubiera tenido que trabajar en mis estadísticas por lo menos hasta octubre. Y así lo pondré en el prefacio; considero un deber expresar mi gratitud al presidente de la Dirección Rural del distrito N., señor Kuznetsov, por su gentil colaboración. ¡La estadística tiene un brillante futuro! Trasmítale a Vera Gavrílovna mi profundo respeto, y en cuanto a los médicos, a los jueces, a los dos jueces de instrucción y a su secretario, dígales que jamás olvidaré la ayuda que me han prestado. ¡Y ahora, amigo mío, un último abrazo!

El emocionado Ognev besó una vez más al anciano y comenzó a bajar la escalera. En el último peldaño se volvió y preguntó:

—¿Nos volveremos a ver algún día?

—¡Vaya uno a saberlo! —respondió el viejo—. Probablemente, nunca.

—Es verdad. A usted, ni aun regalándole roscas se le podrá convencer para que vaya a San Petersburgo; y en cuanto a mí, es difícil que yo venga a parar otra vez a este distrito. ¡Bueno, adiós!

—¿Por qué no deja sus libros aquí? —gritó Kuznetsov—. ¡Qué ganas tiene de llevar semejante peso! ¡Mañana se los mando con una ordenanza!

Pero Ognev no escuchaba ya y se alejaba rápidamente de la casa. Su corazón, animado por el vino, estaba alegre, cálido y, al mismo tiempo, triste... Caminando, pensaba en lo frecuentes que eran los encuentros con gente buena y que era de lamentar que esos encuentros no dejaran más que unos recuerdos. Ocurre a veces que en el horizonte aparecen las grullas: una débil brisa trae su grito quejumbroso y exaltado, pero al cabo de un minuto, por más que uno escudriñe la lejanía celeste, no verá un punto ni oirá sonido alguno; asimismo las personas, con sus rostros y con sus palabras, pasan fugaces por nuestra vida y se sumergen en el pasado, sin dejar más que unas leves huellas en la memoria. Residiendo en el distrito de N., a partir del comienzo mismo de la primavera y visitando casi todos los días la hospitalaria casa de los Kuznetsov, Iván Alekséich se habituó al viejo, a su hija y a la servidumbre; llegó a conocer todos los detalles de la finca, la acogedora terraza, las curvas de las alamedas, los contornos de los árboles encima de los baños y de la cocina, pero ahora mismo atravesará la portezuela del jardín y todo ello se convertirá en un recuerdo y perderá para siempre su importancia real; pasarán uno o dos años y todas estas queridas imágenes se diluirán en la mente y quedarán igualadas con las invenciones y los frutos de la fantasía.

"¡Nada en la vida vale más que la gente! —pensaba Ognev, enternecido, caminando por la alameda hacia la salida—. ¡Nada!".

El jardín estaba quieto y tibio. Olía a reseda, a tabaco y a heliotropo, que florecían aún en los canteros. Los espacios entre los arbustos y entre los troncos de los árboles se hallaban llenos de niebla, transparente y suave, impregnada de luz lunar; y lo que quedó grabado en la memoria de Ognev eran los jirones de niebla que sigilosamente, pero de manera visible, como fantasmas, atravesaban las alamedas, uno tras otro. La luna estaba en lo alto, sobre el jardín, mientras por debajo de ella pasaban flotando hacia el este nebulosas manchas. Al parecer, todo el universo se componía de siluetas negras y errantes sombras blancas; y Ognev, que contemplaba la niebla en una noche de luna de agosto poco menos que por primera vez en su vida, pensaba que en lugar de la naturaleza estaba viendo unos decorados y que torpes pirotécnicos, ocultos tras los arbustos, al intentar la iluminación del jardín con blancas luces de bengala, también llenaron el aire de humo blanco.

Cuando Ognev se acercaba a la portezuela del jardín, una sombra oscura se separó de la baja empalizada y se dirigió a su encuentro.

—¡Vera Gavrílovna! —se alegró él—. ¿Usted por aquí? Yo la estuve buscando por todas partes; quería despedirme... ¡Adiós, me voy!

—¿Tan temprano? No son más que las once.

—Es hora de irme. Tengo que caminar cinco *verstas* y luego debo todavía hacer mi equipaje. Además, mañana hay que levantarse temprano...

Ante Ognev estaba la hija de Kuznetsov, Vera, una joven de 21 años, habitualmente triste, vestida con cierto descuido e interesante. Las jóvenes que sueñan mucho, que pasan días enteros recostadas perezosamente, leyendo todo lo que cae en sus manos, y que se sienten aburridas y tristes, por lo general, suelen vestirse con descuido. A las que poseen el don natural del gusto y el instinto de la belleza, esa leve negligencia en el vestir les otorga un encanto especial. Por lo menos, Ognev, recordando más tarde a la bonita Vérochka, no se la podía imaginar sin su amplia chaquetilla que formaba profundos pliegues junto al talle y sin embargo, no lo rozaba; sin su rizo, escapado del alto peinado y colgando sobre la frente; sin aquel chal rojo con borlas de lana en los bordes, que por las noches pendía tristemente del hombro de Vérochka, cual bandera en un día apacible, mientras que de día estaba tirado en el vestíbulo, junto con los sombreros masculinos, o bien en el comedor sobre un baúl, donde dormía sin ceremonias la vieja gata. Este chal y los pliegues de la chaquetilla exhalaban un soplo de desperezada libertad, de buena vecindad y de bien. Quizá porque Vera agradara a Ognev, este, en cada botón y en cada volante sabía leer algo cálido, confortable, algo bueno y poético, es decir todo aquello de lo que carecen las mujeres hipócritas, frías y desposeídas del sentido de la belleza.

Vérochka era esbelta; tenía un perfil regular y hermoso cabello ondulado. A Ognev, quien no había visto en su vida muchas mujeres, le parecía una beldad.

—¡Me voy! —decía, despidiéndose de ella junto a la portezuela—. ¡No me guarde rencor! ¡Gracias por todo!

Con la misma voz jovial de seminarista con la cual hablaba con el anciano, parpadeando y moviendo los hombros como lo hacía antes, se puso a dar las gracias a Vera por la hospitalidad, el cariño y las atenciones recibidas.

—En cada carta escribía a mi madre acerca de usted —le decía—. Si todos fueran como usted y su papá, la vida sería una fiesta. ¡Toda esta gente es magnífica! Son personas sencillas, cordiales, sinceras.

—¿Para dónde parte usted ahora? —preguntó Vera.

—Ahora iré a ver a mi madre, en Orel; me quedaré allí un par de semanas y luego volveré a mi trabajo, en San Petersburgo.

—¿Y luego?

—¿Luego? Trabajaré todo el invierno, y en primavera viajaré de nuevo a alguna provincia para juntar datos. Bueno, le deseo muchas felicidades y que viva cien años. No me guarde rencor. No nos veremos más...

Ognev se inclinó y besó la mano de Vérochka. Luego, embargado por una silenciosa emoción, acomodó su capa, ajustó el atado de libros, calló durante un rato y dijo:

—¡Cuánta niebla!

—Sí. ¿No olvidó usted nada en nuestra casa?

—¿Qué cosa podría ser? Parece que nada...

Ognev se quedó callado unos segundos más, luego se volvió torpemente hacia la puerta y salió del jardín.

—Espere, lo acompañaré hasta nuestro bosque —dijo Vera, saliendo tras él.

Marcharon por el camino. Los árboles no ocultaban ya el espacio y se podía ver el cielo y la lejanía. Como cubierta por un velo, toda la naturaleza se escondía tras una bruma transparente, a través de la cual asomaba alegremente su belleza; donde la niebla era más espesa y más blanca, sus jirones se recostaban en capas irregulares entre las gavillas y los arbustos o bien atravesaban el camino, arrastrándose al ras de la tierra, como si trataran de no esconder el espacio. A través de la bruma se veía todo el camino hasta el bosque, con oscuras zanjas a sus costados y con pequeños arbustos que no dejaban a los jirones de niebla vagar libremente por el camino.

A media *versta* de distancia se extendía la oscura franja del bosque que pertenecía a Kuznetsov.

"¿Por qué habrá venido conmigo? ¡Luego tendré que acompañarla de vuelta!" —pensó Ognev, pero, después de mirar el perfil de Vera, sonrió, afable, y dijo:

—Con un tiempo tan hermoso uno no tiene ganas de partir. En verdad, la noche es romántica; hay luna, hay silencio y todo lo demás. ¿Sabe, Vera Gavrílovna? Ya van veintinueve años que yo vivo en este mundo, pero no he tenido un romance hasta ahora. En toda mi vida no ha habido una sola historia romántica, de modo que las citas, las alamedas de suspiros y de besos son cosas que yo conozco solo de nombre. ¡Eso es anormal! En la ciudad, cuando uno está encerrado en su cuarto, esta laguna no se nota tanto, pero aquí, al aire libre, se hace sentir con fuerza... ¡Hasta causa cierto fastidio!

—¿Y por qué le ha ido así?

—No lo sé. Probablemente, porque nunca he tenido tiempo o, quizá, porque no he tenido oportunidad de encontrarme con mujeres que... En general, tengo pocos conocidos y no voy a ninguna parte.

Los jóvenes caminaron en silencio unos trescientos pasos. Ognev miraba de vez en cuando la cabeza descubierta y el chal de Vérochka, y en su mente renacían, uno tras otro, los días de primavera y de verano; era una época en la que lejos de su grisáceo cuarto de San Petersburgo y gozando con las atenciones de tan buena gente, con la naturaleza y con el trabajo predilecto, no se daba cuenta de cómo los crepúsculos de la noche reemplazaban las albas matutinas y cómo uno tras otro, cesaban de cantar, profetizando el fin del verano; primero el ruiseñor, luego la codorniz y algo más tarde el rascón... El tiempo pasaba sin que él lo hubiera notado y eso significaba una vida buena y fácil. Se puso a recordar en voz alta el poco entusiasmo que tenía él —hombre de escasos recursos y poco dado a hacer viajes y tratar a la gente— de partir a fines de abril al distrito N., donde esperaba encontrar aburrimiento, soledad e indiferencia hacia la estadística, la cual, según su opinión, se colocaba en el lugar más destacado entre las ciencias. Al llegar en una mañana de abril a la pequeña ciudad del distrito N., se alojó en el hospedaje del *starover*[11] Riabugin, casa donde por veinte *kopeikas* diarias le dieron una habitación soleada y limpia, con la condición de que fumara afuera. Después de descansar y habiendo averiguado quién era el presidente de la Dirección Rural del distrito, se dirigió sin tardanza a la casa de Gavril Petróvich. Tuvo que caminar cuatro *verstas* atravesando magníficos prados y jóvenes bosques. Bajo las nubes, inundando el aire de sonidos argentinos, vibraban las alondras, sobre los verdes sembrados, agitando las alas en forma circunspecta y concienzuda, volaban los grajos.

—¡Dios mío! —se sorprendía entonces Ognev—. ¿Será posible que aquí siempre se respire este aire? ¿O quizás, solo hoy huele tan bien en honor a mi llegada?

Esperando un recibimiento seco y oficial, entró a la casa de Kuznetsov con cierta timidez, frunciendo el ceño y sobando su barbita. Al principio el viejo arrugaba la frente sin entender para qué el joven con su estadística necesitaba de la Dirección Rural, pero cuando Ognev se hubo explayado detalladamente acerca de los materiales de estadística y de la manera de reunirlos, Gavril Petróvich se animó, comenzó a sonreír y con una curiosidad infantil se puso a hojear sus cuadernos. El mismo día, por la noche, Iván Alekséich ya estaba cenando en casa de Kuznetsov; se sintió rápidamente embriagado por el fuerte licor casero y contemplando los tranquilos rostros y los pausados ademanes de sus nuevos conocidos, percibía en todo su cuerpo una dulce languidez y ganas de dormir, de desperezarse y de sonreír. Los nuevos conocidos lo miraban, entretanto, con benévola curiosidad y le preguntaban si sus padres vivían, cuánto ganaba por mes, si iba al teatro con frecuencia o no...

Ognev evocó sus viajes por diversos departamentos de la región, los días de campo, la pesca, la excursión en sociedad al monasterio femenino, donde la madre superiora regaló a cada uno de los visitantes un monedero de abalorios; recordó las interminables y acaloradas discusio-

[11] "Viejo creyente", miembro de una secta cismática.

nes, puramente rusas, en las que los hombres golpeando la mesa con los puños, no se entienden e interrumpen unos a otros, se contradicen sin darse cuenta en cada frase, cambian continuamente el tema y, después de discutir dos o tres horas, se echan a reír:

—¡Al diablo con la discusión! ¡Comenzamos gozando y terminamos llorando!

—¿Recuerda cuando usted, el doctor y yo fuimos a caballo hasta Shestovo? —decía Iván Alekséich a Vera, acercándose junto con ella al bosque—. Encontramos entonces en el camino a un mendigo adivino. Le di una moneda de cinco *kopeikas* y él se santiguó tres veces y arrojó la moneda al centeno. ¡Ah, Señor, me llevo tantas impresiones que si se pudiera juntarlas en una sola masa compacta resultaría un buen lingote de oro! No comprendo, ¿por qué las personas inteligentes y sensibles se apretujan en las capitales y no vienen acá? ¿Acaso en la avenida Nevsky y en las grandes y húmedas casas hay más espacio y más verdad que aquí? Por cierto, nuestros cuartos amueblados, desde arriba hasta abajo llenos con pintores, sabios y periodistas, me parecían siempre un prejuicio.

A veinte pasos del bosque había en el camino un estrecho puentecillo, con puntales en las esquinas, que siempre servía a los Kuznetsov y a sus huéspedes como una pequeña estación durante sus paseos nocturnos. Desde allí, los que deseaban hacerlo podían burlarse del eco del bosque; desde allí se veía también el camino perderse en un oscuro atajo.

—¡Aquí está el puente! —dijo Ognev—. Debe usted volver ahora...

—Descansemos un poco —respondió ella, sentándose en uno de los puntales—. Antes de la partida, al despedirse, generalmente todo el mundo se sienta.[12]

Ognev se acomodó junto a ella sobre su atado de libros y continuó hablando. Ella jadeaba a causa de la caminata y no miraba a Iván Alekséich sino hacia el otro lado, de modo que él no veía su cara.

—Y, de repente, al cabo de unos diez años nos encontraremos —decía él—. ¿Cómo seremos en ese entonces? Usted será una estimada

[12] Antigua costumbre rusa.

madre de familia, y yo, autor de una gran e inútil compilación de estadísticas, voluminosa como cuarenta mil compendios. Nos encontraremos y recordaremos el pasado... Ahora sentimos el presente, que nos impregna y nos emociona, pero entonces, cuando nos encontremos no nos acordaremos más de la fecha, ni del mes, ni siquiera del año en que nos vimos por última vez en este puente. Usted, quizás, cambie... Escuche, ¿cambiará usted?

Vera se estremeció y volvió el rostro hacia él.

—¿Cómo? —preguntó.

—Le preguntaba si...

—Perdone, no sé lo que usted me decía.

Solo en ese momento Ognev vio el cambio en Vera. Estaba pálida, jadeaba, y el temblor de su respiración se comunicaba a sus manos, a sus labios y a su cabeza, y de su peinado escapaba hacia la frente no un mechón, como siempre, sino dos... Por lo visto, evitaba mirar a los ojos y, tratando de ocultar su emoción, ya se arreglaba el cuello, como si este la estuviera incomodando, ya pasaba su chal rojo de un hombro al otro...

—Parece que tiene frío —dijo Ognev—. No le hace muy bien eso de estar sentada en la niebla.

Vera callaba.

—¿Qué tiene? —sonrió Iván Alekséich—. Calla usted y no contesta mis preguntas. ¿No se siente bien o está enfadada? ¿Eh?

Vera apretó con fuerza la palma de la mano contra la mejilla vuelta hacia Ognev, pero enseguida la retiró bruscamente.

—Es una situación terrible... —susurró, con una expresión de dolor en la cara—. ¡Terrible!

—¿Por qué terrible? —preguntó Ognev, encogiéndose de hombros y sin ocultar su sorpresa—. ¿De qué se trata?

Con la respiración entrecortada aún y estremeciéndose, Vera le volvió la espalda, miró medio minuto al cielo y dijo:

—Tengo que hablar con usted, Iván Alekséich...

—La escucho.

—A usted le parece extraño... puede ser que se sorprenda, pero me da lo mismo...

Ognev volvió a encogerse de hombros y se dispuso a escuchar.

—Es que... —comenzó diciendo Vérochka, inclinando la cabeza y sobando con los dedos el pompón del chal—. Vea, lo que yo quería decirle... A usted le parecerá extraño y tonto, pero... no puedo más.

Las palabras de Vera se convirtieron en un balbuceo poco claro, que terminó en llanto. La joven se cubrió la cara con el chal, se inclinó más aún y rompió a llorar con amargura. Iván Alekséich tosió, confundido y sorprendido, y, sin saber qué decir ni qué hacer, miró en su derredor con expresión de desesperanza. Como no estaba acostumbrado al llanto y a las lágrimas, él mismo sintió picazón en los ojos.

—Bueno, bueno... —balbució, desconcertado—. Vera Gavrílovna, ¿para qué sirve eso, se puede saber? Palomita, ¿está usted enferma? ¿Alguien la ha ofendido? Dígamelo; puede ser que yo... este... a lo mejor, podré ayudarla...

Cuando, al tratar de consolarla, él se permitió separar cuidadosamente las manos de ella de la cara, Vera le sonrió a través de las lágrimas y dijo:

—Yo... ¡Yo lo amo!

Estas palabras, simples y corrientes, fueron dichas en un lenguaje sencillo y humano, pero Ognev, muy confundido, se apartó de Vera, se levantó y tras la confusión, sintió miedo.

El triste y sentimental estado de ánimo que le habían producido la despedida y el licor, desapareció de golpe, cediendo lugar a una desagradable y aguda sensación de molestia. Como si el alma se hubiera dado vuelta en él, miraba a Vera de reojo, y ella, que después de su declaración amorosa se había despojado de su inabordabilidad que tanto adorna a la mujer, le parecía ahora más baja de estatura, más simple, más oscura.

"¿Qué es esto? —pensó con terror para sus adentros—. Y yo, pues... ¿la amo o no? ¡Qué problema!".

Vera entretanto, después de haber dicho lo principal y lo más difícil, respiraba ya libremente, sin ninguna dificultad. Ella se levantó también y, mirándolo, se puso a hablar rápidamente, de manera cálida e incontenible.

Así como la persona asustada de golpe no puede más tarde recordar en qué orden sucedieron los sonidos de la catástrofe que la aturdió, Ognev no recuerda las palabras y las frases de Vera. Solo recuerda el contenido de su discurso, a ella misma y la sensación que producían en él sus palabras. Recuerda su voz, como apagada, algo ronca a causa de la emoción y una extraordinaria música y el apasionamiento en las entonaciones. Llorando, riendo, dejando brillar las lágrimas en sus pestañas, le contaba que desde los primeros días él la había impresionado por su originalidad e inteligencia, con sus bondadosos ojos, con sus propósitos e ideales en la vida; que había empezado a amarlo profundamente, con pasión y con locura; que cuando en verano, al pasar a veces del jardín a la casa, notaba en el vestíbulo su capa o desde lejos oía su voz, el corazón se le llenaba de un fresco y estremecedor presentimiento de dicha; sus bromas, aun insignificantes, la hacían reír a carcajadas; en cada cifra de sus cuadernos se le aparecía algo excepcionalmente sagaz y grandioso; su bastón rugoso era para ella más hermoso que los árboles.

El bosque, los jirones de niebla y las negras zanjas a la vera del camino parecían enmudecer escuchándola, pero en el alma de Ognev ocurría algo penoso y extraño. Al declararle su amor, Vera estaba seductoramente bella; también sus palabras fluían bellas y apasionadas, pero él no experimentaba el goce ni la alegría de vivir, como le hubiera gustado, sino tan solo un sentimiento de piedad hacia Vera, el dolor y la compasión por haber hecho sufrir a una buena persona. Dios sabe si era su mente libresca la que había alzado su voz o bien se había hecho sentir su irresistible hábito de objetividad que tan a menudo impide vivir a la gente; lo cierto es que el entusiasmo y el sufrimiento de Vera le parecían exagerados y poco serios, a pesar de que el sentimiento se indignaba en él, susurrándole que todo lo que él estaba viendo y oyendo en aquel momento era, desde el punto de vista de la naturaleza y de la felicidad personal, más serio que las estadísticas, los libros y las verdades... Y, enojado, se culpaba a sí mismo, aunque sin entender en qué precisamente consistía su culpa.

Para colmo de su confusión, decididamente no sabía qué decir, no obstante lo cual era indispensable decir algo. No tenía fuerzas suficientes para decir directamente "no la amo", pero tampoco podía decir "sí" ya que, por más que buscara, no encontraba en su alma ni siquiera una chispa...

Y mientras él callaba, Vera le aseguraba que no había mayor felicidad para ella que la de verlo, seguirlo a donde él quisiera ir, ser su mujer y ayudante y que se moriría de pena si se marchara sin ella.

—¡No puedo quedarme aquí! —dijo, retorciéndose las manos—. Estoy harta de la casa, del bosque y de este aire. No soporto la continua calma y una vida sin objetivo: no soporto a nuestra gente descolorida y pálida, entre la cual todas se parecen uno al otro como dos gotas de agua. Todos son cordiales y benévolos porque están satisfechos, no sufren, no luchan... Y yo, precisamente, quiero vivir en grandes casas húmedas, donde la gente sufre, agobiada por el trabajo y la miseria.

También eso le pareció a Ognev exagerado y falto de seriedad. Cuando Vera hubo terminado de hablar, él no sabía qué decir, pero resultaba imposible seguir callado y balbució:

—Le estoy agradecido. Vera Gavrílovna, aunque sé que no merezco un sentimiento de esa índole de su parte. En segundo lugar, como hombre honesto debo decir que la felicidad se basa en el equilibrio, es decir, cuando ambas partes se aman de la misma manera...

Ognev se sintió inmediatamente avergonzado de su balbuceo y se quedó callado. Sintió que la expresión de su cara en ese momento era estúpida, culpable y vulgar y al mismo tiempo tensa y forzada.

Vera seguramente supo leer la verdad en su rostro, ya que de repente se puso seria, palideció y bajó la cabeza.

—Perdóneme —murmuró Ognev, no pudiendo soportar el silencio—. La estimo tanto que... ¡me duele!

Vera se volvió bruscamente y se dirigió de prisa hacia la finca. Ognev la siguió.

—¡No, no! —dijo Vera, haciendo un ademán—. No me acompañe, iré sola.

—Imposible... Tengo que acompañarla...

Todo lo que decía Ognev, hasta la última palabra, le parecía a él mismo repugnante y anodino. El sentimiento de culpabilidad crecía en él a cada paso. Se enfadaba, apretaba los puños y maldecía su frialdad y su torpeza para conducirse con las mujeres. Tratando de excitarse a sí mismo, miraba la bella figura de Vérochka, su trenza, y las huellas que dejaban en el polvoriento camino sus piececitos; recordaba sus palabras y sus lágrimas, pero todo ello no lograba sino enternecerlo, sin excitar su alma.

"¡Ah, al fin y al cabo, uno no puede amar a la fuerza! —trataba de convencerse a sí mismo, pero al mismo tiempo pensaba—:

"¿Y cuándo amaré sin que sea a la fuerza? Tengo ya casi treinta años. Nunca he conocido mujeres que sean mejores que Vera ni las encontraré... ¡Oh, maldita vejez! ¡Vejez a los treinta años!".

Vera caminaba delante de él cada vez más de prisa, sin mirar hacia atrás y con la cabeza baja. A Ognev le parecía que ella se había encogido de pena y que sus hombros se habían vuelto más estrechos.

"¡Me imagino lo que sucede ahora en su alma! —pensaba, mirándole la espalda—. ¡Sentiría una vergüenza y un dolor como para morirse! ¡Dios mío, en todo ello hay tanta vida, tanto sentido, tanta poesía que hasta una piedra se hubiera conmovido, pero yo... yo soy un estúpido y un necio!".

Junto a la puerta del jardín, Vera le dirigió una fugaz mirada y encorvándose y cubriéndose con el chal, se fue alejando de prisa por la alameda.

Iván Alekséich se quedó solo. Regresando lentamente hacia el bosque, se detenía a cada momento y se volvía para mirar la puertecilla del jardín; y toda su figura tenía una expresión de desconcierto, como si él no se creyera a sí mismo. Buscaba con los ojos las huellas de los pies de Vérochka en el camino y no podía creer que la joven que tanto le gustara acabara de declararle su amor y que él la "rechazó" con tanta torpeza. Por primera vez en su vida pudo convencerse, por propia experiencia, de cuán poco depende el hombre de su buena voluntad, y experimentar él mismo, la situación de un hombre decente y cordial quien sin querer, causa a su prójimo un sufrimiento inmerecido y cruel.

Le torturaba la conciencia y además, al desaparecer Vera en el jardín le pareció haber perdido algo muy caro, íntimo, que no volvería a encontrar. Sintió que junto con Vera se le escurría una parte de su juventud y que los minutos que acababa de vivir de manera tan infructuosa no se repetirían jamás.

Al llegar hasta el puente se detuvo pensativo. Deseaba encontrar la causa de su extraña frialdad. Le resultaba claro que aquella no se hallaba fuera sino dentro de él. Con sinceridad se confesó a sí mismo que no era una frialdad mental de la que tan a menudo alardean las personas inteligentes, ni tampoco la frialdad de un tonto ególatra, sino simplemente la importancia del alma, la incapacidad de percibir con hondura la belleza, la vejez prematura, adquirida mediante la educación, la lucha desordenada por ganarse el pan y la hotelera vida de soltero.

Bajó del puentecillo y lenta y desganadamente, entró en el bosque. Allí, donde en las negras y espesas tinieblas la luz de la luna formaba nítidas manchas y donde él no percibía nada, excepto sus pensamientos, sintió un apasionado deseo de recobrar lo perdido.

Iván Alekséich recuerda haber desandado el camino. Instigándose con los recuerdos y esforzándose para pintar a Vera en su imaginación, caminó de prisa hacia el jardín. La niebla había desaparecido ya del camino y del jardín, y una luna clara, como lavada, miraba desde el cielo; solo el levante permanecía sombrío y nebuloso. Ognev recuerda sus pasos cuidadosos, las oscuras ventanas, el espeso aroma de heliotropo y de reseda. El conocido *Karo* se le acercó meneando amigablemente la cola y olfateó su mano. Era el único ser viviente que lo vio dar dos vueltas alrededor de la casa, detenerse junto a la oscura ventana de Vera y, con un ademán resignado y un hondo suspiro, salir del jardín.

Una hora después ya estaba en el pueblo y fatigado, casi desfallecido, apoyándose con el torso y con la cara ardorosa contra el portón del hospedaje, golpeaba con el aldabón. En alguna parte del pueblo se despertó un perro y se puso a ladrar, y como en respuesta a sus golpes, el sereno de la iglesia hizo sonar su barra de hierro.

—No hace sino vagar por las noches... —rezongó el dueño del hospedaje que, vestido con un largo camisón de aspecto femenino, le abrió el portón—. En vez de merodear por ahí, mejor te hubieras quedado en casa rezando.

Una vez en su habitación, Ognev se sentó en la cama y se quedó mirando largamente la llamita de la bujía; luego sacudió la cabeza y comenzó a hacer su equipaje.

El vengador

Fedor Fedorovitch Sigaef está convencido de la infidelidad de su esposa. Lleno de ira y aflicción se dirige al almacén de armas Schmuts para comprar un revólver. Su semblante expresa una decisión irrevocable.

"¡Sé lo que tengo que hacer! El hogar está destruido; el honor, burlado; el vicio triunfa, y yo, como hombre y como ciudadano, tengo que ser el vengador. ¡La mataré a ella, a su amante, y luego me suicidaré!".

Nunca ha matado a alguien, y ni siquiera ha tenido un revólver en la mano, pero su imaginación le pinta el cuadro horroroso de tres cadáveres ensangrentados, cráneos rotos, sesos esparcidos, aglomeración de curiosos, la autopsia. Se representa con malevolencia de hombre ultrajado, la agonía de la traidora, el horror de los parientes, y lee en su imaginación los artículos periodísticos comentando la descomposición de la vida familiar.

El dependiente de la tienda, un francés algo obeso, pone delante de él los revólveres, sonríe respetuosamente y dice:

—Le aconsejo que elija este magnífico revólver sistema Smith y Wesson, el último adelanto de la ciencia. Es de triple acción, sistema central con extractor; tiene un alcance de hasta seiscientos pasos. Un revólver de moda y el de más venta; diariamente vendemos docenas que se emplean contra bandidos, lobos y amantes. El disparo es muy justo y fuerte; atraviesa a gran distancia a la mujer y al amante. En cuanto a especialidad para suicidios, no conozco mejor sistema.

El dependiente levanta y baja el gatillo, sopla encima de los cañones, apunta y tiembla de entusiasmo. Se pensaría que él mismo se hubiera pegado con gusto un tiro si fuera poseedor de aquella maravillosa arma.

—¿Cuál es su precio? —pregunta Sígaef.

—Cuarenta y cinco rublos.

—¡Hum!... Es demasiado caro para mí.

—En tal caso le ofreceré otro sistema más barato. Por favor mire por aquí. Tenemos armas para todos los gustos y precios. Por ejemplo, este revólver del sistema Lafoucheux no cuesta más que dieciocho rublos; pero... —el dependiente tuerce la boca con desprecio— es un sistema anticuado. Lo compran solamente los proletarios y los histéricos. Está considerado como de mal gusto el suicidarse o matar a su mujer con un revólver semejante. Un hombre que se respeta no usa más que el Smith y Wesson.

—No tengo necesidad de suicidarme ni de matar a nadie —replica Sigaef—; lo compro para asustar a los ladrones en mi casa de campo.

—Eso no es asunto nuestro. Poco nos importa el por qué nos compran armas —dice sonriendo el dependiente, bajando los ojos—. Si tuviéramos que averiguar el motivo por el cual se adquieren las armas, difícil trabajo sería el nuestro. El Lafoucheux no sirve ni para asustar a los ladrones, porque el disparo tiene un sonido débil. Para el caso, le recomendaré la pistola Mortimor, llamada de duelo.

"¿Sería tal vez preferible desafiarlo? —piensa Sigaef—. Es demasiada honra para canallas de esa índole; a esos no se les desafía, se les mata como a perros".

El dependiente sigue sonriendo, charlando y agitándose. Ha amontonado encima del mostrador una porción de revólveres. El Smith y Wesson es el más sugestivo de todos. Sigaef clava su mirada azorada en uno de ellos, lo examina por todos lados y se queda reflexionando. Su imaginación le representa cuadros sangrientos, cráneos destrozados, sangre que corre por la alfombra; la traidora que muere entre horribles convulsiones... Pero todo le parece poco a su alma indignada: la sangre, las lamentaciones, el terror, no le satisfacen; quiere planear algo más terrible.

"Será mejor si le mato a él, y me suicido, dejando que ella viva. ¡Que se consuma de remordimientos, despreciada por todos! Para una naturaleza nerviosa como la suya, eso será peor que la muerte".

Y se imagina su propio entierro. El ultrajado está en el féretro, con una dulce sonrisa en el rostro, y ella, pálida, martirizada por su conciencia acusadora, sigue el cortejo fúnebre como una Níobe y no sabe cómo aguantar el desprecio de la turba indignada.

—Veo que le gusta el Smith y Wesson —añade el dependiente—. Si le parece caro, le rebajaré cinco rublos, pero tenemos también otros sistemas más baratos.

El dependiente insiste en sacar de las estanterías otra docena de estuches con revólveres.

—Verá usted: este es de treinta rublos; no es caro, sobre todo teniendo en cuenta que el curso del rublo ha bajado mucho y que los derechos de importación suben más cada día ¡Es abominable! Estas tarifas han logrado que las armas estén solamente al alcance de los ricos. Yo soy conservador y, no obstante, comienzo también a murmurar. Ahora los pobres han de contentarse con las armas de Tula[13] o con los fósforos... Las armas de Tula son muy conocidas; con ellas, cuando uno apunta a su mujer se pega un tiro a sí mismo.

Repentinamente Sigaef siente que una gran tristeza se apodera de su alma, al pensar que tendría que morirse y no podría presenciar los sufrimientos de la traidora. La venganza es dulce cuando uno puede contemplarla y palpar sus frutos. Es una falta de sentido común el estar en un ataúd y no darse cuenta de nada.

"Quizá fuera mejor matarle a él. Así viviré para ver pasar su entierro y luego me suicidaré. No puede ser, porque me arrestarán antes del entierro y me quitarán las armas. De modo que lo haré así: le mataré, dejaré que ella viva, y yo por lo pronto, no me suicidaré; dejaré que me detengan. Para suicidarme habrá tiempo. El arresto tiene la ventaja de permitirme demostrar a los jueces y a la sociedad la bajeza de la conducta de mis víctimas. Si me suicido, ella será capaz, con su frescura habitual, de echarme toda la culpa, y la sociedad acaso le dé la razón, con lo cual aún habrá quien se burle de mí, mientras que si yo vivo... Naturalmente, si me suicido creerán que he sido llevado a este extremo por algún otro motivo y además, ¿qué crimen he cometido para tenerme que matar? Suicidarse es falta de ánimo, cobardía. En fin, mi resolución

---

[13] Capital del *óblast* en Rusia, en una época primordial centro de producción de armamento.

es la siguiente: le mataré a él; a ella la dejaré viva, y yo seré llevado a los tribunales. Me juzgarán y ella figurará como testigo... Ya me imagino su turbación, su vergüenza, cuando mi defensor la interrogue. Las simpatías de los jueces, del público y de la prensa serán naturalmente para mí".

Así reflexiona Sigaef en tanto que el dependiente recomienda su mercancía y charla a todo lo que da.

—Estos son ingleses; los hemos recibido hace poco, pero le advierto que no valen lo que los Smith y Wesson. Estos días un oficial ha comprado aquí un revólver de este sistema. Lo habrá usted leído, seguramente. Disparó sobre el amante pero el proyectil atravesó una lámpara de bronce y un piano; del piano se desvió hacia un perrito, lo mató y luego contusionó a su mujer. Fue un hecho brillante, que hizo honor a nuestra casa. El oficial está arrestado. Le van a juzgar y le mandarán a presidio. Nuestras leyes son muy atrasadas, y el tribunal está siempre del lado del amante. ¿Por qué? ¡Es muy sencillo! Los jueces, los jurados, el fiscal, el defensor, todos viven con mujeres ajenas, y se encuentran más tranquilos cuando en Rusia hay un marido menos. La sociedad desearía que todos los maridos fueran enviados a presidio. ¡No sabe usted lo indignado que estoy con las malas costumbres de hoy en día! El amar a las mujeres de otros está tan admitido como el fumar cigarrillos o leer libros ajenos. Nuestro comercio decae de día en día. Esto no quiere decir que haya menos amantes, sino que los maridos soportan su situación con más calma. Temen sobre todo el escándalo, la justicia y el presidio.

El dependiente baja la voz y añade:

—¿Quién tiene la culpa? ¡El gobierno!

"¡No veo la gracia de que me manden a presidio por un cochino! —se dice Sigaef—. Si me ocurriera esto, mi mujer se aprovecharía de ello para casarse en segundas nupcias y engañar a su segundo marido. ¡Sería ella quien triunfara! Lo mejor será dejarla viva. No me suicidaré, y en cuanto a él..., no le mataré tampoco. Hay que buscar algo más razonable. Los castigaré con mi desprecio: entablaré un proceso de divorcio..."

—He aquí, señor, otro sistema más —prosiguió el dependiente, sacando otra docena de revólveres—; su originalidad está en el cerrojo... Pero tomada por Sigaef la decisión de perdonar a todos la vida, el revólver ya no le hace falta. Entretanto, el dependiente sigue mostrándole revólveres. El marido ultrajado se avergüenza de haberle hecho gastar en balde la elocuencia y el tiempo.

—Volveré más tarde o mandaré a alguien —balbucea confuso.

No se atreve a mirar la cara del hombre, y siente la necesidad de comprarle algo para disimular su turbación. ¿Pero qué? Mira alrededor suyo buscando algún objeto barato, y se fija en una red verde colgada junto a la puerta.

—¿Para qué es esto? —le pregunta.

Es una red para cazar codornices.

—¿Cuánto vale?

—Ocho rublos.

—Envuélvala...

El marido ofendido paga los ocho rublos, coge la red y sale del almacén aún más ofendido que antes.

Vañka

Vañka Zhukov, un niño de nueve años, no tenía prisa en acostarse en la Nochebuena. Desde hacía tres meses era aprendiz del zapatero Aliagin y una vez que el patrón y sus ayudantes se hubieran ido a los maitines, extrajo del armario un frasquito con tinta y un portaplumas con pluma oxidada, alisó una arrugada hoja de papel y se dispuso a escribir. Antes de trazar la primera letra, varias veces se volvió con temor, hacia la puerta y las ventanas; miró de reojo el oscuro icono, por ambos lados del cual se extendían estantes con filas de hormas, y dejó escapar un suspiro entrecortado. El papel se hallaba puesto sobre un banco y el chiquillo estaba arrodillado ante aquel.

"Querido abuelo Konstantín —comenzó—. Te estoy escribiendo una carta. Te felicito por la Navidad y deseo que el Señor Dios te mande muchas cosas buenas. No tengo padre ni madre, solo te tengo a ti".

Vañka levantó los ojos hacia la oscura ventana, en la que parpadeaba el reflejo de su vela, y se imaginó vivamente a su abuelo, Konstantín

Makárich, que prestaba servicios como sereno nocturno en la casa de los señores Zhivarev. Es un viejecito menudo y flaco, pero muy vivaracho y ágil, de aproximadamente sesenta y cinco años, con cara siempre alegre y ojos borrachos. De día duerme en la cocina de servicio o charla con las cocineras; de noche, envuelto en un amplio zamarrón, recorre la propiedad, haciendo ruido con su matraca. Tras él caminan, con las cabezas gachas, la vieja perra *Kashtanka* y el perrito *Anguila,* apodado así a causa de su color negro y su cuerpo largo como el de una comadreja. Este *Anguila* es sumamente respetuoso y amable, y mira enternecido tanto a los de la casa como a la gente extraña, aunque no inspira mucha confianza. Debajo de su respetuosa humildad se esconde la más indignante perfidia. Nadie como él sabe acercarse con tanto sigilo y morder la pierna a uno, penetrar en el depósito de comestibles o robarle una gallina al *mujik.* Más de una vez recibió palos en las patas traseras, dos veces estuvo a punto de ser ahorcado, una vez por semana soportaba una paliza que lo dejaba medio muerto, pero siempre se recuperaba.

Ahora el abuelo está seguramente junto al portón, con los ojos entornados mirando las brillantes ventanas rojas de la iglesia aldeana y, dando patadas con los *válenki,* gasta bromas con la servidumbre. Su matraca está atada al cinturón. A causa del frío, agita los brazos y encoge los hombros, y, con una risa de viejo, pellizca ya a la criada, ya a la cocinera.

—¿Quieren oler un poco? —dice, ofreciendo a las mujeres su tabaquera.

Las mujeres huelen y estornudan. El abuelo siente un júbilo indescriptible, deja oír una alegre risa y grita:

—¡Arráncalo, que está pegado!

También a los perros les da a oler tabaco. *Kashtanka* estornuda, mueve la cabeza y se hace a un lado, disgustada. *Anguila*, en cambio, no estornuda por respeto, y mueve la cola. Hace un tiempo magnífico. El aire es quieto, transparente y fresco. La noche es oscura, pero se ve toda la aldea con sus techos blancos y volutas de humo que salen de las chimeneas; se ven los árboles, plateados por la escarcha, los montículos de nieve. Las estrellas desparramadas por todo el cielo titilan alegremente y la Vía Láctea aparece tan nítida, como si la hubieran lavado y limpiado con nieve para la fiesta.

Vañka suspiró, mojó la pluma y continuó escribiendo:

"Ayer recibí una tunda. El patrón me sacó al patio, tirándome del pelo y me pegó de lo lindo con el tirapié, todo eso porque estaba arrullando a su criatura y me dormí sin querer. Y la semana pasada la patrona me ordenó que limpiara el arenque y yo empecé desde la cola, y ella agarró el arenque y me lo metió en el hocico. Los ayudantes se burlan de mí, me mandan a la taberna a buscar vodka y me obligan a robar pepinos y el patrón entonces me pega con cualquier cosa. En cuanto a la comida, no hay ninguna. Por la mañana me dan pan, a mediodía un poco de *kasha* y por la noche otra vez pan. Pero la sopa o el té, eso se lo tragan los dueños mismos. Y tengo que dormir en el zaguán, pero si la criatura llora, entonces no duermo nada sino que balanceo la cuna. Querido abuelo, por amor de Dios, hazme este gran favor, sácame de aquí y llévame a casa, porque ya no puedo aguantar más... Me inclino hasta tus pies y rogaré por ti eternamente, llévame de aquí porque si no me voy a morir...

Vañka torció la boca, se frotó los ojos con su negro puño y dejó escapar un sollozo.

"Te rallaré el rapé —prosiguió—, rezaré a Dios y si algo no te gusta, castígame entonces como a una cabra que se mete en el jardín ajeno. Y si tú piensas que no existe para mí trabajo alguno, entonces pediré al mayordomo que me tome como lustra botas o si no puedo ir como zagal de pastor, en lugar de Fedka. Querido abuelo, no aguanto más, esto es la muerte. Tengo ganas de volver a la aldea corriendo a pie, pero no tengo botas y el frío es fuerte. Cuando sea grande, yo te alimentaré y no dejaré que nadie te ofenda, y cuando te mueras, rezaré por tu alma, como lo hago ahora por el alma de mi madre Pelagia.

"Moscú es una ciudad grande. Las casas son todas de gente rica, hay muchos caballos, pero no hay ovejas y los perros no son malos. Aquí los muchachos no andan con la estrella,[14] y en el coro no dejan entrar a

[14] En la Navidad, los muchachos de las aldeas iban de casa en casa, cantando villancicos y portando una gran estrella.

nadie y una vez vi en una tienda que los anzuelos se vendían junto con los sedales, de muy buena calidad y para cualquier clase de peces, y hasta había un anzuelo que era capaz de aguantar a un siluro de veinte libras. Vi también otras tiendas donde había escopetas parecidas a las que tiene el señor, así que costarán no menos de cien rublos cada una. En las carnicerías hay tetraos, ortegas y liebres, pero dónde han sido cazados, eso los vendedores no quieren decirlo.

"Querido abuelo, cuando los señores tengan un árbol de Navidad con golosinas, toma una nuez dorada y guárdala en el cofrecito verde. Dile a la señorita Olga Ignátievna que es para Vañka".

Vañka suspiró convulsivamente y de nuevo se quedó mirando a la ventana. Recordó que siempre había sido su abuelo el encargado de cortar un abeto para los patrones. Y el nieto lo acompañaba al bosque. ¡Qué tiempos aquellos! El viejo graznaba, el frío también graznaba, y, mirándolos, Vañka a su vez comenzaba a graznar. Antes de hundir el hacha en el árbol, el abuelo solía fumar la pipa, tomar rapé y reírse de la helada figura de Vañka... Los jóvenes abetos, cubiertos por la escarcha, permanecían inmóviles, expectantes para saber cuál de ellos había de morir. De repente, una liebre corría como una saeta por los montículos de nieve y el abuelo gritaba:

—¡Atájenla!... ¡Ea!... ¡Guarda!... —reñía—. ¡Vamos, pequeño pillo!

El abuelo llevaba el abeto talado a la casa señorial, donde la gente se ponía a adornarlo. Más que nadie se afanaba la señorita Olga Ignátievna, la preferida de Vañka. Cuando Pelagia, la madre de Vañka, aún vivía y se desempeñaba como doncella en la casa de los Zhivarev, Olga Ignátievna solía obsequiar a Vañka con caramelos y, como no tenía nada que hacer, le enseñó a leer, escribir, contar hasta cien e incluso a bailar la cuadrilla. Una vez fallecida Pelagia, el huérfano Vañka fue entregado a su abuelo y debió permanecer en la cocina de servicio, desde donde fue trasladado a Moscú y convertido en aprendiz de zapatero.

"Ven pronto, querido abuelo —siguió escribiendo Vañka—, te imploro por amor a Dios, sácame de aquí. Apiádate del pobre huérfano, ya que me pegan siempre y tengo mucha hambre y estoy tan hastiado que lloro día y noche. Ayer el patrón me pegó con la horma en la cabeza y me caí, apenas pude levantarme luego. Mi vida es peor que la de un perro... Saluda también a Alena, al tuerto Egorka y al cochero y no vayas a entregar a nadie mi acordeón. Tu nieto Iván Zhukov. Te espero, querido abuelo".

Vañka dobló la hoja escrita y la colocó en el sobre que había comprado la víspera por una *kopeika*... Después mojó la pluma y escribió la dirección:

"A la aldea, para el abuelo".

Luego se rascó, pensó un rato más y añadió: "Konstantín". Contento porque nadie lo había estorbado al escribir, se puso la gorra y así como estaba, en mangas de camisa, salió corriendo a la calle.

Los dependientes de la carnicería a quienes había interrogado la víspera le dijeron que las cartas se echaban en los buzones de correo y luego se distribuían por toda la tierra llevadas en *troikas* con postillones borrachos y sonoros cascabeles. Vañka llegó corriendo hasta el primer buzón y echó la preciosa carta por la ranura.

Mecido por las dulces esperanzas, una hora después estaba profundamente dormido. Soñaba con el horno de la cocina. Encima, en la yacija, estaba sentado el abuelo, colgando los pies descalzos, y leía la carta a las cocineras. Cerca del horno daba vueltas *Anguila*, meneando la cola...

El álbum

Craterof, consejero titular y hombre delgado como flecha de un campanario, se adelantó y volviéndose a Imikof le dijo:

—¡Excelencia! Conmovidos por la bondad que nos demostró usted durante los años que fue nuestro jefe...

—Más de diez años —interrumpe Zakusin.

—Más de diez años hemos tenido el honor de ser presididos por su excelencia, y hoy en celebración del aniversario de su carrera, le ofrecemos este álbum con nuestros retratos y le rogamos que lo acepte como prueba de nuestro profundo respeto y gratitud, deseándole que por muchos años no nos abandone...

—Ni nos prive de sus consejos paternales en el camino del progreso —intercala Zakusin, enjugándose la frente. Por lo visto él tenía un discurso preparado y experimentaba un gran deseo de hablar—. Que su bandera ondeé siempre en las sendas del talento, trabajo y genio...

Por la mejilla izquierda de Imikof desciende lentamente una lágrima. ¡Señores! —dice con voz temblorosa—. No esperaba que celebraran ustedes mi modesto aniversario. Estoy conmovido… y... hasta… hasta… la muerte me acordaré de estas atenciones. Créanme, amigos míos: nadie les desea más felicidad que yo, y si hubo alguna vez cualquier incidente desagradable, fue únicamente por el bien de ustedes...

Con estas palabras, el consejero de Estado abraza al consejero titular Craterof, el cual no contaba con un honor semejante y hasta se pone pálido de satisfacción. Luego el jefe hace un gesto con la mano, mostrando que la emoción le impide hablar, y prorrumpe en llanto, como si en vez de regalarle un hermoso álbum se lo quitaran. Recobrada la tranquilidad, pronuncia algunas palabras conmovidas, tiende a todos la mano, baja la escalera acompañado de bendiciones y alegres vivas y toma asiento en su coche. Por el camino experimenta nuevamente la sensación de ese acontecimiento feliz e imprevisto, y otra vez prorrumpe en llanto.

Otras alegrías mayores le aguardaban en casa: la familia, los amigos y conocidos le dispensan una ovación tal, que llega a convencerse de que en realidad ha trabajado muchísimo por la gloria de la patria y de que si no fuera por él la patria estaría en peligro. En una palabra, Imikof no sospechaba tamaño aprecio.

—¡Señores! —pronuncia antes de los postres—. Hace dos horas he sido compensado de todos los sacrificios que he hecho a mi patria, de todas las penas que sufre un hombre que cumple con su deber. Siempre he sido fiel a la máxima "que somos nosotros para el pueblo, y no el pueblo para nosotros". ¡Hoy he sido recompensado! Mis subordinados me han regalado un álbum... Aquí está...

Todas las caras se inclinan para contemplar el álbum.

—¡Es muy lindo! —declara Olia, la hija de Imikof—. Lo menos habrá costado cincuenta rublos. ¡Muy lindo! Papá, dame a mí este álbum. ¿Oyes? Lo guardaré... ¡Es muy bonito!...

Después de comer, Olia se lleva el álbum a su cuarto y lo guarda en su mesa. Al día siguiente saca los retratos de los funcionarios, los tira al suelo y en lugar de ellos coloca las fotografías de sus compañeras de colegio. Los rostros barbudos son reemplazados por caritas juveniles. Kolia, el hijito del consejero, recoge los funcionarios y les pintarrajea los uniformes con pintura encarnada. Les pone bigotes y barbas largas. Cuando no queda nada por pintarrajear, recorta las figuras, les agujera los ojos y se pone a jugar con ellas a los soldaditos. Al recortar el consejero titular Craterof, lo sujeta con alfileres en una cajita de fósforos y se lo lleva al gabinete de su padre.

—¡Mira, papá: una estatua!

Imikof, riéndose, lo abraza y besa sus mejillas sonrosadas, encantado de su ingenio:

—Anda, travieso: enséñaselo a mamá, ¡que lo vea ella también!

El orador

Kiril Ivanovitch Vavilonski falleció a consecuencia de dos enfermedades muy frecuentes en nuestra patria: el alcoholismo y la mujer iracunda, y su entierro tiene lugar en una hermosa mañana. Cuando la comitiva emprende el camino del cementerio, un tal Poplavsko, compañero del difunto, se separa de ella, toma un coche y ordena que le lleven a toda prisa a la casa de su amigo Grigori Petrovitch Zapoikin, hombre joven pero muy popular. Muchos de los lectores conocen el talento extraordinario de Zapoikin para pronunciar discursos e improvisaciones en todas las circunstancias de la vida, como las bodas, aniversarios, entierros. Puede hablar a cualquiera hora que convenga, medio dormido, en ayunas, borracho o con fiebre. Habla con extrema facilidad y demasía, como un chorro de agua que brota de una cañería; en su vocabulario abundan palabras capaces de enternecer a una roca. Sus discursos son siempre elocuentes y largos; a veces, sobre todo en las bodas, hay que acudir a la policía para hacerlo callar.

—¡Vengo a buscarte! —le dice Poplavsko—. Vístete y vámonos inmediatamente. Uno de los nuestros ha muerto y lo estamos despachando para el otro mundo. Hay que decir algunas tonterías para la despedida y eres el único capaz de sacarnos del apuro. No te molestaríamos si el muerto fuera un cualquiera, pero se trata del secretario... de la Cancillería. No se puede enterrar a una persona tan importante sin un discurso.

—¿El secretario? —pregunta bostezando, Zapoikin—. ¿Aquel borrachín?...

—¡Sí, el borrachín! Después iremos a comer, habrá entremeses, buñuelos; te pagarán el coche. ¡Vámonos, chico! Haz por pronunciar en el cementerio un discurso digno de Cicerón; te lo agradeceremos en el alma.

Zapoikin, acorde con su compañero, da a su fisonomía un aire melancólico, y ambos salen a la calle.

—Conozco bien a tu secretario —dice, subiendo en el coche—. Era un canalla y un bribón (¡que Dios le tenga en su santa gloria!) como hay pocos.

—¡Calla!, no conviene insultar a los difuntos.

—Tienes razón: *aut mortuis nihil bene;* sin embargo, ha sido un canalla; nadie lo negará.

Los amigos alcanzan al acompañamiento y se unen a él. La comitiva va a paso lento, lo que les permite entrar en las tiendas de bebidas que hallan al paso y tomar algunas copitas de aguardiente.

En el cementerio se canta un responso. La suegra, la esposa y la cuñada lloran mucho, según la costumbre. Cuando los sepultureros bajan el ataúd al hoyo, exclama la esposa: "Déjenme ir con él"; pero no le sigue a la tumba, acordándose seguramente de la pensión que ha de recibir. Cuando todo se calma, Zapoikin se adelanta y toma la palabra:

—¡Qué veo y qué oigo! ¡Si serán una pesadilla ese féretro y esas facciones desesperadas! No, por desgracia; no es un sueño, y los ojos no me engañan. Ese a quien vimos hace poco tan vigoroso, tan juvenil y tan entusiasta; que a la vista de todos llevaba una vida laboriosa, acarreando a la colmena del Estado el fruto de su trabajo, está aquí inmóvil, convertido en polvo... La muerte inflexible nos lo arrebató cuando él, a pesar de su edad, estaba en la plenitud de su fuerza y lleno de esperanzas. ¡Qué pérdida irreparable! ¿Quién lo podrá reemplazar? Ha sido esclavo de su honroso deber; no sosegaba nunca; pasaba las noches en vela; era honrado y desinteresado... Desdeñaba a quienes le incitaban a proceder en detrimento de los intereses públicos, a los que procuraban sobornarle haciendo brillar ante sus ojos los bienes terrenales. Hemos sido testigos de cómo Prokopi Osipovitch repartía su pequeño sueldo entre sus compañeros necesitados; acabamos de oír las lamentaciones de los huérfanos y de las viudas que vivían de su limosna. Consagrado a su deber y a las obras benéficas, no pensaba en distracciones ni en las alegrías domésticas, prefiriendo permanecer soltero. ¡No tendremos nunca un compañero más leal! Me parece que veo ante mí, su rostro afeitado, su sonrisa bondadosa, que oigo su dulce voz. ¡Descansa en paz, Prokopi Osipovitch! ¡Reposa tranquilo, noble trabajador!

Zapoikin continúa su discurso, sin advertir que en el auditorio se miran unos a otros con muestras de asombro. Su discurso gusta a todos, hasta hace verter algunas lágrimas; pero muchas frases causaban estupefacción. Primeramente, porque al difunto se le designaba por Prokopi Osipovitch, siendo así que su nombre era Kiril Ivanovitch; en segundo lugar, porque era sabido de todos que el difunto pasó su vida batallando con su legítima esposa, y por esa causa no se le podía llamar soltero; en fin, porque disfrutó de una gran barba bermeja y no se afeitaba desde que tenía uso de razón, por lo que no se comprendía que se hiciera alusión a su rostro afeitado. Los auditores, extasiados, hablan en voz baja y se encogen de hombros.

—¡Prokopi Osipovitch! —continúa el orador—, tu cara no era hermosa, más bien era fea, tenías un genio difícil y sombrío; mas todos sabíamos que bajo ese aspecto rudo latía un corazón fiel de buen amigo.

Repentinamente se nota en el orador algo extraordinario: fija sus miradas en un punto, da visibles signos de agitación y permanece callado con la boca abierta.

—¡Pues si está vivo! —exclama con voz temblorosa, volviéndose a Poplavsko.

—¿Quién está vivo?

—¡Prokopi Osipovitch! Ahí está, al lado del panteón.

—¡Es natural! ¡Como que no se ha muerto! Quien ha fallecido es Kiril Ivanovitch.

—¿No me dijiste que nuestro secretario se había muerto?

—El secretario era Kiril Ivanovitch. ¡Tú, que lo embrollaste! Prokopi Osipovitch fue secretario; pero hace dos años que lo trasladaron al segundo departamento como jefe de sección.

—¡Que el demonio lo arregle!

—¿Y por qué te callas? ¡Sigue! Te están mirando. Zapoikin se vuelve hacia la tumba y prosigue su discurso interrumpido.

Al lado del panteón, en efecto, se halla Prokopi Osipovitch, hombre viejo, de cara afeitada, que mira al orador frunciendo el ceño.

—¡Valiente tontería la tuya! —le dicen los empleados al regresar del cementerio con Zapoikin—. Has enterrado a un hombre vivo.

—¡Es imperdonable, señor mío! —murmura Prokopi Osipovitch—. ¡Su discurso atañía a un muerto!; pero cuando se trata de un vivo, ¡vaya una burla! ¡Acuérdese de lo que decía!: desinteresado, incorruptible. Y además, ¿quién le autorizaba para hablar de mi cara? Por feo y desagradable que parezca, ¿a qué exponerlo públicamente? Esto es una afrenta.

El obispo

I

Un día antes del Domingo de Ramos, en el monasterio Staro-Petrovsky se entonaban *Las Vísperas*. Eran casi las diez cuando comenzaron a repartir los ramos, las luces se opacaron, las velas tenían largos pabilos que se quemaban y todo parecía estar cubierto de niebla. En el crepúsculo de la iglesia la multitud se agitaba como el mar y el reverendísimo padre Piotr, quien desde hacía unos tres días no se sentía bien de salud, encontraba que todas las caras —viejas, jóvenes, masculinas, femeninas— eran iguales, y las que se acercaban para retirar la rama tenían todas la misma expresión en los ojos. La puerta se hallaba oculta en la bruma;

la multitud seguía moviéndose sin cesar y parecía no tener fin. Cantaba un coro femenino, y una monja leía el *canon.*

¡Qué sofoco había, qué calor! ¡Cómo se prolongaban las Vísperas! El ilustrísimo padre Piotr estaba cansado. Su respiración era dificultosa, acelerada y seca; a causa del cansancio le dolía la espalda y sus piernas temblaban. Le molestaban también los gritos agudos de un mendigo adivino que de tiempo en tiempo resonaban en el coro. Además, al reverendísimo padre le pareció de repente, como si fuera un sueño o un delirio, que mezclada con la multitud, se acercaba su propia madre, María Timoféievna, a quien no había visto desde hacía nueve años. La mujer, que podía ser una vieja parecida a su madre, recibió de sus manos la rama, se apartó y lo miró con una alegre y bondadosa sonrisa hasta que volvió a perderse con la gente. Y entonces las lágrimas corrieron por su rostro sin aparente motivo. Su alma estaba en paz y alrededor todo era normal, pero él miraba fijamente hacia el lado izquierdo del coro —donde resonaba la lectura y donde, en las tinieblas de la noche, ya no se podía reconocer a ninguna persona— y lloraba. Las lágrimas brillaron en su cara y en su barba. Alguien, cerca de él, empezó a llorar también; luego, algo más lejos, otro más; después otro y otro más y poco a poco la iglesia se llenó de un tenue llanto. Al cabo de cinco minutos, estaba cantando el coro de monjes, nadie lloraba ya y todo era como antes.

Pronto terminó también el servicio. Cuando el obispo tomaba asiento en la carroza para ir a su casa, todo el jardín, iluminado por la luna, estaba lleno del alegre y hermoso tañer de las pesadas y costosas campanas. Los blancos muros, las blancas cruces sobre la tumba, los blancos abedules, las sombras y la lejana luna en el cielo, detenida justo sobre el monasterio, parecían vivir ahora su propia vida, incomprensible para el hombre, pero al mismo tiempo cercana a él. Eran los comienzos de abril y, después de un templado día primaveral, el aire refrescó y hasta cayó una débil helada, pero en la suave atmósfera ya se percibía el soplo de la primavera. El camino desde el monasterio hasta la ciudad era arenoso, por lo que había que avanzar a paso lento; por ambos lados de la carroza, a la intensa y quieta luz de la luna, caminaban por la arena los peregrinos. Todos callaban, pensativos; todo en derredor —los árboles, el cielo y hasta la luna— era afable, juvenil y cercano, y daban ganas de pensar que así sería siempre.

Por fin, la carroza llegó a la ciudad y rodó por la calle principal. Los comercios estaban cerrados, excepto la tienda del millonario Erakin, donde estaban probando la iluminación eléctrica, que parpadeaba fuertemente, atrayendo una multitud de curiosos. Luego siguieron las calles anchas y oscuras, una tras otra, desiertas; luego, la carretera, el campo, el olor a pino. Y de repente surgió ante la vista un muro blanco y dentado, tras él un alto campanario, todo inundado de luz, a cuyo lado se elevaban cinco grandes cúpulas, doradas y brillantes; era el monasterio Pangrátievsky, en el cual vivía el reverendísimo Piotr. También aquí la pensativa luna brillaba en lo alto sobre el monasterio. La carroza atravesó el portón, crujiendo por la arena; aquí y allá aparecieron a la luz de la luna las negras figuras de los monjes, resonaron pasos sobre las losas...

—Reverencia, cuando usted no estaba, vino aquí su madre —informó el hermano lego al reverendísimo, al entrar este en su aposento.

—¿Mi madrecita? ¿Cuándo llegó?

—Antes del servicio de Vísperas. Primero averiguó dónde se encontraba usted y luego partió al monasterio de las monjas.

—¡Quiere decir que fue ella a quien yo vi en la iglesia! ¡Oh, Señor!

Y el reverendísimo se puso a reír de alegría.

—Encargó transmitirle, reverencia —prosiguió el monje—, que volvería mañana. Vino acompañada de una chicuela, debe ser la nieta. Se alojaron en el hospedaje de Ovsiánnikov.

—¿Qué hora es?

Son más de las once.

—¡Ah, qué fastidio!

El reverendísimo se quedó sentado un rato en el salón, meditando, como si no oyera que era ya tarde. Sentía un dolor sordo en los brazos y en las piernas: también le dolía la nuca. Estaba acalorado y se sentía molesto. Habiendo descansado un poco se dirigió a su dormitorio, donde se quedó sentado un rato más, siempre pensando en su madre. Oyó retirarse al hermano lego y cómo tras la pared tosía el padre Sisoy, el monje preste. El reloj del monasterio dio un cuarto de hora.

El reverendísimo se cambió de ropa y empezó a decir unas plegarias antes del reposo nocturno. Leía con atención aquellas viejas y desde hacía tiempo conocidas oraciones y al mismo tiempo pensaba en su madre. Tenía nueve hijos y cerca de cuarenta nietos. Vivía en una humilde aldea, con su marido diácono; vivió allí mucho tiempo, desde los diecisiete hasta los sesenta años. El reverendísimo la recordaba desde su más tierna infancia, casi desde los tres años y ¡con qué amor! ¡Querida, preciosa, inolvidable infancia! ¿Por qué será que ese tiempo, que se fue para siempre y que no volvería nunca, parecía más luminoso, más festivo y más rico de lo que había sido en realidad? Cuando de niño o en su adolescencia caía enfermo, ¡cuán tierna y atenta se tornaba su madre! Y ahora las oraciones se mezclaban con los recuerdos, cuya luz se volvía cada vez más intensa, y las plegarias no le impedían pensar en su madre.

Habiendo terminado de rezar, se desvistió y se acostó enseguida; en la oscuridad que lo rodeó, vio a su difunto padre, a su madre, su aldea natal, Lesopolie... El chirriar de las ruedas, el balido de las ovejas; el tañer de las campanas de la iglesia en las claras mañanas estivales, los gitanos bajo la ventana, ¡oh, qué dulce es pensar en ello! Acudió a su memoria el sacerdote de la aldea, el padre Simeón, manso y bondadoso; era delgado y de baja estatura, mientras que su hijo, el seminarista, tenía un cuerpo enorme y hablaba con estentórea voz de bajo; este se enojó una vez con la cocinera y la regañó: "¡Ah tú, burra de Yehudi!", y el padre Simeón, que lo había oído, no dijo una palabra y hasta sintió vergüenza, ya que no podía recordar en qué lugar de las Escrituras Sagradas se hacía mención acerca de aquella burra. Más tarde le sucedió el padre Demián, muy dado a la bebida; algunas veces se pasaba de la medida hasta tal punto que empezaba a ver dragones verdes, por lo que lo apodaban "Demián el dragovidente". El maestro de escuela era un tal Matvey Nicoláich, antiguo seminarista y también bebedor, aunque buena persona e inteligente; nunca castigaba a sus alumnos, no obstante lo cual y sin ninguna razón aparente había colgado en la pared un manojo de azotes de abedul, y debajo de él una inscripción en latín, totalmente absurda: *Betula kinder balsamica secuta.* Tenía un perro negro y peludo al que llamaba "Santaxis".

El reverendísimo rio. A ocho *verstas,* de Lesopolie, en la aldea Obnino, había un icono milagroso. En verano, el icono se transportaba en procesión por los pueblos vecinos y las campanas tañían durante todo el día ya en una aldea, ya en otra, y al reverendísimo le parecía en aquel entonces que la alegría temblaba en el aire y él entonces que se llamaba Pavlusha caminaba tras el icono, descalzo, con la cabeza descubierta, con fe ingenua y con una sonrisa también ingenua, infinitamente dichoso. Hasta los quince años, por lo menos, Pavlusha estuvo atrasado en los estudios, de modo que hasta se pensaba sacarlo del colegio sacerdotal y ponerlo a trabajar en un comercio; una vez en la oficina de correos de Obnino, adonde había ido a retirar cartas, miró largamente a los empleados y dijo a uno de ellos: "Permítame que le pregunte, ¿cómo reciben ustedes el sueldo, mensualmente o todos los días?".

El reverendísimo se persignó y se dio vuelta en la cama para no pensar más y conciliar el sueño.

Mi madre ha llegado... —recordó y volvió a reír.

La luna se asomaba por la ventana; el suelo estaba iluminado y sobre él yacían las sombras. Cantaba el grillo. En la habitación contigua, del otro lado de la pared, roncaba el padre Sisoy y hubo algo solitario, algo de huérfano y hasta de vagabundo en sus ronquidos de anciano. Alguna vez, Sisoy había sido ecónomo del obispo diocesano y por ese motivo lo llamaban ahora "antiguo padre ecónomo"; tenía setenta años y vivía en el monasterio, a dieciséis *verstas* de la ciudad, en la ciudad misma, o donde fuera, según la ocasión. Tres días antes pasó por el monasterio Pangrátievsky y el reverendísimo lo retuvo consigo para conversar con él algún día libre, sobre las cosas y las costumbres del lugar.

A la una y media tocaron a maitines. Se oyó la tos del padre Sisoy, quien rezongó algo, malhumorado; luego se levantó y se puso a caminar por las habitaciones, descalzo.

—¡Padre Sisoy! —llamó el reverendísimo.

Sisoy se retiró a su cuarto y poco tiempo después apareció ya con las botas puestas y con una vela en la mano; por encima de la ropa interior llevaba puesta la sotana y su cabeza estaba tocada con una escofia vieja y desteñida.

—No tengo sueño —dijo el reverendísimo, sentándose en la cama—. Seguramente estoy enfermo. Pero qué tengo, no lo sé. ¡Tengo calentura!

—Debe ser un resfrío, monseñor. Habría que untarlo con sebo de vela.

Sisoy se quedó un rato de pie y bostezó: "¡Oh, Señor, perdóname!".

—En la tienda de Erakin encendieron anoche la luz eléctrica —dijo—. ¡No me gusta!

El padre Sisoy era viejo, flaco, encorvado y siempre descontento; también sus ojos, saltones como los de un cangrejo, miraban enojados.

—¡No me gusta! —volvió a decir, retirándose—. ¡No me gusta nada, que Dios lo ampare!

II

Al día siguiente, Domingo de Ramos, el reverendísimo ofició la misa en la catedral de la ciudad y luego visitó al obispo diocesano; estuvo más tarde en casa de una generala, vieja y muy enferma, y, por fin, se dirigió a su casa. Después de la una almorzaban con él los visitantes queridos: su vieja madre y su sobrina Katia, niña de unos ocho años. Durante el almuerzo, el sol primaveral miraba por las ventanas, iluminando alegremente el blanco mantel y los rojizos cabellos de Katia. A través de los dobles vidrios se oía el trajín de los grajos en el jardín y el cantar de los estorninos.

—Ya van nueve años que no nos vemos —decía la anciana—, pero anoche en el monasterio, ni bien lo vi... ¡Dios mío! No cambió ni una pizca, tan solo enflacó un poco y la barbita la tiene ahora algo más larga. ¡Reina celestial, madre de Dios! Anoche, durante Las Vísperas nadie se podía contener, todo el mundo lloraba. Yo también, mirándolo a usted, me puse a llorar sin saber por qué. ¡Fue la santa voluntad de Dios!

A pesar del cariño con que ella lo decía, era visible que se encontraba incómoda, como dudando si debía hablarle de *tú* o *usted*, reír o no, y sintiéndose más mujer de diácono que madre de obispo. Katia, mientras tanto, miraba sin pestañear a su tío, el reverendísimo, como deseando adivinar qué clase de persona era. Sus cabellos se alzaban a causa de la peineta y de la cinta de terciopelo, formando una aureola; su nariz era respingada y los ojos parecían astutos. Antes de sentarse a la mesa había roto un vaso y ahora la abuela, conversando, apartaba de ella primero un vaso y luego una copa. El reverendísimo escuchaba a su madre y recordaba cómo en otros tiempos, hacía muchos años, ella lo llevaba, junto con otros hermanos y hermanas, a la casa de unos parientes, a quienes consideraba ricos; y de la misma manera que antes se afanaba con los hijos, ahora lo hacía con los nietos, como con Katia.

Váreñka, su hermana, tiene cuatro hijos —contaba—. Katia es la mayor y Dios sabe por qué razón, mi yerno, el padre Iván, enfermó y murió tres días antes de la Asunción. Y mi Váreñka ahora está como para pedir limosna.

—¿Y cómo está Nikanor? —preguntó el reverendísimo por su hermano mayor.

—Mal no está, gracias a Dios. Así y todo, se puede vivir, a Dios gracias. Solo que su hijo Nikolasha, mi nietecito, no quiso seguir la línea eclesiástica y fue a la universidad, para ser doctor. Cree que es mejor, pero ¡quién sabe! Fue la santa voluntad de Dios.

—Nikolasha corta a los muertos —dijo Katia y derramó agua sobre sus rodillas.

—Quédate quieta, nena —observó con calma la abuela y le quitó el vaso de las manos—. Reza antes de comer un plato.

—¡Cuánto tiempo sin vernos! —dijo el reverendísimo y acarició con ternura el hombro y el brazo de su madre—. La eché de menos en el extranjero, madrecita. Me sentí muy triste sin usted.

—Muy agradecida.

—A veces, de noche, me quedaba sentado solo, junto a la ventana abierta; a lo lejos se oía la música y me invadía de golpe una nostalgia tan fuerte que estaba dispuesto a dar cualquier cosa por volver y para verla a usted.

La madre sonrió, resplandeciendo, pero enseguida volvió a ponerse seria y dijo:

—Muy agradecida.

El humor del reverendísimo cambió bruscamente. Miraba a su madre sin comprender cómo y para qué tenía aquella respetuosa y tímida expresión en el rostro y en la voz. No la reconocía y se sintió triste y fastidiado. Además, la cabeza le dolía igual que el día anterior; sentía también un fuerte dolor en las piernas, el pescado le pareció desabrido, nada sabroso, y constantemente tenía sed.

Por la tarde llegaron de visita dos damas, ricas terratenientes, que permanecieron sentadas una hora y media, en silencio, con caras alargadas; para tratar algunos asuntos vino el archimandrita, taciturno y medio sordo. Tocaron las campanas, el sol se puso tras el bosque y el día terminó. Al volver de la iglesia, el reverendísimo oró de prisa, se acostó y se tapó bien.

Le era desagradable recordar el pescado que había comido en el almuerzo. La luz de la luna lo molestaba y además oyó una conversación. En un cuarto vecino, al parecer en el salón, el padre Sisoy hablaba de política:

—Los japoneses ahora están en guerra. Están peleando. Los japoneses, madrecita, son lo mismo que los montegrinos; son de la misma tribu. Estuvieron juntos bajo el yugo turco.

Luego se oyó la voz de María Timoféievna:

—De modo que después de rezar y de tomar el té fuimos este... a Novojátnoie, para visitar al padre Egor y entonces...

El "tomar el té" surgía a cada rato y parecía que ella no había hecho otra cosa en su vida que tomar té. Lentamente, con apatía, el reverendísimo iba recordando el seminario, la academia. Unos tres años fue profesor de griego en el seminario, sin lentes ya no podía leer el libro; luego tomó el hábito de monje y lo designaron inspector. Luego aprobó su tesis. A los treinta y dos años lo nombraron rector del seminario, lo designaron archimandrita, y la vida entonces se volvió fácil y agradable y parecía tan larga que no se vislumbraba el fin. Pero su salud empezó a resentirse, adelgazó mucho, por poco se queda ciego y por consejo médico debió abandonarlo todo e irse al extranjero.

—¿Y luego? —preguntó el padre Sisoy en la habitación vecina.

—Luego tomamos el té... —respondió María Timoféievna.

—¡Padre, tiene usted la barba verde! —dijo de repente Katia con sorpresa, y se echó a reír.

El reverendísimo recordó, que en efecto, la barba del canoso padre Sisoy tenía un matiz verdoso y rio también.

—¡Dios mío, esta chica es un verdadero castigo! —replicó en voz alta Sisoy, enojado—. ¡A ver si te quedas quieta, traviesa!

Acudió a la mente del reverendísimo la blanca iglesia, completamente nueva, en la cual realizaba servicios mientras vivía en el extranjero; recordó el rumor del tibio mar. Su apartamento se componía de cinco habitaciones espaciosas y claras; en el gabinete había una nueva mesa escritorio, biblioteca. Leyó mucho; escribió a menudo. Recordó su nostalgia; todos los días una mendiga ciega tocaba la guitarra bajo su ventana y cantaba sobre el amor, en tanto él, escuchándola, sin saber por qué pensaba en el pasado. Transcurrieron ocho años, lo llamaron a Rusia y ahora era ya prelado vicario, mientras el pasado se ha ido lejos, envuelto en la niebla, como un sueño...

Entró el padre Sisoy con una vela en la mano.

—¡Vaya! —se sorprendió—. ¿Está usted durmiendo ya, reverencia?

—¿Qué pasa?

—Si es temprano todavía; serán las diez o menos aún. Hoy compré una vela, quería untarlo con sebo.

—Tengo fiebre... —dijo el reverendísimo y se sentó—. En efecto, habría que hacer algo. Tengo pesada la cabeza.

Sisoy le quitó la camisa y se puso a frotarle el pecho y la espalda con sebo de vela.

—Así... así... —decía—. Cristo... Señor nuestro... así. Hoy fui a la ciudad... fui a ver a aquel... ¿cómo se llama?... al arcipreste Sidonsky... Tomé té en su casa... ¡No me gusta ese hombre! Cristo... Señor nuestro... así... ¡No me gusta!

III

El obispo diocesano, viejo y muy rollizo, estaba enfermo de reumatismo o gota y hacía un mes que no se levantaba de la cama. El reverendísimo Piotr lo visitaba casi todos los días y recibía, en su lugar, a los solicitantes. Y ahora, al sentirse indispuesto, se asombraba de la vacuidad y la pequeñez de todo lo que se pedía y por lo que se lloraba: lo irritaban la ignorancia y la timidez; lo abrumaba la mole de esas innecesarias minucias y creía comprender ahora al obispo diocesano, quien en sus años de mozos, había escrito *Estudios sobre la libre voluntad*, mientras que ahora, al parecer, se sumergió en las fruslerías, se olvidó de todo y no pensaba más en Dios. En el extranjero, el reverendísimo por lo visto se había desacostumbrado de la vida rusa y esta no le resultaba fácil ahora; el pueblo le parecía tosco, las mujeres oportunistas, aburridas y estúpidas, los seminaristas y sus maestros, incultos y a veces hasta salvajes. Y los papeles, entrados y despachados, se contaban por decenas de miles y ¡qué papeles! Los superintendentes de toda la diócesis ponían a los sacerdotes —jóvenes y viejos— y hasta a sus esposas e hijos, notas de conducta: cinco, cuatro y a veces tres y de esto había que conversar, leer y escribir serios papeles. De este modo no quedaba positivamente un solo minuto libre, el alma se hallaba en tensión durante el día entero y el reverendísimo Piotr se calmaba tan solo cuando estaba en la iglesia.

Tampoco podía acostumbrarse al miedo que sin querer, suscitaba en la gente a pesar de su carácter, apacible y modesto. Todas las personas en esta provincia, cuando las miraba, le parecían pequeñas, asustadas, culpables. En su presencia, todo el mundo tenía miedo y todos, hasta los viejos arciprestes, caían a sus pies; hacía poco tiempo, una solicitante, vieja mujer de un pobre aldeano, de miedo no pudo pronunciar una sola palabra y se retiró sin conseguir nada. Y él, que en sus sermones jamás se animó a hablar mal de la gente ni a hacerle reproches, porque le daban lástima, se enojaba con los solicitantes, perdía los estribos y arrojaba al suelo las solicitudes. Desde que se encontraba aquí, ni una sola persona había conversado con él de un modo sincero, sencillo, humano; hasta su vieja madre, al parecer, ya no era la de antes, ¡en absoluto! ¿Y por qué —se preguntaba— con Sisoy ella charlaba sin cesar y reía mucho; en tanto que con él, su hijo, se mantenía seria, solía quedarse callada y se sentía incómoda, cosa que no concordaba con su manera de ser? La única persona que se comportaba de manera natural en su presencia y decía lo que le daba la gana era el viejo Sisoy, quien pasó toda su vida entre obispos y sobrevivió a once de ellos. Por ese motivo resultaba fácil alternar con él, no obstante su carácter pesado y caprichoso.

El martes, después de la misa, el reverendísimo estuvo en la casa episcopal, atendió a los solicitantes, agitándose y enfadándose, y luego partió a su casa. Se sentía siempre mal y tenía ganas de acostarse; mas apenas hubo entrado en su dormitorio, le anunciaron la llegada de Erakin, joven comerciante que solía hacer donaciones, quien quería verlo para un asunto muy importante. Había que recibirlo. Erakin permaneció sentado cerca de una hora, hablaba en voz muy alta, casi gritando, y resultaba difícil comprender lo que decía.

—¡Quiera Dios que...! —decía al marcharse—. ¡Con seguridad! ¡Según las circunstancias, reverendísimo monseñor! ¡Ese es mi deseo...!

Después de él vino la madre superiora de un monasterio lejano, y cuando se hubo ido, tocaron a vísperas y fue preciso ir a la iglesia.

Por la noche el canto de los monjes era armonioso e inspirado, estando el servicio a cargo de un joven monje preste, de negra barba; y el reverendísimo, escuchando acerca del esposo que llegó a medianoche, y del palacio adornado, no sentía arrepentimiento por los pecadores ni tristeza, sino paz en su alma y silencio, transportándose en sus pensamientos al lejano pasado, a su infancia y su juventud, cuando asimismo se cantaba acerca del esposo y del palacio, y ahora aquel pasado aparecía vivo, bello y lleno de alegría, como probablemente nunca había sido. Y puede ser que en el otro mundo, en la otra vida, recordemos el lejano pasado, nuestra vida terrenal, con el mismo sentimiento. ¡Quién sabe! El reverendísimo estaba sentado en el recinto del altar, en la oscuridad. Las lágrimas se deslizaban por su rostro. Pensaba en que había logrado cuanto había de accesible para un hombre de su posición; tenía fe, y sin embargo no todo era claro, algo faltaba, no tenía ganas de morir; y parecía aún que no había logrado poseer lo más importante, algo con que antaño soñaba vagamente; y en el presente le inquietaba la misma esperanza en el futuro que tenía en su infancia, en la academia y en el extranjero.

"¡Qué bien cantan hoy! —pensó, prestando atención al canto—. ¡Qué bien!".

IV

El Jueves Santo, dijo la misa en la catedral y realizó el lavatorio de pies. Cuando terminó el servicio y la gente salía de la iglesia, el día era soleado, tibio y alegre; en las acequias corría ruidosamente el agua, y desde los campos llegaba el ininterrumpido canto de las alondras, tierno y apaciguante. Los árboles se habían despertado ya y sonreían afablemente, y por encima de ellos iba extendiéndose, Dios sabe adónde, el insondable, inmenso cielo azul.

De regreso a su casa, el reverendísimo Piotr tomó té, se cambió de ropa, se acostó y ordenó al hermano lego que cerrara los postigos de las ventanas. En el dormitorio se hizo la oscuridad. ¡Pero qué cansancio, qué dolor en las piernas y en la espalda, un dolor pesado y frío! ¡Qué zumbido en los oídos! Hacía mucho que no dormía, pero alguna minucia, que despuntaba en su cerebro apenas cerraba los ojos, ahuyentaba el sueño. Igual que el día anterior, desde los cuartos vecinos llegaban a través de la pared las voces, el ruido de los vasos, de las cucharitas de té... Alegremente y usando refranes, María Timoféievna contaba algo al padre Sisoy y este le respondía disgustado: "¡Qué gente! ¡Qué va...! ¡A ninguna parte…!". El reverendísimo volvía a sentirse fastidiado y hasta ofendido por la manera natural con que la vieja trataba a personas extrañas, mientras que con él, su hijo, se mostraba tímida, hablaba poco y no expresaba en realidad lo que quería decir y hasta, según parecía, buscaba siempre un pretexto para levantarse, ya que la incomodaba estar sentada en su presencia. ¿Y su padre? Si estuviera con vida, probablemente no hubiera podido pronunciar una sola palabra ante él.

En la habitación vecina algo cayó al suelo y se rompió; al parecer, Katia había dejado caer la taza o el platillo, puesto que el padre Sisoy, de repente, escupió y dijo enojado:

—¡Esta niña es puro castigo, que Dios me perdone! ¡No hay vajilla que alcance!

Luego sobrevino el silencio; tan solo llegaban algunos rumores desde afuera. Y cuando el reverendo abrió los ojos, vio en su cuarto a Katia, que estaba de pie, inmóvil, y lo miraba. Sus rojizos cabellos, como de costumbre, se alzaban detrás de la peineta en forma de una aureola.

—¿Eres tú, Katia? —preguntó—. ¿Quién es el que abre y cierra la puerta ahí abajo?

—No oigo nada —contestó Katia, aguzando el oído.

—Ahora mismo alguien pasó por allí.

—¡Es en su barriga, tío!

Él rio y le acarició la cabeza.

—¿De modo que tu primo Nikolasha corta a los muertos? —preguntó poco después.

—Sí. Está estudiando.

—¿Es un joven bueno?

—Sí, bastante bueno. Pero bebe mucho vodka.

—¿Y tu padre de qué murió?

—Mi papá estaba débil y muy delgado y de pronto: la garganta. También yo me enfermé, y mi hermano Fedia; todos de la garganta. Papá murió, pero nosotros sanamos.

Le tembló la barbilla, las lágrimas asomaron a sus ojos y rodaron por las mejillas.

—Reverencia —dijo con un hilito de voz y llorando ya con amargura—, ¡mamita y nosotros somos muy pobres! Denos un poquito de dinero, sea bueno ¡tío querido!

También él sintió llenarse de lágrimas sus ojos y durante largo rato no pudo pronunciar ni una palabra; emocionado, le acarició la cabeza y le tocó el hombro, diciendo:

—Bien, bien, chiquilla. Espera que pronto llega el Domingo de Pascua y conversaremos entonces. Yo los ayudaré... Ayudaré...

Tímidamente y sin hacer ruido entró la madre y oró ante los iconos. Al notar que él no dormía, le preguntó:

—¿No quiere un poco de sopita?

—No, gracias... —contestó él—. No tengo ganas.

—Me parece que está usted enfermo, como veo. ¡Claro, cómo no se va a enfermar! Todo el día ocupado, todo el día... da pena verlo. Menos mal que las fiestas están cerca, así descansará, si Dios quiere: ya hablaremos entonces; por ahora no lo voy a molestar con mi charla. Vamos, Kátechka, deja que monseñor descanse.

Y él recordó que hacía mucho tiempo, cuando todavía era un niño, su madre solía hablar con el superintendente de la diócesis en el mismo tono, entre divertido y respetuoso... Solo por los ojos, extraordinariamente bondadosos, y por la inquieta y tímida mirada que le dirigió de reojo al salir de la habitación, se podía adivinar que era la madre. Él cerró los ojos y parecía dormir, pero dos veces oyó tocar el reloj y la tos del padre Sisoy del otro lado de la pared. Y una vez más entró la madre y lo miró un minuto con timidez. Llegó un carruaje y se detuvo junto al pórtico. Se oyó un golpe de nudillo en la puerta; esta se abrió y el hermano lego entró en el dormitorio.

—¡Reverencia! —llamó.

—Están los caballos. Es hora de partir para la Pasión del Señor.

—¿Qué hora es?

—Las siete y cuarto.

Se vistió y partió para la catedral. Durante la lectura de los doce Evangelios completos tenía que permanecer de pie, inmóvil, en medio de la iglesia; él mismo leyó el primer Evangelio, el más largo, el más hermoso. Se sintió invadido por un humor saludable y animado. Este primer Evangelio, "Porque el hijo del hombre vendrá en la gloria de su Padre...", lo conocía de memoria; leyendo, levantaba los ojos de tiempo en tiempo y por ambos lados veía un mar de luces y oía el crepitar de las velas, sin ver a la gente, igual que en los años anteriores y le parecía que era la misma gente que estaba en aquellos tiempos, en su infancia y en su juventud, y que sería la misma siempre todos los años y solo Dios sabía hasta cuándo.

Su padre había sido diácono; su abuelo, sacerdote; su bisabuelo, diácono y toda su estirpe, quizás desde los tiempos de la conversión al cristianismo en Rusia, pertenecían al sacerdocio, y su amor al servicio religioso, al clero, al tañido de las campanas era en él innato, profundo, inextirpable; en la iglesia, especialmente si él mismo tomaba parte en el servicio, se sentía activo, animoso, feliz. Ahora ocurría lo mismo. Y solo después de haber leído el octavo Evangelio, sintió debilitarse su voz, de modo que ya ni se le oía toser; le sobrevino un fuerte dolor de cabeza y empezó a inquietarlo el miedo de que en cualquier momento se desplomaría. En efecto, sus piernas estaban tan entumecidas que poco a poco dejaba de sentirlas y resultaba incomprensible cómo y sobre qué se mantenía erguido y por qué no caía...

Al terminar el servicio, eran las doce menos cuarto. De regreso en su casa, el reverendísimo se desvistió y se acostó enseguida, sin siquiera haber orado. No podía hablar y le parecía que ya no podía mantenerse en pie. Al cubrirse con la colcha, sintió de pronto un fuerte deseo de ir al extranjero, ¡un deseo irresistible! Al parecer, hubiera dado su vida con tal de no ver aquellos miserables postigos y los bajos techos; de no percibir aquel pesado olor del monasterio. ¡Si hubiera por lo menos una persona con quien pudiera hablar, aliviar el alma!

Durante un largo rato, en la habitación contigua se oían unos pasos y él se esforzaba en vano por recordar quién era. Por fin se abrió la puerta y entró Sisoy con una vela y con una taza en las manos.

—¿Ya se acostó usted, reverencia? — preguntó—. Vengo para hacerle frotaciones con vodka y vinagre. Unas buenas fricciones dan grandes beneficios. Cristo... Señor nuestro... así... Estuve en nuestro monasterio... ¡No me gusta! Mañana me voy de aquí, monseñor. No me quedo más. Cristo... Señor nuestro... Así.

Sisoy no podía permanecer mucho tiempo en un lugar y le parecía hallarse ya un año entero en el monasterio Pankrátievsky. Al escucharlo, resultaba difícil comprender dónde estaba su casa; si amaba a alguien o algo; si creía en Dios... Él mismo no sabía por qué era monje, por lo demás, ni pensaba en ello: hacía mucho que se había borrado de su memoria el tiempo en que había tomado el hábito; se pensaría que había nacido monje directamente.

—Mañana me voy. ¡Dios sea con ellos!

—Me gustaría conversar con usted, ya que hasta ahora no he tenido tiempo para hacerlo —dijo el reverendísimo en voz baja, haciendo un esfuerzo—. No conozco a nadie aquí y no sé nada.

—Está bien, me quedaré hasta el domingo, por usted, pero ni un día más. ¡Qué queden con Dios!

—¿Qué clase de obispo soy yo? —continuó en voz baja el reverendísimo—. Debiera ser un sacerdote aldeano, sacristán, o un simple monje. Me agobia todo esto... me aplasta...

—¿Qué? Cristo... Señor nuestro... Así... Bueno, duerma ahora tranquilo, reverencia... Ya se sabe... No hay nada que hacer... ¡Buenas noches!

El reverendísimo pasó en vela toda la noche. Y por la mañana, alrededor de las ocho, tuvo una hemorragia intestinal. El hermano lego, asustado, corrió primero a ver al archimandrita y luego viajó a la ciudad para traer al médico del monasterio. Iván Andreich era un anciano obeso de larga barba canosa; examinó largamente al reverendísimo, meneando la cabeza y frunciendo el ceño, y luego dijo:

—¿Sabe una cosa, reverencia? Tiene usted fiebre tifoidea.

A causa de la hemorragia, el reverendísimo, en el transcurso de una hora, enflaqueció de manera notable y se puso pálido y demacrado; su rostro se arrugó, los ojos se volvieron grandes y parecía envejecido y empequeñecido; se le antojaba que ya era más flaco, más débil y más insignificante que nadie, y que todo lo que hubo se había ido lejos para no volver, para no repetirse.

"¡Qué bien! —pensó—. ¡Qué bien!".

Entró su anciana madre. Al ver su cara arrugada y sus grandes ojos, se asustó, cayó de rodillas ante la cama y le besó la cara, los hombros, las manos. También a ella le parecía, sin saber por qué, que él era más flaco, más débil y más insignificante que nadie y, sin acordarse ya de que era obispo, lo besaba como a un niño, como a una criatura íntima y querida.

—Pavlusha, querido —decía—. ¡Hijito mío! ¿Por qué estás así? ¡Pavlusha, contéstame!

Katia, pálida y seria, estaba a su lado y no alcanzaba a comprender qué le pasaba a su tío, por qué había tanta pena en la cara de la abuela y por qué ella decía palabras tan conmovedoras y tristes. Él, en tanto, ya no podía pronunciar una sola palabra, no entendía nada, y se le figuraba que era un hombre simple, ordinario; que iba caminando por el campo, rápida y alegremente, golpeando con el bastoncito; que encima de él se extendía el ancho cielo, inundado de sol, y que se encontraba libre como un pájaro y podía ir a cualquier parte.

—¡Hijo mío, Pavlusha, contéstame! —decía la anciana—. ¿Qué tienes? ¡Querido mío!

—No moleste a monseñor —observó Sisoy con voz enfadada, atravesando la habitación—. Que duerma un poco. ¡Qué se le va a hacer! ¡Basta ya...!

Llegaron tres médicos, realizaron consultas y se marcharon. El día fue largo, increíblemente largo; luego sobrevino la noche y su paso fue más lento aún; y por la mañana del sábado, el hermano lego se acercó a la vieja, que estaba tendida sobre el diván, en la sala, y le pidió que fuera al dormitorio: el reverendísimo había dejado de existir.

El día siguiente era Domingo de Pascua. En la ciudad había cuarenta y dos iglesias y seis monasterios; el sonoro y alegre tañido flotaba encima de la ciudad desde la mañana hasta la noche, sin cesar, agitando el aire primaveral; cantaban los pájaros y el sol brillaba intensamente. En la gran plaza de feria había mucho ruido, se balanceaban los columpios, tocaban los organilleros, chillaba el acordeón, resonaban voces borrachas. En la calle principal comenzaron los paseos en coches tirados por trotones; en una palabra, fue un día alegre, feliz, igual que fue el año anterior y, probablemente, como será también el año próximo.

Al cabo de un mes fue designado un nuevo obispo vicario y ya pocos recordaban al reverendísimo Piotr. Poco tiempo después lo olvidaron por completo. Y solo la vieja madre del difunto, que vive ahora en casa de su yerno, el diácono, en un pueblecito perdido, cuando al anochecer sale a buscar su vaca y se encuentra en el prado con otras mujeres, se pone a hablar de sus hijos, de sus nietos, de que tenía un hijo obispo y lo dice con timidez, con temor de que no le crean...

Y, en efecto, no todas le creen.

La cigarra

I

A la boda de Olga Ivánovna acudieron todos sus buenos amigos y conocidos.

—Véanlo bien: ¿no es cierto que hay algo especial en él? —decía ella a sus amigos señalando con la cabeza a su marido y como deseando justificar por qué se había casado con un hombre simple, muy común y que en nada destacaba.

Su marido, Osip Stepánich Dímov, era médico y tenía rango de consejero titular. Trabajaba en dos hospitales: en uno como interno y en el otro, como médico forense. Todos los días, desde las nueve de la mañana hasta el mediodía recibía a los enfermos y cumplía sus tareas en la sala, mientras que por la tarde tomaba el tranvía de caballos y se dirigía al otro hospital, donde practicaba la autopsia de los enfermos fallecidos. Su clientela particular era insignificante, lo que le reportaba más que unos quinientos rublos al año. Eso era todo. En cambio, Olga Ivánovna, sus amigos y sus conocidos eran personas no del todo ordinarias. Cada uno de ellos se distinguía en algo, había alcanzado cierta notoriedad, tenía un nombre y se consideraba una celebridad o bien, en el caso de que no fuera célebre aún, alimentaba las más brillantes esperanzas. Había un actor del teatro dramático de gran talento, hacía tiempo reconocido, hombre elegante, inteligente y modesto, enseñaba a Olga Ivánovna el arte de recitar; un cantante de ópera, gordo y bonachón, aseguraba suspirando, que Olga Ivánovna se estaba echando a perder: si no fuera tan perezosa y se esforzara más, podría ser una notable cantante; había también varios pintores con el paisajista y animalista Riabovsky a la cabeza, un joven rubio, muy buen mozo, de unos veinticinco años, que tenía éxito en las exposiciones y que vendió su último cuadro por quinientos rublos; retocaba los estudios que hacía Olga Ivánovna y le decía que era probable esperar de ella resultados positivos; un violonchelista, cuyo instrumento lloraba, confesaba con franqueza que entre todas las mujeres que él conocía Olga Ivánovna era la única que sabía acompañarlo; había también un hombre de letras, joven pero ya conocido; escribía novelas, piezas teatrales y cuentos. ¿Y quién más? Bueno también Vasily Vasilich; un hacendado, ilustrador aficionado y miniaturista, gran conocedor del antiguo estilo ruso y los poemas épicos populares; literalmente realizaba milagros sobre el papel, la porcelana y los platos ahumados. En este círculo artístico, libre y mimado por el destino, que —aun siendo discreto y correcto— no se acordaba de la existencia de los médicos sino durante la enfermedad y para el cual el nombre de Dímov resultaba tan indiferente como el de un Sidorov o de un Tarásov cualquiera, Dímov parecía una figura extraña, sobrante y pequeña, a pesar de que era alto de estatura y ancho de hombros. Parecía que llevara puesto un frac ajeno y que tuviera una barbita de dependiente. Sin embargo, de haber sido escritor o pintor se hubiera dicho que su barba asemejaba a la de Zola.

El actor decía a Olga Ivánovna que con sus cabellos de lino y el vestido de novia se parecía mucho a un esbelto cerezo en primavera, lleno de flores blancas.

—¡Escúcheme! —replicó Olga Ivánovna, cogiéndole por el brazo—. ¿Cómo sucedió todo esto? Escuche, escuche... Debo decirle que mi padre trabajaba con Dímov en el mismo hospital. Cuando mi pobre padre se había enfermado, Dímov durante días y noches enteras hacía guardia junto a su cama. ¡Cuánto sacrificio! Escuche, Riabovsky... Escuche usted también, escritor, que es muy interesante. ¡Acérquense más! ¡Cuánta abnegación y cuánta compasión sincera! Yo tampoco dormía por las noches, pasándolas junto a mi padre, y de repente: ¡zas!... ¡Vencí al joven héroe! Mi Dímov se enamoró perdidamente de mí. En verdad, el destino a veces es muy caprichoso. Bueno, después de morir mi padre él venía a verme de vez en cuando, nos encontrábamos en la calle, y en una linda noche, de repente, zas, se me declaró… Menuda sorpresa... Lloré toda la noche y me enamoré yo misma locamente. Y como ustedes ven, me convertí en su esposa. ¿Verdad que hay en él algo fuerte, potente, algo de eso? Ahora estamos viendo nada más que las tres cuartas partes de su cara y, además, está mal iluminada, pero cuando se vuelve, miren bien su frente. Riabovsky, ¿qué me dice usted de esta frente? ¡Dímov, estamos hablando de ti! gritó al marido—. ¡Ven acá! Tiende tu honrada mano a Riabovsky... Así. ¡Sean amigos!

Dímov, con una sonrisa ingenua y bondadosa, tendió la mano a Riabovsky y dijo:

—Encantado. Conmigo se licenció también un tal Riabovsky. ¿No será también pariente suyo?

II

Olga Ivánovna tenía veintidós años, Dímov treinta y uno. Su vida de casados comenzó muy bien. Olga Ivánovna adornó todas las paredes de la sala con estudios propios y ajenos, con marco y sin enmarcar, y alrededor del piano y los muebles dispuso una bella composición de sombrillas chinas, caballetes, trapitos multicolores, puñales, estatuillas, fotografías... En el comedor, tapizó los muros con láminas estampadas; colgó las zapatillas y las hoces; colocó en un rincón la guadaña y el rastrillo y obtuvo así un comedor de estilo ruso. En el dormitorio, para que este pareciera una gruta, recubrió el cielo raso y las paredes de paño oscuro, colgó sobre las camas un farol veneciano y cerca de la puerta colocó una figura con una alabarda. Todo el mundo opinaba que los recién casados tenían un hogar muy agradable.

Cada día, tras levantarse de la cama a eso de las once, Olga Ivánovna tocaba el piano o, si había sol, pintaba alguna cosa al óleo. Después de las doce iba a casa de su modista. Como no disponían de mucho dinero, y alcanzaba justo para los gastos indispensables, tanto ella como su modista tenían que recurrir a toda clase de astucias para aparecer con vestidos nuevos y sorprender con su elegancia. Muy a menudo, de un viejo vestido teñido, de unos cuantos trozos de tul, de encaje, de felpa y de seda resultaba un verdadero milagro, algo realmente encantador, un sueño en lugar de un vestido. De la modista, Olga Ivánovna solía trasladarse a la casa de alguna actriz amiga para enterarse de las novedades teatrales y de paso procurarse entradas para el estreno de alguna obra o para una función de beneficio. De la casa de la actriz había que ir al estudio del pintor o a una exposición; luego a la casa de alguna celebridad, ya fuera para realizar una invitación, devolver una visita o simplemente para charlar un rato. Era recibida de forma alegre y amigable en todos lados y le aseguraban que era buena, simpática, excepcional... Aquellos a quienes ella titulaba célebres y grandes la recibían como a una igual y le profetizaban, al unísono, que con su talento, su gusto y su inteligencia podría lograr grandes resultados si no desperdiciaba sus habilidades en vano. Ella cantaba, tocaba el piano, pintaba al óleo, esculpía, tomaba parte en los espectáculos de aficionados, y todo ello no lo hacía de cualquier manera sino con verdadero talento; ya fabricara farolitos para la iluminación, ya se disfrazara, ya anudara a alguien la corbata, todo le salía con un arte, una gracia y una exquisitez extraordinaria. Pero ningún talento suyo era tan brillante como su capacidad de trabar rápido conocimiento y estrechar relaciones con personalidades célebres. Apenas alguien se tornaba conocido en alguna medida, ya ella conseguía serle presentada, el mismo día anudaba una amistad con él y lo invitaba a su casa. Cada nueva relación era una verdadera fiesta para ella. Adoraba a las personas famosas, se enorgullecía de ellas y las veía en sueños todas las noches. Tenía sed de ellas y nunca podía aplacarla. Los viejos se iban y se perdían en el olvido; en su reemplazo venían los nuevos, pero también a estos ella se acostumbraba pronto o sufría una decepción; comenzaba entonces a buscar con avidez nuevos personajes, los encontraba y volvía a buscarlos. ¿Para qué?

Después de las cuatro de la tarde comía en casa. La sencillez, el sentido común y la bondad de su marido la conmovían y la llenaban de entusiasmo. A menudo se levantaba de un salto, abrazaba impulsivamente su cabeza y la cubría de besos.

—Eres un hombre inteligente y noble, Dímov —le decía—, pero tienes un defecto muy importante: no sientes ningún interés por el arte. Rechazas la música y la pintura.

—No las comprendo —respondía él mansamente—. Durante toda mi vida estuve ocupado con las ciencias naturales y la medicina y no tuve tiempo de interesarme por las artes.

—¡Pero eso es terrible, Dímov!

—¿Por qué? Tus amigos no conocen las ciencias naturales ni la medicina y sin embargo tú no les replicas por eso. A cada cual lo suyo. Yo no comprendo los paisajes ni las óperas, pero opino lo siguiente: si hay personas inteligentes que les dedican toda su vida, y si hay personas inteligentes que pagan por ellos mucho dinero, eso significa entonces que son necesarios. Yo no los comprendo, pero no comprender no significa rechazar.

—¡Déjame estrechar tu honrada mano!

Después de comer Olga Ivánovna partía de visita a la casa de unos amigos, luego iba al teatro o al concierto y regresaba a casa después de la medianoche. Y así todos los días.

Los miércoles organizaba en su casa veladas. En estas veladas, la dueña de casa y los invitados, en vez de jugar a los naipes y bailar, se divertían dedicándose a diversas artes. El actor de teatro dramático recitaba, el cantante cantaba, los pintores dibujaban en los álbumes que Olga Ivánovna tenía en grandes cantidades; el violonchelista tocaba, y la propia dueña también dibujaba, esculpía, cantaba y acompañaba al piano. En los intervalos entre la pintura, la lectura, y la música se hablaba y se discutía sobre la literatura, el teatro y la pintura. Damas no había, debido a que Olga Ivánovna las consideraba aburridas y vulgares, excepto a las actrices y a su modista. Ninguna velada transcurría sin que la dueña de casa no se estremeciera a cada timbrazo y no dijera con una expresión victoriosa en la cara: "¡Es él!". Entiéndase con la palabra "él" alguna nueva celebridad invitada. Dímov no estaba en la sala y nadie se acordaba de su existencia. Pero a las once y media en punto se abría la puerta del comedor y aparecía Dímov con su bondadosa y mansa sonrisa, quien decía, frotándose las manos:

—Por favor, señores, pasen a tomar un bocado.

Todos se dirigían al comedor y cada vez veían sobre la mesa lo mismo: una fuente de ostras, jamón o ternera, sardinas, queso, caviar, hongos, vodka y dos jarras de vino.

—¡Mi querido *maître d'hôtel*! —exclamaba Olga Ivánovna con júbilo juntando las manos—. ¡Realmente eres encantador! ¡Señores, miren su frente! Dímov, ponte de perfil. Señores, miren: tiene cara de un tigre de Bengala, pero su expresión es bondadosa y simpática como la de un ciervo. ¡Oh, querido mío!

Los invitados comían y mirando a Dímov pensaban:

"En efecto, es un hombre simpático", pero pronto se olvidaban de él y continuaban hablando de teatro, música y pintura.

Los jóvenes esposos eran felices y su vida transcurría con placidez. Pero la tercera semana de su luna de miel fue más bien difícil. En el hospital Dímov se contagió de erisipela, guardó cama durante seis días y debió cortar del todo su hermoso cabello negro. Olga Ivánovna permanecía sentada a su lado llorando con preocupación, pero cuando empezó a sentirse mejor, le colocó sobre la cabeza rapada un pañuelo blanco y se puso a pintar el retrato de un beduino. Y ambos se divertían. Unos tres días después de haberse restablecido y de reanudar Dímov sus tareas en los hospitales, surgió un nuevo contratiempo.

—¡No tengo suerte, querida! —dijo durante el almuerzo—. Hoy he hecho cuatro autopsias y me corté a la vez los dedos. No lo noté hasta que estaba en casa.

Olga Ivánovna se asustó. Pero él sonrió diciendo que eran pequeñeces y que no era la primera vez que se hacía cortes en las manos durante las autopsias.

—Me dejo llevar por el afán, cariño, y me vuelvo distraído.

Olga Ivánovna esperó con angustia algún signo de infección y por las noches rezaba, pero todo terminó bien y volvió a fluir la plácida y feliz vida sin tristezas ni sobresaltos. El presente era magnífico y para su reemplazo se acercaba la primavera, que ya sonreía de lejos, prometiendo mil alegrías, ¡La dicha no tendría fin! En abril, en mayo y en junio, una *dacha*[15] lejos de la ciudad, paseos, bocetos, pesca, ruiseñores; más tarde desde julio hasta el mismo otoño, la excursión de los pintores a la región del Volga, viaje en el cual tomaría parte Olga Ivánovna, como miembro efectivo de la *Société.* Ya se había hecho dos vestidos de paño para el camino: había comprado también pinturas, pinceles, lienzos y una paleta nueva. Casi todos los días Riabovsky iba a su casa para ver los éxitos logrados por ella en la pintura.

Cuando ella le mostraba su trabajo, aquel se metía las manos en los bolsillos, apretaba con fuerza los labios, resoplaba y decía:

—A ver... Esta nube es muy chillona: su iluminación no es crepuscular. El primer plano está algo desdibujado y no es lo que debería ser, ¿comprende? En cuanto a la *izba,* parece haberse atragantado con alguna cosa y ahora chilla lastimeramente... Ese ángulo tiene que ser más oscuro. Pero en general está bien. La felicito.

---

[15] Dacha: casa de campo rusa.

Y cuando menos comprensible era lo que él decía, tanto mejor lo comprendía Olga Ivánovna.

III

El segundo día de la Trinidad, después de almorzar, Dímov compró bocadillos y dulces, partiendo a la *dacha* para reunirse con su esposa. Tenían dos semanas sin verse y la extrañaba mucho. Sentado en el vagón y luego buscando su *dacha* en el bosque, no dejaba de sentir hambre y cansancio y gozaba al pensar que iba a cenar; en libertad, con su mujer, y a echarse a dormir luego. Y le causaba alegría mirar el paquete en que llevaba envueltos el caviar, el queso y el salmón blanco.

Cuando encontró y reconoció su *dacha,* el sol se ponía ya. La vieja criada le dijo que la señora no estaba pero que debía regresar pronto. La *dacha,* de aspecto muy poco confortable, con cielos rasos bajos, recubiertos de papel blanco, y con pisos desparejados y agrietados, contaba solo con tres habitaciones. En una estaba la cama; en otra, sobre sillas y ventanas se hallaban desparramados lienzos, pinceles, papeles con manchas de grasa y abrigos y sombreros masculinos; en la tercera Dímov encontró a tres hombres desconocidos. Dos eran morenos, con barba, mientras que el tercero, afeitado y gordo, por lo visto era actor. Sobre la mesa, en el samovar, hervía el agua.

—¿Qué desea usted? —preguntó el actor con voz de bajo, observando a Dímov con frialdad—. ¿Necesita usted ver a Olga Ivánovna? Espere, ella viene enseguida...

Dímov tomó asiento y se puso a esperar. Uno de los morenos, somnoliento y apático, se sirvió un vaso de té, lo miró y preguntó:

—¿Gusta un poco de té?

Dímov tenía sed y hambre, pero para no estropearse el apetito lo rehusó. Pronto se oyeron pasos y una risa conocida; resonó un portazo y entró corriendo Olga Ivánovna, con un sombrero de alas anchas y llevando una caja en la mano; tras ella, con un sombrero grande y con una silla plegadiza, entró Riabovsky, alegre y sonrosado.

—¡Dímov! —exclamó Olga Ivánovna y sus mejillas se encendieron por la alegría—. ¡Dímov! —repitió, poniendo su cabeza y ambas manos sobre el pecho de su marido—. ¡Eres tú! ¿Por qué has estado tanto tiempo sin venir? ¿Por qué?

—¿Y cuándo iba a venir, cariño? Estoy siempre ocupado, y si a veces tengo un poco de tiempo, ocurre que el horario de los trenes no me acomoda.

—¡Pero qué contenta estoy de verte! Soñé contigo toda la noche y tuve miedo de que estuvieras enfermo. ¡Ah, si supieras cuán simpático eres y cuán oportuna es tu llegada! Serás mi salvador. ¡Únicamente tú puedes salvarme! Mañana habrá una boda sumamente original —prosiguió ella riendo y anudando la corbata al marido—. Se casa el joven telegrafista de la estación, un tal Chikeldéiev. Buen mozo, inteligente; en su cara hay algo fuerte, sabes, algo de oso... Puede servir de modelo para el retrato de un varego. Todos los veraneantes simpatizamos con él y le hicimos la firme promesa de asistir a su casamiento... Es un hombre de medios modestos, solo, tímido y, por supuesto, estaría mal negarle nuestra participación. Imagínate, el casamiento será después de la misa; luego iremos a pie hasta la casa de la novia.., te das cuenta, el bosque, el canto de los pájaros, las manchas de sol sobre la hierba y todos nosotros como manchas multicolores sobre el fondo verde..., es sumamente original, de acuerdo con el gusto de los expresionistas franceses. Pero, Dímov, ¿qué me pondré para ir a la iglesia? —dijo Olga Ivánovna con cara compungida—. ¡No tengo nada aquí, absolutamente nada! Ni vestidos, ni flores, ni guantes... Tú debes salvarme... Si has venido, quiere decir que el mismo destino dispone que me salves. Llévate las llaves, querido, vuelve a casa y saca del guardarropa mi vestido rosado. Tú lo conoces, está colgado en primer lugar... Luego, en el depósito, del lado derecho verás en el suelo dos cajas de cartón. Cuando abras la de arriba, verás que todo son tules y tules y, toda clase de trapitos, pero debajo están las flores. Sácalas con cuidado, trata de no arrugarlas, mi amor, que luego escogeré yo las que necesito... Cómprame también los guantes.

—Bien —dijo Dímov—. Mañana partiré de regreso y te lo mandaré todo.

—¿Cómo mañana? —preguntó Olga Ivánovna y lo miró sorprendida—. ¿Y cómo tendrás tiempo mañana para hacerlo? El primer tren sale a las nueve y el casamiento es a las once. No, querido, hay que hacerlo hoy, ¡hoy sin falta! Si mañana no puedes venir, mándame las cosas con un mandadero. Bueno, vete pues... Pronto debe pasar un tren. ¡No vayas a perderlo, mi amor!

—Bien.

—Me da pena dejarte ir —dijo Olga Ivánovna y las lágrimas asomaron a sus ojos—. ¿Y para qué le habré dado mi palabra al telegrafista? Soy una tonta...

Dímov tomó de prisa un vaso de té, guardó en su bolsillo una rosquilla y con una sonrisa humilde, se encaminó a la estación. En cuanto al caviar, el queso y el salmón blanco, se los comieron los dos morenos y el gordo actor.

IV

En una apacible noche de luna del mes de julio Olga Ivánovna se encontraba en la cubierta del vapor fluvial y miraba ora al agua, ora las hermosas riberas. A su lado estaba Riabovsky y le decía que las negras sombras sobre el agua no eran sombras sino un ensueño y que a la vista de esa agua embrujadora con su brillo fantástico, de ese cielo abismal y de esas tristes y pensativas orillas, sabedores de la futilidad de nuestras vidas y de la existencia de lo sublime, eterno y beatífico, uno sentía anhelo de olvidar todo, morir, llegar a ser un recuerdo. El pasado era trivial y aburrido, el futuro no tenía importancia, mientras que esta divina noche, única en la vida, iba a terminar pronto, diluyéndose en la eternidad. ¿Para qué vivir entonces?

Olga Ivánovna escuchaba ora la voz de Riabovsky, ora el silencio de la noche y pensaba en que era inmortal, en que no moriría nunca. Las aguas de color turquesa, como nunca antes las había visto, el cielo, las orillas, las negras sombras y una inexplicable alegría que impregnaba su alma le decían que llegaría a ser una gran pintora y que en algún lugar, tras aquella lejanía, tras la noche de luna, en el infinito espacio, la esperaban el éxito, la gloria, el amor del pueblo... Sin pestañear miraba a lo lejos durante largo rato, imaginando multitudes, luces, solemnes sones de música, exclamaciones de júbilo y viéndose a sí misma con vestido blanco y cubierta de flores que caían sobre ella de todas partes. Pensaba también que a su lado, apoyándose en la borda, estaba un verdadero gran hombre, un genio, un elegido de Dios... Todo lo que él había creado hasta entonces era bello, novedoso y extraordinario, y lo que crearía con el tiempo, cuando la madurez afirmara su excepcional talento, sería asombroso, inmenso, y ello se notaba en su rostro, en su manera de expresarse y en su actitud hacia la naturaleza. De las sombras, de los matices crepusculares, del claro de luna él hablaba a su manera, en su lenguaje, de modo que involuntariamente se sentía el hechizo de su poder sobre la naturaleza. Él mismo era muy hermoso, original, y su vida, independiente, libre, ajena a todo lo ordinario, semejaba a la de las aves.

—Empieza a hacer fresco —dijo Olga Ivánovna, estremeciéndose.

Riabovsky la envolvió en su capa y dijo tristemente:

—Siento que estoy en su poder. Soy su esclavo. ¿Por qué está tan cautivante hoy?

La miraba fijamente y sus ojos tenían una expresión tan terrible que a ella le causaba miedo verlos.

—Estoy locamente enamorado de usted... —susurró—. Dígame una sola palabra y dejaré de vivir, abandonaré el arte... —musitó, preso de una gran agitación—. Ámeme, ámeme...

—No me hable así —dijo Olga Ivánovna, cerrando los ojos—. Me da miedo. ¿Y Dímov?

—¿Qué Dímov? ¿Por qué Dímov? ¿Qué tengo que ver yo con Dímov? Lo que hay es el Volga, la luna, la belleza, mi amor, mi júbilo… pero no hay ningún Dímov... ¡Ah, yo no sé nada! No tengo necesidad del pasado; deme un momento… un instante.

El corazón de Olga Ivánovna comenzó a latir con más fuerza. Ella quería pensar en su marido, pero todo el pasado, con la boda, con Dímov y con las veladas, le parecía pequeño, insignificante, opaco, innecesario y muy lejano... En efecto: ¿qué Dímov?, ¿por qué Dímov?, ¿qué tiene que ver ella con Dímov? ¿Existe él realmente en la naturaleza? ¿O no es más que un sueño?

"Para él, hombre simple y ordinario, es suficiente la felicidad que ya ha recibido —pensaba ella, cubriéndose la cara con las manos—. Que me condenen *allí,* que me maldigan, pero yo, para fastidiar a todo el mundo, me dejaré caer... eso es, me dejaré caer... Hay que probarlo todo en la vida. ¡Dios mío, qué miedo y qué deleite!".

—¿Y bien? ¿Qué? —musitó el pintor, abrazándola y besando con avidez las manos con las que ella trataba débilmente de apartarlo—. ¿Me amas? ¿Sí? ¿Sí? ¡Oh, qué noche! ¡Qué noche divina!

—Sí, ¡qué noche! —susurró ella, mirándole los ojos en que brillaban las lágrimas; luego miró rápidamente hacia atrás, lo abrazó y lo besó con pasión en los labios.

—¡Nos acercamos a Kineshma! —dijo alguien del otro lado de la cubierta.

Se oyeron unos pasos pesados. Era el camarero del bufet que pasaba cerca de ellos.

—Escuche —dijo Olga Ivánovna, riendo y llorando de felicidad—, tráiganos vino.

El pintor, pálido de emoción, se sentó en un banco, dirigió a Olga Ivánovna una mirada llena de adoración y de gratitud, luego cerró los ojos y dijo con una lánguida sonrisa:

—Estoy cansado.

Y apoyó la cabeza en la borda.

V

El dos de septiembre fue un día templado y tranquilo, pero nublado. Por la mañana temprano, vagaba sobre el Volga una ligera niebla y después de las nueve comenzó a lloviznar. No había ninguna esperanza de que el tiempo mejorara más tarde. Durante el desayuno, Riabovsky decía a Olga Ivánovna que la pintura era la más ingrata y la más aburrida de las artes; que él no era pintor y que solo los necios lo creían hombre de talento, y de repente, sin motivo alguno, cogió el cuchillo e hizo algunos cortes en el mejor boceto suyo. Después del desayuno se sentó junto a la ventana y se puso a mirar, sombrío, sobre el Volga. Este ya carecía de brillo y presentaba un aspecto opaco, turbio y frío. Todo hacía recordar la proximidad del tedioso y triste otoño. Parecía que la naturaleza le hubiera quitado al Volga las lujosas alfombras verdes de sus orillas, los reflejos de diamante de los rayos solares, la transparente lejanía azul y toda su vestimenta de gala, y guardó todo ello en los baúles hasta la próxima primavera; los cuervos volaban cerca del Volga y se burlaban de él: "¡Estás desnudo! ¡Desnudo!". Riabovsky escuchaba sus graznidos y pensaba en que ya estaba agotado y sin talento, que todo en este mundo era convencional, relativo, estúpido y que no debería ligarse a esa mujer... En una palabra, estaba de mal humor y se abandonaba a la melancolía.

Olga Ivánovna, sentada en la cama, detrás del biombo, se pasaba los dedos por sus hermosos cabellos de lino y se imaginaba ya la sala, ya el dormitorio, ya el gabinete de su casa; su imaginación la llevaba al teatro, a la casa de la modista y a sus célebres amigos. ¿Qué estarán haciendo ahora? ¿Se acordarán de ella? La temporada ya había comenzado y era hora de pensar en las veladas. ¿Y Dímov? ¡Querido Dímov! Con su mansedumbre infantil y quejumbrosa le pide en sus cartas que vuelva a casa lo antes posible. Cada mes le enviaba setenta y cinco rublos y cuando ella le había escrito que debía a los pintores cien rublos, se los mandó también. ¡Qué hombre tan bondadoso y magnánimo! El largo viaje había fatigado a Olga Ivánovna; se aburría y tenía deseos de alejarse de los *mujiks* y del olor a humedad del río y de liberarse de esa sensación de suciedad física que experimentaba continuamente, alojándose en las *izbas* campesinas y trasladándose de una aldea a otra. Si Riabovsky no hubiera dado a los pintores su palabra de honor de quedarse hasta el 20 de septiembre, hubiera podido irse ese mismo día. ¡Qué magnífico hubiera sido!

—¡Dios mío! —gimió Riabovsky—. ¿Cuándo, por fin, habrá sol? No puedo continuar un paisaje soleado sin sol.

—Pero tú tienes un boceto con cielo nublado —dijo Olga Ivánovna, saliendo de detrás del biombo—. En el plano derecho está el bosque y en el izquierdo un rebaño de vacas y los gansos, ¿recuerdas? Ahora podrías terminarlo.

—¡Bah...! —frunció el ceño el pintor—. ¡Terminarlo! ¿Cree usted acaso que soy tan estúpido que no sé lo que debo hacer?

—¡Cómo has cambiado! —suspiró Olga Ivánovna.

—Y bueno...

A Olga Ivánovna le temblaban los labios; dio unos pasos hacia la estufa y se puso a llorar.

—Eso es... Solo faltaban las lágrimas. ¡Basta ya! Yo tengo mil motivos para llorar y sin embargo no lloro.

—¡Mil motivos! —exclamó Olga Ivánovna—. El motivo principal es que usted ya está harto de mí. ¡Sí! —dijo ella y comenzó a sollozar—. La verdad es que usted tiene vergüenza de nuestro amor.

Procura siempre que los pintores no se den cuenta, aunque esto no se puede ocultar y ellos ya lo saben todo hace tiempo.

—Olga, le pido una sola cosa —dijo el pintor con voz suplicante y poniéndose una mano en el corazón—, solo una cosa: ¡No me atormente! ¡Es lo único que le pido!

—¡Pero jure que me ama todavía!

—¡Ah, esto es una tortura! —farfulló el pintor entre dientes y se levantó de un salto—. ¡No me dejará otra opción que tirarme al Volga o volverme loco! ¡Déjeme en paz!

—¡Bueno, máteme entonces, máteme! —gritó Olga Ivánovna—. ¡Máteme!

Volvió a sollozar y se ocultó tras el biombo. El murmullo de la lluvia sobre el techo de paja de la *izba* se hizo más fuerte. Riabovsky se echó las manos a la cabeza y se puso a caminar por la habitación; luego, con expresión decidida, como si deseara demostrar a alguien una cosa, se puso la gorra, se colgó la escopeta al hombro y salió de la *izba*.

Durante largo rato Olga Ivánovna permaneció tendida en la cama, llorando. Al principio pensó que no estaría mal envenenarse, para que Riabovsky, al regresar, la encontrara muerta, pero luego sus pensamientos volaron a su casa, al gabinete de su marido y se vio sentada, inmóvil, al lado de Dímov, gozando de una paz física y tranquilidad, y por la noche en el teatro, escuchando a Mazzini. La nostalgia por la civilización, por el ruido de la ciudad y por los personajes famosos le oprimió el corazón. Entró la campesina, dueña de la casa, y sin prisa comenzó a encender el horno para preparar la comida. El tufo llenó la casa y el aire se tornó azul por el humo. Vinieron los pintores con sus altas botas sucias y sus caras mojadas por la lluvia; estuvieron examinando los bocetos, diciendo para consolarse, que aun con el tiempo malo el Volga posee sus encantos. Un barato reloj de pared repetía su tic-tac-tic... las moscas, adormecidas por el frío, se agolpaban junto a los iconos, zumbando, se afanaban las cucarachas...

Riabovsky volvió a la casa cuando el sol se ponía. Pálido, exhausto, con las botas sucias, arrojó la gorra sobre la mesa, se dejó caer sobre el banco y cerró los ojos.

—Estoy cansado... —dijo y movió las cejas en un esfuerzo para levantar los párpados.

Para demostrar que no estaba enojada con él, Olga Ivánovna se le acercó, lo besó en silencio y pasó el peine por sus rubios cabellos. Sintió ganas de peinarlo.

—¿Qué pasa? —preguntó él, estremeciéndose, como si lo hubieran tocado con un objeto frío, y abrió los ojos—. ¿Qué pasa? ¡Déjeme en paz, por favor!

La apartó con las manos y retrocedió, y ella creyó ver en su rostro una expresión de fastidio y repugnancia. En este momento entró la campesina que sostenía cuidadosamente con ambas manos un plato con sopa, y Olga Ivánovna la vio mojar sus grandes dedos en el caldo. La sucia campesina, la sopa de repollo que Riabovsky comenzó a comer con avidez, la *izba* y toda aquella vida que al principio le gustaba por su sencillez y por su pintoresco desorden, le parecieron ahora insoportables. Se sintió de golpe ofendida y dijo con frialdad:

—Tenemos que separarnos por un tiempo, porque si no, llegaremos a pelear muy seriamente a causa del tedio. Esto me cansa ya. Hoy mismo me iré.

—¿De qué modo? ¿Montando un caballito de madera?

—Hoy es jueves, de modo que a las nueve y media llega el vapor.

—Ah, es cierto... bueno, vete... —dijo con voz suave Riabovsky, limpiándose la boca con la toalla a falta de servilleta—. No tienes nada que hacer aquí y te aburres... Hay que ser un gran egoísta para retenerte. En marcha, pues... Nos veremos después del veinte.

Olga Ivánovna hacía los baúles con alegría y hasta las mejillas se le encendieron de satisfacción. ¿Será posible —se preguntaba— que pronto pinte en la sala, duerma en el dormitorio y almuerce con mantel? Sintió alivio en el corazón y ya no estaba enojada con el pintor.

—Las pinturas y los pinceles te los dejo aquí, Riabusha —le dijo—. Lo que quede me lo traerás... Ten cuidado, no caigas en el ocio ni te pongas melancólico sin mí. Debes trabajar. ¡Eres un muchacho bravo, Riabusha!

A las nueve, Riabovsky la besó, para —según ella pensó— no tener que besarla en el barco, en presencia de los pintores, y la acompañó hasta el muelle. Poco tiempo después llegó el vapor y ella partió en él.

Al cabo de dos días y medio llegó a su casa. Sin quitarse el sombrero ni el impermeable, jadeando de emoción, pasó a la sala y llegó al comedor. Dímov, sin levita y con el chaleco desabrochado, estaba sentado a la mesa, afilando el cuchillo contra el tenedor; delante de él, sobre el plato, yacía un faisán. Al entrar en la casa, Olga Ivánovna estaba convencida de que era indispensable ocultárselo todo al marido y que para ello no le faltaban fuerzas ni habilidad, pero ahora, viendo la amplia, dichosa y apacible sonrisa y los ojos brillantes y jubilosos de Dímov, sintió que mentir a este hombre resultaba algo tan infame, asqueroso e imposible como calumniar, robar o matar; y en un instante decidió contarle todo lo sucedido. Después de dejarse abrazar y besar, se arrodilló delante de él y se tapó la cara.

—¿Qué? ¿Qué, pasa cariño? —preguntó él con ternura—. ¿Me extrañabas?

Ella levantó su rostro enrojecido por la vergüenza, y lo miró con expresión culpable y suplicante, pero el miedo y la turbación le impedían decir la verdad.

—No es nada... —dijo ella—. No... no es nada...

—Vamos, siéntate —animó Dímov a su mujer, levantándola y ayudándola a tomar asiento en la mesa—. Así... come este faisán. Tendrás hambre, pobrecita.

Y mientras ella aspiraba ávidamente el aire casero y comía el faisán, él la miraba con dulzura y reía feliz.

VI

Por lo visto a mediados del invierno, Dímov, empezó a darse cuenta de que lo engañaban. Como si él mismo no tuviera la conciencia tranquila, ya no podía mirar a su mujer a los ojos ni sonreír con alegría al verla y, para quedarse lo menos posible a solas con ella, con frecuencia invitaba a almorzar a su colega Korostelev, un hombre pequeño de cabeza rapada y rostro demacrado, quien al conversar con Olga Ivánovna, desabrochaba, confundido, todos los botones de su chaqueta, volvía a abrocharlos y luego comenzaba a pellizcar con la mano derecha la guía izquierda de su bigote. Durante el almuerzo, ambos médicos se explayaban acerca de los diafragmas altos que a veces podían causar trastornos en el funcionamiento del corazón o sobre las neuritis múltiples que últimamente se observaban con más frecuencia, y comentaban la última autopsia realizada por Dímov, durante la cual este descubrió en el cadáver un cáncer de páncreas en lugar de la anemia maligna diagnosticada. Parecía que ambos sostenían una conversación sobre temas medicinales con el único propósito de que Olga Ivánovna tuviera la posibilidad de callar, es decir, de no mentir.

Después de comer, Korostelev se sentaba al piano y Dímov le decía, suspirando:

—Adelante, amigo, toca algo triste.

Levantando los hombros y separando mucho los dedos, Korostelev tocaba algunos acordes y comenzaba a entonar con voz de tenor "Enséñame una morada donde no gima el *mujik* ruso", mientras Dímov suspiraba una vez más, apoyaba la cabeza en el puño y se quedaba pensando.

Últimamente Olga Ivánovna se comportaba con una enorme imprudencia. Todas las mañanas se despertaba de pésimo humor y con la idea de que ya no amaba a Riabovsky y que, a Dios gracias, todo estaba terminado. Pero, después de tomar café, reflexionaba y se daba cuenta de que Riabovsky le había quitado el marido y que se había quedado sin marido y sin Riabovsky; luego recordaba los comentarios de sus conocidos acerca de un nuevo cuadro que Riabovsky preparaba para la exposición, algo asombroso, una mezcla de paisaje con género costumbrista, al estilo de Polenov, obra que provocaba el júbilo de todos los que concurrían a su taller; pensaba que él había creado ese cuadro bajo su influencia, y que en general, si había hecho grandes progresos se debía a ella. Su influjo era tan benéfico y esencial que en caso de que ella lo abandonara, él quizá se perdería. Recordaba también su última visita, cuando vino vestido con una levita gris moteada y con una corbata nueva y le preguntó en tono lánguido: "¿Soy bello?". Y en efecto, esbelto, con sus largos bucles y sus ojos azules, era muy bello —o quizás, le hubiera parecido así— y la trató con cariño.

Habiendo recordado y comprendido muchas cosas, Olga Ivánovna se vestía y, presa de gran agitación se dirigía al taller de Riabovsky. Lo encontraba alegre y encantado con su cuadro, que era magnífico de verdad; el pintor saltaba, hacía tonterías y a las preguntas serias respondía con bromas. Olga Ivánovna, celosa del cuadro, lo odiaba ya, pero por cortesía permanecía silenciosa ante el mismo durante unos cinco minutos y, después de suspirar como si estuviera ante una cosa sagrada, decía en voz baja:

—Sí, nunca has pintado nada semejante. Hasta da miedo, ¿sabes?

Luego empezaba a suplicarle que la amara, que no la dejara y que tuviera piedad de ella, pobre y desdichada mujer. Llorando, le besaba las manos, exigía que le jurara su amor y trataba de demostrarle que sin su benéfica influencia él perdería el camino y terminaría mal. Después de estropearle al pintor el buen estado de ánimo y sintiéndose humillada, iba a ver a la modista o a la actriz amiga para tratar de conseguir una entrada.

Si no lo encontraba en el taller, le dejaba una carta en la cual juraba envenenarse sin falta si él no iba a verla el mismo día. Él se asustaba, iba a visitarla y se quedaba a almorzar. Sin tener en cuenta la presencia del marido, le decía cosas insolentes y ella le respondía del mismo modo: los dos sentían las ataduras que los ligaban y, comprendiendo que eran despóticos y enemigos, se irritaban y en su irritación no notaban que su conducta se tornaba indecente y que hasta el rapado Korostelev se percataba de todo. Después de comer, Riabovsky se apresuraba a despedirse.

—¿A dónde va usted? —le preguntaba Olga Ivánovna en el vestíbulo, mirándolo con odio.

El pintor, frunciendo el ceño y entrecerrando los ojos, nombraba a alguna dama, conocida común de ambos y era evidente que quería fastidiarla y burlarse de sus celos. Ella se retiraba a su dormitorio y se echaba en la cama; los celos, el fastidio, la humillación y la vergüenza la hacían morder la almohada y llorar en voz alta. Dímov dejaba a Korostelev en la sala, iba al dormitorio y, confundido y desconcertado, decía en voz baja:

—No llores fuerte, cariño... ¿Para qué? Estas cosas es mejor callarlas... No deben de traslucir... Lo ocurrido ya no se puede remediar, ¿sabes?

Sin saber cómo dominar los agobiantes celos, que hasta le causaban un fuerte dolor de cabeza, y creyendo que la situación podía remediarse todavía, ella se lavaba, empolvaba su llorosa cara y volaba a la casa de la dama conocida. No habiendo encontrado allí a Riabovsky, iba a ver a otra, y luego a otra más... Al principio tenía vergüenza de realizar estos viajes, pero con el tiempo se habituó y hubo veces en que, en una sola noche había recorrido los domicilios de todas sus conocidas para encontrar a Riabovsky y todos se daban cuenta de ello.

Una vez, hablando con Riabovsky sobre su marido, le dijo:

—¡Este hombre me agobia con su magnanimidad!

Esta frase le gustó tanto que, encontrándose con los pintores que conocían su romance con Riabovsky, al hablarles de su marido, cada vez hacía un ademán enérgico y decía:

—¡Este hombre me agobia con su magnanimidad!

Por lo demás, la vida transcurría de la misma manera que el año anterior. Los miércoles se realizaban las veladas. El actor recitaba, los pintores dibujaban, el violonchelista tocaba, el cantante cantaba e invariablemente, a las once y media se abría la puerta del comedor y Dímov, sonriendo decía:

—Por favor, señores, pasen a tomar un bocado.

Lo mismo que antes, Olga Ivánovna buscaba grandes personajes, los encontraba y, al no sentirse satisfecha, seguía buscándolos.

Lo mismo que antes, volvía a casa todas las noches muy tarde, pero Dímov no dormía, como el año anterior, sino que estaba trabajando en su gabinete. Se acostaba a eso de las tres y se levantaba a las ocho.

Una noche, cuando ella, vistiéndose para ir al teatro, estaba de pie ante el espejo, entró en el dormitorio Dímov, de frac y con corbata blanca. Sonreía y miraba a su mujer en la cara, con alegría, como antes. Su rostro estaba radiante.

—Acabo de presentar la tesis —dijo, tomando asiento y pasándose las manos por las rodillas.

—¿Te fue bien? —preguntó Olga Ivánovna.

—¡Oh, sí! —rió Dímov y alargó el cuello para ver en el espejo la cara de su mujer, que seguía, de espaldas a él, arreglándose el peinado—. ¡Oh, sí! —repitió—. ¿Sabes una cosa? Es posible que me ofrezcan la cátedra de Patología General. Huele a eso.

Se veía por su cara, feliz y resplandeciente, que si Olga Ivánovna hubiera compartido su alegría y su triunfo, él le hubiera perdonado todo, tanto en el presente como en el futuro, pero ella no sabía bien qué era una cátedra o Patología General, y temiendo además llegar tarde al teatro, no dijo nada.

Dímov permaneció sentado unos minutos, sonrió con aire culpable y salió.

VII

Fue un día demasiado agitado.

Dímov tenía un fuerte dolor de cabeza; por la mañana no tomó el desayuno ni fue al hospital, quedándose todo el tiempo acostado sobre el diván turco en su gabinete. Después de las doce, Olga Ivánovna, como de costumbre, fue a ver a Riabovsky para mostrarle el boceto de una *nature morte* y a preguntarle por qué no vino a su casa el día anterior. El boceto le parecía insignificante; lo había hecho solo como un pretexto más para visitar al pintor.

Entró sin tocar el timbre y cuando se estaba quitando las galochas en el vestíbulo, desde el taller llegó a sus oídos un leve rumor de rápidos pasos y el murmullo de un vestido; al asomarse de prisa al taller, no alcanzó a ver más que el vuelo fugaz de un trozo de falda marrón, que desapareció detrás de un gran cuadro cubierto junto al caballete, con percalina negra que llegaba hasta el suelo. No cabía duda de que era una mujer que se escondía. ¡Cuántas veces la misma Olga Ivánovna se refugiaba tras ese cuadro! Riabovsky, evidentemente confuso, se mostró sorprendido y, tendiéndole ambas manos, le dijo con una sonrisa forzada:

—¡Ah, me alegro mucho! ¿Qué dice de bueno?

Los ojos de Olga Ivánovna se llenaron de lágrimas. Sentía vergüenza y amargura; ni por un millón estaría dispuesta a hablar en presencia de una mujer extraña, de una rival, que estaba detrás del cuadro, riéndose seguramente, con malicia para sus adentros.

—Le he traído un boceto... —dijo tímidamente con un hilito de voz y sus labios temblaron—. Una naturaleza muerta.

—¡Ah!... ¿Un boceto?

El pintor tomó el boceto y, examinándolo, se dirigió como maquinalmente, a otro cuarto.

Olga Ivánovna lo siguió sumisa.

—Naturalmente muerta... qué suerte —musitó Riabovsky buscando rimas—, huerta... puerta... tuerta...

En el taller volvieron a resonar los presurosos pasos y el rumor del vestido. Eso significaba que *ella* se había ido. Olga Ivánovna tenía deseos de gritar, de golpear al pintor en la cabeza con algún objeto pesado e irse, pero a través de las lágrimas no veía nada, estaba aplastada por la vergüenza y ya no se sentía Olga Ivánovna sino un pequeño insecto.

—Estoy cansado... —dijo con voz lánguida el pintor, observando el boceto y sacudiendo la cabeza para vencer la modorra—. Es simpático, claro está, pero... hoy es un boceto, el año pasado un boceto y dentro de un mes habrá un boceto... ¿No le cansa? Yo en su lugar dejaría la pintura y me dedicaría seriamente a la música o a otra cosa cualquiera. Al final, su vocación es la música y no la pintura. Pero qué cansado estoy, ¿sabe? Voy a decir que nos traigan té...

Riabovsky salió de la habitación y Olga Ivánovna oyó ordenar algo a su criado. Para no despedirse, no entrar en explicaciones y, principalmente, no romper a llorar, ella, antes de que volviera el pintor, corrió al vestíbulo, se calzó las galochas y salió a la calle. Allí respiró con alivio, sintiéndose liberada para siempre de Riabovsky, de la pintura y de la agobiadora vergüenza que la abrumaba en el estudio. ¡Todo había terminado!

Fue a ver a la modista, luego a casa de un conocido que acababa de volver de un viaje, de allí a la casa de música y durante todo el tiempo pensaba en la carta, fría y seca, llena de dignidad, que escribiría a Riabovsky, y en el viaje a Crimea que realizaría en primavera o en el verano, junto con Dímov, para liberarse allí definitivamente del pasado y comenzar una nueva vida.

Volvió a casa tarde, de noche, y, sin cambiarse de ropa, se sentó en la sala a escribir la carta. Riabovsky le había dicho que no era pintora y ella le escribía ahora, como venganza, que él pintaba siempre lo mismo, todos los años, y que decía siempre lo mismo, todos los días; que estaba estancado y que no daría más resultado que el que ya había dado. Tenía ganas de escribirle también que en muchos aspectos su obra se debía a la influencia de ella y que si él procedía mal era porque dicha influencia se hallaba paralizada por las ambiguas personas como aquella que se había escondido detrás del cuadro.

—¡Cariño! —llamó Dímov desde su gabinete, sin abrir la puerta—. ¡Cariño!

—¿Qué quieres?

—Acércate a la puerta, pero no entres. Escucha... Hace tres días me contagié de difteria en el hospital, y ahora no me siento bien. Manda enseguida a buscar a Korostelev.

Olga Ivánovna siempre llamaba a su marido, igual que a todos los hombres de su amistad, no por el nombre sino por el apellido: su nombre, Osip, no le gustaba, ya que le hacía recordar al criado de Jlestakov[16] y un trabalenguas ruso. Pero ahora exclamó:

—¡Osip, no puede ser!

---

[16] En *El inspector*, de Nikolái Gógol.

—¡Manda buscarlo! No estoy bien... —dijo Dímov del otro lado de la puerta, y se le oyó acercarse al diván y acostarse—. ¡Manda por él! —resonó sordamente su voz.

"¿Qué será? —pensó Olga Ivánovna, atemorizada—. ¡Eso debe ser peligroso!".

Sin ninguna necesidad, tomó una vela y fue al dormitorio; allí, pensando en lo que debía de hacer, se miró sin querer en el espejo. Con cara pálida y asustada, la chaqueta de hombreras altas, los volantes amarillos en el pecho y la falda de rayas insólitas, se encontró horrible y repugnante. Sintió de repente una dolorosa piedad por Dímov, por el infinito amor que le profesaba, por su joven vida y hasta por su huérfana cama en la que él hacía mucho tiempo no dormía; recordó su acostumbrada sonrisa, mansa y resignada. Se puso a llorar con amargura y escribió una carta suplicante a Korostelev. Eran las dos de la madrugada.

VIII

Cuando por la mañana, después de las siete, Olga Ivánovna, despeinada y fea, con la cabeza pesada a causa del insomnio y con aire culpable, salió del dormitorio, pasó cerca de ella dirigiéndose al vestíbulo, un señor de barba negra, por lo visto, un médico. Olía a medicamentos. En la puerta del gabinete estaba de pie Korostelev y con la mano derecha se atusaba el bigote izquierdo.

—Perdóneme, pero no la dejaré entrar —dijo sombríamente—. Podría contagiarse. Además, no vale la pena. Está delirando.

—¿Es la difteria? —preguntó Olga Ivánovna en un susurro.

—A aquellos que se meten en la cueva del lobo, en realidad, habría que demandarlos judicialmente —barbotó Korostelev sin contestar la pregunta—. ¿Sabe usted por qué se contagió? El martes pasado estuvo succionando a un niño, a través de un tubito, las secreciones diftéricas. ¿Para qué? Porque sí... ¡Qué tontería!...

—¿Es peligroso? ¿Muy peligroso? —preguntó Olga Ivánovna.

—Sí, dicen que se trata de una forma grave. Habría que mandar por Schrek...

Primero vino un hombre pequeño pelirrojo, de nariz larga y con acento judío; luego un hombre alto, encorvado, de cabellos negros, parecido a un protodiácono; luego un joven grueso, de cara colorada, con gafas. Eran médicos que venían a hacer la guardia junto a su compañero. Korostelev, terminando su turno, no se iba, sino que se quedaba vagando por todas las habitaciones como una sombra. La criada servía té a los médicos y a menudo iba corriendo a la farmacia, de modo que no había nadie para limpiar las habitaciones. La casa estaba silenciosa y sombría.

Olga Ivánovna permanecía sentada en su dormitorio pensando que este era un castigo de Dios porque ella había engañado a su marido. Un ser taciturno, resignado, e incomprensible; despersonalizado por su mansedumbre, falto de carácter y débil a causa de la excesiva bondad, sufría sordamente, sin quejas, allí en su diván. Pero si este ser se hubiera quejado, aunque hubiera sido delirando, los médicos de guardia se hubieran enterado de que la difteria no era la única culpable de lo sucedido. Hubieran podido también preguntárselo a Korostelev: él lo sabe todo y no en vano mira a la mujer de su amigo de un modo como si ella fuera la verdadera, la principal culpable, mientras que la difteria no era más que su cómplice. Ella ya no recordaba ni la noche de luna sobre el Volga, ni las declaraciones de amor, ni la poética vida en la aldea y solo se daba cuenta de que por mero capricho, por simple travesura, se había ensuciado toda, de la cabeza a los pies, con algo pegajoso y repulsivo que jamás se podría lavar...

"¡Ah, qué horrible mentira! —pensó, al recordar el agitado amor que había tenido con Riabovsky—. ¡Maldito sea todo aquello!".

A las cuatro almorzó con Korostelev. Este no comió nada; solo bebía vino tinto y fruncía el ceño. Ella tampoco comió. Ora rezaba mentalmente haciendo la promesa de volver a amar a Dímov y serle fiel, si él sanaba; ora se olvidaba por un momento y, al mirar a Korostelev, pensaba: "¿Cómo no se aburre uno de ser un hombre simple, en nada destacable, desconocido y, además, con cara demacrada y modales torpes?". O bien le parecía que Dios iba a matarla en cualquier momento porque ella, temiendo el contagio, ni una sola vez había ido a ver al marido a su gabinete. En general, la embargaba un sentimiento de sorda congoja junto con la certidumbre de que su vida ya estaba deshecha y de que no había manera de reconstruirla...

Después del almuerzo sobrevino el crepúsculo. Al entrar en la sala Olga Ivánovna vio a Korostelev dormido en el sofá, la cabeza apoyada sobre un cojín de seda, bordado en oro. "Romromrrr... —roncaba— Romromrrr..."

Los médicos que venían a hacer guardia no notaban ese desorden. El hecho de que una persona extraña durmiera en la sala, roncando; los bocetos en las paredes; la insólita disposición de los objetos y la negligencia en el vestir de la despeinada dueña de la casa, todo ello no suscitaba ahora el menor interés. Por alguna razón, uno de los médicos sin querer, se echó a reír y su risa sonó en el aire tan extraña y tímida que daba miedo.

Cuando Olga Ivánovna por segunda vez entró en la sala, Korostelev ya no dormía; estaba fumando sentado.

—Tiene la difteria de la cavidad nasal —dijo a media voz—. El corazón no funciona bien. En realidad, las cosas andan mal.

—¿Y si mandara por Schrek? —dijo Olga Ivánovna.

—Ya estuvo aquí. Fue él quien notó que la difteria se le había pasado a la nariz. Pero, ¿qué puede hacer Schrek? En realidad ¿qué es Schrek? Nada. Él es Schrek y yo soy Korostelev y eso es todo.

El tiempo pasaba con una lentitud terrible. Olga Ivánovna, recostada vestida en la cama sin arreglar, dormitaba. Tenía la sensación de que toda la casa, desde el suelo hasta el techo, estaba ocupada por una enorme mole de hierro y que solo bastaría sacar este hierro para que todos sintieran alivio y alegría. Al despertarse, se dio cuenta de que eso no era hierro sino la enfermedad de Dímov.

"Naturaleza muerta, huerta... —pensó, volviendo a sumergirse en el sueño— puerta... tuerta... ¿Y entonces, Schrek? Schrek, grek, vrek, krek. ¿Dónde están todos mis amigos? ¿Saben ellos que hay desgracia en nuestra casa? Señor, sálvanos... líbranos del mal. Schrek, grek..."

Y otra vez el hierro... El tiempo era largo, pero el reloj en el piso de abajo daba la hora a menudo. A cada rato sonaba el timbre; llegaban los médicos... Con un vaso vacío sobre la bandeja, entró la criada y preguntó:

—Señora, ¿quiere que haga la cama?

Al no recibir respuesta, salió. Abajo, el reloj dio la hora, surgió la visión de una lluvia sobre el Volga, y de nuevo entró alguien en el dormitorio, al parecer un extraño. Olga Ivánovna se levantó de un salto y reconoció a Korostelev.

—¿Qué hora es? —preguntó.

—Cerca de las tres.

—¿Cómo sigue?

—¡Cómo quiere que siga! He venido a decirle... que se está muriendo...

El doctor dejó oír un sollozo, se sentó a su lado en la cama, y se secó las lágrimas con la manga. En el primer momento ella no entendió bien sus palabras, pero se quedó fría y se persignó lentamente.

—Se está muriendo... —repitió el médico con un hilo de voz y sollozó de nuevo—. Muere porque se ha sacrificado... ¡Qué pérdida para la ciencia! —dijo con amargura—. No se le puede comparar con ninguno de nosotros... Era un gran hombre... ¡Un hombre extraordinario! ¡Qué talento! ¡Cuántas esperanzas cifrábamos en él! —prosiguió Korostelev, torciéndose las manos—, Dios mío, llegaría a ser un sabio como ya no se encuentran hoy ni con un farol... ¡Dímov! ¿Qué has hecho, Dímov? ¡Ah, Dios mío!

Presa de la desesperación, Korostelev se cubrió la cara con las manos y meneó la cabeza.

—¡Y qué fuerza moral! —continuó, cada vez más enojado con alguien—. Un alma bondadosa, pura y amante; ¡no era un hombre sino un cristal! Sirvió a la ciencia y murió con la ciencia. Trabajó como un buey, día y noche; nadie tuvo piedad de él; el joven científico, futuro profesor, debió buscar más y más trabajo y hacer traducciones de noche para pagar estos... ¡infames trapos!

Korostelev miró con odio a Olga Ivánovna, asió la sábana con ambas manos y tiró de ella, iracundo, como si fuera la culpable.

—Él mismo no se tenía lástima ni los demás la tenían. Ah, en realidad, ¡para qué hablar!

—¡Sí, era un hombre excepcional! —dijo alguien en la sala con voz de bajo.

Olga Ivánovna recordó toda su vida con él, desde el principio hasta el fin, con todos los detalles, y de golpe entendió que, en comparación con todas las personas que ella conocía, era un hombre extraordinario, excepcional, grande. Y al recordar el trato que le dispensaban el difunto padre de ella y los colegas-médicos comprendió que todos ellos vislumbraban en él una futura celebridad. Las paredes, el cielo raso, la lámpara y la alfombra sobre el piso le guiñaron burlonamente, como si quisieran decir: "¡Lo dejaste pasar! ¡Lo dejaste pasar!". Sin poder contener el llanto, salió corriendo del dormitorio, atravesó la sala delante de un hombre desconocido y se precipitó al gabinete de su marido. Este yacía, inmóvil, en el diván turco, cubierto con la frazada hasta la cintura. Su rostro, terriblemente demacrado y enflaquecido, tenía ese color amarillo grisáceo que nunca tienen las personas vivas; y solo por la frente, por las negras cejas y por la conocida sonrisa se podía reconocer el pecho, la frente y las manos. El pecho estaba tibio aún, pero en la frente y en las manos se percibía ya un frío desagradable. Y los ojos semiabiertos no miraban a Olga Ivánovna sino a la frazada.

—¡Dímov! —llamó ella en voz alta—. ¡Dímov!

Quería explicarle que se trataba de un error; que no todo estaba perdido aún; que la vida podría ser aún bella y feliz; que él era un hombre excepcional, extraordinario y grande y que ella estaba dispuesta a venerarlo, rezar ante él y experimentar un miedo sagrado durante toda su vida...

—¡Dímov! —volvía a llamarlo, sacudiéndole el hombro y resistiéndose a creer que él jamás despertaría—. ¡Dímov! ¡Pero, Dímov!

Mientras tanto, en el vestíbulo, Korostelev decía a la criada:

—No tiene nada que preguntar. Vaya a la iglesia y averigüe en la casita del sereno dónde viven las mujeres del asilo. Ellas lavarán el cuerpo, lo vestirán y harán todo lo que haga falta.

La princesa

Un coche tirado por cuatro caballos hermosos y bien cebados entró en el monasterio de N. por la puerta principal, denominada "Roja"; los monjes y los novicios, agolpados frente al pabellón de hospedaje, junto al ala reservada para los nobles, ya habían reconocido desde lejos, por el cochero y los caballos, a la dama que venía sentada en el coche, una vieja conocida, la princesa Vera Gavrílovna.

Un anciano vestido con librea saltó del pescante y ayudó a la princesa a apearse. Esta levantó el oscuro velo y se acercó con pasos lentos a los prestes para recibir la bendición: luego saludó cariñosamente a los novicios con una inclinación de cabeza y se dirigió a sus aposentos.

—¿Qué me cuentan de bueno? ¿Me han extrañado? —preguntaba a los monjes que introducían sus maletas—. Hace un mes entero que no vengo por aquí. Y bien, ahora he llegado, miren a su princesa. Pero, ¿dónde está el padre prior? ¡Dios mío, ardo de impaciencia! ¡Es un anciano maravilloso! ¡Deben ustedes enorgullecerse de tener un prior como él!

Cuando entró el prior, la princesa dejó escapar un grito de entusiasmo, cruzó las manos sobre el pecho y se acercó a él para recibir la bendición.

¡No, no! ¡Deje que le bese la mano! —dijo, asiendo su mano y besándola tres veces con fervor—. ¡Cuánto me alegro, santo padre, de volver a verlo por fin! Ustedes habían olvidado a su princesa, pero yo, a cada instante vivía mentalmente en su querido monasterio. ¡Qué bien se está aquí! En esta vida, entregada a Dios, lejos de la futilidad mundana, hay un encanto especial, santo padre, que yo siento con toda mi alma, pero no puedo expresar con palabras.

A la princesa se le enrojecieron las mejillas y en sus ojos se asomaron las lágrimas. Hablaba sin cesar, con calor, pero el prior, anciano de unos setenta años, serio, tímido y feo, permanecía silencioso y solo de vez en cuando decía bruscamente, a la manera militar:

—Así es, excelencia… la escucho... comprendo... ¿Cuánto tiempo se dignará quedarse con nosotros? —le preguntó.

—Hoy pasaré la noche aquí; mañana iré a ver a Claudia Nicoláievna a quien hace tiempo que no veo y pasado mañana volveré para pasar aquí tres o cuatro días. Quiero descansar espiritualmente, santo padre...

A la princesa le gustaba visitar el monasterio de N. En los últimos dos años se encariñó con el lugar y lo visitaba casi todos los meses de verano, quedándose allí dos o tres días y a veces una semana entera. Los tímidos novicios, el silencio, los bajos techos, el olor de los cipreses, la frugal merienda, las baratas cortinas en las ventanas, todo la conmovía, enternecía y predisponía para la contemplación y los buenos pensamientos. Le bastaba quedarse en sus habitaciones media hora para sentirse ella también, tímida y modesta y creer que además ella olía a ciprés: el pasado desaparecía a lo lejos, perdía su valor, y la princesa se ponía a pensar que, no obstante sus veintinueve años, se parecía mucho al viejo prior y que, como él, no había nacido para la riqueza ni la grandeza terrenal, ni el amor, sino para una vida apacible, apartada del mundo, crepuscular como estas habitaciones...

Ocurre a veces por casualidad, que a la oscura celda del ayunador, sumergido en la oración, asomará de pronto un rayo de sol o se posará en la ventana de la celda un pajarillo y cantará su canción; el severo ayunador sonreirá sin querer y en su pecho, bajo el hondo pesar por sus pecados, cual un arroyo debajo de la piedra, fluirá de repente, una apacible y pura alegría. La princesa creía traer consigo, de afuera, el mismo consuelo que traían el rayo de sol o el pajarillo. Su sonrisa, alegre y afable, su dulce mirada, su voz, sus bromas y en general toda su figura, menuda, esbelta, con su sencillo vestido negro, debía suscitar en aquellos hombres, simples y severos, una sensación de enternecimiento y alegría. Mirándola cada uno debía pensar: "Dios nos ha enviado un ángel..." Y, sintiendo que cada uno sin querer lo pensaba, ella sonreía con más afabilidad aún y trataba de parecer un pajarillo.

Después de tomar el té y descansar un poco, salió a dar un paseo. El sol se había puesto ya. El *parterre* del monasterio envolvía a la princesa con la húmeda fragancia de la reseda recién regada; desde la iglesia llegó el suave canto de voces masculinas que a lo lejos parecía muy agradable y triste. Se cantaban las vísperas. En las oscuras ventanas, donde parpadeaban quedamente las lucecitas de los candiles; en las sombras; en la figura del anciano monje, sentado en el atrio junto al icono con cepillo, había tanta sosegada paz que la princesa sintió ganas de llorar...

Mientras tanto, del otro lado del portón, en la alameda formada por el muro y los abedules, ya era de noche. El aire se oscurecía rápidamente... La princesa dio algunos pasos por la alameda, se sentó en un banco y se quedó meditabunda.

Pensaba que no sería mala idea vivir para siempre en este monasterio donde la vida es apacible e imperturbable como una noche de verano; que no estaría mal olvidarse por completo del ingrato y depravado príncipe, de sus enormes riquezas, de los acreedores que la molestaban todos los días, de sus penas, de su doncella Dasha, cuya cara tenía expresión insolente aquella mañana. Podría quedarse sentada durante toda la vida, aquí, sobre el banco, mirando, a través de los abedules, cómo los jirones de la niebla crepuscular vagan al pie de la montaña; cómo a lo lejos, por encima del bosque, los grajos vuelan hacia el lugar de descanso nocturno, formando una nube negra, semejante a un velo; cómo dos novicios —uno montando un caballo pinto y otro a pie— conducen los caballos a pastar y, contentos por la libertad, hacen travesuras como dos chicos; sus voces juveniles resuenan claramente en el aire inmóvil y se puede distinguir cada palabra. Qué agradable es quedarse sentada así escuchando el silencio: ora la rana hace un leve murmullo en la hojarasca; ora el reloj del campanario toca un cuarto de hora... Quedarse allí inmóvil, escuchar y pensar, pensar, pensar...

Pasó una vieja con alforjas. La princesa pensó que no estaría mal detener a esa vieja y decirle algo cariñoso y cordial, ayudarla en algo... Pero la vieja no se dio vuelta ni una sola vez y dobló la esquina.

Poco tiempo después apareció en la alameda un hombre alto, de canosa barba y con un sombrero de paja. Pasando frente a la princesa, se quitó el sombrero y la saludó, y por su pronunciada calva y su afilada nariz aguileña la princesa reconoció en él al médico Mijail Ivánovich, quien cinco años antes prestó servicio en su propiedad de Dubovki. Recordó que alguien le había dicho que el año pasado se le había muerto la mujer y tuvo ganas de compadecerlo y consolarlo.

—Doctor, ¿es que no me reconoce? —le preguntó con afable sonrisa.

—Claro que sí, princesa —dijo el médico, volviendo a quitarse el sombrero.

—Gracias a Dios. Pensé que también usted se había olvidado de su princesa. La gente solo se acuerda de sus enemigos, mientras que se olvida de sus amigos... ¿Vino usted aquí para orar un poco?

—Todos los sábados paso la noche aquí, por necesidad. Vine para atender enfermos.

—Y bien, ¿cómo le va? —preguntó la princesa, suspirando—. Me dijeron que ha fallecido su esposa. ¡Qué desgracia!

—Sí, princesa, para mí es una gran desgracia.

—¡Qué se le va a hacer! Debemos soportar las desgracias con resignación. Sin la voluntad de la Providencia no cae un solo pelo de la cabeza del hombre.

—Sí, princesa.

A la afable y dulce sonrisa de la princesa y a sus suspiros el médico respondía fría y secamente: "Sí, princesa". También la expresión de su rostro era fría y seca.

"¿Qué más podría decirle?" —pensó la princesa.

—¡Cuánto tiempo hace ya que no nos vemos! —dijo— ¡Cinco años! Durante este lapso cuántas aguas corrieron al mar, cuántos cambios se produjeron, ¡hasta da miedo pensarlo! Sabrá usted que me casé... la condesa se convirtió en princesa. Y ya tuve tiempo para separarme de mi marido.

—Sí, he oído acerca de eso.

—Dios me mandó muchas pruebas. Probablemente haya oído usted también que estoy casi arruinada. Por las deudas de mi desdichado marido han vendido mis propiedades de Dubovki, Kiriágovo y Sofino. Me quedaron solamente las aldeas Baránovo y Mijáltsevo. Da miedo mirar para atrás, ¡cuántos cambios, desgracias de toda índole, cuántos errores!

—Sí, princesa, muchos errores.

La princesa se sintió un poco confundida. Conocía sus errores, pero estos eran de carácter tan íntimo que ella sola podía pensar en ellos y hablar de ellos. Sin poder contenerse, le preguntó:

—¿En cuáles errores piensa usted?

—Usted los ha mencionado, quiere decir que los conoce... —respondió el doctor con una sonrisa—. ¿Para qué vamos a hablar de ellos?

—No, no, dígame, doctor. ¡Le estaré muy agradecida! Y por favor, no haga ceremonias conmigo. Me gusta escuchar la verdad.

—¿Quién soy yo para juzgarla, princesa?

—¿Juzgar? El tono con que lo dice significa que sabe algo. ¡Dígamelo!

—Lo haré si lo desea. Pero, lamentablemente, no sé hablar bien y no siempre sé explicarme.

El doctor pensó durante un rato y comenzó diciendo:

—Son muchos los errores, pero propiamente dicho, el principal de ellos es a mi juicio, la atmósfera general que... que reinaba en todas sus propiedades. Ya ve usted que no sé expresarme. Quiero decir que lo principal era el desamor, el asco hacia la gente que se sentía literalmente en todas las cosas. Sobre este asco estaba edificado todo su sistema de vida. El asco hacia la voz humana, las caras, las nucas, los pasos... en una palabra, hacia todo lo que compone al hombre. En todas las puertas y en las escaleras están apostados los lacayos, satisfechos, groseros y perezosos, que no dejan entrar a las personas mal vestidas; en el vestíbulo se hallan alineadas las sillas de altos respaldos para que los criados —durante los bailes y las recepciones— no manchen con sus nucas el empapelado de las paredes; en todas las habitaciones hay gruesas alfombras para anular el ruido de los pasos humanos; a cada uno que entra se le advierte sin falta que debe hablar en voz baja y lo menos posible y que no debe decir nada que pueda hacer mal a la imaginación y los nervios. Y en su despacho no suelen dar la mano al visitante ni lo invitan a sentarse, de la misma manera como ahora no me tendió usted la mano ni me invitó a tomar asiento...

—¡Sírvase si desea! —dijo la princesa, tendiendo la mano y sonriendo—. En verdad, enojarse por semejante bagatela...

—¿Acaso estoy enojado? —rio el doctor, pero acto seguido se quitó el sombrero y agitándolo, prosiguió con las mejillas encendidas—: hablando con franqueza, hace ya tiempo que esperaba una oportunidad para decirle todo... Quiero decir que usted mira a la gente de modo napoleónico, como si fuera carne de cañón. Pero Napoleón, por lo menos, tenía una idea, cualquiera que fuera, mientras que usted, aparte del asco, ¡no tiene nada!

—¿Yo tengo asco por la gente? —sonrió la princesa, encogiéndose de hombros, sorprendida—. ¿Yo?

—¡Sí, usted! ¿Necesita hechos? ¡Ahí los tiene! En su aldea Mijáltsevo viven de limosna tres antiguos cocineros suyos que en sus cocinas perdieron la vista a causa del intenso calor de los hornos. Cuantas personas sanas, fuertes y atractivas había en las decenas de miles de *desiatinas*[17] fueron transformadas por usted y sus parásitos en criados, lacayos y cocheros. Todas esas bípedas bestias se educaron en el servilismo, hartaron sus apetitos, endurecieron, perdieron, en una palabra, la imagen y semejanza humanas... A jóvenes médicos, agrónomos, maestros e intelectuales en general se les aparta, Dios mío, de sus tareas, del trabajo honesto, y los obligan, por un pedazo de pan, a participar en toda clase de comedias de marionetas que hacen avergonzar a cualquier persona honesta. Algunos jóvenes no alcanzan a permanecer tres años en el servicio cuando ya son hipócritas, adulones y alcahuetes.., ¿Acaso está bien eso? Sus administradores polacos, esos espías infames, los Casimiros y Caetanos, merodean de la mañana a la noche por las decenas de miles de *desiatinas* y, para complacerla, tratan de sacarle tres cueros a un buey. Perdone, me expreso en forma desordenada, pero no importa. En sus dominios, la gente sencilla no es considerada como personas. Y aun los príncipes, los condes y los obispos que la visitaban solo fueron reconocidos por usted en su aspecto decorativo y no como hombres. Pero lo principal… lo que más me indigna es que, poseyendo una fortuna millonaria, no haya hecho nada por la gente, ¡nada!

La princesa estaba sorprendida, asustada, ofendida, y no sabía qué decir ni cómo portarse. Nunca nadie le habló en tono semejante. La desagradable y enojada voz del médico y su torpe y entrecortado discurso

[17] Medida obsoleta del Sistema de Rusia Imperial equivalente a 1.092 hectáreas.

provocaban en sus oídos y en su cabeza un ruido agudo y martilleante; luego le pareció que el doctor, gesticulando, le pegaba en la cabeza con su sombrero.

—¡No es verdad! —observó en voz baja y suplicante—. Hice mucho bien a la gente, ¡usted mismo lo sabe!

—¡Vamos! —gritó el doctor—. ¿Aún prosigue considerando usted su actividad benéfica como una cosa seria y útil y no como una comedia de títeres? Fue una farsa desde el principio hasta el fin, un jugar al amor del prójimo, un juego tan visible que lo entendían hasta los niños y las campesinas estúpidas. Tenemos como ejemplo (¿cómo se llamaba?) su extraña casa-hogar para ancianas solas, donde se me obligó a ser algo así como el médico jefe y donde usted misma fue la tutora de honor. ¡Dios mío, qué bonita institución! Construyeron una casa con pisos de parqué y con la veleta en el tejado: juntaron en la aldea una decena de viejas y las obligaron a dormir bajo las frazadas de muletón y sobre las sábanas de lienzo holandés y a comer caramelos.

El doctor rio con malicia, cubriéndose la cara con el sombrero, y prosiguió de prisa y tartamudeando:

—¡Era un juego! El personal subalterno del asilo escondía las mantas y las sábanas, guardándolas bajo candado, para que las viejas no las ensuciaran —¡que duerman en el suelo estas brujas!—. Las viejas no se atrevían a sentarse en la cama ni a ponerse la blusa, ni a dar un paso por el encerado parqué. Todo se reservaba para la parodia y se escondía de las viejas como si estas fueran ladronas; las ancianas se alimentaban y vestían de forma clandestina, pidiendo limosna, y rogaban día y noche a Dios para que las liberara de la reclusión y de los benéficos sermones de los bien alimentados bribones a quienes usted había encargado el cuidado de las viejas. ¿Y qué hacía el personal superior? ¡Es algo delicioso! Unas dos veces por semana, al anochecer, llegan al galope treinta y cinco mil emisarios y anuncian que la princesa, o sea usted, hará mañana una visita al asilo. Esto significa que mañana yo debo dejar a los enfermos, vestirme y acudir a la recepción. Bien, acudo. Las viejas, con ropas nuevas y limpias, están alineadas en fila y esperan. Cerca de ellas anda una rata de guarnición en retiro, el encargado, con su melosa sonrisa de alcahuete. Las viejas bostezan y cambian miradas, sin atreverse a protestar. Esperamos. Viene al galope el segundo administrador. Media hora después, el primer administrador; luego el jefe de la oficina y más tarde alguien más y más... ¡sin fin! Todos tienen rostros solemnes y misteriosos. Esperamos y esperamos, apoyándonos ya sobre un pie, ya sobre el otro y mirando furtivamente el reloj, todo ello en un silencio sepulcral, ya que todos estamos peleados y nos odiamos. Pasa una hora, otra y por fin, a lo lejos aparece un coche y... y...

El doctor lanzó una carcajada chillona y dijo con voz irónica:

—Usted baja del coche y las viejas brujas, obedeciendo la orden de la rata de guarnición, se ponen a cantar: "Cuán glorioso es nuestro Señor..." ¡No está mal!

El doctor estalló en una carcajada y agitó la mano como deseando mostrar que a causa de la risa no podía pronunciar una sola palabra más. Reía de forma pesada y áspera, con los dientes apretados, como ríen las personas malignas, y por su voz, su cara y sus ojos, brillantes y algo insolentes, uno podía percatarse de que despreciaba profundamente a la princesa, al asilo y a las viejas. No había nada de risible ni alegre en lo que él había contado tan torpemente, y sin embargo, rio con placer y hasta con alegría.

—¿Y la escuela? —prosiguió, jadeando de tanto reír—. ¿Recuerda cómo quiso usted en persona enseñar a los hijos de los *mujiks*? Seguramente enseñó muy bien, porque al poco tiempo todos los chicos huyeron, de modo que hubo necesidad de azotarlos y aun pagarles para que asistieran a sus clases. ¿Y recuerda cuando usted quiso alimentar con el biberón a los niños de pecho, cuyas madres trabajaban en el campo? Usted andaba por la aldea y lloraba porque no había niños a su disposición: las madres se los llevaban consigo al campo. Luego el alcalde del pueblo ordenó a las madres dejar a sus chicos por turno, para que usted se divirtiera con ellos. ¡Qué cosa tan rara! Todos huían de sus favores como los ratones huyen del gato. ¿Y por qué? Muy sencillo. No porque nuestro pueblo fuera ignorante e ingrato, como usted trató de explicarlo siempre sino porque en sus acciones, perdóneme la expresión, no hubo un ápice de amor ni de piedad. Solo hubo deseos de divertirse con muñecos vivos y nada más... El que no sabe distinguir entre un hombre y un perro, no debe ocuparse de la beneficencia. ¡Le aseguro que entre la gente y los perros de lanas hay una gran diferencia!

A la princesa le latía de manera terrible el corazón, sentía ruido en los oídos y le parecía siempre que el doctor le golpeaba la cabeza con su sombrero. El doctor hablaba rápido con vehemencia y de manera torpe, tartamudeando y con excesiva gesticulación; ella solo sabía que estaba escuchando a un hombre grosero, mal educado, ingrato y malo, pero no entendía qué quería de ella y de qué hablaba.

—¡Váyase! —dijo con voz llorosa, levantando los brazos para proteger su cabeza del sombrero del médico—. ¡Váyase!

—¡Y cómo trata usted a sus empleados! —siguió indignándose el doctor—. No los considera personas humanas y los trata como a pillos de la peor calaña. Por ejemplo, permítame preguntarle, ¿por qué me ha despedido? Trabajé diez años para su padre, luego para usted, sin conocer días festivos ni licencias; merecí el respeto de todo el mundo en cien *verstas* a la redonda, y, de pronto, un buen día, me anuncian que ya no estoy a su servicio. ¿Por qué? Todavía no lo entiendo. Soy doctor en medicina, pertenezco a la nobleza, fui estudiante de la Universidad de Moscú, soy padre de familia y sin embargo ¡soy un bicho tan insignificante y pequeño que se me puede echar a patadas sin darme ninguna explicación! ¿Para qué tantas ceremonias? Más tarde me enteré de que mi mujer, sin que yo lo supiera, había ido tres veces a verla, pero usted no la quiso recibir. Dicen que lloró en el vestíbulo. Y eso no se lo voy a perdonar nunca a la difunta. ¡Nunca!

El doctor se calló y apretó los dientes tratando intensamente de encontrar alguna cosa muy desagradable y vengativa para decir. Al recordar algo, su ceñudo y frío rostro se iluminó de repente.

—Hablemos aunque sea de sus relaciones con este monasterio —dijo con vehemencia—. Jamás tuvo usted piedad de nadie y cuanto más sagrado es el lugar, más probabilidad existe de que no se salve de su misericordia y de su dulzura angelical. ¿Por qué viene usted aquí? ¿Qué busca entre los monjes?, permítame que le pregunte. ¿Qué le importa Hécuba a usted y qué le importa usted a Hécuba?[18]

De nuevo una diversión, un juego, un sacrilegio con respecto a la persona humana. Usted no cree en el Dios de los monjes; en su corazón tiene usted a su propio dios, hasta el cual ha llegado con su propia inteligencia durante las sesiones de espiritismos; mira con condescendencia los ritos de la iglesia, no va a misa ni a las vísperas porque duerme hasta el mediodía... ¿Para qué, entonces, viene usted aquí? Va a un monasterio extraño con su propio dios y se imagina que el monasterio lo considera como un gran honor para sí. ¡Qué va! A propósito, ¿por qué no pregunta a cuánto les salen a los monjes sus visitas? Usted efectuó su llegada hoy al anochecer, pero anteayer ya había llegado un jinete enviado por su administración para hacer el preanuncio de su viaje. Durante todo el día de ayer le estuvieron preparando los aposentos y la esperaron. Hoy llegó la vanguardia: una camarera insolente, que a cada rato cruza corriendo al patio, hace ruido, fastidia con sus preguntas, da órdenes... ¡no lo puedo ver! Los monjes estuvieron alertas todo el día porque, pobres de ellos si no la reciben con una ceremonia, ¡se quejaría usted con el obispo! "No me quieren los monjes, eminencia. No sé lo que puedo haberles hecho. Es verdad, soy una gran pecadora, ¡pero soy tan desdichada!". Ya un monasterio tuvo una reprimenda por usted. El prior es un hombre sabio, ocupado; no tiene un minuto libre y usted lo llama a sus habitaciones a cada rato, sin respetar ni su vejez ni su jerarquía. Si por lo menos hiciera muchas donaciones, no sería tan enojoso, ¡pero en todo ese tiempo los monjes no han recibido de usted ni cien rublos!

Cuando a la princesa la molestaban, no la entendían o la ofendían, y cuando no sabía qué decir ni qué hacer, por lo general se ponía a llorar, por lo que en esta ocasión también se cubrió la cara y se puso a llorar con fina vocecita infantil. El doctor se calló de golpe y la miró. Su cara se volvió sombría y severa.

---

18 Frase del acto II de *Hamlet*, tragedia escrita por Shakespeare, en la que el príncipe, sorprendido por las lágrimas del comediante exclama: "¿Y qué es Hécuba para él, o él para Hécuba que así tenga que llorar sus infortunios?".

—Perdóneme, princesa —dijo con voz sorda—. Me dejé llevar por un mal sentimiento. Eso no está bien.

Tosiendo con aprensión y olvidando ponerse el sombrero, el médico se alejó a paso veloz de la princesa.

En el cielo ya brillaban las estrellas. Del otro lado del monasterio seguro salía la luna, ya que el cielo aparecía claro, transparente, suave. A lo largo del blanco muro del monasterio volaban sigilosamente los murciélagos.

El reloj dio lentamente los tres cuartos de alguna hora. Eran quizá las nueve menos cuarto. La princesa se levantó y se dirigió despacio hacia el portón. Se sentía ofendida y lloraba, le parecía que los árboles, las estrellas y los murciélagos le tenían lástima y que el reloj había tocado en esa forma melódica para compadecerla. Llorando, pensaba en lo grato que sería recluirse en un monasterio para toda la vida: en los apacibles crepúsculos de verano, pasearía por las alamedas, solitaria, ofendida, no comprendida por los hombres y solo Dios y el cielo estrellado verían las lágrimas de la mártir. En la iglesia aún proseguía el oficio de las Vísperas. La princesa se detuvo y escuchó el canto; ¡qué bien resonaba en el oscuro e inmóvil aire! ¡Qué agradable era sufrir y llorar al son de este canto!

De regreso en sus habitaciones, observó su cara llorosa en el espejo y se empolvó; luego se sentó a comer. Los monjes sabían que le gustaba el esturión en escabeche, los pequeños hongos, el málaga, y los pastelillos de miel que dejan en la boca un olor a ciprés, y en cada visita suya le servían todo eso. Comiendo los hongos y bebiendo el málaga, la princesa se imaginaba totalmente arruinada y abandonada, y ya veía cómo todos sus administradores, mayordomos, oficinistas y camareras, a los cuales ella había hecho tantos favores, la traicionarían, diciéndole groserías, y cómo todos los hombres que habitan sus tierras, la atacarían, haciéndola objeto de calumnias y burlas; ella renunciará a su título de princesa, al lujo, a la sociedad; se recluirá en un monasterio sin decir a nadie una sola palabra de reproche; rezará por sus enemigos y entonces todo el mundo la comprenderá y vendrá a pedirle perdón, pero ya va a ser demasiado tarde...

Después de la cena se arrodilló en el rincón ante la imagen y leyó dos capítulos del Evangelio. Luego la doncella le tendió la cama y ella se acostó. Desperezándose bajo la blanca colcha, suspiró dulce y hondamente, como se suspira después de llorar, cerró los ojos y empezó a dormirse...

Por la mañana se despertó y miró su reloj; eran las nueve y media. Sobre la alfombra, junto a la cama, se extendía una estrecha franja de intensa luz proveniente del rayo que trataba de penetrar por la ventana y apenas iluminaba la habitación. Detrás de la negra cortina, en la ventana, zumbaban las moscas.

"¡Temprano!" —pensó la princesa y cerró los ojos.

Desperezándose con deleite en la cama, recordó el encuentro de la víspera con el doctor, y todas las ideas con las cuales se había dormido; recordó que era desdichada. Luego acudieron a su mente su marido, residente en San Petersburgo, los administradores, los médicos, los vecinos, los funcionarios conocidos... Una larga fila de conocidas caras masculinas pasó velozmente por su imaginación. Pensó, sonriendo, que si estos hombres supieran penetrar en su alma y comprenderla, todos estarían a sus pies...

A las once y cuarto llamó a la doncella.

—Ayúdeme a vestirme, Dasha —le dijo con languidez—. Aunque primero vaya a decir que preparen los caballos. Tengo que ir a casa de Claudia Nicoláievna.

Al salir de las habitaciones para subir al carruaje, cerró los ojos a causa de la intensa luz solar y rio contenta, ¡el día era magnífico! Observando con los ojos entrecerrados a los monjes que se habían reunido junto al atrio para despedirla, los saludó afablemente con repetidas inclinaciones de cabeza y dijo:

—¡Adiós, amigos míos! ¡Hasta pasado mañana!

Se sintió agradablemente sorprendida al notar que junto a los monjes se encontraba el médico. Su cara estaba pálida y severa.

—Princesa —dijo, quitándose el sombrero y sonriendo con aire culpable—, hace rato que la estoy esperando aquí. Perdóneme, por amor de Dios... Me arrastró anoche un sentimiento malo, vengativo, y le dije una sarta de estupideces. En una palabra, me disculpo.

La princesa sonrió afectuosamente y tendió la mano hacia los labios del doctor. Este la besó, ruborizándose.

Tratando de parecer un pajarillo, la princesa subió al coche con un movimiento ligero y saludó reiteradamente con la cabeza a todo el mundo. En su alma todo era alegría, luz y calor y ella misma sentía que su sonrisa era en extremo dulce y cariñosa. Al ponerse en marcha el carruaje hacia el portón, y luego por el polvoriento camino a lo largo de las *izbas* y los jardines, pasando a las caravanas de los *chumak*[19] y las extendidas filas de los peregrinos que se dirigían al monasterio, ella sonreía con dulzura, entornando los ojos. Pensaba en que no había gozo superior al de llevar consigo el calor, la luz y la alegría, el de perdonar las ofensas y sonreír afablemente a los enemigos. Los *mujiks* que se encontraban por el camino la saludaban, el coche producía un suave murmullo, de las ruedas se elevaban nubes de polvo llevadas por el viento hacia el centeno dorado, y a la princesa le parecía que su cuerpo se balanceaba no sobre los cojines del carruaje, sino sobre las nubes y que ella misma semejaba una leve, transparente nubecilla...

—¡Qué feliz soy! —murmuraba, cerrando los ojos—. ¡Qué feliz soy!

ZÍNOCHKA

Un grupo de cazadores pasaba la noche en una *izba,* tendidos sobre el fresco heno. La luna se veía por las ventanas; en la calle un acordeón lanzaba sus tristes quejidos y el heno exhalaba su olor empalagoso y algo excitante. Los cazadores hablaban de perros, de mujeres, del primer amor, de las becadas. Una vez pasaron revista de todas las señoras conocidas y relatados un centenar de chistes, el más grueso de los cazadores, que en la oscuridad semejaba un montón de heno y que hablaba con la espesa y baja voz de un oficial de Estado mayor, bostezó ruidosamente y dijo:

[19] *Chumak:* mercader que se dedicaba al comercio sobre todo de sal en Crimea (actual Ucrania).

—No es gran cosa eso de ser amado: ¿para qué están creadas las damas si no para amarnos? En cambio, señores, ¿quién de ustedes fue alguna vez odiado, odiado con pasión, con rabia? ¿Alguno de ustedes pudo observar los arrebatos del odio? ¿Eh?

No hubo respuesta.

—¿Nadie, señores? —preguntó la voz de bajo del oficial—. Pues yo sí fui odiado; odiado por una joven bonita y pude observar sobre mí mismo los síntomas del primer odio. Primer odio, señores, ya que aquello era justamente lo contrario de un primer amor. Por lo demás, lo que ahora voy a contarles ocurrió cuando yo nada entendía aún de amor ni de odio. Tenía yo entonces unos ocho años, pero eso es lo de menos: en esta historia, señores, no es *él* quien importa sino *ella*. Pues bien, pido atención. Durante un hermoso atardecer de verano, antes de ponerse el sol, mi institutriz Zínochka, una criatura poética y muy agradable, poco tiempo antes egresada del instituto, y yo, estábamos estudiando en el cuarto de los niños. Zínochka miraba, distraída, por la ventana y decía:

—Bueno. Nosotros aspiramos oxígeno. Díganme ahora, Petia, ¿qué es lo que exhalamos?

—Anhídrido carbónico —contestaba yo—, mirando por la misma ventana.

—Bien —asentía Zínochka—. Pero las plantas hacen lo contrario: inhalan anhídrido carbónico y exhalan oxígeno. El anhídrido carbónico se encuentra en el agua gaseosa de Seltz y en el tufo del samovar... Es un gas muy dañino. Cerca de Nápoles existe la llamada Gruta del Perro, que contiene anhídrido carbónico; cuando dejan entrar en ella a un perro, este muere asfixiado.

Esta malhadada Gruta del Perro, cerca de Nápoles, constituye una sabiduría en química que ninguna institutriz se atrevería a sobrepasar. Zínochka defendía siempre con gran calor la utilidad de las ciencias naturales, pero era poco probable que supiera de química alguna otra cosa aparte de aquella gruta.

Me lo hizo repetir. Lo repetí. Me preguntó qué era el horizonte. Le respondí. Y mientras nosotros masticábamos el horizonte y la gruta, en la calle mi padre se disponía a partir para la caza. Los perros aullaban, los caballos se movían, impacientes, y coqueteaban con los cocheros, los criados llenaban la calesa con paquetes y enseres de todas clases. Junto a la calesa estaba la *lineika* a la que subían mi madre y mis hermanas para ir a la casa de los Ivanitsky, donde se festejaba un cumpleaños. Solo quedábamos en casa Zínochka, mi hermano mayor, estudiante, que tenía dolor de muelas, y yo. ¡Pueden imaginarse ustedes mi envidia y mi aburrimiento!

—¿Qué aspiramos, pues? —preguntó Zínochka, mirando por la ventana.

—Oxígeno...

—Sí. En cuanto al horizonte, es el sitio donde, según nos parece, la tierra se junta con el cielo...

Pero he aquí que la calesa se puso en marcha y tras ella la *lineika*... Vi cómo Zínochka sacó del bolsillo una carta, la estrujó convulsivamente y la apretó contra su sien; luego se puso colorada y miró el reloj.

—Recuerde entonces —me dijo—, que cerca de Nápoles se encuentra la llamada Gruta del Perro... —volvió a mirar el reloj y prosiguió—: donde nos parece que el cielo se junta con la tierra...

La pobrecilla, presa de gran agitación, dio unos pasos por el cuarto y una vez más miró el reloj. Faltaba más de media hora para el final de nuestra lección.

—Ahora la aritmética —dijo, respirando pesadamente y hojeando el manual de problemas con mano temblorosa—. Aquí tiene... Resuelva el problema No. 325, mientras yo... enseguida volveré...

Ella salió. La oí bajar corriendo por la escalera y luego vi por la ventana su vestido celeste atravesar vertiginosamente el patio exterior y desaparecer por la puertecilla que daba al jardín. La rapidez de sus movimientos, el color de sus mejillas y su agitación me intrigaron. ¿A dónde había corrido y para qué? Al tener una inteligencia superior a mi edad, muy pronto lo comprendí todo: ella corrió al jardín para meterse en el cerezal o acometer contra las frambuesas, aprovechando la ausencia de mis severos padres. Y si así era, ¿por qué no podía yo hacer lo mismo, caramba? Tiré el manual de problemas y corrí al jardín. Pero junto a los cerezos ya no había nadie. Pasando los arbustos de frambuesa y de grosella, por delante de la choza del sereno, ella atraviesa el huerto y se dirige al estanque, pálida, estremeciéndose al menor ruido. La sigo sigilosamente y veo, señores, lo siguiente: en la orilla del estanque, entre los gruesos troncos de dos viejos sauces está parado mi hermano mayor Sasha; en su cara no se notaba ningún dolor de muelas. Ve acercarse a Zínochka y toda su figura irradia felicidad. Mientras que Zínochka, como si la empujaran a la Gruta del Perro y obligaran a respirar anhídrido carbónico, camina hacia él respirando con dificultad, apenas levantando los pies y con la cabeza echada para atrás... Según todos los indicios, es la primera vez en su vida que ella va a un *rendezvous*. Se acerca ya... Durante medio minuto ellos se miran en silencio, como si no creyeran en sus propios ojos. Luego una fuerza extraña empuja a Zínochka por la espalda, ella pone las manos sobre los hombros de Sasha e inclina su cabecita sobre el chaleco de este. Sasha se ríe, farfulla algo incoherente y con la torpeza de un hombre muy enamorado coloca ambas manos sobre la cara de Zínochka. Y el tiempo, señores, es magnífico... El altozano tras el cual se oculta el sol, los dos sauces, las verdes orillas, el cielo, todo ello, junto con Sasha y Zínochka, se refleja en el estanque. El silencio... se imaginan ustedes. Sobre los juncos revoloteaban millones de mariposas doradas; del otro lado del jardín vienen arreando un rebaño. En una palabra, era como para pintar un cuadro.

De todo lo que había visto yo comprendía una sola cosa: Sasha besaba a Zínochka y esto no era una acción decente. Si mamá llegara a saberlo, ambos tendrían una buena reprimenda. Sintiendo una inexplicable vergüenza, volví a mi cuarto sin esperar el final de la cita. Me quedé un rato sentado con el manual de problemas, meditando y cavilando. Una sonrisa triunfal flotaba en mi cara. Por un lado, era agradable ser el dueño de un secreto ajeno; por el otro, también era muy agradable tener conciencia de que autoridades de la talla de Sasha y de Zínochka en cualquier momento podían ser denunciados por mí y acusados de un comportamiento incorrecto. Estaban en mi poder, y su paz se hallaba en completa dependencia de mi magnanimidad.

Cuando me iba a dormir, Zínochka, como de costumbre, entró en mi cuarto para ver si no me había acostado vestido y si había rezado.

Miré su cara bonita y feliz, y sonreí astutamente. El secreto se inflaba dentro de mí y luchaba por salir.

—Ya sé una cosa —dije, sonriendo—. ¡Ji, ji!...

—¿Qué sabe usted?

—Ji, ji... Los vi besándose a usted y a Sasha junto a los sauces. Yo, fui detrás de usted y lo vi todo...

Zínochka se estremeció, se puso toda colorada y sorprendida por mi alusión, se dejó caer sobre la silla en la que había un vaso con agua y un candelero.

—Los vi besándose... —repetí, riendo y gozando con su confusión—. ¡Ya verá cuando se lo cuente a mamá!

La pusilánime Zínochka me miró fijamente y, convencida de que en efecto lo sabía todo, me cogió la mano con desesperación y dijo en un tembloroso susurro:

—Petia, sería una bajeza... Le imploro, por el amor de Dios... Sea un hombre... No le diga a nadie... Las personas decentes no espían nunca... Eso es una bajeza... Le ruego...

En primer lugar, la pobrecilla le tenía mucho miedo a mi madre, que era una dama virtuosa y severa; en segundo lugar, mi boca sonriente no podía menos que profanar su primer amor, puro y poético. Pueden ustedes imaginar entonces su estado de ánimo. Gracias a mí, no pudo dormir en toda la noche, y a la mañana siguiente, a la hora del desayuno, apareció en el comedor con grandes ojeras... Al encontrarse con Sasha después del té, no pude resistir el deseo de jactarme:

—¡Yo sé todo! Te vi besar a la señorita Zina.

Sasha me miró y dijo:

—Eres un tonto.

No era tan pusilánime como Zínochka y el efecto no fue el esperado. Pero eso me instigó más aún. Si Sasha no se asustó fue, evidentemente, porque no creyó que yo había visto: pues bien, ¡ya te lo demostraré!

Al darme la clase por la mañana, Zínochka tartamudeaba y no se atrevía a mirarme. En vez de infundirme miedo, adoptó una actitud obsequiosa, poniéndome las mejores notas y pasando por alto mis travesuras. Exploté entonces el secreto a mi antojo: dejé de estudiar las lecciones, durante las clases anduve sobre las manos con la cabeza abajo y decía cosas insolentes. En una palabra, de seguir así, hasta el día de hoy, me hubiera vuelto un perfecto chantajista. Bien, pasó una semana. El secreto ajeno me inquietaba y torturaba como una espina en el alma. Tenía ganas de soltarlo de cualquier manera y gozar con el resultado. Y una vez, durante el almuerzo, en el que teníamos muchos invitados, sonreí muy tontamente, mire con malicia a Zínochka y dije:

—Yo sé una cosa... Ji, ji... Vi algo...

—¿Qué es lo que sabes? —preguntó mi madre.

Miré a Zínochka y a Sasha con una malicia mayor aún. ¡Había que ver cómo se ruborizó la muchacha y qué mirada iracunda me dirigió Sasha! Me mordí la lengua y permanecí callado. Poco a poco Zínochka se volvió pálida, apretó los dientes y dejó de comer. Ese mismo día durante las clases vespertinas, noté un gran cambio en el rostro de Zínochka. Parecía más severo, más frío, más marmóreo, y sus ojos, de una manera, me miraban fijamente a la cara. ¡Les doy mi palabra de honor de que ni siquiera a los perros de presa, cuando están por alcanzar a un lobo, les vi los ojos tan fulminantes, tan aniquiladores! Comprendí perfectamente su expresión cuando en medio de la clase ella de repente me dijo entre dientes:

—¡Lo odio! ¡Si usted supiera, vil y repugnante criatura, cuán asquerosas son su cabeza rapada, sus feas y vulgares orejas!

Pero enseguida se asustó y dijo:

—No le estoy hablando a usted... Estoy ensayando un papel...

Luego, señores, por la noche, la vi acercarse a mi cama y mirarme la cara durante largo rato. Me odiaba con pasión y ya no podía vivir sin mí. La contemplación de mi odiosa fisonomía se transformó para ella una necesidad. Recuerdo una deliciosa noche de verano... Olía a heno, había silencio y todo lo demás. Brillaba la luna. Yo paseaba por la alameda y pensaba en el dulce de guindas. De golpe se me acerca la hermosa y pálida Zínochka, me coge de la mano y, jadeante, me declara:

—¡Oh, cuánto te odio! ¡A nadie deseé tanto mal como a ti! ¡Compréndelo! ¡Quiero que lo comprendas!

¿Se imaginan ustedes? La luna, el pálido rostro impregnado de pasión, el silencio. Hasta yo, mocoso, sentí un placer. La escuché, miré sus ojos... Al principio era una sensación agradable y nueva para mí, pero luego tuve miedo, dejé escapar un grito y corrí a casa con todas mis fuerzas.

Decidí que lo mejor era contarle a mamá. Y me quejé, relatando también cómo Sasha había besado a Zínochka. Yo era tonto y no sospechaba las consecuencias; de no ser así me hubiera guardado el secreto... Después de escucharme, mi madre estalló en ira y dijo:

—No te corresponde hablar de estas cosas, eres muy joven todavía... ¡Pero qué ejemplo para los niños!

Mi madre no solo era virtuosa sino también discreta. Para evitar el escándalo, procedió a desalojar a Zínochka no de un golpe, sino poco a poco, sistemáticamente, como se desaloja a las personas decentes pero indeseables. Recuerdo que la última mirada de Zínochka, al abandonar nuestra casa, estuvo dirigida a la ventana donde yo estaba sentado y les aseguro que hasta ahora no puedo olvidar esa mirada.

Poco tiempo después Zínochka se convirtió en esposa de mi hermano. Es la Zinaída Nicoláievna que todos ustedes conocen. Volví a encontrarme con ella cuando ya era teniente. Por más esfuerzos que hizo, no pudo reconocer en el bigotudo teniente a su odiado Petia, y sin embargo, su manera de tratarme no fue del todo cordial... y aún ahora, a pesar de mi bonachona calva, pacífica panza y aspecto obediente, me mira de reojo y no se siente a sus anchas cuando visito a mi hermano. Por lo visto, el odio, como el amor, no se olvida... Silencio... Oigo cantar el gallo. ¡Buenas noches! ¡Milord! ¡A tu sitio!

Una desgracia

Sofía Petrovna, una hermosa mujer de unos veinticinco años y esposa del notario Lubiantsev, avanzaba con lentitud por el bosque en compañía del abogado Ilin, que vivía en una casa de campo cerca de la suya. Eran las cuatro y pico de la tarde. Sobre el camino flotaban densas nubes blancas y esponjosas, por entre las cuales se asomaba el cielo por partes, de un azul brillante. Las nubes permanecían inmóviles, como atenazadas por las cimas de los viejos y altos pinos. Reinaba la calma y hacía bochorno.

Allá a los lejos interceptaba el camino el terraplén de un ferrocarril por el que iba y venía un guarda, armado de un fusil. Inmediatamente, tras el terraplén, elevaba su blanca silueta una hermosa iglesia de seis cúpulas y techo mohoso.

—No esperaba encontrarle aquí —dijo Sofía Petrovna bajando la vista y arrastrando la punta del quitasol por la hojarasca seca—. Pero me alegro de haberlo hecho. Tengo que hablarle en serio, para acabar de una vez, ¡por favor, Iván Mijailovich: si verdaderamente me ama usted y me respeta, cese en su persecución! Me sigue usted como mi sombra, me mira con ojos devoradores, se me declara a cada momento, me escribe cartas extrañas y... no sé cuándo va a terminar todo esto. ¿Adónde vamos a parar, Dios mío?

Ilin no respondió. Sofía Petrovna dio varios pasos más y continuó:

—Y este cambio tan brusco de usted ha venido a producirse hace dos o tres semanas, después de conocernos cinco años. ¡Me cuesta trabajo reconocerle, Iván Mijailovich!

Sofía Petrovna miró de soslayo a su acompañante. Él, con los ojos entornados, miraba atento a las esponjosas nubes. Tenía su semblante una expresión distraída y malhumorada, como la de quien, a más de sufrir, se ve obligado a oír una sarta de estupideces.

—Es asombroso que no lo comprenda usted —prosiguió la señora de Lubiantsev, encogiendo los hombros con extrañeza—. Dese cuenta de que está tramando un asunto poco limpio. Soy casada; quiero y respeto a mi marido... Tengo una hija... ¿O es que nada de eso le importa? Además, usted, que es un viejo amigo, conoce mi opinión sobre la familia, sobre los fundamentos de la familia en general.

Ilin carraspeó hastiado y exhaló un suspiro.

—¡Los fundamentos de la familia! —murmuró—. ¡Señor!

—Sí, sí... Amo a mi marido, le respeto y, en todo caso, velo por la tranquilidad de mi hogar. Prefiero matarme antes que ocasionar la infelicidad de Andrei y de mi hija. Por Dios se lo ruego, Iván Mijailovich: ¡déjeme en paz! Sigamos siendo buenos amigos y acabe usted con esos suspiros y esos ayes que tan mal le cuadran. ¡Se terminó! Ni una palabra más sobre este asunto. Vamos a hablar de otra cosa.

Sofía Petrovna lanzó otra mirada de soslayo al rostro de Ilin. Este miraba hacia arriba, estaba pálido y se mordía enojado los labios temblorosos. Ella, sin comprender el mal humor y la ira del abogado, se conmovió al verle tan pálido.

—No se enfade... Seamos amigos... —dijo, dulcificando el tono—. ¿De acuerdo? Aquí tiene mi mano.

Ilin cogió entre las suyas la mano diminuta y regordeta de ella, la apretó y se la llevó lentamente a los labios.

—No soy un colegial —murmuró—. Y no me seduce una relación de amistad con la mujer amada.

—¡Basta, basta! Resuelto y acabado. Ya hemos llegado hasta el banco. Sentémonos un poco.

Un grato sentimiento de sosiego inundó el alma de Sofía Petrovna: lo más difícil y quisquilloso estaba ya dicho; el torturante problema había sido liquidado. Ahora podía ya descansar y mirar cara a cara a Ilin. Le miró, en efecto, y el sentimiento egoísta de la superioridad de la amada sobre el amante acarició su espíritu. Le gustaba ver a aquel hombre vigoroso y gigantesco, de rostro adusto, gran barba negra, esmerada educación y, al decir de muchos, gran talento, sentarse obedientemente junto a ella y bajar la cabeza. Transcurrieron unos minutos en silencio.

—Nada está resuelto ni liquidado —comenzó Ilin—. Me habla usted como si lo leyera en un libro: "Amo y respeto a mi marido... Los fundamentos de la familia..." Todo eso lo sé yo sin que usted me lo diga. Es más: le aseguro, sincera y honradamente, que considero mi conducta deshonrosa e inmoral. ¿Qué otra cosa puede decirse? Pero, ¿a qué repetir cosas tan conocidas? En lugar de alimentar al ruiseñor con palabras tristes, sería preferible que me aconsejara qué hacer.

—Ya se lo he dicho: márchese.

—De sobra sabe usted que me he marchado cinco veces y todas me he vuelto a mitad de camino. Le puedo mostrar los billetes del ferrocarril. Los conservo todos. Me falta coraje para apartarme de usted. Lucho, lucho con fuerza, pero ¿qué le voy a hacer si no tengo valor, si soy débil y pusilánime? ¡No puedo vencer a la naturaleza! ¿Me entiende? No puedo. Huyo, pero ella me agarra de la chaqueta. ¡Maldita y abominable impotencia!

Ilin, acalorado y rojo, se levantó y comenzó a pasearse junto al banco.

—¡Me pongo más rabioso que un perro! —rugió, apretando los puños—. Me odio y me desprecio a mí mismo. ¡Dios mío, voy detrás de una mujer ajena como un chiquillo perverso, escribo cartas idiotas, me humillo... ¡puf!

Agarrándose la cabeza con las manos, exhaló un rugido y volvió a sentarse.

—Y para colmo, la insinceridad de usted —continuó su lamentación—. Si le disgusta mi juego, ¿por qué ha venido? ¿Qué la ha empujado hacia aquí? En mis cartas le solicito una respuesta categórica y tajante: "sí" o "no". Y usted, en vez de contestar sin rodeos, se dedica a "tropezarse" casualmente conmigo y a agasajarme con citas evangélicas...

Lubiantseva enrojeció asustada: experimentó el malestar de una mujer decente a la que sorprenden desnuda.

—Se diría que sospecha usted que haya astucia por mi parte... —murmuró—. Siempre le he dado una respuesta clara y..., y hoy le he pedido...

—¿Es que vale para algo el pedir en tales casos? Si me hubiera dicho desde un principio: "Apártese de aquí", ahora no me tendría a su lado, pero usted no me dijo eso. No me contestó francamente ni una sola vez. ¡Extraña indecisión! O está jugando conmigo, o...

Sin terminar la frase, apoyó la cabeza en los puños: Sofía Petrovna trató de analizar su conducta de principio al fin. Recordó que no solo de hecho, sino en lo más recóndito de su mente, siempre rehusó los galanteos de Ilin; pero al mismo tiempo, reconoció que las palabras del abogado contenían un grano de verdad. Y, como no consiguió establecer esta verdad, no pudo responder a la queja de Ilin de manera categórica por más que se esforzó. Para romper el embarazoso silencio, dijo encogiéndose de hombros:

—Ahora resulta que la culpa es mía.

—No la culpo de hipocresía —suspiró él—. Se me ha venido a los labios, y lo he dicho... Su insinceridad es natural y está dentro del orden habitual de las cosas. Si, de buenas a primeras, toda la gente se pusiera de acuerdo y se volviera sincera, el mundo entero se iría al diablo.

Aunque Sofía Petrovna no se sentía inclinada a filosofar, aprovechó de buena gana la oportunidad de cambiar de conversación y preguntó:

—¿Por qué?

—Porque únicamente los salvajes y los animales son sinceros. Apenas la civilización hace necesaria una virtud como la honestidad femenina, la sinceridad comienza a ser inoportuna...

Ilin, enfadado, removió la tierra con el bastón. Lubiantseva le oía sin comprender gran cosa, pero el tema le agradaba. Se sentía halagada de que un hombre de talento hablara de cosas tan "profundas" con una mujer corriente como ella. Otra cosa que le agradaba en extremo, era contemplar los movimientos de aquel semblante pálido, joven, vivaz y malhumorado. Aún sin comprender mucho de lo que él decía, la deslumbraba la gallarda audacia de hombre moderno con que él, sin dudarlo un instante, resolvía los grandes problemas y hacía conclusiones definitivas.

De pronto, al darse cuenta de que estaba admirándole habló atemorizada.

—Perdone, pero no sé a qué vienen sus palabras sobre la insinceridad —se apresuró a decir—. Le repito mi súplica: sea usted buen amigo y déjeme en paz. ¡Se lo ruego sinceramente!

—Bien. Continuaré luchando —suspiró Ilin—. Procuraré seguir haciéndolo... Pero poca cosa dará de sí esta lucha. O me pegaré un tiro o me daré a la bebida de la manera más estúpida. Todo irá de mal en peor. Usted tiene su medida, y la lucha contra la naturaleza tiene también la suya. Dígame cómo se puede combatir la locura. Si uno bebe vino, ¿cómo puede evitar la excitación? ¿Qué puedo hacer yo si la imagen de usted se ha metido en mi alma y aparece día y noche ante mis ojos como ahora lo está ese pino? A ver, dígame qué hazaña he de realizar para salir del maldito y lamentable estado en que me encuentro y que hace que todos mis pensamientos, mis deseos y hasta mis sueños no me pertenezcan a mí, sino a un demonio que ha tomado posesión de mi ser. Yo la amo a usted, la amo hasta el punto de haber perdido la cabeza, de haber abandonado mi profesión y mi familia y de haberme olvidado de Dios. ¡Nunca en la vida amé así!

Sofía Petrovna, que no esperaba tal torrente, se apartó un poco de Ilin y le miró, como atemorizada. El abogado tenía lágrimas en los ojos; sus labios temblaban, y una expresión de súplica ansiosa llenaba todo su rostro.

—¡La amo! —murmuró, fijando sus ojos en los de ella, grandes y asustados—. ¡Es usted tan bella! Sufro mucho, pero le juro que me pasaría la vida así, sufriendo y mirándola a los ojos. ¡Calle, no hable, se lo suplico!

Ella, como sorprendida de improviso, trató de hallar las palabras capaces de detener a Ilin. "Debo marcharme", pensó. Pero no había tenido tiempo de hacer el menor movimiento, cuando él estaba ya de rodillas ante ella. Abrazado a sus piernas, la miraba fijamente y le hablaba con pasión, con fuego, con hermosas palabras. Sofía Petrovna, presa del miedo y confusión, no le oía. En tan delicado trance, con las rodillas apretadas como en un baño caliente, buscaba, no sin malicia, una explicación a sus sensaciones. La contrariaba no sentirse embargada de virtud rebelde, sino de impotencia, de languidez, de ese abandono tan propio del borracho al que todo le importa un bledo. Solo en las profundidades de su alma oía una voz maligna y punzante:

"¿Por qué no escapas? ¿O es que te gusta?".

Tratando de explicarse el sentido de sus actos, no comprendía por qué no retiraba la mano, a la que Ilin estaba adherido como una sanguijuela, ni por qué se apresuró a mirar, al mismo tiempo que él, a derecha e izquierda para comprobar si había alguien observando. Los pinos y las nubes permanecían inmóviles y eran testigos, al modo de los viejos que aunque ven las travesuras de los muchachos, guardan silencio por una propina. El guarda, tieso como un poste sobre el terraplén, parecía mirar hacia el banco.

"¡Que mire!", pensó Sofía Petrovna.

—¡Pero oiga usted! —profirió al fin con acento desesperado—. ¿Adónde vamos a parar? ¿Qué consecuencias traerá esto?

—No sé, no sé... —musitó él, como si tratara de evitar las preguntas molestas.

Se oyó el ronco y trepidante silbido de una locomotora. Este sonido frío y prosaico hizo estremecerse a Lubiantseva.

—¡Debo marcharme, es hora! —exclamó, levantándose con rapidez—. En ese tren viene Andrei... Querrá almorzar...

Sofía Petrovna volvió hacia el terraplén el rostro encamado. Primero pasó lentamente la locomotora, tras la que aparecieron los vagones. No era un tren de viajeros, como creía Lubiantseva, sino de mercancías. Uno tras otro, en larga sucesión, como los días del hombre, desfilaron los coches sobre el blanco fondo de la iglesia. Parecían no tener fin.

Por último, el furgón de cola, con su farolillo, desapareció tras la vegetación. Sofía Petrovna se volvió bruscamente y, sin mirar a Ilin, inició el regreso por el camino entre los árboles. Ya era otra vez dueña de sí misma. Roja de vergüenza, ofendida, no por Ilin, sino por su propia cobardía y por la indiferencia con que pese a su recato y pureza, había permitido que un extraño le abrazara las piernas, solo pensaba ahora en llegar a su casa y reunirse con su familia. El abogado apenas conseguía ir a su paso. Torciendo por una estrecha vereda, Sofía Petrovna le miró con tanta rapidez, que solo le vio las rodillas sucias de tierra y le hizo una seña para que dejara de seguirla.

Ya en casa, permaneció varios minutos de pie, inmóvil en su habitación, puesta la vista unas veces en la ventana y otras en el escritorio...

—¡Infame! —se reclamaba a sí misma—. ¡Infame!

Como para mortificarse, recordó con todos los detalles, sin olvidar uno solo, que durante los últimos días se había mostrado contraria a los galanteos de Ilin, pero siempre se había sentido tentada de ir a darle una explicación. Es más: mientras le tuvo a sus pies experimentó un placer extraordinario. Se acordó de todo, sin compasión para consigo misma; y sofocada de vergüenza, hubiera querido darse de bofetadas.

"¡Pobre, Andrei! —pensaba, procurando poner cara de ternura al mencionar al marido—. Varia, mi infeliz hijita, no sabe qué madre tiene. ¡Perdónenme, queridos míos! ¡Los quiero mucho... muchísimo!".

Y para demostrarse a sí misma que seguía siendo buena madre y esposa y que aún no estaban carcomidos los "fundamentos" a que se refirió en su conversación con Ilin, corrió a la cocina y le llamó la atención a la cocinera por no haber puesto todavía la mesa para Andrei Ilich. Trató de imaginarse el aspecto fatigado y hambriento de su marido, pronunció algunas palabras de compasión por él e incluso le preparó la mesa, cosa que jamás había hecho. Acto seguido fue en busca de su hija Varia, la tomó en brazos y la estrechó fuertemente contra su pecho. Encontró a la niña pesada y fría, pero no quiso confesárselo y se puso a explicar a la chiquilla lo bondadoso y honrado que era su papá.

Sin embargo, cuando llegó Andrei Ilich apenas la saludó. Había decrecido el arrebato de sentimiento afectado, sin demostrarle nada, pero irritándola por su falsedad. Sentada junto a la ventana, sufría y rabiaba. Solo en la desgracia puede uno comprender cuán difícil es dominar sus sentimientos y sus ideas. Sofía Petrovna refería después que en aquel momento estaba poseída "de una confusión tan difícil de entender como lo es contar los gorriones de una bandada en vuelo". Su indiferencia ante la llegada del marido y la contrariedad que le produjo el modo de conducirse de este durante el almuerzo, la indujeron a creer que comenzaba a odiarle.

Andrei Ilich, cansado y hambriento, no esperó a que le sirvieran la sopa: empezó con la mortadela y se puso a devorarla ansioso, masticando ruidosamente y moviendo mucho las cejas y las sienes.

"¡Dios mío! —pensó la esposa—. Le quiero y le respeto, pero... ¿por qué mastica de esta forma?".

Sus ideas no eran menos desordenadas que sus sentimientos. Lubiantseva, como todos los seres poco expertos en combatir las ideas desagradables, pretendía no pensar en su desgracia; y cuanto más se esforzaba, con tanto mayor relieve surgía en su mente la figura de Ilin, sus rodillas manchadas de tierra, las esponjosas nubes, el tren...

"¿Quién me mandó ir, tonta de mí? —seguía atormentándose—. Pero, por otra parte, ¿tan frágil soy que no puedo responder de mí misma?".

El miedo tiene los ojos grandes. Cuando Andrei Ilich terminó de almorzar, ella había ya tomado una determinación: decírselo todo al marido y huir del peligro.

—Andrei, necesito hablar contigo seriamente —le dijo cuando él, levantándose de la mesa, se quitó la chaqueta y las botas para tenderse a descansar.

—¿Qué sucede?

—Vámonos de aquí.

—¿Adónde? Es demasiado temprano para ir a la ciudad...

—No... Quiero decir que nos vayamos de viaje… o algo por el estilo...

—¿De viaje? —murmuró el notario, desperezándose—. Es mi sueño dorado, pero, ¿de dónde saco el dinero y a cargo de quién dejo la oficina?

Y luego de pensar un momento, añadió:

—Verdaderamente, debes aburrirte. Vete sola si quieres.

Sofía Petrovna aprobó la idea, pero al instante supuso que Ilin se aprovecharía para marcharse con ella en el mismo tren y en el mismo vagón... Mientras así pensaba, detuvo la vista en su marido, pesado y lánguido. Luego se quedó fija en los pies de él, diminutos, casi femeninos, con calcetines a rayas, de cuyas puntas pendían unos hilachos...

Un moscardón se golpeaba contra el cristal y zumbaba tras la cortina corrida. Sofía Petrovna, mirando los hilachos, oía el ruido del moscardón y se imaginaba ir de viaje... *Vis-à-vis,* día y noche, iba sentado Ilin, sin quitarle el ojo de encima, rabioso de impotencia y pálido de dolor espiritual. Se tildaba a sí mismo de niño perverso, se maldecía, arrancándose el cabello; pero, apenas se hacía la oscuridad, aprovechando cualquier momento en que los restantes viajeros dormían o bajaban en una estación, él se arrojaba a los pies de ella y le oprimía las rodillas como aquella vez, en el banco...

De pronto se recobró, dándose cuenta de que estaba soñando despierta.

—Yo sola no voy a ninguna parte —dijo al marido—. Tú debes acompañarme...

—Eso es pura quimera, Sofía —suspiró Ilich—. Hay que tener formalidad y desear solamente lo posible.

"Cuando sepas el motivo, ya verás cómo aceptas viajar", dijo, para sí, Sofía Petrovna.

Decidida a ponerse en camino a toda costa, se sintió a salvo de todo peligro. Después de que sus ideas se serenaron poco a poco, recobró su alegría y hasta se permitió pensar en las cosas más variadas: por mucho que pensara o soñara, de todas maneras tendría que... Mientras dormía el marido, se echó la tarde encima. Sofía Petrovna, en la sala, tocaba el piano. La animación nocturna en la calle, los acordes de la música y, sobre todo, la idea de que había sabido afrontar el peligro, terminaron de alegrarla. Otras mujeres —le susurraba su conciencia, totalmente tranquila— quizá no hubieran sabido resistir en tal situación y hubieran caído en el abismo; ella, en cambio, había estado a punto de morir de vergüenza, había sufrido, y ahora huía de un peligro acaso inexistente. Su virtud y entereza la conmovieron hasta el extremo de mirarse tres o cuatro veces al espejo para ver su cara.

Ya en la noche, acudieron varios invitados. Los hombres montaron una partida de naipes en el comedor. Las damas ocuparon la sala de estar y la terraza. Ilin fue el último en llegar. Se veía triste, sombrío y como enfermo. Durante toda la velada no se movió del rincón en que tomó asiento. Locuaz y alegre siempre, ahora permanecía silencioso y apesadumbrado, llevándose frecuentemente la mano a los ojos. Para contestar a cualquier pregunta que se le hiciera, sonreía forzado, moviendo solo el labio superior, y hablaba con frases entrecortadas, lleno de hiel. Bromeó unas cuantas veces, pero sus bromas resultaron rudas e insolentes. Sofía Petrovna le creyó al borde del histerismo. Sentada al piano, comprendió por primera vez que aquel infeliz no estaba para bromas y que su enfermedad espiritual le quitaba todo sosiego: por ella malograba los mejores días de su carrera y de su juventud, gastaba sus últimos ahorros en la casa de campo, tenía abandonadas a su madre y a su hermana y, lo que era peor, se consumía en una lucha torturante consigo mismo. Un sentimiento elemental de humanidad exigía que se le tratara en serio...

Ella lo comprendía así, con el corazón angustiado; y si en aquel mismo momento se hubiera acercado a Ilin para decirle: "¡No!", lo habría hecho con tal fuerza en la voz que hubiera sido difícil desobedecerla. Pero ni se acercó a él ni pensó en ello. La mezquindad y el egoísmo de una criatura joven nunca influyeron en ella tan intensamente como aquella noche. Se percataba de que Ilin sufría y de que estaba en el diván como sobre ascuas; lo lamentaba en el alma, pero al mismo tiempo la presencia de un hombre que la amaba hasta el sufrimiento la colmaba de júbilo y le daba la sensación de su fuerza, de su juventud, de su belleza, de su inaccesibilidad. Como, al fin y al cabo, había resuelto marcharse, aquella noche quiso sentirse libre: coqueteó con unos y con otros, rio a carcajadas y cantó con especial inspiración. Todo le hacía gracia y todo era motivo de risa para ella. Reía al recordar la escena del banco y al guarda mirando; se reía de los invitados, de las atrevidas bromas de Ilin y del alfiler de su corbata, que ella no había visto hasta entonces y que representaba una culebra con ojos de diamante. La culebra le parecía tan graciosa, que la hubiera besado de buena gana.

Sofía Petrovna cantó varias romanzas como nerviosa, con una especie de arranques semiebrios y como si tratara de imitar dolores ajenos; eligió canciones tristes y melancólicas que hablaban de ilusiones perdidas, del pasado, de la vejez... "La vejez se acerca más y más", cantaba. ¡Con lo lejos que estaba de ella!

"Creo que me pasa algo raro", pensaba a veces, entre sus risas y sus canciones.

Los invitados se despidieron a medianoche, Ilin fue el último en salir. Sofía Petrovna tuvo aún valor para acompañarle hasta el peldaño inferior de la terraza: deseaba ver qué efecto le producía enterarse de que ella pensaba salir de viaje con su marido.

La luna se había ocultado detrás de las nubes, pero la noche era tan clara, que Sofía Petrovna veía cómo el viento movía los faldones del abrigo de Ilin y el juego de cortinas de la terraza. Veía también la palidez del rostro del abogado, que esforzándose por sonreír, deformaba el labio superior en una mueca.

—¡Sofía, Soniechka, amada mía! —murmuró antes que ella comenzara a hablar—, ¡Bella y querida Sofía!

En un arrebato de ternura, con la voz empañada por las lágrimas, le prodigó los nombres más cariñosos y comenzó a tutearla como si fuera su mujer o su amante. Inesperadamente le rodeó la cintura con un brazo y con el otro le aprisionó una mano.

—¡Hermosa mía! —musitó, mientras besaba su cuello—. Sé sincera y huye conmigo.

Ella se desprendió del abrazo y levantó la cabeza para estallar de indignación; pero no consiguió indignarse, y toda su virtud se limitó a la consabida frase de las mujeres del montón en circunstancias parecidas:

—¡Está usted loco!

—¡Véngase, vamos! —continuó Ilin—. Lo mismo ahora que cuando hablamos en el banco me he convencido de que usted es tan impotente como yo... ¡Usted también está perdida! Me ama y ahora sostiene una lucha inútil con su conciencia...

Como la viera retirarse, el abogado la asió del encaje de una manga y terminó con voz atropellada:

—Más tarde o más temprano tendrá que ceder. ¿Para qué perder el tiempo? Querida Sonia de mi alma: la sentencia está dictada; ¿qué necesidad hay de aplazar su ejecución? ¿A qué viene el engañarse a sí misma?

Sofía Petnovna se desasió y corrió hacia la puerta. Una vez en la sala, cerró el piano maquinalmente, permaneció un buen rato contemplando la viñeta de la partitura y se sentó. No podía ni pensar ni estar de pie. Su animación y su brío, se habían convertido en débil impotencia y fastidio. La conciencia le decía que se había portado aquella noche como una chiquilla casquivana y estúpida, recordándole que acababa de ser abrazada en la terraza y todavía notaba un contacto inquietante en el talle y en la mano. En la sala desierta, solo ardía una vela. Lubiantseva, sentada sobre un taburete redondo ante el piano, permanecía inmóvil, como en espera de algo. Y un deseo irresistible comenzó a apoderarse de ella, como aprovechándose de su extremo agotamiento y de la oscuridad reinante.

Igual que una serpiente, le atenazó el cuerpo y el alma, y creciendo por segundos, dejó de ser una amenaza inmaterial para erguirse claramente ante ella, en toda su desnudez.

A la media hora de estar allí sentada, pensando ya sin recato en Ilin, se levantó con lentitud y se encaminó al dormitorio. Andrei Ilich estaba ya acostado. Sofía Petnovna tomó asiento junto a la ventana abierta y se entregó a sus pensamientos. Ya no había la menor "confusión" en su mente. Todos sus pensamientos e ideas tendían a un fin bien definido. Pretendió desterrarlos, pero desistió al instante. ¡Qué fuerte y qué implacable era su enemigo! Para combatirlo necesitaba energía y vigor, pero ni su nacimiento, ni su educación, ni su vida, le habían dado una base en la que sustentarse.

"¡Inmoral, perdida! ¡Es eso lo que eres!", se increpaba a sí misma por su impotencia.

Su honestidad ofendida se rebelaba contra esta impotencia de tal modo, que llegó a proferir contra su propia persona cuantos insultos conocía y a confesarse muchas verdades humillantes y amargas. Se dijo, por ejemplo, que nunca había sido honesta, que no había caído antes por falta de ocasión y que su "lucha diaria" solo fue un pasatiempo y una comedia...

"Admitamos que he luchado —cavilaba—. Pero, ¿qué lucha ha sido la mía? Hasta las prostitutas se resisten antes de venderse, pero acaban vendiéndose. ¡Bonita lucha! Es como la leche que se corta en un segundo. ¡En un segundo!".

Llegó a confesarse que no eran los sentimientos los que la impulsaban a abandonar su casa, ni tampoco la personalidad de Ilin, sino las sensaciones que la esperaban... Era una veraneante frívola, como tantas otras.

"Le mataron la madre al pajarito", cantó fuera de la casa una voz de bajo.

"Si he de irme, ya es hora", decidió Sofía Petrovna, y los latidos de su corazón se aceleraron con terrible fuerza.

—¡Andrei! —casi gritó—. Dime una cosa: ¿nos iremos? ¿Verdad que nos iremos?

—Sí... Ya te he dicho que te vayas tú sola.

—Pero, óyeme —suplicó ella—. Si no te vienes conmigo, corres el riesgo de perderme. Mira que me parece que... que ya estoy enamorada...

—¿De quién?

—Eso debe serte indiferente —gritó Sofía Petnovna.

Andrei Ilich se incorporó, sacó los pies del lecho y se quedó mirando con perplejidad la borrosa figura de su mujer.

—¡Pura fantasía! —bostezó.

Aunque no lo creía, experimentó cierta inquietud. Después de reflexionar un poco y de hacer a su esposa varias preguntas intrascendentes, expuso su criterio acerca de la familia y del adulterio, habló con monotonía cosa de diez minutos y volvió a acostarse. Sus sentencias no surtieron el menor efecto positivo. ¡Hay en este mundo muchos criterios, y más de la mitad de ellos pertenecen a gente que nunca ha sufrido una desgracia!

Pese a lo tardío de la hora, aún había veraneantes paseando. Sofía Petnovna se echó sobre los hombros una toquilla ligera y estuvo indecisa un momento. Aún tuvo valor para decir al soñoliento esposo:

—¿Duermes? Voy a dar una vuelta... ¿Quieres venir conmigo?

Era su última esperanza. Al no obtener respuesta, salió de la casa. Soplaba un viento fresco, pero ella, ajena al viento y a la oscuridad, seguía su camino... Una fuerza irresistible la impulsaba a andar y la hubiera empujado por la espalda si hubiese querido detenerse.

"¡Indecente, perdida!", —murmuraba Sofía Petrovna maquinalmente.

Sofocada, encendida de vergüenza, ni siquiera notaba el suelo bajo los pies, pero el impulso hacia adelante era más fuerte que su pudor, su razón y su miedo.

Iván Matveievitch

Un sabio ruso de bastante renombre —lo llamaremos sencillamente el sabio—, está en su despacho y se muerde con inquietud las uñas. El reloj marca las seis de la tarde.

—Es indignante —dice, sin dejar de mirar el reloj a cada momento—. Esto es no respetar ni el trabajo ni el tiempo de los demás; en Inglaterra tal hombre no ganaría ni un penique y se moriría de hambre. ¡Ya verás cómo te voy a educar!

El sabio siente la necesidad de hablar y desahogarse. Se acerca a la puerta que comunica con el aposento de su mujer, y luego entra.

—¡Oye, Katia! —exclama con indignación—. Si ves a Pedro Dmitrievitch, dile que su modo de proceder no es digno de un caballero. ¡Esto es escandaloso! Recomienda a un copista sin conocerlo y el mozuelo viene todos los días una o dos horas más tarde de lo acordado. ¿A eso llama él trabajar? Cuando llegue, lo trataré como a un perro, no le pagaré y le despediré; con gente así no hay que tener contemplaciones.

—Lo dices todos los días y sin embargo, sigue viniendo.

—¡Hoy he tomado una resolución! ¡He perdido demasiado por su culpa! Tienes que disculparme, pero le insultaré y gritaré como un carretero.

Por fin se oye el timbre. El sabio se dirige hacia el recibidor con el pecho erguido, la cabeza levantada, la cara seria... Al lado de la percha está su copista, joven de dieciocho años, de cara larga y pálida, vestido con un gabán usado. Limpia con cuidado las botas en la estera, procurando ocultar a la criada un gran agujero, por el cual asoma el calcetín blanco. Viendo entrar al sabio, sonríe con ingenuidad, como suelen sonreírse los niños o la gente muy bondadosa.

—¡Buenas tardes! —le dice extendiéndole su mano grande y húmeda—. ¿Cómo sigue su garganta?

—¡Iván Matveievitch! —dice con voz temblorosa el hombre de ciencia dando un paso atrás y cruzando los brazos—. ¡Iván Matveievitch!

Luego se abalanza sobre el copista, le coge por los hombros y lo sacude débilmente.

—¡Qué hace usted! —prosigue con desesperación—. ¡Usted es un hombre malo, abominable! ¿Qué hace usted conmigo? Usted se burla de mí. ¡Confiéselo!

—¿Qué? ¿Qué dice usted?

—¿Se atreve usted a preguntármelo? Bien sabe usted que no puedo perder el tiempo, a pesar de lo cual llega usted siempre con retraso. Hoy se ha retrasado nada menos que dos horas.

—Es que no vengo directamente de mi casa —balbucea Iván Matveievitch, e indeciso se desata la bufanda—. Es el santo de mi tía, que vive a unos seis kilómetros de aquí.

—Usted no tiene sentido común. Se pasa usted el tiempo rondando por las casas de sus tíos, desatendiendo mi trabajo urgente. ¡Por Dios, acábese de quitar esa bufanda! ¡Esto es insoportable!

El sabio se lanza de nuevo sobre el copista y le ayuda a desenredar su tapabocas.

¡Venga pronto, se lo ruego!

Sonándose con un pañuelo sucio, arreglándose su chaquetilla gris, Iván Matveievitch atraviesa la sala y el salón y penetra en el gabinete.

Todo está preparado: el papel, la pluma y hasta los cigarrillos.

—Siéntese, siéntese de una vez —dice el sabio con impaciencia—. Usted sabe bien que el trabajo que hay que hacer es urgente, y, no obstante, llega tarde.

El sabio pasea por la habitación, se concentra y dicta:

"El hecho radica... coma... en su radicación uniforme... ¿Ha escrito usted?... uniforme... depende del mismo principio... coma... en cuyas profundidades tiene sus raíces, y de ellas solo puede tomar su encarnación... otra línea... Un punto, naturalmente... Las causas socialísticas son más uniformes que las políticas... coma...

—Los colegiales ahora usan otro uniforme... gris... —murmura Iván Matveievitch—; en mis tiempos el uniforme era mejor.

—Déjese de observaciones, escriba —exclama encolerizado el Sabio—. Escriba… políticas... ¿Lo ha escrito usted?... tratándose de los cambios de las funciones gubernamentales y de las nuevas condiciones de vida de los trabajadores... coma... ¿Qué decía usted del colegio?

—Que cuando yo estudiaba, el uniforme era muy diferente al de ahora.

—¡Ah..., bueno!... ¿Cuándo terminó usted sus estudios en el colegio?

—Ayer se lo conté. Hace tres años que no estudio.

—¿Y por qué dejó usted de ir al colegio? —pregunta el sabio, repasando lo escrito pon Iván Matveievitch.

—Por causas particulares.

—Otra vez debo repetírselo, Iván Matveievitch. ¿Cuándo abandonará usted la costumbre de escribir tan ancho? En cada línea no debe haber menos de cuarenta letras.

—¿Cree usted que lo hago a propósito? En cambio, en otras líneas, pongo más de cuarenta letras..., puede usted contarlas... Como no sea así, disminuya mi sueldo.

—Pero si no se trata de eso. ¡Qué poco delicado es usted! Por la menor cosa insiste usted en hablar de dinero. Lo importante es el orden; sí, señor, el orden... Usted se tiene que acostumbrar al orden.

Entra la doncella con el servicio de té en una bandeja. Iván Matveievitch toma torpemente un vaso y empieza a beber. El té está muy caliente. Para no quemarse, Iván Matveievitch lo toma en pequeños sorbos. Come un bizcocho, luego otro; un tercero, y alarga con timidez la mano para coger otro más. Su manera ruidosa de sorber y masticar exasperan al sabio.

—Acabe usted, acabe usted; el tiempo es precioso.

—Siga usted dictando; yo puedo escribir y beber al mismo tiempo. A decir verdad, tengo hambre.

—Naturalmente, puesto que viene usted andando.

—En efecto, ¡qué tiempo tan malo! En mi país es ya la primavera.

—¿Es usted del Mediodía?

—De la provincia del Don. En marzo se siente allí calor. Aquí hay que llevar abrigo; allá todo está verde..., hasta se pueden cazar tarántulas.

—¿Para qué las cogía usted?

—Para pasar el rato. Es un pasatiempo divertido. Se amarra un pedacito de pez en una guita y se introduce en una madriguera; el maldito bicho se enfada, coge la guita con las patas y se queda pegado... ¿Sabe usted qué hacíamos con ellas? Las poníamos en una vasija con una bijorka.

—¿Qué es una bijorka?

—Es una especie de araña que se parece a la tarántula. Luchando puede matar a cien tarántulas.

—Sin embargo, tenemos que seguir escribiendo... ¿En qué estábamos?

El sabio dicta unas veinte líneas más y se queda reflexionando.

En el intervalo, Matveievitch se esfuerza para arreglar el cuello de su camisa. La corbata está floja, el botón se ha caído y el cuello se abre con regularidad.

—Oiga —pregunta el sabio—, ¿encontró usted por fin un empleo?

—No, por cierto... Es cosa difícil... He decidido ingresar en el ejército como voluntario. Verdad es que mi padre prefiere que yo practique en una farmacia.

—Lo mejor sería que ingresara usted en la universidad... Los exámenes son duros, pero estudiando se puede conseguir algo. Estudie..., lea... ¿Tiene usted libros?

—Muy pocos —dijo Iván Matveievitch encendiendo un cigarrillo.

—¿Ha leído usted a Turguénev?

—No.

—¿Y a Gógol?

—Tampoco.

—¿Cómo? ¿No ha leído usted nada de Gógol? ¿Es eso posible? Un joven tan simpático y original como usted, y no ha leído nada de Gógol. Tiene que leerlo. Le daré sus obras. Sin duda tiene que leerlo, si no, me enfadaré.

Otra vez se hace el silencio. El sabio está recostado en un canapé y reflexiona. Iván Matveievitch deja en paz el cuello de su camisa y se fija en sus botas. No había notado que al deshelarse la nieve pegada en las suelas, habían producido dos charcos. Está apenado.

—Las ideas no vienen a mi mente —dice el sabio—. Me parece que es usted también aficionado a cazar pajaritos.

—En el otoño; aquí no, pero sí en mi tierra.

—Muy bien... Es necesario escribir.

El sabio se pone de pie y regresa a su dictado; mas al cabo de algunas líneas se sienta de nuevo en el sofá.

—Dejémoslo para mañana. Venga usted temprano, a las diez en punto. ¡Dios lo libre de retrasarse!

Iván Matveievitch deja la pluma, se levanta y se sienta en otra silla.

Cinco minutos de silencio. El joven sabe que tiene que marcharse, que está de más; pero el gabinete del sabio está tan luminoso, tan confortable y tan templado; la impresión de los bizcochos y del té azucarado es tan viva, que su corazón se oprime a la idea de tener que regresar a su casa, donde le aguardan la miseria, el hambre, el frío, los regaños del padre... Todo aquí es tranquilo, todo respira paz. Hasta hay quien se interesa por sus pájaros y sus tarántulas.

El sabio mira el reloj y toma un libro.

—¿Así, pues, me dará usted las obras de Gógol? —dice Iván Matveievitch alistándose para marchar.

—Sí, se las daré; mas no tenga usted prisa, hombre; cuénteme algo.

Iván Matveievitch se vuelve a sentar. Una sonrisa ilumina su cara. Casi todas las veladas las pasa en el gabinete del sabio. En su voz y en la mirada hay tanta gentileza y bondad, que a veces Iván Matveievitch cree que el sabio tiene una verdadera afición por él y que si le riñe por llegar tarde es porque se aburre al no escuchar sus habladurías y los relatos de su vida en la región del Don.

Dos valientes

El agrimensor Gleb Gavrilovitch Smirnof, llega al atardecer a la estación de Gniluchki a 13 kilómetros de la hacienda adonde se dirige; esto admitiendo que el cochero no esté borracho y que los caballos no sean unos rocines, en cuyo caso el trayecto equivaldrá a 50 kilómetros.

—¿Me podría indicar en dónde podría alquilar un coche? —preguntó el agrimensor a un guardia de seguridad.

—¿Un coche? No hallará usted nada que parezca un coche en cien leguas a la redonda... Pero, ¿adónde va usted?

—A Defkino, a la finca del general Jojotof.

—Le recomiendo que vaya a la posada que está detrás de la estación, en la cual paran a veces los lugareños con sus carros. Trate usted que alguno de ellos le conduzca —le dice bostezando el guardia.

El agrimensor suspira y se dirige lentamente a la posada. Después de muchas averiguaciones, dudas y consultas, logra ponerse de acuerdo con un carretero enorme, mohíno y picado de viruelas que viste un andrajoso capote.

—¡Valiente carro el tuyo! El diablo en persona no alcanzaría a decir cuál es su parte trasera y la delantera —exclama el agrimensor encaramándose en el vehículo.

—Eso no es tan difícil de ver. Donde está la cola del caballo es la parte de adelante, y donde se sienta su señoría es la parte de atrás.

El caballo es joven, pero flaco, con piernas torcidas y gigantes orejas. Al primer latigazo el rocín menea la cabeza sin moverse del sitio; al segundo pega un tirón al carro; al tercero da una sacudida, y solo al cuarto se pone en marcha.

—¿Vamos a ir a este paso todo el camino? —pregunta el agrimensor, aturdido pon el traqueteo y asombrado de ver cómo se armonizaba el paso de tortuga del animal con aquel vaivén tan atroz.

—Llegaremos, no tenga cuidado... La jaquita es joven y vivaracha... Dele tiempo de estirar las patas, y ya verá cómo luego no habrá modo de pararla... ¡Arre, maldita, arre!

Cuando el carro sale de la estación es casi de noche. A la derecha se extiende una llanura helada sin fin y en el punto del horizonte donde se junta con el cielo se ve una raya luminosa, indicando el poniente. A la izquierda de la carretera se destacan unos montones pardos, sin que sea posible distinguir si son pilas de heno o chozas de una aldea. Lo que hay por delante, el agrimensor no lo puede ver porque la ancha espalda del carretero se lo impide. Hace un frío glacial.

—¡Qué desierto! —se dice el agrimensor, procurando taparse las orejas con el cuello de su gabán—. ¡Buen lugar para bandidos! Aquí pueden matar a cualquiera sin que nadie se entere. No me había fijado en eso antes, pero el carretero tiene trazas bastantes sospechosas. ¡Qué espalda, qué músculos! De un puñetazo es capaz de dejar a un hombre en el sitio, ¡Qué cara de bruto!

—¡Oye, amigo! ¿Cómo te llamas? —dice a su auriga.

—¿Quién, yo? Klim.

—Pues dime, Klim, los caminos de por acá, ¿son seguros?

—Gracias a Dios, nunca pasa nada.

—¡Muy bien! Me alegro que no haya ladrones. Por si acaso, llevo conmigo tres revólveres. (El agrimensor mentía). Ya sabes que con el revólver no se bromea. Soy capaz de hacer frente a diez bandidos.

Se oscurece completamente. El carro, dando chirridos y tambaleándose, tuerce a la izquierda.

"¿Adónde me lleva? Seguíamos a la derecha y de repente torcemos a la izquierda. No me vaya a meter en alguna emboscada", reflexiona el hombre. Y luego dice en voz alta:

—¡Oye, Klim! ¿De modo que aquí no se corre peligro alguno? Que lástima. Me gusta pelearme con salteadores. Que no te engañe mi aspecto enfermizo y débil porque soy fuerte como un toro. Una vez me atacaron tres bandidos, y ¿sabes lo que hice? Al primero le asesté tal golpe que le causó la muerte; a los otros dos los capturé y fueron a parar a la cárcel... ¡Dios sabe de dónde me vienen tales fuerzas! Incluso a un hombretón como tú lo cojo y lo aplasto.

Klim vuelve la cara, mira al agrimensor y empieza a fustigar su caballo.

—Como te lo digo, amigo mío, no envidio a quien se enrede con mi persona; no tan solo le dejaré sin brazos y sin piernas, sino que le mandaré a presidio. Todos los jueces y todos los jefes de policía son amigos míos. Aquí donde me ves soy persona importante. Cuando voy de viaje la policía está alerta, para evitar que me vaya a ocurrir algo malo. En cada matorral hay un guardián que vigila... ¡Alto! ¿Adónde me llevas?

—¿No lo ve usted? Es un bosque.

"En efecto, es un bosque —piensa el agrimensor—. ¡Qué susto me ha dado! Necesito disimular mi agitación. Creo que ha notado mi espanto. ¿Por qué se vuelve con tanta frecuencia para mirarme? Estará preparando algún golpe... Antes su caballo apenas se movía y ahora va a galope".

—¡Oye, Klim! ¿Por qué haces correr tanto a tu caballo?

—Si no le hago correr. Es que cuando empieza no hay quien lo detenga.

—¡Mientes, tunante! Observo que mientes. Haces mal en mentir. ¡Detén el caballo! ¿Me oyes! ¡Detenlo!

—¿Para qué?

—Porque espero a cuatro camaradas en el camino. Me prometieron reunirse conmigo en este bosque... Cuando estemos juntos, el viaje será más alegre...; son hombres fornidos de pelo en pecho, cada uno provisto de su revólver... ¿Por qué te vuelves hacia mí? ¿Qué te ocurre? Nada tengo de extraordinario para que me mires así, solo tengo el revólver. ¿Quieres que te lo enseñe? Lo sacaré si te place.

El agrimensor hace ademán de buscar algo en sus bolsillos; pero al mismo tiempo Klim salta del carro y, corriendo a gatas, va a esconderse en la espesura del bosque.

—¡Socorro! ¡Socorro! —grita desesperadamente—. Toma, maldito, el caballo y el carro y llévatelos a donde te parezca; pero ¡no me mates! ¡Socorro!

El rumor de sus pasos se pierde a lo lejos y todo queda en silencio. El agrimensor, mudo de asombro, detiene el caballo, se sienta con más comodidad y se entrega a sus reflexiones.

—Se ha escapado el tonto... Le he asustado. ¿Cómo me las arreglaré ahora sin él? Yo no conozco el camino. Será capaz de propagar que le he robado el caballo... ¡Klim, Klim!

—Klim... —contesta el eco.

La idea de tener que pernoctar en el bosque oscuro, escuchando el aullido de los lobos, le causa un gran estremecimiento.

—¡Klim, hijo mío, Klimuechke! ¿Dónde estás? —grita con toda la fuerza de sus pulmones.

Después de llamar dos horas seguidas, el agrimensor se pone ronco; de pronto le parece oír un débil gemido:

—¿Klim! ¿Eres tu hijito? ¡Ven aquí!

—¿No me matarás?

—¡Pero si todo fue una broma! ¡Ven aquí, muchacho! Dios es testigo que solo quise bromear. Ni siquiera tengo un revólver. Lo decía por el miedo que tenía. Te lo suplico, vámonos de aquí, me estoy congelando.

Klim juzga que un verdadero bandido ya se hubiera ido hace tiempo con el caballo y el carro; sale indeciso del bosque y se acerca a su pasajero.

—¿De qué te asustas, tonto? Lo que te decía era por reír, y tú te asustaste. Sube y vámonos.

—¡Que Dios se lo pague, señorito! —murmura Klim subiendo al carro—. De haber previsto lo que me ha sucedido no le hubiera llevado ni por cien rublos... Por poco me muero de miedo.

Klim da un latigazo al caballo, y el carro cruje. Da un segundo, un tercero..., y después el cuarto, el jamelgo arranca por fin. El agrimensor se tapa las orejas con el cuello del gabán y se tranquiliza. Ya no les teme ni a Klim ni al camino.

Las grosellas

Desde temprano por la mañana, todo el cielo se cubrió de nubes de lluvia. En los campos reinaba el silencio y hacía ese bochorno abúlico de los días grises y encapotados en que las nubes presagian lluvia, pero no llueve. El veterinario Iván Ivanich y el profesor de segunda enseñanza Burkin iban ya fatigados de andar, y el campo les parecía interminable. A lo lejos se veían los molinos de viento de la aldea de Mironositskoie de manera imprecisa: a la derecha se levantaba una cadena de colinas que desaparecía en lontananza, y los dos caminantes sabían que aquella era la orilla del río, que más allá había prados, verdes sauces y fincas, y que desde cualquiera de los montículos podía contemplarse una campiña dilatada, la línea del telégrafo, el tren, que desde lejos semejaba a un gusano arrastrándose, e incluso la ciudad si el día era claro. En medio de aquella placidez, y a la vista del paisaje, que parecía triste y melancólico, Iván Ivanich y Burkin se sintieron embargados de amor hacia los campos, y ambos pensaron en la inmensidad y en la belleza de su país.

—La vez pasada, cuando estuvimos en la casa de labor del alcalde Prokofi, me parece que quería contarnos no sé qué historia —dijo Burkln.

—En efecto, quería relatarles la vida de mi hermano.

Iván Ivanich suspiró profundamente y encendió la pipa con la intención de iniciar su relato, pero en ese momento empezó a llover. Cinco minutos después, la lluvia era tan fuerte y tan densa, que nadie podría deducir su fin. Iván Ivanich y Burkin se detuvieron pensativos. Los perros, calados ya y con el rabo entre las piernas, miraban a los dos con aire suplicante.

—Tenemos que resguardarnos en alguna parte —sugirió Burkin—. Vamos a casa de Aliojin. Está cerca.

—En marcha.

Torcieron hacia un lado y echaron a andar por un rastrojo, ya directamente, ya doblando hacia la derecha, hasta que salieron a la carretera. Pronto vieron álamos, un jardín, las rojas techumbres de los graneros; brilló la franja del río, y ante los dos amigos se presentó el panorama de un amplio remanso con un molino y una piscina blanca. Era el caserío de Sofino, donde vivía Aliojin.

El molino en funcionamiento, ahogaba el ruido de la lluvia; se estremecía la presa; junto a las carretas, los caballos, empapados, mantenían gacha la cabeza; hombres cubiertos con sacos iban de un lado para otro; a causa del mal tiempo, todo estaba sucio e incómodo, y el embalse presentaba un aspecto de huraña frialdad. Iván Ivanich y Burkin experimentaban ya en todo su cuerpo una ingrata sensación de sucia humedad; tenían los pies muy pesados a causa del barro y cuando pasada la presa, emprendieron la subida hacia los graneros, iban en silencio, como enfadados el uno con el otro.

En un granero se oía el ruido de una aventadora. Por la puerta, abierta, salía una columna de polvo. En el zaguán se hallaba el propio Aliojin, hombre de unos cuarenta años, alto, grueso, de larga cabellera, más parecido a un profesor o a un pintor que a un hacendado. Llevaba camisa blanca, que se notaba no se había lavado en mucho tiempo, ceñida por un cordón, calzones en vez de pantalón y botas altas muy llenas de barro y de paja. Tenía los ojos negros de polvo. Al reconocer a Iván Ivanich y a Burkin pareció alegrarse mucho.

—Pasen a la casa, señores —les acogió sonriente—. Yo voy ahora mismo.

Era un edificio grande, de dos pisos. Aliojin vivía en el de abajo, ocupando dos habitaciones con columnas y pequeñas ventanas, donde antaño habitaban los capataces. Había en ellas muebles muy sencillos y olía a pan de centeno, a vodka barato y a arreos de caballerías. En los aposentos de arriba, los más elegantes, el dueño de la casa no solía poner el pie más que cuando llegaban visitas. Iván Ivanich y Burkin fueron recibidos en la casa por la criada, una mujer joven, de tal belleza, que los dos se detuvieron a la vez y se miraron el uno al otro.

—No pueden imaginarse lo que me alegro de verles, señores —dijo Aliojin entrando tras ellos en el recibidor—. ¡No los esperaba, qué sorpresa! Pelagia —le dijo a la criada—, déles a los señores algo para que se cambien de ropa. A propósito, también me cambiaré yo. Pero antes hay que ir al baño, pues creo que no me he bañado desde la primavera. ¿Quieren ustedes bañarse caballeros? Mientras tanto nos prepararán la comida.

La bella Pelagia, tan delicada y dulce por su aspecto, trajo toallas y jabón, y Aliojin se marchó a la piscina con sus huéspedes.

—Pues sí, señores —dijo mientras se desnudaba—; hace tiempo que no me baño. La piscina, como ven, es hermosa; la mandó construir mi padre, pero me falta tiempo para bañarme.

Sentándose en un escalón, se enjabonó la larga melena y el cuello. El agua se puso negra en torno suyo.

—Sí, ya se nota... —pronunció Iván Ivanich, mirándole la cabeza.

—Hace mucho que no me baño —repitió Aliojin confuso, enjabonándose de nuevo y poniendo el agua de un color azul marino, como la tinta.

Iván Ivanich salió del escondrijo en que se desnudaba, zambulléndose, y comenzó a nadar bajo la lluvia, braceando con vigor y levantando olas sobre las que se mecían blancos nenúfares. Al llegar al centro del remanso se sumergió y volvió a salir instantes después en otro lugar, desde donde tornó a desplazarse, buceando a menudo, deseoso de tocar fondo. "¡Dios mío, qué bien, qué bien!", repetía una y otra vez lleno de placer. Llegó hasta el molino de harina, habló con los *mujiks* y regresando al centro del remanso, se colocó boca arriba, poniendo la cara bajo la lluvia. Burkin y Aliojin, vestidos ya, se disponían a volver a la casa, pero él continuaba nadando y buceando.

—¡Oh, Dios mío! —repetía—. ¡Oh, qué gusto!

—¡Basta ya! —gritó Burkin.

Volvieron a la casa. Y solo cuando encendieron la luz en el gran salón de la planta superior, cuando Burkin e Iván Ivanich, envueltos en batines de seda y calzados con buenas babuchas calientes, estuvieron sentados en cómodos sillones, cuando Aliojin, lavado, peinado, con una chaqueta nueva, se puso a pasear por el salón disfrutando al parecer, una grata sensación de calor, de limpieza, de ropa seca y calzado liviano, y cuando Pelagia, andando sin el menor ruido sobre la blanda alfombra y sonriendo con dulzura, sirvió el té, Iván Ivanich comenzó su relato. Se diría que le escuchaban no solo Burkin y Aliojin, sino también las damas y los militares, viejos y jóvenes, que les miraban de forma serena y grave, desde sus dorados marcos.

—Somos dos hermanos —comenzó—: Iván, que soy yo, y Nikolai, dos años más joven. Yo estudié y me hicieron veterinario. Nikolai encontró empleo en la delegación de Hacienda. Nuestro padre era cantonista[20], pero llegó a oficial y nos dejó un título de hidalgos y una pequeña finca. A su muerte la finca se la llevaron las deudas, pero de todas maneras, nuestra niñez transcurrió en la aldea. Éramos igual que los chiquillos de los labriegos: pasábamos el día, y aun la noche, en el campo o en el bosque, guardábamos caballos, pescábamos, correteábamos y no sé si ustedes sabrán que quien ha pescado un gobio aunque solo sea una vez en su vida o ha visto las bandadas de estorninos emigrantes revolotear sobre las aldeas en algún claro y frío día de otoño, ese ya no es hombre de ciudad, y hasta que le entierren añorará la libertad aldeana. Mi hermano estaba siempre nostálgico en la Delegación de Hacienda. Corrían los años, y él continuaba en el mismo sitio, escribiendo los mismos papeles y pensando en irse al pueblo. Esta nostalgia se convirtió poco a poco en

[20] Soldados reclutados por el Ejército Imperial Ruso, cuyos hijos heredaban desde su nacimiento, un lugar en el mismo.

un deseo concreto: en la ilusión de comprarse una pequeña finca a la orilla de un río o de un lago.

Era bueno y tranquilo, y yo le quería, pero nunca me gustó su afán de recluirse en una casa de campo para toda la vida. Suele decirse que el hombre no necesita más que tres varas de tierra; pero las tres varas las necesita un cadáver, no un hombre. Y ahora se ve con buenos ojos la tendencia de nuestra intelectualidad hacia la tierra, hacia las haciendas campestres, sin darse cuenta de que estas haciendas son como las tres varas de tierra. Huir de la ciudad, de la lucha, del ruido mundano, para ocultarse en una finca, no es vida; es egoísmo, es pereza, es frailería, aunque sin el sacrificio consciente de los frailes. Lo que el hombre necesita no son tres varas de tierra ni una finca, sino el globo terráqueo, toda la naturaleza, en cuyos espacios podría develar las múltiples dotes y facultades de su libre espíritu.

Mi hermano Nikolai, sentado en su escritorio de la Delegación de Hacienda, soñaba con el día en que pudiera comer sopa de coles de su huerto, cuyo aroma se esparciría por todo el patio, almorzar sobre la hierba verde, dormir al sol, pasarse horas enteras sentado en un banco a la puerta del patio y contemplar los campos y los bosques. Los libros de agricultura y esos consejos que tanto abundan en los almanaques eran su alegría y su alimento espiritual preferido. Le gustaba leer periódicos pero solo para ver los anuncios de la venta de alguna finca con tantas y tantas fanegas de tierras labrantías y de prados, huerto, molino, río y estanques. Y en su cerebro se dibujaban con precisión los senderos del jardín, los amates de flores, los árboles frutales, las pajareras, los peces del estanque y otras lindezas por el estilo. Los cuadros que le pintaba su imaginación eran distintos, según los anuncios que leyera, pero en todos ellos, por no sé qué regla de tres, figuraban siempre groselleros. Sin estas plantas no podía imaginarse una finca ni un rincón poético.

—La vida rural tiene sus alicientes —solía decir—. Está uno sentado en el balcón tomando té y ve sus patos nadar en el estanque... Huele que da gloria y... los groselleros crecen allí cerca...

Delineaba el plano de su finca ideal, y siempre le salía lo mismo: *a)* la casa de los señores; *b)* la de la servidumbre; *c)* el huerto; *d)* los groselleros.

Vivía miserablemente, sin comer ni beber; iba vestido como un pordiosero, y no hacía más que ahorrar y guardar dinero en el banco. Su avaricia era horrible. A mí me causaba lástima verle, y le daba alguna cosa o le hacía regalos en las grandes festividades, pero él economizaba incluso esto. Y es que si a uno se le ha metido una cosa en la cabeza, no hay modo de sacársela.

Al cabo del tiempo le trasladaron a otra provincia. Había cumplido ya los cuarenta años, y su único objetivo en la vida era leer anuncios y ahorrar. De pronto me enteré de que se había casado. Lo hizo con el mismo fin de comprar una finca donde hubiera groselleros. Se casó con una viuda vieja y fea, sin otro atractivo que el del dinero. Vivió con ella miserablemente, matándola de hambre, y el dinero de ella lo puso en el banco a nombre suyo. La pobre señora había estado casada con un jefe de correos que la trataba con muchas consideraciones y con el que se había acostumbrado a pastelitos, licores y otras finezas; en cambio, con el segundo marido no veía más que pan negro, y eso con lupa; de modo que contrajo una tuberculosis y a los dos o tres años entregó su alma a Dios. Ni que decir tiene que mi hermano jamás se consideró culpable de su muerte. El dinero, como el vodka, convierte al hombre en un guiñapo. Había en nuestra ciudad un comerciante que poco antes de morir, pidió que le llevaran un plato de miel y se comió con ella todos sus billetes y bonos del tesoro para que nadie los disfrutara. Recuerdo que una vez, estando yo en una estación inspeccionando un rebaño, el tren arrolló a un tratante y le cortó una pierna. Le llevamos al botiquín desangrándose que daba miedo; pues bien, lo único que pedía era que buscaran la pierna, porque en la caña de la bota llevaba veinte rublos y temía perderlos.

—Esa es ya otra historia —observó Burkin.

—Después de muerta su mujer —continuó Iván Ivanich—, mi hermano se puso a buscar una finca. Y ya se sabe lo que pasa: por más que mire uno y remire cinco años, termina equivocándose y comprando una cosa muy distinta de la que soñaba. Por intermedio de un comisionista, adquirió una finca hipotecada, con ciento doce *desiatinas* de tierra, casa para los señores, locales para la servidumbre y parque, pero sin huerto frutal, ni grosellero, ni estanques con patos. Junto a ella pasaba un río, pero el agua parecía café con leche, porque a un lado había una tejera y al otro un crematorio de huesos.

Sin embargo, mi Nikolai Ivanich no se arredró: mandó traer veinte groselleros, los plantó y se puso a vivir como un señor.

El año pasado fui a visitarle con el ánimo de ver qué tal se las arreglaba. En sus cartas, llamaba a la finca *Chumbaroklova Pustosh. Guimalaiskoie Tozh.* Bueno, pues llegué a *Guimalaiskoie Tozh* después de mediodía. Hacía calor. Por todas partes había zanjas, vallas, empalizadas y abetos plantados en forma de muralla, de modo que no sabía uno cómo entrar en el patio ni dónde dejar el coche. Seguí hasta la casa a pie. Me salió al encuentro un perro colorado, gordo como un cerdo. Quiso ladrar, pero no lo hizo por pereza. Luego salió la cocinera, descalza, fofa, parecida también a una cerda, y me dijo que el *barin* estaba echando la siesta. Entré en el dormitorio de mi hermano y le encontré sentado en la cama, cubiertas las piernas con una manta, más viejo, más gordo, sin gallardía, prominentes las mejillas, la nariz y los labios. Creí que iba a gruñir de un momento a otro.

Nos abrazamos y lloramos de alegría y también de tristeza al pensar que en otros tiempos fuimos jóvenes y ahora teníamos los dos el pelo cano y un pie en el hoyo. Se vistió y me llevó a mostrarme la finca.

—¿Cómo va tu vida? —le pregunté.

—Bien, gracias a Dios.

Ya no era el escribiente tímido y mísero de antes, sino un verdadero hacendado, un *barin* con todas las de la ley. Se había hecho a la vida de allí y le había tomado gusto. Comía a dos carrillos, se recreaba en el baño, estaba redondo, pleiteaba con los vecinos, con la tejera y con el crematorio y se enojaba si los *mujiks* no le llamaban "señoría". Se preocupaba de la salvación de su alma, y no de cualquier manera, sino como un señor, dando gran solemnidad a sus buenas obras. ¿Y cuáles eran sus buenas obras? Curaba a los *mujiks* de todas las enfermedades con una mezcla de bicarbonato y aceite de ricino, y el día de su santo mandaba oficiar una misa en medio del pueblo, después de lo cual daba a los aldeanos medio cubo de vodka. ¡Oh, esos horribles medios cubos! Un terrateniente gordo denuncia hoy a los *mujiks* porque el ganado se ha metido en sus propiedades, y al día siguiente, por ser una fecha señalada, les paga medio cubo, y ellos se emborrachan, le vitorean y se arrodillan ante él. El mejoramiento de la existencia, el hartazgo y el ocio fomentan en los rusos la más cínica de las presunciones. Nikolai Ivanich, cuando estaba en la Delegación de Hacienda, temía hasta tener un criterio propio, aunque fuera para sí mismo, ahora no decía más que sentencias, pronunciadas con el tono de un ministro: "La instrucción es necesaria, pero prematura para el pueblo" o "Los castigos corporales son nocivos en general, aunque en algunos casos son útiles e irreemplazables".

—Conozco a la gente y sé cómo tratarla —me dijo—. La gente me quiere. Con mover un dedo me basta para que haga lo que yo quiera.

Todo ello, fíjense bien, lo decía con una sonrisa de bondad y de inteligencia. Repitió mil veces: "Nosotros, los hidalgos" o "yo, como hidalgo", sin reparar en que nuestro abuelo fue *mujik* y nuestro padre un soldado. Nuestro apellido, Chimshá-Guimalaiski[21], es hasta incoherente, pero a él se le antojaba ahora muy sonoro, aristocrático y agradable.

Sin embargo, lo curioso del caso no está en él, sino en mí. Quiero referirles los cambios que experimenté durante las pocas horas que estuve en su finca. Como postre para la cena, la cocinera nos sirvió una fuente llena de grosellas. No eran grosellas compradas, sino del huerto, fruto de la primera cosecha desde que se plantaron los arbustos. Mi hermano sonrió y permaneció cosa de un minuto contemplando la fuente en silencio, con lágrimas en los ojos, incapaz de pronunciar una sola palabra. Después se llevó a la boca una grosella, me miró con júbilo pueril, como el niño que, por fin, ha conseguido el juguete deseado, y exclamó:

—¡Qué deliciosas!

Siguió comiendo grosellas y repitiendo:

—¡Qué buenas! Pruébalas.

---

[21] Chimshá parece nombre tártaro (pueblos túrquico de Europa Oriental y Siberia); Guimalaiski significa "del Himalaya".

Eran ásperas y agrias, pero bien dijo Pushkin que "una mentira agradable nos es más cara que mil verdades". Tenía ante mí un hombre feliz, cuyo sueño dorado se había hecho realidad tangible, un hombre que había logrado el objetivo de su vida, que estaba satisfecho de su suerte y de sí mismo. Hasta entonces, todos mis pensamientos sobre la felicidad humana llevaban, no sé por qué, una mezcla de tristeza; en aquel momento, a la vista de un hombre dichoso, me embargó una sensación de angustia, rayana en la desesperación. Lo peor de todo fue la noche. Me hicieron la cama en una habitación contigua al dormitorio de Nikolai Ivanich. Le oí levantarse muchas veces, dirigirse a la fuente de las grosellas y comer una. Ello me hizo pensar: "¡Cuánta gente dichosa y satisfecha hay en el mundo, y qué fuerza tan arrolladora es la suya!". Observen ustedes: desfachatez y ocio en los fuertes; ignorancia y aborrecimiento en los débiles; a nuestro alrededor, miseria inaudita, hacinamiento, degeneración, borrachera, hipocresía, blasfemias... Y sin embargo, calma y silencio en casas y calles; de los cincuenta mil vecinos de la ciudad no hay uno solo que levante la voz o que se indigne. Vemos a los que van al mercado de compras, a los que comen de día, duermen de noche, dicen estupideces, se casan, envejecen y llevan, con tranquilidad a enterrar a sus difuntos. No vemos, en cambio, a los que sufren, y lo horrible de la existencia parece transcurrir entre bastidores. Todo está tranquilo y pacífico, y la única que protesta es la fría estadística: se han vuelto locas tantas y tantas personas, se han bebido tantos y tantos cubos de vodka, han muerto de inanición lenta tantos y tantos niños... Y ese orden de cosas, por lo visto, es necesario. A lo que parece, los dichosos se sienten bien porque los desdichados soportan su yugo pacientemente y en un silencio sin el cual no sería posible la felicidad. Es una hipnosis general. Convendría que tras la puerta de cada hombre feliz y satisfecho hubiera alguien que con un martillo, le recordara que existen los infelices, que por grande que sea su ventura, la vida le mostrará las garras tarde o temprano, que puede sobrevenirle cualquier calamidad, una dolencia, la ruina, la pobreza, y que entonces nadie reparará en él ni le oirá, de igual manera que él no repara en los demás ni les oye. Pero como no hay nadie tras la puerta con el martillo, los dichosos viven muy a sus anchas, y las pequeñas preocupaciones cotidianas solo les conmueven como la brisa al álamo blanco. Y todo marcha a las mil maravillas.

—Aquella noche me percaté de que también yo entraba en el número de los contentos y satisfechos —prosiguió Iván Ivanich levantándose—. Yo también era de los que a la hora del almuerzo o yendo de cacería, daba consejos sobre cómo vivir, cómo creer y cómo dirigir al pueblo. También yo decía que la instrucción era la luz y que la enseñanza era provechosa, pero que la gente humilde tenía bastante con el alfabeto. "La libertad —afirmaba— es tan necesaria como el aire; pero de momento, conviene esperar". Así hablaba entonces, mas ahora me pregunto: ¿para qué esperar?

Iván Ivanich miró como enojado a Burkin:

—Dígame, ¿para qué esperar? Me objetan que todo no puede venir de golpe y que cada idea se lleva a la práctica de manera gradual y a su debido tiempo. Ahora bien: ¿quién lo dice?, ¿dónde están las pruebas de ello? Ustedes invocan el curso natural de las cosas, el orden normativo de los fenómenos, pero ¿es natural o normal que yo, un ser vivo y pensante, me detenga ante una zanja y espere a que esta desaparezca de por sí o la rellene el barro poco a poco, pudiendo yo, quizá atravesarla de un salto o tender un puente sobre ella? ¿A santo de qué esperar? ¡Esperar cuando no quedan fuerzas para continuar viviendo así y cuando uno necesita y desea vivir!

Me fui de casa de mi hermano muy de mañana, y a partir de entonces se me hace inaguantable la ciudad. Me deprimen el silencio y la calma, y temo mirar a las ventanas porque ya no hay para mí un espectáculo más irritante que una familia dichosa sentada a la mesa y tomando el té. Soy viejo y no sirvo para la lucha, pues he perdido hasta la facultad de odiar. Pero sufro espiritualmente, me irrito, me enfado; de noche me arde la cabeza por el enjambre de ideas que me asaltan, y no puedo dormir. ¡Oh, quién fuera joven!

Iván Ivanich, alterado, fue de un rincón a otro sin dejar de repetir:

—¡Quién fuera joven!

De pronto se acercó a Aliojin y se puso a apretarle tan pronto una mano como la otra.

—¡Pável Konstantinich! —murmuró con voz trémula—. ¡No se resigne ni se deje adormecer! Mientras sea joven, fuerte y animoso, no se canse de hacer el bien. La felicidad no existe ni debe existir; pero si la vida tiene un sentido y un objetivo, estos no consisten en nuestra felicidad, sino en algo más racional y elevado. ¡Dedíquese a hacer el bien!

Dijo todo esto con una sonrisa lastimera e implorante, como si pidiera algo para sí mismo.

Luego, los tres se mantuvieron silenciosos, sentados en sillones, en distintos extremos del salón. El relato de Iván Ivanich no satisfizo ni a Burkin ni a Aliojin. Resultaba fastidioso oír la historia de un funcionario indigente, que comía grosellas, mientras generales y damas, que en la semioscuridad parecían vivos, miraban desde sus dorados marcos. El ambiente era más propicio para hablar de gente elegante o de mujeres. Y mejor que cualquier narración, era estar sentados en aquella sala, donde todo —la araña enfundada, los sillones, las alfombras bajo los pies— testimoniaba que las personas que ahora miraban desde sus marcos anduvieron sentadas allí mismo tomando té, o bien pensar que la hermosa Pelagia pasaba cerca, en el mismo instante, sin hacer ruido.

Aliojin estaba durmiéndose. Como se levantaba a las tres de la mañana para comenzar las faenas del día, ahora se le cerraban los ojos; mas no se iba por temor a que los huéspedes contaran alguna cosa de interés en ausencia suya. No quería discernir si era razonable lo que acababa de decir Iván Ivanich. El tema no versaba sobre cereales, ni sobre heno, ni sobre brea, sino sobre algo que no guardaba relación directa con su vida. Satisfecho de oír semejante conversación, quería que sus invitados la continuaran.

—Va siendo hora de acostarse —observó Burkin levantándose—. Permítanme que les desee muy buenas noches.

Aliojin se despidió y descendió a su dormitorio de la planta baja. Los huéspedes quedaron arriba. Les habían asignado una habitación grande con dos viejas camas de madera labrada, y un crucifijo de marfil en un rincón. Los dos lechos, amplios y frescos, preparados por la guapa Pelagia, exhalaban un grato olor a ropa limpia.

Iván Ivanich se desnudó en silencio y se acostó.

—¡Señor, ten piedad de nosotros los pecadores! —dijo, y se tapó la cabeza.

De su pipa, abandonada sobre la mesa, llegaba un fuerte olor a tabaco requemado. Burkin tardó en dormirse y no pudo comprobar de dónde procedía el desagradable olor.

La lluvia estuvo azotando las ventanas toda la noche.

Muchachos

—¡Volodia ha llegado! —gritó alguien en el patio.

—¡El niño Volodia ha llegado! —repitió Natalia irrumpiendo de forma ruidosa en el comedor—. ¡Ah, Dios mío!

Toda la familia de Korolev, que esperaba desde hacía muchas horas a su Volodia, corrió hacia las ventanas. En el patio junto a la puerta, se veía un espacioso trineo, y los tres caballos blancos parecían envueltos en una espesa nube de vapor. El trineo estaba vacío, puesto que Volodia se encontraba ya en el vestíbulo y con los dedos enrojecidos por el frío trataba de desatarse la capucha. Su abrigo de colegial, la gorra, las galochas y los cabellos en sus sienes estaban blancos de escarcha, y toda su figura, desde la cabeza hasta los pies, expandía un olor a frío tan sabroso que, mirándolo tenía uno ganas de sentir frío y decir: "¡Brrr!...". La madre y la tía se precipitaron a abrazarlo y besarlo casi hasta ahogarlo; Natalia cayó a sus pies y se puso a quitarle las *válenki;*[22] sus hermanas no paraban de gritar; las puertas chirriaban y golpeaban, mientras el padre de Volodia, en chaleco y con unas tijeras en la mano, entró corriendo en el vestíbulo y gritó con voz asustada:

—¡Te esperábamos ayer! ¿Llegaste bien? ¿Estás bien? ¡Pero, por Dios, déjenlo saludar a su padre! ¿Soy su padre o no lo soy?

—¡Guau, guau! —ladraba *Milord*, un enorme can negro, golpeando la cola contra las puertas y los muebles.

---

[22] Calzado ruso tradicional de lana, semejantes a las botas de media caña.

Todo se fundió en un solo y alegre ruido que duró unos dos minutos. Cuando el primen arrebato de júbilo hubo pasado, los Korolev se dieron cuenta de que, aparte de Volodia, se encontraba en el vestíbulo un hombrecillo más, envuelto con bufandas, chales, capucha y cubierto de escarcha, que permanecía inmóvil en el rincón, semioculto en la sombra arrojada por una gran *shuba* de piel de zorro colgada en el perchero.

—Volódechka, ¿y ese quién es? —preguntó la madre en un susurro.

—¡Ah, sí! —se dio cuenta Volodia—. Tengo el honor de presentarles a mi camarada, Lentejov, alumno de segundo año. Lo he invitado para que pase con nosotros las Navidades.

—¡Encantados! ¡Bienvenido! —dijo el padre con alegría—. Me disculpará usted, ando en mangas de camisa, sin levita... ¡Haga el favor! ¡Natalia, ayuda a desvestirse al señor Lentejov! ¡Dios mío, llévense a este perro! ¡Es una calamidad!

Poco después Volodia y su amigo Lentejov, aturdidos por el ruidoso recibimiento y todavía sonrosados por el frío, se hallaban sentados a la mesa tomando té. El sol de invierno, atravesando la nieve y los adornos de escarcha en las ventanas, temblaba sobre el samovar y bañaba sus límpidos rayos en la jofaina. El aire en la habitación estaba templado, y los muchachos sentían en sus cuerpos las cosquillas que se hacían el calor y el frío sin ganas de ceder uno al otro.

—¡Muy pronto llegará la Navidad! —decía el padre con voz cantarina, armando un cigarrillo con el tabaco oscuro—. ¿Y cuánto hace que era verano y tu madre lloraba despidiéndote? Y ya estás de vuelta... ¡El tiempo pasa rápido, amigo mío! ¡Señor Lentejov, coma, por favor sin ceremonias!...

Las tres hermanas de Volodia, Katia, Sonia y Masha —la mayor tenía once años— sentadas en la mesa, no apartaban las miradas de su nuevo conocido. Lentejov tenía la misma edad y la estatura que Volodia, pero no era tan mofletudo ni tan blanco, sino más bien delgado, moreno y pecoso. Tenía el cabello erizado, unos ojillos estrechos y los labios gruesos; en general, era muy feo y si no llevara el uniforme de colegial se le hubiera podido tomar por el hijo de una cocinera. Estaba sombrío, callaba durante todo el tiempo y no sonrió ni una sola vez. Las niñas, mirándolo, comprendieron enseguida que debía ser una persona muy inteligente e instruida. Continuamente pensaba en algo y tan ensimismado estaba que, al preguntársele cualquier cosa, se estremecía, sacudía la cabeza y pedía repetir la pregunta.

Las chicas notaron que también Volodia, siempre alegre y locuaz, esta vez hablaba poco, nunca sonreía y ni siquiera parecía alegrarse de estar en su casa. Mientras tomaban té, solo se dirigió a sus hermanas una vez y aun así, empleando palabras extrañas. Señaló con el dedo el samovar y dijo:

—En California, en lugar del té se toma gin.

También él estaba ensimismado y, a juzgar por las miradas que cambiaba, de vez en cuando con su amigo Lentejov, las ideas de los muchachos eran iguales.

Después del té, todos se dirigieron al cuarto de niños. El padre y las chicas se sentaron a la mesa y reanudaron el trabajo que había sido interrumpido por la llegada de los muchachos. Estaban haciendo flores y flecos de papel de distintos colores, para el árbol de Navidad. Era un trabajo ameno y ruidoso. Cada nueva flor era recibida por las chicas con gritos de entusiasmo y hasta de terror, como si esa flor hubiera caído del cielo; también el papá expresaba su admiración, aunque a veces arrojaba las tijeras al suelo, enfadándose porque no cortaban. La mamá entraba corriendo en el cuarto de niños con la cara muy preocupada y preguntaba:

—¿Quién se ha llevado mis tijeras? ¿Volviste a llevarte mis tijeras, Iván Nicolaich?

—¡Dios mío, hasta de tijeras me privan! —respondía Iván Nicolaich con voz llorosa y, reclinándose sobre el respaldo de la silla, adoptaba la pose de un hombre ofendido, a pesar de lo cual, un minuto después volvía a expresar su entusiasmo.

En sus llegadas anteriores Volodia tomaba parte en los preparativos para la Navidad o corría afuera para ver al cochero y al pastor hacer la montaña de nieve, pero esta vez ni él ni Lentejov prestaron atención al papel de colores y ni siquiera al establo, sino que se sentaron junto a la ventana y se pusieron a conversar en voz baja; luego abrieron el atlas geográfico y comenzaron a examinar un mapa.

—Primero a Perm... —decía en voz baja Lentejov—, de allí a Tiumen… luego a Tomsk... luego... luego... Kamchatka... Desde allí los samoyedos nos trasportarán en sus botes a través del Estrecho de Bering... y ya estaremos en América. Allí hay animales de piel fina.

—¿Y California?

—California está más abajo...

Lo principal es llegar hasta América; una vez allí, California no está lejos. En cuanto a la alimentación, la conseguiremos cazando y asaltando.

Durante todo el día, Lentejov eludía a las chicas y las miraba de reojo. Después del té de la noche, lo dejaron solo con ellas por unos cinco minutos. Callar resultaba incómodo. Tosió con severidad, frotó la mano izquierda con la palma derecha, dirigió a Katia una mirada sombría y le preguntó:

—¿Leyó usted a Mayne-Reid?

—No, no lo he leído... Dígame, ¿sabe usted patinar?

Sumergido en sus pensamientos, Lentejov no contestó a la pregunta; haciendo fuerza infló las mejillas y exhaló un suspiro tan hondo como si tuviera mucho calor. Miró una vez más a Katia y dijo:

—Cuando una bandada de bisontes corre a través de las praderas, la tierra se estremece, mientras los potros, despavoridos, relinchan y dan coces.

Lentejov esbozó una triste sonrisa y añadió:

—Sucede también que los indios asaltan los trenes. Pero no hay nada peor que los mosquitos y las termitas.

—¿Qué es eso?

—Son una especie de hormigas, pero con alas. Pican muy fuerte. ¿Sabe usted quién soy?

—El señor Lentejov.

—No. Soy Montigomo, Garra de Gavilán; soy el jefe de los invencibles.

Masha, la más pequeña, miró al muchacho, luego a la ventana, tras la cual ya caía la noche, y dijo pensativa:

—Ayer comimos lentejas.

Las incomprensibles palabras de Lentejov, sus continuos y secretos coloquios con Volodia y el hecho de que este, en vez de jugar, se pasara el tiempo pensando en algo, todo ello era misterioso y extraño. Y las dos chicas mayores, Katia y Sonia, se pusieron a vigilar a los muchachos. Por la noche, cuando estos estaban por acostarse, las niñas se acercaron sigilosamente a la puerta y escucharon su conversación. ¡Las cosas que descubrieron! Los muchachos se disponían a escapar a América para buscar oro; ya tenían todo preparado para el camino: una pistola, dos cuchillos, galletas, un cristal de aumento para hacer fuego, una brújula y cuatro rublos en efectivo. Se enteraron de que los muchachos deberían recorren varios miles de *verstas* a pie, enfrentando por el camino a los tigres y a los salvajes; luego buscar el oro y el marfil, matar a los enemigos, convertirse en piratas, beber gin y, finalmente, casarse con beldades y explotar plantaciones. Volodia y Lentejov hablaban con entusiasmo, interrumpiéndose el uno al otro. Lentejov se titulaba a sí mismo: "Montigomo", y a Volodia "Garra de Gavilán".

—Ten cuidado —dijo Katia a su hermanita, antes de acostarse—, no vayas a decir nada a mamá. Volodia nos va a traer de América oro y marfil, pero si tú se lo cuentas a mamá, no lo dejarán ir.

En la víspera de la Nochebuena, Lentejov estuvo examinando durante todo el día el mapa de Asia, anotando algo en su libreta, mientras Volodia, mustio e hinchado, como pinchado por una abeja, vagaba por las habitaciones y se negaba a comer. Y hasta una vez, en el cuarto de niños, se detuvo ante el icono, se persignó y dijo:

—¡Señor, perdóname por mis pecados! ¡Señor, guarda a mi pobre y desdichada madre!

Al anochecen rompió a llorar. Antes de retirarse a dormir, abrazó largamente a su padre, a su madre y a sus hermanas. Katia y Sonia sabían de qué se trataba, pero Masha, la más pequeña, no comprendía nada, absolutamente nada y, mirando a Lentejov, se quedaba pensativa y decía con un suspiro:

—El aya dice que durante la Cuaresma hay que comer guisados y lentejas.

Al día siguiente, Katia y Sonia se levantaron temprano para ver a los muchachos partir a América. Con sigilo se aproximaron a la puerta.

—¿De modo que no quieres partir? —preguntaba Lentejov, enfadado—. Dime, ¿no vienes?

—¡Dios mío! —lloraba en silencio Volodia—. ¿Cómo voy a marcharme? Tengo lástima de mi mamá.

—Hermano carapálida, ven conmigo, te lo ruego... Me aseguraste que partirías, más aún, fuiste tú quien propuso este viaje y ahora que hay que partir, te acobardas.

—No, no me acobardo. Me da lástima mi mamá...

—Contéstame: ¿vienes o no?

—Sí, pero espera un poco. Tengo ganas de quedarme unos días más en mi casa.

—¡En tal caso me iré solo! —resolvió Lentejov—. Me arreglaré sin ti. ¡Y todavía querías cazar tigres, combatir! ¡Devuélveme mis cápsulas!

Volodia se echó a llorar con tanta amargura que sus hermanas, detrás de la puerta, no pudieron contenerse y lloraron también por lo bajo. Sobrevino el silencio.

—¿De modo que no vienes? —una vez más preguntó Lentejov.

—Sí, ya voy.

—¡Pues, vístete!

Y Lentejov, para darle ánimos a Volodia, alabó a América, rugió como un tigre, pitó como un barco de vapor, vituperó y prometió entregar a Volodia todo el marfil y todas las pieles de tigre y de león. Este muchacho delgadito, de tez morena, de cabello erizado y con pecas, aparecía ante las chicas como un ser notable, extraordinario. Era un héroe, un hombre decidido y valiente y, además, rugía de tal manera que cualquiera que lo escuchara detrás de la puerta podría pensar que era un tigre o un león.

Cuando las chicas volvieron a su cuarto y comenzaron a vestirse, Katia, con los ojos llenos de lágrimas, exclamó:

—¡Ah, tengo tanto miedo!

Hasta las dos de la tarde todo estuvo tranquilo. Pero durante el almuerzo, se reveló de repente que los muchachos no se encontraban en casa. Se mandó a buscarlos al cuarto de peones, al establo, a la casa del mayordomo... No estaban. Tampoco estaban en la aldea. Más tarde, para la hora del té no habían vuelto aún; al sentarse a cenar, la madre estaba muy preocupada y hasta se puso a llorar. Por la noche se reanudó su búsqueda en la aldea; también fueron al río con faroles. ¡Se armó un alboroto tremendo!

Al día siguiente llegó un oficial de policía y en el comedor se escribió una declaración. La madre lloraba.

Pero he aquí que frente a la entrada se detuvo un trineo tirado por una *troika* de blancos caballos, envueltos en un vaho espeso.

—¡Es Volodia! —gritó alguien en el patio.

—¡Llegó Volódechka! —gritó Natalia, al entrar corriendo en el comedor.

—¡Guau! ¡Guau! —ladró *Milord* con voz de bajo.

Resultó que los muchachos habían sido detenidos en la ciudad, en una tienda donde querían comprar pólvora. Apenas hubo entrado en el vestíbulo, Volodia se arrojó al cuello de su madre, llorando. Las niñas, temblando y pensando con terror en lo que iba a pasar, oyeron cómo el padre condujo a Volodia y a Lentejov a su despacho y mantuvo con ellos una larga conversación, mientras también hablaba la madre llorando.

—¡Estas cosas no deben hacerse! —reprochó el padre—. Si en el colegio llegan a saberlo —que Dios no lo permita— serán expulsados. ¡Y usted, señor Lentejov, debería de tener vergüenza! Eso no está bien. Usted es el culpable y espero que sea castigado por sus padres. No se debe hacer estas cosas. ¿Dónde pasaron la noche?

—En la estación —respondió Lentejov con orgullo.

Volodia se acostó y le pusieron compresas con vinagre en la cabeza. Se mandó un telegrama y al día siguiente llegó la madre de Lentejov, en busca de su hijo.

En el momento de la partida, Lentejov tenía una cara orgullosa y soberbia. Al despedirse de las chicas, no pronunció una sola palabra, pero tomó el cuaderno de Katia y escribió, en recuerdo de su visita:

“Montigomo, Garra de Gavilán, jefe de los invencibles”.

El camaleón

El comisario de policía Ochumelov, con su capote nuevo y un paquete en la mano, camina a través de la plaza del mercado. Detrás de él va un sargento pelirrojo, que lleva un tamiz lleno de racimos de uva fresca confiscadas. A su alrededor reina el silencio... En la plaza no hay ni un alma... Las puertas abiertas de las tiendas y de las tabernas miran al mundo sombrías, cual fauces hambrientas; ni siquiera hay mendigos a su lado.

—¡Así que quieres morderme, maldito! —oye gritar de repente Ochumelov—. ¡Muchachos, no lo suelten! ¡Está prohibido morder! ¡Agárrenlo!

Se oyen los chillidos de un perro. Ochumelov mira a aquel lado y ve a un perro que sale corriendo del depósito de maderas de Pichugin, saltando sobre tres patas y volviendo la cabeza hacia atrás. Lo persigue un hombre con camisa de percal almidonada y chaleco desabotonado. Estirando el torso hacia delante cae a tierra y agarra al perro por las patas traseras. De nuevo se oye el ladrido del perro y el grito: "¡No lo sueltes!". De los puestos del mercado se asoman somnolientas fisonomías y pronto junto al depósito de maderas se reúne una multitud como surgida de la tierra.

—Parece que hay un desorden, señoría —dice el sargento.

Ochumelov da media vuelta a la izquierda y se dirige hacia la gente. Junto al mismo portón de depósito ve al hombre del chaleco desabrochado que, levantando la mano derecha, muestra a la multitud un dedo ensangrentado. En su cara semiborracha parece estar escrito: "¡Ya saldaré las cuentas contigo, canalla!", y el mismo dedo tiene aspecto triunfal. En dicho hombre Ochumelov reconoce al orfebre Jriukin. En medio de la multitud, despatarrado y temblando con todo el cuerpo, está sentado el culpable del escándalo, un blanco cachorro de galgo con un hocico puntiagudo y con una mancha amarilla en el lomo. En sus lacrimosos ojos hay expresión de congoja y pavor.

—¿Qué pasa aquí? —pregunta Ochumelov, irrumpiendo entre la multitud—. ¿Por qué hay gente aquí? ¿Por qué el dedo? ¿Quién gritó?

—Iba yo, señoría, andando, sin molestar a nadie... —dice Jriukin, tosiendo sobre su puño— por el asunto de la leña y lo de Mitry Mitrich... y de pronto este pillo, sin ningún motivo, me muerde el dedo... Perdóneme, pero yo soy un hombre que trabaja... tengo un trabajo fino. Que me compensen por el daño, a lo mejor este dedo no lo podré mover durante una semana entera... Esto, señoría, no está en ninguna ley; uno no tiene por qué sufrir por causa de una bestia... Si cada uno empieza a morder al prójimo no se podrá vivir en este mundo.

—¡Hum!... Está bien... —dice Ochumelov en tono severo, tosiendo y moviendo las cejas—. Está bien... ¿De quién es este perro? No lo voy a dejar así. ¡Les voy a enseñar eso de soltar a sus perros! Ya es hora de prestar atención a estos señores que no desean cumplir las ordenanzas. Cuando le pongan una multa a ese tipo, sabrá lo que significa lo que es dejar suelto a un perro o cualquier otro ganado errante. ¡Yo le voy a enseñar todo eso! Eldyrin —se dirige el jefe al sargento—, averigua de quién es el perro y levanta el acta. En cuanto al perro, hay que sacrificarlo y sin tardanza, porque debe ser rabioso... ¿De quién es este perro, les estoy preguntando?

—Parece que es del general Zhigalov —dice alguien de la multitud.

—¿Del general Zhigalov? ¡Hum!... Eldyrin, quítame el capote que hace un calor terrible: seguramente va a llover... Hay una cosa que no comprendo: ¿cómo pudo morderte? —se dirige Ochumelov a Jriukin—. ¿Cómo pudo alcanzar tu dedo? Es un perrito pequeño y tú eres grande, por Dios. Debe ser que te has lastimado el dedo con algún clavo y luego se te ocurrió la idea de sacar provecho. Ya se sabe cómo es la gente ahora... Conozco bien a los tipejos como tú.

—Él le metió el cigarrillo en el hocico para divertirse, señoría, y el perrito, ni tardo ni perezoso, lo atrapó... ¡No es un hombre para confiar, señoría!

—¡Mientes, tuerto! ¡Si no has visto nada!, ¿por qué mientes entonces? Su señoría es un señor inteligente y comprende quién miente y quién habla a conciencia, como ante Dios... y si miento, que lo decida el juez. Así dice la ley... Hoy día todos somos iguales... Un hermano mío es gendarme... por si quieren saberlo...

—¡Basta de explicaciones!

—No, no es del general... —observa el sargento en tono grave—. El general no tiene perros como este. Sus perros son sabuesos.

—¿Seguro?

—Seguro, señoría...

—Lo sé yo mismo. Los perros del general son canos, de raza; pero este aquí ¡qué sé yo qué clase de perro es! No tiene pelo, ni prestancia, es una porquería de perro. ¡Cómo va a tener el general un perro así! ¿Dónde tienen la cabeza? Si a un perro como este lo agarran en Petersburgo o en Moscú, ¿saben ustedes lo que ocurriría? Allí no se molestaría nadie en consultar las leyes, sino que en un santiamén: ¡zas! y listo... Tú Jriukin, sufriste daños y no debes dejar este asunto así como así... Hay que darles una buena lección. Ya es hora.

—Puede ser que sea del general... —piensa en voz alta el sargento—. No es algo que se lleve escrito en el hocico... El otro día vi en su patio uno parecido.

—¡Claro que es del general! —dice una voz de la multitud.

—¡Ejem! Ponme el capote, Eldyrin... Se levantó el viento... Tengo frío... Lleva el cachorro con el general y pregunta, por si acaso... Explicarás que yo lo he encontrado y remitido a su domicilio. Y diles allí que no lo suelten. A lo mejor es un perro caro y si cualquier cerdo le va a meter el cigarrillo en las narices, no tardarán en estropearlo. Un perro es un animal delicado... ¡Y tú, estúpido, baja el brazo! ¿Para qué estás enseñando este dedo idiota? ¡Tú mismo tienes la culpa!

—Se acerca el cocinero del general. Vamos a preguntarle... ¡Eh, Projor! ¡A ver, amigo, acércate un poco! ¡Observa a este perro...! ¿Es suyo?

—¡Qué va! ¡Nunca hemos tenido perros como este!

Aquí no hay nada que preguntar —dice Ochumelov—. Es un perro vagabundo. No hay nada que discutir. Si digo que es vagabundo es porque es vagabundo... Hay que acabar con él y ya está.

—No es nuestro —prosigue Projor—. Es del hermano del general, que llegó hace pocos días. Al general no le gustan los galgos, pero a su hermano le gustan mucho...

—¿Así que ha llegado el señor hermano del general? ¿Vladimir Ivánich? —pregunta Ochumelov, y una sonrisa de enternecimiento inunda toda su cara—. ¡Pero, Dios mío! ¡Y yo sin saber nada! ¿Llegó de visita?

—Así es...

—¡Pero, Dios mío! Echaba de menos a su hermanito... ¡Y yo sin saberlo! ¿De modo que es de él este perrito? Me alegro mucho... Llévalo... Gran ejemplar… Es muy vivaracho... A este le agarró el dedo: ¡zas!... ¡Ja, ja, ja! Bueno, bueno, no tiembles... Rrr... Rrr... Está enojado el pillo... Qué cachorro más bonito.

Pronto llama al perro y se aleja con él... La multitud junto al depósito de maderas se ríe de Jriukin.

—¡Te voy a dar todavía! —lo amenaza Ochumelov y abrochándose el capote, prosigue su camino a través de la plaza del mercado.

Una apuesta

I

Es una noche oscura de otoño. El viejo banquero recorría su despacho de un rincón a otro, recordando una recepción que había dado quince años antes, también en otoño. Asistieron a esta velada muchas personas inteligentes y se promovieron conversaciones interesantes. Entre otros temas se habló de la pena de muerte. La mayoría de los visitantes, entre los cuales hubo no pocos hombres de ciencia y periodistas, tenían al respecto una opinión negativa. Encontraban ese modo de castigo como anticuado, inservible para los estados cristianos, salvaje e inmoral. Algunos opinaban que la pena de muerte debería reemplazarse en todas partes por la reclusión a perpetuidad.

—No estoy de acuerdo —dijo el dueño de la casa—. No he probado la ejecución ni la reclusión perpetua, pero si se puede juzgar *a priori,* la pena de muerte, a mi juicio es más moral y humana que la reclusión. La ejecución mata de golpe, mientras que la reclusión vitalicia lo hace de manera muy lenta. ¿Cuál de los verdugos es más humano? ¿El que lo mata a usted en pocos minutos o el que le quita la vida durante muchos años?

—Ambos son igualmente inmorales —observó alguien— porque persiguen el mismo propósito: quitar la vida. El Estado no es Dios y carece del derecho a quitar algo sagrado y que no podría devolver si quisiera hacerlo.

Entre los invitados se encontraba un joven jurista, de unos veinticinco años. Al preguntarle su opinión contestó:

—Tanto la pena de muerte como la reclusión perpetua son igualmente inmorales, pero si me ofrecieran elegir entre una y otra, naturalmente optaría por la segunda. Vivir de *alguna* manera es mejor que de ninguna.

Se suscitó una animada discusión. El banquero, por aquel entonces más joven y más nervioso, de pronto dio un puñetazo en la mesa y le gritó al joven jurista:

—¡No es cierto! Apuesto dos millones a que usted no aguantaría en la prisión ni cinco años.

—Si usted habla en serio —respondió el jurista— apuesto a que no aguantaría no cinco años sino quince años.

—¿Quince? ¡Está bien! —exclamó el banquero–. Señores, pongo dos millones.

—De acuerdo. Usted pone los millones y yo pongo mi libertad —dijo el jurista.

¡Y esa brutal e insensata apuesta quedó sellada! El banquero, que entonces ni conocía la cuenta exacta de sus millones, mimado por la suerte y de espíritu ligero, estaba encantado con la apuesta. Durante la cena bromeaba a costa del jurista y le decía:

—Piénselo bien, joven, mientras no sea tarde. Para mí dos millones no son nada, pero usted se arriesga a perder los tres o cuatro mejores años de su vida. Y digo tres o cuatro porque más de eso no lo soportará. No olvide tampoco, desdichado, que una reclusión voluntaria resulta más penosa que la obligatoria. La idea de que en cualquier momento usted tiene derecho a salir en libertad le envenenará la existencia en su prisión. ¡Tengo lástima de usted!

Y ahora el banquero, caminando de un rincón a otro recordaba todo aquello y se preguntaba a sí mismo:

—¿Para qué esta apuesta? ¿Qué provecho hay en haber perdido el jurista quince años de su vida y en tirar yo dos millones de rublos? ¿Puede ello demostrar a la gente que la pena de muerte es peor o mejor que la reclusión perpetua? No y no. Es un disparate, un absurdo. Por mi parte ha sido el capricho de un hombre satisfecho y por parte del jurista, una simple avidez por el dinero.

Y se puso a recordar lo que había ocurrido después de la velada descrita. Se decidió que el jurista cumpliera su reclusión bajo severa vigilancia, en una de las casitas construidas en el jardín del banquero. Se convino que durante quince años sería privado del derecho de trasponer el umbral de la casa, ver a la gente, escuchar voces humanas, recibir cartas y diarios. Se le permitiría tener un instrumento musical, leer libros, escribir cartas, tomar vino y fumar. Con el mundo exterior, según el convenio, no podría relacionarse de otra manera que en silencio, a través de una ventanilla arreglada para este propósito. Mediante una carta podría solicitar todo lo necesario, los libros, la música, el vino etc., todo lo cual recibiría, en cualquier cantidad, únicamente por la ventanilla. El convenio preveía todos los detalles que conferían al recluido la condición de estrictamente incomunicado y le obligaba a permanecer en la casa quince años justos, a partir de las doce horas del catorce de noviembre de 1870 hasta las doce horas del 14 de noviembre de 1885. La menor tentativa de infringir estas condiciones por parte del jurista, aunque fuera dos minutos antes del plazo, liberaba al banquero de la obligación de pagarle los dos millones.

En su primer año de reclusión, el jurista, por cuanto se podía juzgar a través de sus breves cartas, sufrió mucho a causa de la soledad y el tedio. En su casita se oían constantemente los sonidos del piano. El vino y el tabaco fueron rechazados por él. El vino, escribía, provoca los deseos, y los deseos son los primeros enemigos del recluido; además, no hay cosa más aburrida que beber un buen vino y no ver nada. En cuanto al tabaco, vicia el aire de la habitación. En el primer año se le enviaban al jurista libros de contenido preferentemente fácil: novelas con complicada intriga amorosa, cuentos policiales y fantásticos, comedias, etcétera.

En el segundo año ya dejó de oírse la música en la casita y el jurista solo pedía en sus cartas libros de autores clásicos. En el quinto año volvió a oírse la música y el prisionero solicitó vino. Los que le observaban por la ventanilla relataban que durante todo ese año no hacía sino comer, beber, quedarse en cama bostezando y conversar malhumorado consigo mismo. No leyó más libros. A veces, de noche, se ponía a escribir durante largo rato y en la madrugada hacía pedazos todo lo escrito. Más de una vez se le oyó llorar.

En la segunda mitad del sexto año el recluido se abocó con ahínco al estudio de los idiomas, la filosofía y la historia. Acometió estas ciencias con tanta avidez que el banquero apenas alcanzaba a pedir libros para él. En el lapso de cuatro años fueron solicitados por correo, bajo su pedido, cerca de seiscientos volúmenes. En este período el banquero recibió de su prisionero una carta que decía así: "Mi querido carcelero: Le escribo estas líneas en seis idiomas. Muéstrelas a personas entendidas. Que las lean. Si no encuentran ni un solo error, le ruego haga disparar una escopeta en el jardín. Este disparo me dirá que mis esfuerzos no han sido en vano. Los genios de todos los tiempos y países hablan en distintas lenguas, pero arde en ellos la misma llama. ¡Oh, si usted supiera qué dicha sublime experimento ahora en mi alma porque puedo comprenderlos!". El deseo del recluido fue cumplido. El banquero mandó disparar la escopeta en el jardín dos veces.

A partir del décimo año el jurista permanecía sentado a la mesa, inmóvil, y solo leía el Evangelio. Al banquero le pareció extraño que el hombre que en cuatro años había vencido seiscientos tomos difíciles, hubiera gastado cerca de un año en la lectura de un libro no muy grueso y de fácil comprensión. Al Evangelio lo sustituyeron luego la historia de las religiones y la teología.

En los dos últimos años de reclusión, el prisionero leyó una extraordinaria cantidad de libros, sin ninguna selección. Ora dedicábase a las ciencias naturales, ora pedía obras de Byron o Shakespeare. En sus cartas solicitaba a veces al mismo tiempo, un libro de química, un manual de medicina, una novela y un tratado de filosofía o teología. Sus lecturas daban la impresión de que el hombre nadaba en un mar entre los fragmentos de un buque y, tratando de salvar la vida, se aferraba con desesperación ya a uno ya a otro de ellos.

II

El viejo banquero recordaba todo eso pensando:

"Mañana a las doce horas él obtendrá su libertad y según las condiciones, tendré que pagarle los dos millones. Y si le pago, está todo perdido: estoy arruinado definitivamente..."

Quince años antes no sabía cuántos millones tenía; mientras que ahora le daba miedo preguntarse: ¿qué era lo que más tenía: dinero o deudas? El imprudente juego en la Bolsa, las especulaciones arriesgadas y el acaloramiento, del cual no pudo desprenderse ni siquiera en la vejez, poco a poco fueron debilitando sus negocios y el osado, seguro y orgulloso ricachón se transformó en un banquero de segunda clase, que temblaba con cada alza o baja de valores.

—¡Maldita apuesta! —se quejaba el viejo, mesándose la cabeza—. ¿Por qué no habrá muerto este hombre? Solo tiene cuarenta años. Me quitará lo último que tengo, se casará, disfrutará de la vida, jugará en la Bolsa y yo, como un mendigo, lo miraré con envidia y todos los días le oiré decir siempre lo mismo: "Le debo a usted la felicidad de mi vida, permítame que le ayude". ¡No, esto es demasiado! ¡La única salvación de la bancarrota y del oprobio está en la muerte de este hombre!

Dieron las tres. El banquero aguzó el oído: todos dormían en la casa y solo se oía el rumor de los helados árboles detrás de las ventanas. Tratando de no hacer ningún ruido, sacó de la caja fuerte la llave de la puerta que no se abría durante quince años, se puso el abrigo y salió de la casa.

El jardín estaba oscuro y frío. Llovía. Un viento húmedo y penetrante paseaba silbando por todo el jardín y no dejaba en paz a los árboles. El banquero esforzó la vista, pero no veía ni la tierra, ni las blancas estatuas, ni la casita, ni los árboles. Se aproximó entonces al lugar donde se hallaba la casita y llamó dos veces al sereno. No hubo respuesta. Por lo visto, el sereno, huyendo del mal tiempo, se refugió en la cocina o en el invernadero y se quedó dormido.

"Si soy capaz de llevar adelante mi propósito —pensó el viejo— la sospecha recaerá antes que en nadie sobre el sereno".

En la oscuridad tanteó los escalones y la puerta y entró en el vestíbulo de la casita; luego penetró a tientas en el pequeño pasillo y encendió un fósforo. Allí no había nadie. Vio una cama sin hacer y una oscura estufa de hierro en un rincón. Los sellos en la puerta que conducía al cuarto del recluido estaban intactos.

Cuando la cerilla se había apagado, el viejo, temblando de emoción, miró por la ventanilla.

La opaca luz de una vela apenas iluminaba la habitación del recluido. Este estaba sentado junto a la mesa. Solo se veían su espalda, sus cabellos y sus manos. Sobre la mesa, en dos sillones y sobre la alfombra, junto a la mesa, había libros abiertos.

Transcurrieron cinco minutos y el prisionero no se movió ni una sola vez. La reclusión de quince años le había enseñado a permanecer inmóvil. El banquero golpeó con el dedo en la ventanilla, pero el recluido no hizo ningún movimiento. Entonces el banquero arrancó con cuidado los sellos de la puerta e introdujo la llave en la cerradura. Se oyó un ruido áspero y el rechinar de la puerta. El banquero esperaba el grito de sorpresa y los pasos, pero al cabo de tres minutos el silencio detrás de la puerta seguía inalterable. Decidió entonces entrar en la habitación.

Junto a la mesa estaba sentado, inmóvil, un hombre que no parecía una persona común. Era un esqueleto, cubierto con piel, con largos bucles femeninos y enmarañada barba. El color de su cara era amarillo, con un matiz terroso: tenía las mejillas hundidas, espalda larga y estrecha, y la mano que sostenía su melenuda cabeza era tan delgada que daba miedo mirarla. Sus cabellos ya estaban salpicados por las canas, y a juzgar por su cara, avejentada y demacrada, nadie creería que solo tenía cuarenta años. Dormía... Delante de su inclinada cabeza, se veía sobre el escritorio una hoja de papel, en la cual había líneas escritas con letra pequeña.

"¡Miserable! —pensó el banquero—. Duerme y, probablemente, sueña con los millones. Pero si yo levanto este semicadáver, lo arrojo sobre la cama y lo aprieto un poco con la almohada, el más minucioso peritaje no encontrará signos de una muerte violenta. Pero leamos primero estas líneas..."

El banquero tomó la hoja y leyó lo siguiente:

"Mañana, a las doce horas del día, recupero la libertad y el derecho de comunicarme con la gente. Pero antes de abandonar esta habitación y ver el sol, considero necesario decirle algunas palabras. Con la conciencia tranquila y ante Dios que me está viendo, declaro que desprecio la libertad, la vida, la salud y todo lo que en nuestros libros se denominan bienes del mundo.

"Durante quince años estudié atentamente la vida terrenal. Es verdad, yo no veía la tierra ni la gente, pero en los libros bebía vino aromático, cantaba canciones, en los bosques cazaba ciervos y jabalíes, amaba mujeres... Beldades, leves como una nube, creadas por la magia de nuestros poetas geniales, me visitaban de noche y me susurraban cuentos maravillosos que embriagaban mi cabeza. En nuestros libros escalaba las cimas del Elbrús y del Monte Blanco y desde allí veía salir el sol por la mañana mientras al anochecer lo veía derramar el oro purpurino sobre el cielo, el océano, las montañas; veía verdes bosques, prados, ríos, lagos, ciudades; oía el canto de las sirenas y el son de los caramillos pastoriles; tocaba las alas de los bellos demonios que descendían para platicar conmigo acerca de Dios... En nuestros libros me arrojaba en insondables abismos, hacía milagros, incendiaba ciudades, profesaba nuevas religiones, conquistaba imperios enteros...

"Nuestros libros me dieron la sabiduría. Todo lo que a través de los siglos iba creando el infatigable pensamiento humano está comprimido cual una bola dentro de mi cráneo. Sé que soy más inteligente que todos ustedes.

"Y yo desprecio nuestros libros, desprecio todos los bienes del mundo y la sabiduría. Todo es miserable, perecedero, fantasmal y engañoso como la fata morgana. Qué importa que sean orgullosos, sabios y bellos, si la muerte los borrará de la faz de la tierra junto con las ratas, mientras que sus descendientes, la historia, la inmortalidad de sus genios se congelarán o se quemarán junto con el globo terráqueo.

"Han enloquecido y marchan por un camino falso. Toman la mentira por verdad, y la fealdad por belleza. Quedarían sorprendidos si, en virtud de algunas circunstancias, sobre los manzanos y los naranjos, en lugar de los frutos, crecieran de golpe las ranas y los lagartos o si las rosas comenzaran a exhalar un olor a caballo transpirado; así me asombro por ustedes que han cambiado el cielo por la tierra. No quiero comprenderlos.

"Para demostrar de manera rotunda mi desprecio hacia todo lo que representa su vida, rechazo los dos millones, con los cuales antes había soñado, como si fueran un paraíso, y a los que desprecio ahora. Para privarme del derecho de cobrarlos, saldré de aquí cinco horas antes del plazo establecido y de esta manera violaré el convenio...".

Después de leer la hoja, el banquero la puso sobre la mesa, besó al extraño hombre en la cabeza, y salió de la casita llorando. En ningún otro momento de su vida, ni aún después de las fuertes pérdidas en la Bolsa, había sentido tanto desprecio por sí mismo como ahora. Al volver a su casa, se acostó enseguida, pero la emoción y las lágrimas no lo dejaron dormir durante largo tiempo...

A la mañana siguiente llegaron corriendo los alarmados serenos y le comunicaron haber visto cómo el hombre de la casita bajó por la ventana al jardín, se encaminó hacia el portón y luego desapareció. Junto con los criados, el banquero se dirigió a la casita y comprobó la fuga del prisionero. Para no suscitar rumores superfluos, tomó de la mesa la hoja con la renuncia y, al regresar a casa, la guardó en la caja fuerte.

La pena

Gregorio Petrov, es un tornero conocido desde hace tiempo como un excelente artesano, pero también como el *mujik* más desordenado del distrito de Galchinsk. Se dirige al hospital rural, para llevar a su vieja que se encuentra enferma. Debe viajar unas treinta *verstas* y el camino es tan malo que ni siquiera el correo oficial podría pasar, sin hablar ya de semejante flojo como lo es el tornero Gregorio. El viento, cortante y frío, pega directamente en la cara. En el aire, por donde uno mire, se arremolinan enjambres de capas de nieve, de modo que es difícil distinguir, si la nieve cae del cielo o sube de la tierra. A través de la niebla nevada no se ven ni los postes de telégrafo, ni el campo, ni el bosque, y cuando se abalanza sobre Gregorio una ráfaga muy fuerte, entonces ni siquiera se ve el arco de los arneses. La vieja y extenuada yegua apenas avanza. Todas sus energías se fueron gastando para sacar las patas de la nieve y sacudir la cabeza. El tornero está apurado. Salta inquieto sobre el pescante y a cada rato fustiga el lomo del caballo.

—No llores, Matrena... —balbucea—. Ten un poco de paciencia. Si Dios quiere, pronto llegaremos al hospital y una vez allí, Pável Ivánich te dará unas gotas enseguida o te hará una sangría, o quizás, a su señoría se le ocurrirá hacerte frotaciones con alcohol y... seguro... se te quitará el dolor del costado. Pável Ivánich tratará de hacerlo. Gritará, pataleará, pero tratará de hacerlo todo bien. Es un señor bueno, tratable, que Dios le dé mucha salud... No bien lleguemos, saldrá corriendo de su casa y recordará a todos los diablos. "¿Cómo es eso? —gritará—. ¿Por qué vienes a estas horas? ¿Acaso soy un perro para afanarme con ustedes todo el santo día? ¿Por qué no viniste por la mañana? ¡Andando! ¡Que no te vea más! Vuelve mañana..." Y entonces yo le diré: "Señor doctor... Pável Ivánich... Señoría..." ¡Arre, a ver si corres un poco, que el diablo te lleve!

El tornero fustiga al jamelgo y, sin mirar a la vieja, continúa farfullando:

"¡Señoría! Le juro por Dios que salí desde el amanecer. Pero cómo va uno a llegar a tiempo si el Señor... la madre de Dios... están enojados y nos mandaron una borrasca. Usted mismo lo está constatando... Ni siquiera un caballo más noble pasaría por aquí, y el mío, usted mismo lo está viendo, no es un caballo sino una vergüenza". Y Pável Ivánich, siempre enojado, volvería a gritar: "¡Los conozco! Siempre encontrarán una justificación ¡Y en especial tú, Grishka! Te conozco muy bien. ¡De seguro entraste en unas cinco tabernas!". Y yo le diré: "¡Señoría! ¿Acaso soy un malandrín o un hereje? Mi vieja está por entregar su alma a Dios, se está muriendo, ¡y yo voy a andar por las tabernas! ¡Qué está diciendo! Pável Ivánich dará órdenes para que te lleven al hospital. ¡Que se vayan al diablo las tabernas!". Entonces Pável Ivánich dará órdenes para que te lleven al hospital. Y yo caeré a sus pies...

"Pável Ivánich. Muy agradecidos... somos *mujiks* tontos, ¡perdónenos! En vez de echarnos a palos, usted se digna molestarse y mojar sus pies en la nieve". Y Pável Ivánich me mirará como si quisiera pegarme y me dirá: "En lugar de caer de rodillas, tonto, hubieras hecho mejor en no tragar el vodka y tener lástima de tu vieja. ¡Mereces que te den azotes!". "En verdad, Pável Ivánich, que Dios me castigue, merezco azotes. ¿Y cómo no voy a caer a sus pies si usted es nuestro bienhechor, nuestro padre? Señoría... Palabra... como ante el mismo Dios... Podrá escupirme en los ojos si le engaño: no bien mi Matrena se ponga, como se dice, buena y vuelva a su punto normal, haré todo lo que usted se digne ordenar. Si desea una cigarrera de abedul de Carelia... unas bolas de *croquet*... o puedo tornear un juego de bolos a la mejor usanza extranjera... ¡Haré todo por usted! Y no le cobraré ni una *kopeika*. En Moscú le cobrarían cuatro rublos por una cigarrera como esta, pero yo ni una sola *kopeika*". El doctor entonces se echará a reír y me dirá: "Bueno, bueno... comprendo... Lástima que seas tan solo un borrachín..." Yo sé, vieja, cómo hay que tratar a los señores. No existe un señor con quien yo no supiera hablar. Con tal de que Dios no permita que perdamos el camino. ¡Mira qué borrasca! Tengo los ojos tapados por la nieve.

Y el tornero sigue murmurando sin parar. Lo hace de manera mecánica, para ahogar, siquiera en parte, el penoso sentimiento que lo embarga. Tiene muchas palabras en la lengua, pero más numerosas son las ideas y las preguntas que anidan en su cabeza. La desgracia lo sorprendió de golpe, de forma inesperada, y el tornero se siente incapaz de volver en sí y comprenderlo todo bien. Hasta el momento vivía sin preocupaciones, en un continuo y parejo estado de ebriedad semiinconsciente, sin sentir penas ni alegrías, y ahora de pronto, su alma está oprimida por un dolor intenso. El despreocupado haragán y borrachín vino a parar, de buenas a primeras, a la situación de un hombre atareado, preocupado, apresurado y, para colmo, en plena lucha contra la naturaleza.

El tornero recuerda que su pena comenzó en la víspera. Cuando en la noche anterior regresó a su casa borracho como siempre y según la antigua costumbre comenzó a maldecir y a agitar los puños, la vieja miró al pendenciero como no lo había mirado nunca. Comúnmente, la expresión de sus ojos avejentados era resignada y sufrida como la de los perros que reciben muchos palos y poca comida, pero ahora su mirada era inmóvil y severa, como la de los santos en los iconos o la de los moribundos. Fue en esos ojos, malos y extraños, donde dio comienzo la pena. El aturdido tornero pidió prestado al vecino un jamelgo y ahora lleva a su vieja al hospital con la esperanza de que Pável Ivánich, mediante polvos y ungüentos, le devuelva a la mujer su antigua mirada.

—Este... Matrena... —murmura—. Si Pável Ivánich te pregunta sobre.., si yo te pegaba o no, dile que de ninguna manera. Porque no te voy a pegar más. Te lo juro. ¿Acaso te pegaba por maldad? Te pegaba porque sí. Te tengo lástima. Cualquier otro ni lo pensaría, pero yo te cuido, me preocupo. ¡Pero mira qué borrasca! ¡Dios mío! Que el Señor no nos haga perder el camino. ¿Te duele siempre el costado? Matrena, ¿por qué estás callada? Te pregunto si te duele el costado.

Le parece extraño que la nieve no se derrita sobre el rostro de la anciana, y que este rostro, extrañamente alargado, haya adquirido un color de cirio, de tono pálido grisáceo, y se haya tornado serio, severo.

—¡Qué tonta! —murmuraba el tornero—. Te hablo de todo corazón, como ante el mismo Dios… pero tú... este... ¡Eres una tonta! ¡Mira que no te voy a llevar al hospital!

El tornero baja las riendas y se pone a meditar. No se decide a volverse y observar a la vieja: le da miedo. También tiene miedo de preguntarle algo, y no recibir respuesta alguna. Por fin, para terminar con la incertidumbre y sin mirar a la mujer, palpa su mano fría. El brazo levantado cae como un látigo.

—De modo que ha muerto. ¡Qué lío!...

Y el tornero llora. Lo que siente es más bien fastidio que lástima. ¡Qué rápido se hacen las cosas en este mundo! —piensa—. No bien había comenzado su pena y ya sobrevino el desenlace. No bien sintió deseos de expresar a la vieja sus sentimientos, de consolarla y ya había muerto.

Ha vivido con ella cuarenta años, pero esos cuarenta años pasaron como envueltos en una bruma. La vida no se sentía detrás de las borracheras, las peleas y la miseria. Y para colmo, la vieja murió justo en el momento en que él tuvo lástima de ella, cuando sintió que no podía vivir sin ella, que era terriblemente culpable ante ella.

—¡Pedía limosna! —recuerda—. Yo mismo la mandaba a pedir pan a la gente. La tonta hubiera pudo haber vivido diez años más, porque hubiera pensado que soy así de verdad. Virgen Santísima, ¿a dónde diablos la estoy llevando? Ahora no se trata de curarla, sino de enterrarla. ¡Date vuelta!

El tornero hace volver al jamelgo y lo fustiga con todas sus fuerzas. El camino a cada momento se vuelve peor. El arco de los arneses ya no se ve del todo. De vez en cuando el trineo choca contra un joven pino, el oscuro objeto rasguña las manos del tornero, apareciendo fugazmente delante de sus ojos, y el campo de visión vuelve a ser blanco, giratorio.

"Volver a vivir" —piensa el tornero.

Empieza a recordar que hace cuarenta años, Matrena, era una joven hermosa y alegre. Provenía de una familia campesina pudiente y la casaron con él por sus buenas cualidades de artesano. Había condiciones para una buena vida, pero por desgracia, después de emborracharse en la boda, él se acostó a dormir y parece no haberse despertado aún. Recuerda bien la ceremonia del casamiento, pero lo que ocurrió después de la boda no lo recuerda, excepto la bebida, las peleas y el sueño. Así se han perdido cuarenta años.

Las blancas nubes de nieve poco a poco se vuelven grises. Cae el crepúsculo.

—¿A dónde vamos? —se despierta de golpe el tornero—. Hay que llevarla al cementerio y yo la llevo al hospital... ¡Ni que estuviera trastornado!

Nuevamente el tornero da vuelta a la yegua y la fustiga. Esta junta todas sus fuerzas y corre al trotecillo, resoplando. El tornero le pega en el lomo una y otra vez... A su espalda se oyen unos golpes y él, sin mirar, sabe que es la cabeza de la difunta que golpea contra el trineo. El aire se oscurece cada vez más; el viento se torna más fuerte y más frío... "Si pudiera vivir de nuevo... —piensa el tornero—. Comprar herramientas nuevas, atender los pedidos... entregar el dinero a la vieja... ¡sí!"

Deja caer las riendas. Las busca, quiere levantarlas y no puede, sus manos no se mueven... "Igual... —piensa— el caballo irá solo, conoce el camino. Con qué ganas dormiría ahora un poco... antes del entierro o la misa podría descansar un poco".

El tornero cierra los ojos, dormita y poco tiempo después siente que el caballo se ha detenido. Abre los ojos y ve por delante algo oscuro, parecido a una *izba* o una gavilla... Debería bajar del trineo y averiguar de qué se trata, pero todo su cuerpo está dominado por una pereza tal, que es mejor morir congelado que moverse del lugar... Y se duerme despreocupado.

Se despierta en un cuarto grande, con las paredes pintadas. Una intensa luz solar entra por las ventanas a raudales. El tornero ve a la gente por delante y antes que nada quiere mostrarse serio y juicioso.

—Habrá que encargar una misa, hermanos, por mi vieja —dice. Hay que avisar al sacerdote...

—¡Bueno, bueno! ¡Quédate tranquilo! —le interrumpe una voz.

—¡Padrecito! ¡Pável Ivánich! —se sorprende el tornero al ver al médico. ¡Señoría! ¡Bienhechor nuestro!

Quiere levantarse de un salto para caer de hinojos ante la medicina, pero siente que ni las manos ni los pies le obedecen.

—¡Señoría! ¿Dónde están mis pies? ¿Y mis manos?

—Dile adiós a tus pies y a tus manos... ¡Están congelados! Bueno, bueno, ¿por qué lloras ahora? Has vivido bastante, gracias a Dios. Unas seis décadas habrás vivido, ¿qué más quieres?

—¡Qué pena! ¡Señoría, es una pena! Perdóneme... Unos cinco o seis añitos todavía...

—¿Para qué?

—El caballo no es mío, tengo que devolverlo... Hay que enterrar a la vieja... ¡Qué pronto se hacen las cosas en este mundo! ¡Señoría! ¡Pável Ivánich! La mejor cigarrera de abedul de Carelia... Le haré un *croquet*...

El médico menea la cabeza y sale del cuarto.

La mujer del boticario

La pequeña ciudad de B***, compuesta de dos o tres calles torcidas, duerme con sueño profundo. El aire, inmóvil, está lleno de silencio. Solo a lo lejos, en algún lugar con seguridad fuera de la ciudad, suena el débil y ronco tenor del ladrido de un perro. El amanecer está próximo.

Hace tiempo que todo duerme. Tan solo la joven esposa del boticario Chernomordik, propietario de la botica del lugar, está despierta. Tres veces se ha echado sobre la cama, pero sin saber por qué, el sueño huye con terquedad de ella. Sentada en camisón junto a la ventana abierta, mira a la calle. Tiene una sensación de ahogo, está aburrida y siente tal desazón que hasta quisiera llorar. ¿Por qué?... No sabría decirlo, pero un nudo en la garganta la oprime a cada momento... Detrás de ella, unos pasos más allá y vuelto contra la pared, ronca con placidez el propio Chernomordik. Una pulga glotona se ha adherido a la ventanilla de su nariz, pero no la siente y hasta sonríe, porque está soñando con que toda la ciudad tose y no cesa de comprarle *Gotas del rey de Dinamarca.* ¡Ni con pinchazos, ni con cañonazos, ni con caricias, podría despertársele!

La botica está situada al extremo de la ciudad, por lo que la boticaria alcanza a ver el límite del campo. Así, pues, ve palidecer la parte Este del cielo, luego la ve ponerse roja, como por causa de un gran incendio. De manera inesperada, por detrás de los lejanos arbustos, se asoma con timidez una luna grande, de ancha y rojiza faz. En general, la luna, cuando sale de detrás de los arbustos, no se sabe por qué, está muy azorada. De repente, en medio del silencio nocturno, resuenan unos pasos y un tintineo de espuelas. Se oyen voces.

"Son oficiales que vuelven de casa del policía y van a su campamento", piensa la mujer del boticario.

Poco después, en efecto, surgen dos figuras vestidas de uniforme militar blanco. Una es grande y gruesa; otra más pequeña y delgada. Con un andar perezoso y acompasado, pasan despacio junto a la verja, conversando en voz alta sobre algo. Al acercarse a la botica, ambas figuras retrasan aún más el paso y miran a las ventanas.

—Huele a botica —dice el oficial delgado—. ¡Claro, como que es una botica! ¡Ah!... ¡Ahora que me acuerdo..., la semana pasada estuve aquí a comprar aceite de ricino! Aquí es donde hay un boticario con una cara agria y una quijada de asno. ¡Vaya quijada!... Con una como esa, exactamente, venció Sansón a los filisteos.

—Sí... —dice con voz de bajo el gordo—. Ahora la botica está dormida... La boticaria estará también dormida... Aquí, Obtesov, hay una boticaria muy guapa.

—La he visto. Me gusta mucho. Diga, doctor, ¿podrá querer a ese de la quijada? ¿Será posible?

—No. De seguro no le quiere —suspira el doctor con expresión de lástima hacia el boticario—. ¡Ahora, guapita, estarás dormida detrás de esa ventana!... ¿No crees, Obtesov? Estará con la boquita entreabierta, tendrá calor y sacará un piececito. Seguro que el tonto del boticario no entiende de bellezas. Para él, probablemente, una mujer y una botella de lejía es lo mismo.

—Oiga, doctor... —dice el oficial, deteniéndose—. ¿Y si entráramos en la botica a comprar algo? Puede que viéramos a la boticaria.

—¡Qué ocurrencia! ¿Por la noche?

—¿Y qué?... También por la noche tienen obligación de despachar. Ande, vamos...

—Como quiera...

La boticaria escondida tras los visillos, oye un fuerte campanillazo y, con una mirada a su marido, que continúa roncando dulcemente, se echa encima un vestido, mete los pies desnudos en los zapatos y corre a la botica.

A través de la puerta de cristal se distinguen dos sombras. La boticaria aviva la luz de la lámpara y corre hacia la puerta para abrirla. Ya no se siente aburrida ni desazonada, ya no tiene ganas de llorar, y solo el corazón le late con fuerza. El médico, gordinflón, y el delgado Obtesov entran en la botica. Ahora ya puede verles bien. El gordo y tripudo médico tiene la tez tostada y es barbudo y torpe de movimientos. Al más pequeño de estos le cruje el uniforme y le brota el sudor en el rostro. El oficial es de tez rosada y sin bigote, afeminado y flexible como una fusta inglesa.

—¿Qué desean ustedes? —pregunta la boticaria, ajustándose el vestido.

—Dénos... quince *kópeks* de pastillas de menta.

La boticaria, sin apresurarse, coge del estante un frasco de cristal y empieza a pesar las pastillas. Los compradores, sin pestañear, miran su espalda. El médico entorna los ojos como un gato satisfecho, mientras el teniente permanece serio.

—Es la primera vez que veo a una señora despachando en una botica —dice el médico.

—¡Qué tiene de particular! —contesta la boticaria mirando de soslayo el rosado rostro de Obtesov—. Mi marido no tiene ayudantes, por lo que siempre le ayudo yo.

—¡Claro!... Tiene usted una botiquita muy bonita... ¡Y qué cantidad de frascos distintos!... ¿No le da miedo moverse entre venenos?... ¡Brrr!...

La boticaria pega el paquetito y se lo entrega al médico. Obtesov saca los quince *kópeks.* Transcurre medio minuto en silencio... Los dos hombres se miran, dan un paso hacia la puerta y se miran otra vez.

—Deme diez *kópeks* de sosa —dice el médico.

La boticaria, otra vez con gesto perezoso y sin vida, extiende la mano hacia el estante.

—¿No tendría usted aquí, en la botica, algo...? —masculla Obtesov haciendo un movimiento con los dedos—. ¿Acaso... que resultara como un símbolo de algún líquido vivificante?... Por ejemplo, agua de seltz... ¿Tiene usted agua de seltz?...

—Sí, tengo —contestó la boticaria.

—¡Bravo!... ¡No es usted una mujer! ¡Es usted un hada! ¿Podría darnos tres botellas?

La boticaria pega apresurada el paquete de sosa y desaparece en la oscuridad, tras de la puerta.

—¡Un fruto como este no se encontraría ni en la isla de Madeira! ¿No le parece? Pero escuche... ¿no oye usted un ronquido? Es el propio señor boticario, que duerme.

En un minuto, la boticaria vuelve y deposita cinco botellas en el mostrador. Como acaba de bajar a la cueva, está encendida y algo agitada.

—¡Shhh! —dice Obtesov cuando al abrir las botellas deja caer el sacacorchos—. No haga tanto ruido, que va a despertar su marido.

—¿Y qué importa que se despierte?

—Es que estará dormido tan tranquilo… soñando con usted... ¡A su salud! ¡Bah!... —dice con voz de bajo el médico, después de eructar y de beber agua de seltz—. ¡Eso de los maridos es una historia tan aburrida!... Lo mejor que podrían hacer es estar siempre dormidos. ¡Oh, si a esta agua se le hubiera añadido un poco de vino tinto!

—¡Qué cosas dice! —ríe la boticaria.

—Sería magnífico. ¡Qué lástima que en las boticas no se venda nada a base de alcohol! Deberían, sin embargo, vender el vino como medicamento. Y *vinum gallicum rubrum*..., ¿tiene usted?

—Sí, lo tenemos.

—Muy bien; pues tráiganoslo, ¡qué diablo!... ¡Tráigalo!

—¿Cuánto quieren?

—*¡Cuantum satis!* Empecemos por echar una onza de él en el agua, y luego ya veremos. ¿No es verdad? Primero con agua, y después, *per se.*

El médico y Obtesov se sientan al lado del mostrador, se quitan los gorros y se ponen a beber vino tinto.

—¡Hay que confesar que es malísimo! ¡Que es un *vinum malisimum!*

—Pero con una presencia así., parece un néctar. ¡Es usted maravillosa, señora! Le beso la mano con el pensamiento.

—Yo hubiera dado mucho por poder hacerlo no con el pensamiento —dice Obtesov—. ¡Palabra de honor que hubiera dado la vida!

—¡Déjese de tonterías! —dice la señora Chernomordik, sofocándose y poniendo cara seria.

—Pero ¡qué coqueta es usted!... —ríe despacio el médico, mirándola con picardía—. Sus ojitos disparan ¡pif!, ¡paf!, y tenemos que felicitarla por su victoria, porque nosotros somos los conquistados.

La boticaria mira los rostros sonrosados, escucha su charla y no tarda en animarse a su vez. ¡Oh!... Ya está alegre, ya toma parte en la conversación, ríe y coquetea, y, por fin, después de hacerse rogar mucho de los compradores, bebe dos onzas de vino tinto.

—Ustedes, señores oficiales, deberían venir más a menudo a la ciudad desde el campamento —dice—, porque esto, si no, es de un aburrimiento atroz. ¡Yo me muero de aburrimiento!

—Lo creo —y exclama el médico—: ¡Una niña tan bonita! ¡Una maravilla así de la naturaleza, y en un rincón tan recóndito! ¡De qué manera tan fantástica lo dijo Griboiedov! "¡Al rincón recóndito! ¡A Saratov!..." Ya es hora, sin embargo, de que nos marchemos... ¿Qué le debemos?

La boticaria alza los ojos y mueve los labios durante largo rato.

—Doce rublos y cuarenta y ocho *kópeks* —dice.

Obtesov saca del bolsillo una gruesa cartera, revuelve durante largo tiempo un fajo de billetes y paga.

—Su marido estará durmiendo tranquilo..., estará soñando... —balbucea al despedirse, mientras estrecha la mano de la boticaria.

—No me gusta oír tonterías.

—¿Tonterías? Al contrario... Estas no son tonterías... Hasta el mismo Shakespeare decía: "Bienaventurado aquel que de joven fue joven..."

—¡Suelte mi mano!

Por fin, los compradores, tras larga charla, besan la mano de la boticaria e indecisos, como si se dejaran algo olvidado, se van de la botica. Ella corre a su recámara y se sienta junto a la ventana. Ve cómo el teniente y el doctor, al salir de la botica, recorren perezosamente unos veinte pasos. Los ve detenerse y ponerse a hablar de algo en voz baja. ¿De qué? Su corazón late, le laten las sienes también... ¿Por qué? Ella misma lo ignora. Su corazón palpita muy fuerte, como si lo que hablaran aquellos dos en voz baja fuera a decidir su suerte. Al cabo de unos minutos el médico se separa de Obtesov y se aleja, mientras que Obtesov vuelve. Una y otra vez pasa por delante de la botica... Tan pronto se detiene junto a la puerta como echa a andar otra vez. Por fin suena el discreto tintineo de la campanilla.

La boticaria oye de pronto la voz de su marido, que dice:

—¿Qué?... ¿Quién está ahí? Están llamando. ¿Es que no oyes?... ¡Qué desorden!

Se levanta, se pone la bata y, tambaleándose todavía de sueño y con las zapatillas en chancletas, se dirige a la botica.

—¿Qué es? ¿Qué quiere usted? —pregunta a Obtesov.

—Deme... deme quince *kópeks* de pastillas de menta.

Respirando con fuerza, bostezando, quedándose dormido al andar y dándose con las rodillas en el mostrador, el boticario se empina hacia el estante y coge el frasco.

Unos minutos después la boticaria ve salir a Obtesov de la botica, le ve dar algunos pasos y arrojar al camino lleno de polvo las pastillas de menta. Desde una esquina, el doctor le sale al encuentro. Al encontrarse, ambos gesticulan y desaparecen en la bruma matinal.

—¡Oh, qué desgraciada soy! —dice la boticaria, mirando con enojo a su marido, que se desviste, rápidamente para volverse a echar a dormir—. ¡Qué desgraciada soy! —repite.

Y de repente rompe a llorar con lágrimas amargas. Y nadie... nadie sabe...

—Me he dejado olvidados quince *kópeks* en el mostrador. —Masculla el boticario, arropándose en la manta—. Haz el favor de guardarlos en la mesa.

Y al punto se queda dormido.

Un hombre enfundado

En el borde mismo del pueblo de Mironositsky, unos cazadores a los que se les había hecho tarde, se disponían a pasar la noche en el cobertizo del alcalde Prokofy. Eran el veterinario Iván Ivánich y el profesor de colegio, Burkin. Iván Ivánich tenía un apellido doble y bastante extraño, Chimshá-Guimalaisky, que no le quedaba nada bien, por lo cual todos en la comarca lo llamaban simplemente por su nombre, el patronímico; vivía en un acaballadero, cerca de la ciudad, y salió de caza para respirar aire puro. El profesor Burkin, en cambio, todos los años pasaba el verano en la propiedad del conde P. y desde hacía mucho tiempo estaba familiarizado con el lugar.

No dormían aún. Iván Ivánich, anciano alto y delgado, de largos bigotes, estaba sentado afuera, junto a la entrada al cobertizo, fumando la pipa; se le veía iluminado por la luna. Burkin estaba adentro, tendido sobre el heno; era invisible en la oscuridad.

Contaban diversas historias. Entre otras cosas, se habló de que la esposa del alcalde, Mavra, mujer sana e inteligente, en su vida había traspuesto los límites de su pueblo, jamás había ido a la ciudad ni visto el ferrocarril y en los últimos diez años no salía a la calle sino de noche.

—¿Y qué tiene eso de sorprendente? —dijo Burkin—. En este mundo no son pocas las personas solitarias por naturaleza que procuran esconderse en su concha a semejanza del caracol o del cangrejo. Puede ser que se trate de una manifestación de atavismo, de un retroceso hacia los tiempos en que el antepasado del hombre, sin ser todavía un animal sociable, vivía solo en su cueva; puede ser, sin embargo, que ello sea simplemente uno de los aspectos del carácter humano, ¿quién sabe? No soy naturalista y no me incumbe tratar semejantes problemas; solo quiero decir que personas como Mavra son un fenómeno frecuente. Y a propósito, no necesito buscar lejos un ejemplo: hace unos dos meses falleció en nuestra ciudad un tal Bélikov, profesor de griego, colega mío. De seguro ha oído usted hablar de él. Era notable por su invariable costumbre de ponerse el abrigo encima y las galochas, y llevar el paraguas aun con muy buen tiempo. Su paraguas estaba envuelto en una funda; su reloj se ocultaba dentro de una funda de gamuza gris; cuando necesitaba sacar punta al lápiz, extraía un cortaplumas de una pequeña funda; parecía que su rostro también estaba enfundado ya que lo escondía constantemente tras el cuello levantado. Llevaba anteojos oscuros y chaqueta de punto, se tapaba los oídos con algodón y cuando tomaba un coche hacía levantar la capota. En una palabra, se observaba en este hombre un constante e irresistible afán de rodearse a sí mismo de una envoltura; crear, por decirlo así, un estuche que lo aislara y lo protegiera contra todo influjo exterior. La realidad lo irritaba, lo atemorizaba, lo mantenía en un continuo estado de alarma y, quizás, para justificar esa timidez suya y su repugnancia hacia el presente, siempre alababa el pasado y lo que nunca había existido; las lenguas antiguas que enseñaba, en verdad, eran para él las mismas galochas y el paraguas que le ayudaban a esconderse de la vida real.

—¡Oh, qué sonoro, qué bello es el idioma griego! —decía con expresión dulce; y, como si quisiera confirmar sus palabras, entornaba los ojos y, levantando un dedo, pronunciaba—: *¡Antropos!*

Bélikov, también trataba de esconder sus pensamientos en un estuche. Para él resultaban claras solo aquellas disposiciones circulares y notas periodísticas en las cuales se prohibía algo. Cuando la circular prohibía a los colegiales salir a la calle después de las nueve de la noche o cuando algún periódico condenaba el amor físico, ello era claro y determinado: prohibido y no había más que hablar. En cambio, en el permiso y en la autorización sospechaba la existencia oculta de un elemento dudoso, vago, inexpresado. Cuando en la ciudad permitían la creación de un círculo dramático, una sala de lectura o un salón de té, meneaba la cabeza y decía en voz baja:

—Sí, claro, todo eso está muy bien, pero...

Cualquier alteración, desviación o transgresión de los reglamentos le causaba pesadumbre, aunque uno podía preguntarse qué tenía que ver él con estas cosas. Si alguno de sus colegas llegaba tarde a un tedeum, o se rumoreaba alguna travesura de los colegiales, o bien alguien decía haber visto a la preceptora acompañada por un oficial a altas horas de la noche, se ponía nervioso y siempre advertía que pudiera ocurrir algo malo. En los consejos pedagógicos nos deprimía, literalmente, con su cautela, susceptibilidad y consideraciones de estuche con respecto a que los alumnos, tanto en el colegio de varones como en el de señoritas, se portaban mal y hacían mucho ruido en las clases —lo cual podía llegar al conocimiento de las autoridades y originar serios disgustos— y que con la expulsión de Petrov del segundo año y de Egórov, del cuarto, todo se hubiera solucionado. ¿Y qué me dice? Con sus rezongos y suspiros, con las gafas oscuras en su pálida y pequeña cara —pequeña, ¿sabe? como la del hurón— nos aplastaba a todos y cedíamos: les rebajábamos la nota en conducta a Petrov y a Egórov, los castigábamos con arresto y al final los expulsábamos. Tenía una extraña costumbre: visitar nuestras casas. Venía a la casa de algún profesor, se sentaba y se quedaba callado, como si espiara alguna cosa. Permanecía así sentado una o dos horas y se iba. Según él, esto se llamaba "mantener buenas relaciones con los colegas" y, por lo visto, le resultaba difícil visitarnos y estar con nosotros, y si lo hacía era porque lo consideraba como un deber de compañero. Los profesores le teníamos miedo. Hasta el mismo director le temía. Ahí tiene usted: nuestros profesores son todos personas, que piensan, muy decentes, formados según las obras de Turguénev y Schedrín, y, sin embargo, aquel hombrecillo que siempre andaba con las galochas puestas y llevaba paraguas, tuvo en sus manos a todo el colegio durante quince largos años. ¿Qué digo al colegio? ¡A toda la ciudad! Los sábados, nuestras damas no organizaban espectáculos caseros por temor a que él se enterara; y los clérigos no se animaban a comer carne o a jugar a los naipes en su presencia. Bajo la influencia de personas como Bélikov, en los últimos diez o quince años, en nuestra ciudad empezaron a tener miedo a cualquier cosa. Tenían miedo a hablar en voz alta, a mandar cartas, a trabar amistades, a leer libros; temían ayudar a los pobres, enseñar a los analfabetos...

Iván Ivánich, deseando decir algo, tosió, pero antes encendió la pipa, contempló la luna y afirmó pausadamente:

—Sí. Son personas decentes que piensan, que leen a Schedrín, a Turguénev, a Buckle y a otros muchos, y, sin embargo, se doblegaron e iban aguantando... Así es la cosa.

—Bélikov y yo vivíamos en la misma casa —prosiguió Burkin—, en el mismo piso; su puerta estaba frente a la mía, nos encontrábamos a menudo y yo conocía su vida doméstica. En su casa era la misma historia: la bata, el gorro, el postigo, los cerrojos, toda una serie de prohibiciones, de limitaciones y... "¡por lo que pudiera ocurrir!". Por cuanto la comida de vigilia no resultaba provechosa, y, por otra parte, no se debía comer carne ni lacticinios, ya que entonces pudiera decirse que él no observaba el ayuno. Bélikov comía pescado con manteca, alimento que si bien no era de vigilia tampoco podía considerarse como pecaminoso. Para que no pensaran mal de él, no tenía a su servicio ninguna mujer, sino que tomó a un cocinero de nombre Afanasy, un viejo de unos sesenta años, borracho y chiflado, que antaño había estado al servicio de un militar como ordenanza y por tal motivo, bien que mal, sabía cocinar algo. Este Afanasy comúnmente estaba en la puerta, con los brazos cruzados, y suspirando, barbotaba siempre lo mismo:

—¡Esta cría ya está en todas partes!

El dormitorio de Bélikov era pequeño como un cajón, la cama tenía una cortina. Al acostarse, se cubría la cabeza; hacía calor, el ambiente era sofocante, en la puerta cerrada golpeaba el viento, algo silbaba en la chimenea; se escuchaban lúgubres suspiros que provenían de la cocina...

Sentía miedo bajo la colcha. Temía por lo que pudiera ocurrir, tenía miedo de ser asesinado por Afanasy, asaltado por los ladrones; durante toda la noche lo agitaban sueños inquietos y por la mañana, cuando caminábamos juntos rumbo al colegio, estaba pálido y taciturno, y era evidente que el colegio, con su multitud de alumnos, le daba miedo y causaba repugnancia a todo su ser, y que a él, hombre solitario por naturaleza, le resultaba penoso caminar a mi lado.

—Hay demasiado ruido en las clases —decía, como si tratara de encontrar una explicación a su estado de ánimo—. ¡Ya no tiene nombre!

Faltó poco, sin embargo, para que ese profesor de la lengua griega, ese hombre enfundado, se casara, ¡qué me dice!

Iván Ivánich se volvió rápidamente, miró dentro del cobertizo y dijo:

—¡Está bromeando!

—Sí, faltó poco para que se casara, por más sorprendente que parezca. Para nuestro colegio fue designado un nuevo profesor de historia y geografía, un tal Kovalenko, Mijaíl Savich, de origen ucranio. Este no llegó solo, sino en compañía de su hermana Váreñka. El hombre era joven, alto, moreno, tenía manazas enormes y se le veía en la cara que su voz era de bajo profundo; en efecto, atronaba como si hablara desde un tonel vacío: bu, bu, bu... En cuanto a ella, ya no era muy joven —tenía unos treinta años— pero igualmente era alta, esbelta, tenía cejas negras y mejillas coloradas, en una palabra, era mermelada y por añadidura, muy desenvuelta y ruidosa: siempre cantaba romanzas ucranias y reía. Bastaba el más leve motivo para que estallara en una carcajada: ¡ja, ja, ja! Recuerdo que el primer conocimiento a fondo de los Kovalenko lo trabamos en casa del director, al festejar este el día de su santo. Entre los serios, tensos y aburridos pedagogos, que aún a las fiestas asistían por obligación, vimos de pronto, a una nueva Afrodita renacer de la espuma: ponerse en jarras, reír a carcajadas, cantar, bailar... Cantó con sentimiento “Soplan los vientos”, luego otra romanza ucrania y otra más y nos encantó a todos, aun a Bélikov. Este se sentó cerca de ella y le dijo con una dulce sonrisa:

—Por su dulzura y agradable sonoridad, el idioma ucranio hace recordar al antiguo griego.

Ella se sintió tan halagada que se puso a contarle, con sentimiento y convicción, que en el departamento de Gradiach tenía una granja y que en esa granja vivía su mamaíta. ¡Y qué peras, qué melones, qué calabazas había allí...! El *borsch* que se preparaba allí con el agregado de berenjenas era “¡tan rico, pero tan rico que simplemente daba miedo!”.

La escuchamos y escuchamos y, de golpe, se nos ocurrió a todos una misma idea.

—Sería bueno casarlos —me dijo en voz baja la mujer del director.

Todos recordaron que Bélikov no estaba casado y nos pareció raro que no lo hubiéramos notado hasta entonces, ignorando por completo un detalle tan importante de su vida. ¿Cuál era, en general, su actitud hacia la mujer? ¿Cómo resolvía esta cuestión vital? Antes ello no nos interesaba en absoluto; quizás ni siquiera hubiéramos admitido la idea de que un hombre que con cualquier tiempo usaba galochas y durmiera tras una cortina pudiera amar.

—Hace mucho que él ha pasado los cuarenta y ella tiene treinta... —explicó la directora—. Me parece que ella lo aceptaría.

¡Qué no se hallaría en nuestra provincia por aburrimiento!... ¡Cuántas cosas inútiles, absurdas! Y es porque nada se hace de lo que hay que hacer. ¿Para qué, dígame, tuvimos de repente la necesidad de casar a ese Bélikov, a quien ni siquiera se le podía imaginar casado? La mujer del director, la del inspector y las demás damas del colegio se animaron y hasta se volvieron más agradables, como si de golpe vieran la meta de su vida. La directora tomó un palco en el teatro, y así vimos en él a Várenka, con un abanico fantástico, radiante, dichosa, y a Bélikov, pequeño, encogido, como si lo hubieran sacado de la casa con tenazas. Yo daba una fiestecilla, y las damas exigían que invitara sin falta a Bélikov y Várenka. En una palabra, la máquina se puso en marcha. Resultó que Várenka estaba dispuesta a casarse. La vida en la casa de su hermano no era muy alegre; no hacían otra cosa que discutir y reñir todos los días. Aquí tienen una escena: Kovalenko va por la calle, alto, robusto, luciendo una camisa bordada y con el mechón que se le escapa debajo de la gorra, cayendo sobre la frente; en una mano sostiene un montón de libros, en la otra un grueso y nudoso bastón. Tras él camina su hermana, con libros también.

—Pues tú, Mijailik, no lo has leído —afirma en voz alta—. ¡Te juro que no lo has leído nunca!

—Te digo que sí —grita Kovalenko, golpeando la vereda con el bastón.

—Pero, por Dios, Minchik, ¿por qué te enojas? ¡Si estamos hablando de cosas sin importancia!

—¡Te digo que lo he leído! —grita Kovalenko con más fuerza aún. En casa, cada vez que había alguna visita, se armaba un altercado. Semejante vida posiblemente empezaba a causarle tedio; tenía ganas de tener su propio hogar y además debía de tener en cuenta su edad: no podía ya darse el lujo de escoger por mucho tiempo; en esas circunstancias una se casa con cualquiera, aun con el profesor de griego. También es verdad que a la mayoría de nuestras señoritas les da lo mismo casarse con cualquiera; lo importante es casarse. Como quiera que sea, Váreñka empezó a mostrar hacia nuestro Bélikov una evidente benevolencia.

¿Y Bélikov? Él visitaba a los Kovalenko de la misma manera como lo hacía con respecto a todos nosotros. Llegaba a su casa y se quedaba sentado, en silencio. Mientras él callaba, Váreñka le cantaba "Soplan los vientos", o lo miraba, pensativa, con sus oscuros ojos, o lanzaba, de repente, una carcajada:

—¡Ja, ja, ja!

En los asuntos amorosos, y de manera especial en el casamiento, la sugestión desempeña un gran papel. Todos —sus colegas y las damas— aseguraban a Bélikov que debía casarse, que no le quedaba otra cosa en la vida que casarse; lo felicitábamos y con caras serias le decíamos trivialidades como, por ejemplo, que el matrimonio era un paso serio; además, Váreñka era bien parecida, interesante, tenía una granja y era hija de un consejero de Estado; pero lo principal consistía en que era la primera mujer que lo trató en forma cariñosa y cordial, lo cual le hizo perder la cabeza y decidir que, efectivamente, debía casarse.

—Era el momento apropiado para quitarle las galochas y el paraguas —acotó Iván Ivánich.

Sin embargo, no fue posible hacerlo. Puso en su mesa el retrato de Váreñka, venía siempre a verme y me hablaba de Váreñka, de la vida familiar, de que el matrimonio era un paso serio; con frecuencia visitaba a los Kovalenko; pero no cambió en absoluto su manera de vivir. Más bien, al contrario, la decisión de casarse repercutió en él en forma casi dolorosa: se tornó pálido, adelgazó y, al parecer, se sumergió aún más en su estuche.

—Varvara Samishna me agrada —decía torciendo su boca en una hábil sonrisita— y yo sé que todo hombre debe casarse, pero... todo eso ocurrió tan de golpe, ¿sabe? Hay que pensarlo bien.

—¿Qué es lo que hay que pensar? —le decía yo—. Cásese y ya está.

—No, no, el casamiento es un paso muy serio; primero hay que sopesar las futuras obligaciones, la responsabilidad… para que no ocurra luego nada malo. Ello me preocupa tanto que ahora no puedo dormir por las noches. Y le confieso que tengo miedo: ella y su hermano tienen una manera de pensar un tanto extraña, suelen razonar en forma rara, ¿sabe? Además, tienen un carácter muy vehemente. Uno se casa y luego, a lo mejor, se ve envuelto en alguna historia.

Y no se animaba a hacer la petición de mano, postergándola, para gran fastidio de la directora y de todas nuestras damas; continuaba sopesando las futuras obligaciones y la responsabilidad, mas entretanto salía de paseo con Váreñka casi todos los días, porque quizás, pensaba que así era como correspondía hacer en su situación, y venía a verme para conversar sobre la vida familiar. Y lo más probable es que, al fin y al cabo, hubiera propuesto el matrimonio y entonces se hubiera realizado uno de esos estúpidos e innecesarios casamientos que se llevan a cabo en nuestro país, por millares —de puro aburrimiento— si no hubiera ocurrido repentinamente un *Kolossalische Scandal.*[23] Es de señalar que

[23] Escándalo colosal, en alemán.

Kovalenko, el hermano de Váreñka, aborreció a Bélikov desde el día en que lo había conocido y nunca pudo soportarlo.

—No comprendo —nos decía, encogiéndose de hombros—, no comprendo cómo ustedes toleran a ese soplón con esa facha asquerosa. ¡Ay, señores! ¿Cómo pueden ustedes vivir aquí? Hay aquí una atmósfera mala, sofocante. ¿Acaso son ustedes pedagogos, son profesores? No son más que chupatintas y este no es un templo de la ciencia sino un tribunal de policía y hasta hay un olor agrio como en una casilla policial. No, amigos míos... Me quedaré con ustedes un poco más y luego volveré a mi granja, donde me dedicaré a pescar cangrejos y a enseñar a los niños ucranios. Me iré, y ustedes quédense con su Judas, y ojalá que se le críe un sapo en la panza.

Otras veces reía a carcajadas hasta que se le saltaban las lágrimas, ya en voz de bajo, ya con un hilito de voz, y me preguntaba, separando las manos:

—¿Para qué se queda ese sentado en mi casa? ¿Qué quiere de mí? No hace más que mirar.

Hasta le puso a Bélikov un apodo: "la araña". Por supuesto, al conversar con él evitábamos toda mención acerca de que su hermana Váreñka pensaba casarse con "la araña". Y cuando una vez la directora le hizo una alusión en el sentido de que no estaría mal acomodar a su hermana con una persona tan seria y respetada como lo era Bélikov, él frunció el ceño y gruñó:

—No tengo nada que ver con el asunto. Que se case con quien quiera aunque sea con un reptil. Yo no me meto en asuntos ajenos.

Escuchen ahora lo que pasó déspués. Un pícaro dibujó la caricatura de Bélikov caminando bajo el paraguas, con las galochas puestas y los pantalones arremangados, llevando del brazo a Váreñka y con una inscripción debajo: "El *antropos* enamorado". Su expresión fue captada en forma asombrosa, ¿saben? El dibujante debió haber trabajado más de una noche, ya que todos los profesores del colegio de varones y los del liceo como también los del seminario y aun los funcionarios recibieron un ejemplar cada uno. También Bélikov recibió uno. La caricatura le produjo una impresión de lo más penosa.

Salimos juntos de la casa —era el domingo primero de mayo y todos los profesores y los colegiales habíamos convenido congregarnos junto al colegio para luego marchar a pie hasta un bosquecillo cercano a la ciudad— y noté que estaba sombrío como una nube.

—Hay gente muy mala y dañina —observó, y sus labios temblaron.

Hasta me dio lástima. Mas de aquí que aparece por la calle Kovalenko montado en una bicicleta y tras él Váreñka, también en bicicleta, con cara enrojecida y fatigada, pero animosa y alegre.

—Nosotros vamos adelante —grita—. ¡Qué tiempo hermoso hace! ¡Tan lindo que da miedo!

Y ambos desaparecieron. Mi buen Bélikov se puso blanco; se detuvo y me miró inmóvil...

—Permítame, ¿cómo es eso? —preguntó—. ¿O quizás me engaña la vista? ¿Acaso es decente para los profesores del colegio y para las mujeres montar en bicicleta?

—¿Y qué puede haber de indecente en ello? repliqué—. ¡Qué monten todo lo que quieran!

—Pero, ¿cómo es posible? —exclamó, asombrado de mi calma ¡Qué está diciendo!

Y se quedó tan impresionado que ya no tuvo ganas de proseguir el paseo y volvió a su casa.

Al día siguiente estuvo todo el tiempo frotándose las manos nerviosamente, y en la cara se le notaba que no se sentía bien. Hasta se retiró de la clase, cosa que le sucedía por primera vez en la vida. Tampoco pudo comer. Y al atardecer se puso ropas abrigadas, aunque en la calle hacía un tiempo de verano, y se encaminó lentamente a casa de los Kovalenko. Váreñka no estaba; solo encontró al hermano.

—Tome asiento, por favor —dijo este con frialdad y frunció el ceño: tenía la cara somnolienta, pues acababa de dormir la siesta, y se hallaba de muy mal humor.

Bélikov permaneció sentado en silencio durante unos diez minutos.

—He venido —comenzó diciendo— para aliviar mi corazón. Estoy muy, pero muy apenado. Un libelista ha dibujado de manera ridícula una escena que representa a una persona allegada a nosotros dos y a mí.

Considero mi deber asegurarle que yo no tengo nada que ver... No he dado ningún motivo para semejante injuria; más bien al contrario, me he conducido siempre como una persona correcta.

Kovalenko enfurruñado, no decía nada, Bélikov esperó un rato y continuó con voz baja y triste:

—Tengo aún otra cosa que decirle. Hace mucho tiempo ya que ejerzo la profesión, usted en cambio, está en los comienzos y considero como mi deber, en calidad de su compañero mayor, hacerle una advertencia: usted monta en bicicleta, diversión totalmente indecente para un educador.

—¿Y por qué? —preguntó Kovalenko con voz de bajo.

—¿Acaso es necesario explicarlo, Mijaíl Savich? ¿No es claro por sí mismo? Si el profesor monta en bicicleta, ¿qué queda entonces, por hacer a los alumnos? ¡No les queda otra cosa que andar patas arriba! Y por cuanto ello no está autorizado por una circular, pues no debe hacerse. Ayer me quedé aterrorizado. Al ver a su hermanita, se me enturbiaron los ojos. Una señora o una señorita montada en bicicleta, ¡es algo terrible!

—¿Y qué es lo que usted desea, en forma concreta?

—Solamente deseo una cosa: advertirle, Mijaíl Savich. Usted es un hombre joven, tiene su futuro por delante, y debe por ello, conducirse con mucha cautela. Sin embargo, está usted fallando ¡oh, sí! Anda usted vestido con una camisa bordada; se le ve siempre en la calle con no sé qué libros en la mano y ahora, además, esa bicicleta. Algún día el director sabrá que usted y su hermanita montan en bicicleta; más tarde el rumor llegará a oídos del curador... ¿Qué de bueno puede resultar de ello?

—Que mi hermana y yo, montemos en bicicleta no debe importarle a nadie —dijo Kovalenko enrojeciendo—. Y si alguien intentara inmiscuirse en mis asuntos privados y familiares, lo enviaré al diablo.

Bélikov palideció y se puso de pie.

—Si usted habla conmigo en ese tono, no puedo seguir conversando —dijo—. Y le ruego que nunca se exprese de esta manera acerca de las autoridades, en mi presencia. Su actitud con respecto a los superiores debe ser respetuosa.

—¿Acaso hablé mal de las autoridades? —preguntó Kovalenko, dirigiéndole miradas furibundas—. Déjeme en paz, por favor. Soy un hombre honrado y no tengo ganas de hablar con personas como usted. No me gustan los soplones.

Bélikov se movió nerviosamente y empezó a ponerse el abrigo, con expresión de terror en la cara. Por primera vez en su vida oía semejantes groserías.

—Puede usted decir lo que quiera —observó, al salir del vestíbulo al descanso de la escalera—. Solo debo advertirle una cosa: puede ser que alguien nos haya oído, y para no interpretar mal nuestra conversación y por si ocurre algo, debo informar al señor director sobre el contenido de ella en términos generales. Estoy obligado a hacerlo.

—¿Informar? ¡Ande, pues!...

Kovalenko lo agarró de atrás por el cuello y lo empujó; Bélikov rodó por la escalera, haciendo ruido con las galochas. La escalera era alta y empinada, pero él llegó abajo con buena suerte, se levantó y se palpó la nariz: ¿se salvaron los lentes? Pero justo en el momento en que él rodaba por la escalera, entró Váreñka, acompañada de dos damas: se detuvieron abajo y lo miraban. Y para Bélikov eso era lo peor. Mejor hubiera sido romperse el cuello o las dos piernas antes que hacer el ridículo; ahora iba a enterarse toda la ciudad, la noticia llegaría hasta el director y aun hasta el curador —podrían ocurrir cosas malas, quizás dibujarían una nueva caricatura y todo terminaría con su retiro obligatorio...

Cuando Bélikov se hubo levantado, Váreñka lo reconoció y, viendo su cara asustada, el arrugado abrigo y las galochas desparramadas, sin comprender lo ocurrido y creyendo que él había caído sin querer, no pudo contenerse y estalló en una carcajada que resonó en toda la casa:

—¡Ja, ja, ja!

Y con este sonoro alborozado "ja, ja, ja" concluyó todo: tanto el casamiento como la existencia terrestre de Bélikov. Las palabras de Váreñka ya no llegaban a sus oídos, ni tampoco podía ver nada. De regreso a su casa, retiró el retrato de la mesa, luego se acostó y ya no se levantó más.

Unos tres días después vino a verme Afanasy y preguntó si debía ir a buscar al médico, porque a su amo le pasaba algo. Fui a verlo. Estaba tendido tras la cortina y cubierto con una colcha; a todas mis preguntas se limitaba a contestar sí o no y nada más. Afanasy caminaba junto a la cama, con aire sombrío, y suspiraba profundo; tenía olor a vodka tan fuerte como si acabara de llegar de la taberna.

Al cabo de un mes Bélikov murió. Todo el mundo asistió a su sepelio, es decir, el colegio, el liceo y el seminario. El difunto yacía en el ataúd con expresión mansa, placentera, casi alegre, como si estuviera contento de hallarse en un estuche del cual ya no saldría jamás. ¡Sí, había alcanzado su ideal! Y como si fuera en su homenaje, el tiempo durante el sepelio, se mantuvo nublado y lluvioso, y todos llevábamos paraguas y galochas. También Váreñka asistió al entierro, y cuando bajaban el féretro a la fosa, se puso a llorar. He observado que las ucranias o lloran o ríen a carcajadas: no poseen un humor medio.

Confieso que es un gran placer enterrar a personas como Bélikov. Regresábamos del cementerio con caras serias y afligidas; nadie quería revelar esa sensación de contento, sensación parecida a la que experimentábamos hacía mucho, mucho tiempo, en nuestra infancia, cuando los mayores se iban de la casa y nosotros corríamos por el jardín una o dos horas, gozando de plena libertad. ¡Ah, libertad!

¡Libertad! Con la sola alusión, hasta con una leve esperanza de su posibilidad, crecen alas en el alma, ¿no es cierto?

Al volver del cementerio, estábamos de buen humor. Pero no había transcurrido aún una semana cuando la vida retomó su cauce habitual, la misma vida de antes: severa, fatigosa y necia; una vida que no estaba prohibida por una circular, pero que tampoco estaba permitida del todo: no hubo mejoras. Efectivamente, habíamos enterrado a Bélikov, pero ¡cuántos hombres enfundados quedan todavía! ¡Y cuántos habrá aún!

—Ahí está la cosa —dijo Iván Ivánich y encendió la pipa.

—¡Cuántos existirán aún! —repitió Burkin.

El profesor salió del cobertizo. Era un hombre de baja estatura, grueso, completamente calvo y con una barba negra que le llegaba casi hasta la cintura; junto con él salieron dos perros.

—¡Qué luna! —dijo, mirando al cielo.

Ya era medianoche. Hacia el lado derecho se veía todo el campo. Todo se hallaba sumergido en un apacible y profundo sueño; no había ningún movimiento, ningún ruido; hasta resultaba difícil creer que podía haber tanta quietud en la naturaleza. Cuando en una noche de luna uno ve la ancha calle pueblerina con sus *izbas,* sus gavillas y sus adormecidos sauces, la paz penetra en el alma, escondiéndose en las sombras nocturnas de sus labores, sus preocupaciones y sus penas; la quieta calle aldeana es mansa, melancólica y bella, y parece que también las estrellas la contemplan con dulzura y que ya no hay maldad sobre la tierra y que todo está bien. En el extremo izquierdo del pueblo comenzaba el campo; se le veía lejos, hasta el horizonte, y en toda la extensión de este campo, inundado de luz lunar, tampoco había movimiento ni ruido.

—Ahí está la cosa —repitió Iván Ivánich—. Nosotros vivimos en la ciudad, sofocados, hacinados, escribimos pápeles inútiles, jugamos a los naipes, ¿acaso no es eso un estuche? Y cuando pasamos toda la vida entre haraganes, pleitistas, mujeres tontas y ociosas, y escuchamos y decimos toda clase de majaderías, ¿acaso no es eso un estuche? A propósito, si desea, le contaré una historia muy aleccionadora.

—No, no, ya es hora de dormir —dijo Burkin—. Hasta mañana.

Los dos entraron en el cobertizo y se acostaron sobre el heno. Ya se habían acomodado y adormecido ambos, cuando se oyeron de repente, unos leves pasos: tap, tap... Alguien caminaba cerca de la barraca, daba unos pasos, se detenía y poco después de nuevo: tap, tap... Los perros comenzaron a gruñir.

—Es Mavra la que camina —dijo Burkin.

Los pasos no se oían más.

—Uno ve y oye mentiras —dijo Iván Ivánich, dándose vuelta— y todavía lo llaman tonto por haberlas tolerado; uno tiene que aguantar ofensas y humillaciones, sin atreverse a declarar de manera abierta su simpatía hacia personas honradas y libres; uno mismo tiene que mentir y sonreír, y todo ello por un pedazo de pan, por un rincón caliente, por algún titulillo que no vale nada... ¡No, ya no es posible vivir de esta manera!

—Eso ya es harina de otro costal, Iván Ivánich —dijo el profesor—. Vamos a dormir.

Al cabo de unos diez minutos Burkin ya dormía. Iván Ivánich, empero, seguía revolviéndose de un costado a otro y suspirando; luego se levantó, salió del cobertizo, se sentó junto a la puerta y encendió la pipa.

El repetidor

El estudiante de séptimo grado, Yegor Ziberov, tiende la mano a Petia Udodov con bondad. Petia, un chiquillo de doce años, vestido con un trajecito gris, gordinflón, de mejillas coloradas, frente estrechita y cabellos como cerdas, hace chocar los talones y saca del armario los cuadernos. La lección comienza. De acuerdo al convenio concertado con papá Udodov, Ziberov deberá dar a Petia dos horas de clase diarias, recibiendo en pago de ello seis rublos al mes. Su tarea consiste en prepararle para el segundo año de bachillerato. El año pasado lo preparó para el primero, no obstante lo cual Petia fue suspendido.

—Bien... —empezó diciendo Ziberov, mientras encendía un cigarrillo—. Quedamos en que iba usted a preparar la cuarta declinación. A ver... ¡Decline usted *fructus!*

Petia empieza a declinar.

—¡Otro día que no se la sabe! —dijo Ziberov levantándose—. ¡Es la sexta vez que le pongo a estudiar la cuarta declinación y que no se la sabe! ¿Cuándo, por fin, va usted a estudiar la lección?

—¿Hoy tampoco lo sabe? —dice a través de la puerta una voz tosigosa.

Y el papá de Petia, el secretario provincial retirado Udodov, entra en la habitación.

—¿Otra vez?... ¿Y se puede saber por qué no has estudiado? ¡Asqueroso chiquillo! Ayer le azoté... ¡Créamelo, Yegor Alexeich!

Suspirando fatigosamente, Udodov se sienta junto a su hijo y examina su gastado método de latín de Kühner. Ziberov empieza a preguntar a Petia en presencia de su padre. ¡Que sepa el estúpido padre lo estúpido que es su hijo!...

Con ardor propio del examen, el repetidor se acalora. Odia al pequeño y tonto colegial, de rojas mejillas, al que querría golpear y hasta le irrita cuando contesta acertadamente. ¡Tanto le repugna Petia!

—¡De la segunda declinación no tiene usted ni idea siquiera! ¡La primera tampoco la sabe! ¡Esta no es manera de estudiar! Bueno... Dígame ahora cuál es el ablativo de *meus filius.*

—De *meus filius...*, de *meus filius...*, pues...

Durante largo rato Petia contempla el techo y mueve los labios, pero no da con la respuesta.

—Y el dativo plural de *dea.* ¿Cuál será?

—*Deabus... filiabus...* —contesta Petia.

El viejo Udodov aprueba con la cabeza, y el estudiante que no esperaba una respuesta justa, se siente enojado.

—¿Y qué sustantivo forma también el dativo en *abus?* —pregunta.

—Pues... creo que *anima* forma también el dativo en *abus,* aunque no lo dice el Kühner.

—¡Qué sonoridad de la lengua latina! —observa Udodov—. *Alon..., tron..., bopus..., antropus...* ¡Cuánta sabiduría! ¡Y pensar que hay que aprenderse todo eso! —añade suspirando.

"Es molesto tener aquí a este animal mientras trabajamos —piensa Ziberov—. Se sienta ahí y todo lo fisga. Detesto el *control*".

—¡Bien! —se dirige a Petia—. El próximo día volverá usted a traer la misma lección de latín. Pasemos ahora a la aritmética. Coja la pizarra. ¿Qué problema toca?

Petia escupe sobre la pizarra y la borra después con la manga. El profesor coge el libro de problemas y dicta:

—Un comerciante compró ciento treinta y ocho varas de paño negro y azul por valor de quinientos cuarenta rublos. Se pregunta: ¿Cuántas varas compró del uno y del otro si el azul costaba a cinco rublos la vara y el negro a tres? ¡Repita usted el problema!

Petia lo repite y comienza inmediatamente, sin decir palabra, a dividir quinientos cuarenta entre ciento treinta y ocho.

—¿Para qué divide usted? ¡Espere...! Bueno, sí..., siga. ¿Hay residuo? No tiene que haberlo. Traiga, yo lo dividiré.

Ziberov lo divide y obtiene de resultado tres con residuo, lo que se apresura a borrar.

"Es extraño —piensa tirándose del cabello y enrojeciendo—. ¿Cómo es este problema?... ¡Hum! ... Debe ser de ecuación indeterminada y no de aritmética —el profesor consulta las soluciones y halla setenta y cinco y sesenta y tres—. ¡Hum!... ¡Qué extraño!... Quizás haya que sumar cinco y tres y luego dividir quinientos cuarenta entre ocho. ¿Será eso?... Tampoco es eso.

¡Bueno!... ¡Haga el favor de resolverlo de una vez! —dice Petia.

—Pero, ¿por qué lo piensas tanto? ¡El problema es sencillísimo! —dice Udodov a Petia—. ¡Qué bobo eres, hijito! ¡Resuélvalo usted por esta vez, Yegor Alexeich!

Yegor Alexeich toma la tiza y se dispone a resolverlo. Tartamudea. Enrojece. Palidece.

—El caso es que este problema es de álgebra —dice—. Podría resolverse con X Y y también sin esto... ¿Ve?... Yo aquí divido... ¿Comprende?... Ahora esto hay que restarlo... ¿Comprende?..., o si no... Lo mejor será que me lo traiga usted resuelto mañana... ¡Piénselo bien!

Petia sonríe maliciosamente, Udodov sonríe también. Ambos comprenden la turbación del profesor. El estudiante de séptimo se azora todavía más, se levanta y empieza a pasear por la habitación.

—Puede resolverse sin acudir al álgebra —dice Udodov. Y tendiendo la mano hacia el *schety*[24] añade con un suspiro—: Mire, es así...

Hechos los cálculos sobre el *schety* obtiene sin dificultad los setenta y cinco y sesenta y tres precisados.

—Esto está hecho a nuestra manera... no científica.

El profesor se siente terriblemente incómodo. Con el corazón sin latidos, mira el reloj y comprueba que para el fin de la lección falta todavía hora y cuarto. ¡Toda una eternidad!

—Ahora el dictado.

Después del dictado viene la geografía; luego, la religión; después, el idioma ruso. ¡Hay tanta ciencia en este mundo!... Por fin terminan las

[24] Ábaco.

dos horas de lección. Ziberov coge el gorro, tiende condescendiente la mano a Petia y se despide de Udodov.

—Dígame... —pregunta tímidamente— ¿No podría usted darme algo de la cuenta? Tengo mañana que pagar mis estudios. Son seis meses lo que me debe usted...

—¿Yo?... ¡Ah, sí, sí! —masculla Udodov sin mirar a Ziberov—. ¡Desde luego..., con mucho gusto!... La cosa es que no puedo en este momento..., pero dentro de una semana..., o de dos... le pagaré.

Ziberov no protesta; y, tras de calzarse los pesados y sucios chanclos, se dirige a dar otra lección.

Sirena

Después de una de las sesiones del tribunal de la ciudad de N***, los jueces se habían reunido en la sala de consejo con el objeto de quitarse los uniformes y descansar unos minutos antes de marcharse a comer a sus casas. El presidente del tribunal, hombre robusto y de tupidas patillas, retenido por un asunto de *especial interés* acabado de discutir, se había sentado junto a una mesa y con gran apresuramiento, consignaba por escrito su opinión sobre el caso. Junto a la ventana y mirando tristemente el patio, se encontraba Milkin, el juez de paz del distrito, joven de cara lánguida y melancólica, considerado como filósofo y que, descontento de su ambiente, andaba a la búsqueda de un objetivo para su vida. Otros dos jueces, uno de distrito y otro honorario, se habían marchado ya.

El juez honorario que allí había quedado, un obeso de respiración fatigosa, y el auxiliar del procurador, joven alemán cuyo rostro revelaba que padecía de catarro intestinal, se hallaban sentados en un pequeño diván, esperando a que el presidente terminara de escribir para salir juntos e irse a comer. De pie ante ellos se encontraba el secretario del tribunal, Jilin, hombre bajito, de patillas cortas junto a las orejas y rostro de dulce expresión. Con untuosa sonrisa decía, mirando al gordinflón:

—Todos tenemos ganas de comer porque estamos cansados y porque ya son más de las tres, y sin embargo, querido Grigori Savich, esto, no es el verdadero apetito... ¡El verdadero apetito..., el apetito de lobo..., ese que te haría comerte a tu propio padre..., es el que se tiene después del ejercicio físico..., por ejemplo, después de la caza o de haber hecho cien *verstas* a caballo sin descansar!

¡También hace mucho la imaginación! Por ejemplo, si vuelves a casa después de haber cazado y quieres comer con apetito, no has de pensar jamás en cosas de orden intelectual. Lo intelectual y lo científico quita siempre el apetito. Ya sabe usted que los filósofos y los sabios son los últimos en esta cuestión de la comida y porque por ellos (con perdón de usted) no comen ni los cerdos. Por eso, cuando uno vuelve a casa, hay que obligar a la cabeza a no pensar más que en la garrafa y en los entremeses. Una vez que, yendo de viaje, se me ocurrió cerrar los ojos e imaginarme un lechoncito guisado con *raíz fuerte*... ¡me entró tal apetito, que por poco me da un ataque de histerismo! Es menester, por tanto, que ya uno, en el mismo momento de entrar en el patio de su casa, perciba alguno de estos olores viniendo de la cocina, ¿verdad?

—Los gansos asados son maestros en eso de expedir olor —dijo el juez honorario respirando fatigosamente.

¡No diga eso, querido Grigori Savich! ¡El pato o la chocha pueden oler diez veces mejor! ¡En el ganso no hay *bouquet*..., ni ternura, ni delicadeza!... Ese olor de la cebolla tierna cuando..., sabe usted..., empieza a dorarse y a armar un estrépito, ¡la muy canalla!, por toda la casa..., ¡es el más embriagador de todos! Bien, pues como le decía, cuando se entra en casa tiene que estar la mesa puesta. Se sienta usted, se mete la servilleta por debajo de la corbata y, sin prisa, tiende la mano hacía la garrafa de vodka. No hay que echarla en una copa, sino en algún vasito de plata, antediluviano, del abuelo..., o en alguno que otro recipiente en que esté escrito algo por el estilo: "Esto lo admiten hasta los frailes". Tampoco hay que bebérsela enseguida, sino suspirar primero, frotarse las manos, mirar indiferente al techo y, sin apresurarse, llevarse el vodka a los labios. ¡Y ese es el preciso instante en que se sienten chispas por el estómago y por todo el cuerpo!

El dulce rostro del secretario tenía una expresión beatífica.

—¡Chispas!... —repitió cerrando los ojos—. Eso sí, tan pronto como se ha bebido usted el vasito, necesita comer algo.

—¡Oiga! —dijo el presidente alzando los ojos hacia el secretario—. ¡No hable tan fuerte! ¡Por su culpa he estropeado ya la segunda hoja!

—¡Oh, perdón, Piotr Nikolaievich!... Hablaré más bajo —dijo el secretario.

Tras de lo cual prosiguió a media voz:

—Además, querido Grigori Savich, hay que saber comer. Hay que saber lo que se debe comer. El mejor entremés, si le interesa a usted saberlo, es el arenque. Se come usted un pedacito con cebolla y salsa de mostaza y enseguida, amigo mío, cuando empiezan las chispas en el estómago, se toma usted el caviar, con o sin limón, como más le guste. Luego, el rábano con sal; después, otra vez el arenque... Pero lo mejor de todo son las setas picadas con cebolla y aceite... ¡Eso es exquisito! ¡Pues y el hígado de la lota! ¡Un verdadero poema!

—Sí... —concedió el juez honorario cerrando los ojos—. También las setas blancas son muy buenas para el entremés.

—En efecto, con cebolla, laurel y otras especias. ¡Destapas la cazuela y sale de ella un vaho..., un olor a setas!... ¡A veces se te saltan las lágrimas! Luego, tan pronto como traen de la cocina la *kulebiaka,*[25] es menester tomarse, sin pérdida de tiempo, un segundo vasito.

—¡Iván Gurich! —dijo con voz llorosa el presidente—. ¡Por culpa suya he estropeado la tercer hoja!

—¡Qué diablos! ¡No piensa más que en la comida! —gruñó el filósofo Milkin con una mueca de desprecio—. ¿Acaso no hay en la vida cosas más interesantes que las setas y la *kulebiaka*?

—Como íbamos diciendo, antes de comer la *kulebiaka,* hay que beber un poco —prosiguió el secretario a media voz.

Estaba tan emocionado, que, como el ruiseñor cuando canta, no oía más que su propia voz.

---

[25] Pastel o empanada rusa cerrado y de forma alargada.

—La *kulebiaka* tiene que ser apetitosa, de una desnudez provocativa, para que resulte tentadora. Se corta un enorme pedazo, y es tal la abundancia de sentimientos que acuden a uno, que le pasa uno los dedos por encima, así, de esta manera... Luego empieza uno a comérsela, y la mantequilla chorrea de ella como lágrimas... El relleno debe ser grasoso, jugoso, contener huevos, despojos, cebolla...

El secretario puso los ojos en blanco y su boca se torció hasta la misma oreja. El juez honorario, que sin duda estaba en aquel momento imaginándose la *kulebiaka,* movió los dedos.

—¡Diablos!... —gruñó el juez del distrito dirigiéndose a otra ventana.

—Se come uno dos pedazos. El tercero hay que reservarlo para comérselo con los *schi* —prosiguió inspirado el secretario—. Tan pronto como termina uno de comerse la *kulebiaka* es menester (para que el apetito no quede cortado) hacer que sirvan los *schi*... Estos últimos tienen que venir calientes, al rojo vivo... Pero lo mejor de todo, amigo mío, es el *borsch,*[26] con remolacha, al estilo ucraniano, o sea, con jamón, salchichas, también con crema agria, perejil fresco e hinojo. Asimismo es magnífico el *rassolnik*[27] de despojos y riñones. Ahora bien, si le gusta la sopa de verduras, la mejor es la que se hace con zanahorias, espárragos, coliflor y muchísimas otras *jurisprudencias* de ese género.

—Sí, ¡es algo maravilloso! —suspiró el presidente levantando los ojos del papel: pero luego, dándose cuenta de sus palabras, gimió—: ¡Dios mío!... ¡así hasta la noche..., ¡está visto que no voy a poder dejar consignada por escrito mi opinión particular! ¡Ya llevo cuatro hojas arruinadas!

—¡No vuelvo a hablar, no vuelvo a hablar! ¡Perdóneme! —se disculpó el secretario, prosiguiendo después a media voz—: Tan pronto como termine usted de tomarse el *borsch* o la sopa que sea, deberá servirse de inmediato el pescado. De los pescados, el mejor es el *karas* asado,

---

[26] Sopa de remolacha, símbolo de la comida rusa.

[27] Típica sopa rusa, considerada un remedio único contra la resaca. El ingrediente principal es el jugo de pepinillo en vinagre.

acompañado con crema agría: ahora, eso sí, para que no huela a cieno es necesario dejarlo vivo y metido en leche durante veinticuatro horas.

—Tampoco está mal el esturión pequeño —dijo el juez honorario cerrando los ojos.

De inmediato, inesperadamente, se alzó bruscamente del asiento y, con una expresión animal en el rostro, rugió dirigiéndose al presidente:

—¡Piotr Nikolaievich!, ¿va usted a tardar mucho?... Ya no puedo esperar más. ¡No puedo!

Déjenme terminar.

—¡Pues entonces me voy yo solo! ¡Adiós!

El gordo cogió a toda prisa su sombrero y, sin despedirse siquiera, salió corriendo de la sala.

El secretario lanzó un suspiro e inclinándose hacia la oreja del auxiliar del procurador continuó diciendo a media voz:

—Lo que también tiene muy buen gusto es el *karas* o el *sudak* con salsa de tomate y setas. ¡El pescado no le llena a uno, Stepan Franzich!... ¡No es el elemento esencial! ¡Lo esencial de la comida no son las salsas ni el pescado, sino el asado! ¿Qué aves prefiere usted?

En el rostro del procurador apareció una expresión de amargura, y contestó, con un suspiro:

—¡Desgraciadamente no puedo disfrutar de ellas! ¡Padezco de catarro intestinal...!

—¡Pero por Dios, señor mío! ¡Esas cosas son invenciones de los médicos! ¡Enfermedades producidas por la preocupación y el orgullo! ¡No haga usted caso! Vamos a suponer que no tiene ganas de comer y hasta que siente repugnancia de estómago... ¡No se fije en ello y coma! Se toma usted, por ejemplo, dos chochas o perdices asadas o una parejita de codornices, y le doy mi palabra de honor de que no vuelve a acordarse para nada de su catarro, elevándose como una ninfa...

—Sí, sabrá muy bien seguramente... —dijo con triste sonrisa el procurador—. Quizás el pavo me atrevería todavía a comerlo.

—¡Dios mío, y el pato! Un delicioso pato, tierno, asado con patatas: estas últimas, cortadas muy menuditas, doradas y bañadas con la grasa del pato... Y...

El filósofo Milkin, también con expresión animal, intentó al parecer decir alguna cosa; pero de repente hizo restallar los labios (seguramente imaginándose el pato asado), y sin pronunciar palabra, arrastrado sin duda por una fuerza desconocida, tomó su sombrero y salió corriendo.

—Sí... Quizá pato también comería yo... —suspiró el auxiliar del procurador.

El presidente se levantó de su asiento, dio unas cuantas vueltas y se volvió a sentar.

—Después del asado ya no siente uno hambre y se sumerge en un dulce bienestar —prosiguió el secretario—. Siente uno el cuerpo satisfecho y el alma conmovida y, para mayor agrado, puede uno tomar otras tres copitas.

El presidente hizo un ruido con la boca y, volviendo la hoja, dijo enfadado:

—¡Esta es la sexta hoja que estropeo! ¡No hay derecho!...

—¡Oh..., escriba, escriba, amigo mío!... —dijo el secretario—. Ya no lo voy a volver a hacer, ¡hablaré muy bajito!... Quiero decirle, Stepan Franzich —prosiguió con un murmullo que apenas se oía—, que el vino hecho en casa es mejor que cualquier champaña. Y a la primera copa sumerge al alma entera en un bienestar y en un mirar tal, que ya no cree uno estar en su casa sentado en una butaca, sino en algún rincón de Australia y subido en el más blanco de los avestruces...

—¡Vamos ya, Piotr Nikolaievich! —dijo el procurador haciendo con el pie un movimiento nervioso de impaciencia.

—Sí... —prosiguió el secretario—. Mientras se toma la copita, conviene fumar un puro haciendo sortijas de humo, al tiempo que la cabeza va llenándose de los pensamientos más soñadores... Por ejemplo, que uno es general en jefe o que está casado con la primera belleza del mundo y que esta belleza se pasa el día entero nadando ante sus ventanas, dentro de un estanque y rodeada de peces de oro. Ella nada..., nada..., y uno le dice: Ven, alma mía... ¡Ven a darme un beso!

—¡Piotr Nikolaievich! —gritó el auxiliar del procurador.

—Sí... —siguió diciendo el secretario. Luego, después de fumar, se recoge uno los faldones de la bata y... ¡andando a la camita!... Se echa uno en ella con la tripita para arriba y coge el periódico. ¡Es tan agradable, cuando casi se le cierran a uno los ojos y hay una somnolencia en todo el cuerpo, leer algo de política! Aquí ve uno, por ejemplo, que Austria ha cometido una *gaffe,* que Francia no dio satisfacción a algunos y que el papa de Roma actuó a disgusto de otros... y disfruta.

El presidente, de un salto, se levantó del asiento, tiró la pluma y cogió el sombrero. El auxiliar del procurador, olvidado de su catarro intestinal y preso de impaciencia, saltó igualmente y exclamó:

—¡Vámonos!

—Pero, ¡Piotr Nikolaievich!... ¿Y esa nota con su opinión particular?... —se asustó el secretario—. ¿Cuándo va usted a escribirla? ¡A las seis tiene usted que marcharse!

El presidente movió la mano con un gesto de indiferencia y salió corriendo por la puerta. Lo mismo hizo el auxiliar del procurador, cogiendo la cartera y desapareciendo tras el presidente. El secretario suspiró, lanzó a su espalda una mirada rencorosa y se puso a ordenar los papeles.

El beso

El 20 de mayo, a las ocho de la noche, las seis baterías de la reserva de la brigada de artillería de N., que se dirigían a su campamento, se detuvieron a pasar la noche en la aldea de Mestechki. En el momento de mayor confusión, cuando algunos oficiales se ocupaban de los cañones y otros, reunidos en la plaza junto a la verja de la iglesia, escuchaban los informes de los furrieles, detrás de la iglesia apareció un jinete vestido de civil y montado en un extraño caballo. El animal, de pelo bayo y pequeña estatura, tenía un cuello hermoso y una cola cortada y no avanzaba en forma recta, sino más bien de costado, haciendo con los cascos pequeños movimientos de baile, como si alguien se los fustigara con el látigo. Llegado ante los oficiales, el jinete se quitó el sombrero y dijo:

—Su excelencia el teniente general Von Rabbek, terrateniente del lugar, invita a los señores oficiales a tomar el té en su casa, ahora mismo...

El caballo inclinó la cabeza, se puso a danzar y retrocedió de costado; el jinete volvió a ponerse el sombrero y un instante después desapareció junto con su extraña montura detrás de la iglesia.

—¡Maldita sea! —rezongaban algunos oficiales al dirigirse a sus alojamientos—. En vez de dormir habrá que ir a ver a este Rabbek y tomar su té... ¡Ya sabemos lo que eso significa!

Los oficiales de las seis baterías recordaron vivamente lo que había sucedido el año anterior, durante las maniobras, cuando ellos, junto con oficiales de un regimiento de cosacos, asimismo habían sido invitados para tomar el té por un conde, terrateniente local y militar retirado; el hospitalario y afable conde los había tratado muy bien, dándoles de comer y beber, y no les había permitido retirarse a sus alojamientos, ofreciéndoles albergue en su propia casa. Por supuesto que todo ello estaba muy bien y no dejaba desear nada mejor, pero lo malo era que el militar retirado se había alegrado sobremanera de ver en su casa a los jóvenes. Hasta el amanecer estuvo relatando a los oficiales episodios de su glorioso pasado; les hacía recorrer las habitaciones, mostrándoles cuadros de valor, antiguos grabados y colecciones de armas raras; les leía cartas auténticas de altos personajes, mientras los exhaustos y fatigados oficiales escuchaban, miraban y anhelando descansar, bostezaban furtivamente tapándose la boca con las mangas; cuando, por fin, el dueño de la casa los dejó libres, ya era tarde para acostarse.

¿No sería así también este Von Rabbek? Fuera o no, ya no había nada que hacer. Los oficiales se cambiaron de ropa, vistiéndose de la mejor manera y formando un grupo compacto, fueron a buscar la casa del general. En la plaza, cerca de la iglesia, les dijeron que podían ir por el bajo —pasando la iglesia bajar hacia el río y caminar por la orilla hasta el mismo jardín y luego las mismas alamedas ya los conducirían a la casa— o bien por el alto, directamente desde la iglesia, por el camino que a media *versta*[28] de la aldea tocaba los graneros de la hacienda. Los oficiales decidieron ir por el alto.

---

[28] Medida itineraria rusa correspondiente a 1067 m.

—¿Qué Von Rabbek será este? —se preguntaban por el camino—. ¿No será el que comandaba la N. división de caballería, en Plevna?

—No, aquel no era Von Rabbek, sino Rabbe, a secas.

—¡Ah, qué tiempo tan estupendo hace!

Junto al primer granero el camino se bifurcaba: un ramal iba derecho y se perdía en la oscuridad de la noche; otro doblaba a la derecha y llevaba hacia la mansión señorial. Los oficiales tomaron por este lado y comenzaron a conversar en voz más baja... Por ambos lados del camino se extendían los graneros, hechos de piedra con tejados de color rojo, macizos y sombríos, muy parecidos a los cuarteles de una ciudad provinciana. Por delante brillaban las iluminadas ventanas de la mansión.

—¡Señores, buena señal! —dijo uno de los oficiales—. Nuestro *setter* marcha delante de todos; quiere decir que huele alguna presa...

El teniente Lobytko, que iba adelante, hombre alto y robusto, pero sin bigotes (tenía más de veinticinco años, pero en su redonda y satisfecha cara no se sabe por qué aún no había aparecido la vegetación), y que en la brigada tenía fama de saber adivinar desde lejos la presencia de las mujeres, se dio vuelta y dijo:

—Sí, debe de haber mujeres aquí. Me lo dice el instinto.

En el umbral de la casa los oficiales fueron recibidos por el mismo Von Rabbek, un anciano de respetable aspecto, de unos sesenta años, vestido con ropas civiles. Estrechando la mano a los invitados, les dijo que se sentía muy contento y feliz, pero que encarecidamente y por el amor de Dios rogaba a los señores oficiales disculparlo por no haberlos invitado a pernoctar en su casa: habían llegado dos hermanas suyas con hijos: varios hermanos y también algunos vecinos, de modo que no le quedaba ni una sola habitación libre.

El general les estrechaba la mano a todos, pedía disculpas y sonreía, pero por su cara se notaba que estaba mucho menos contento por las visitas que el conde del año anterior y que si había invitado a los oficiales, solo había sido porque así lo exigían, según su opinión, las normas de cortesía. Los propios oficiales, subiendo la alfombrada escalera y escuchándolo, sentían que habían sido invitados a esta casa solo porque hubiera sido incómodo no invitarlos, y a la vista de los lacayos que se apresuraban a encender las luces abajo, en la entrada, y arriba, en el vestíbulo, les pareció que introducían consigo la inquietud y la alarma. Allí donde se habían reunido —tal vez a causa de algún acontecimiento familiar— dos hermanas con sus hijos, varios hermanos y aun los vecinos, ¿puede causar alegría la presencia de diecinueve oficiales desconocidos?

Arriba, en la entrada del salón, los invitados fueron recibidos por una anciana alta y esbelta, de rostro alargado y cejas negras, muy parecida a la emperatriz Eugenia. Con una sonrisa amable y majestuosa decía que se alegraba mucho de ver a las visitas en su casa y se disculpaba por verse privados, ella y su marido, de la posibilidad de ofrecerles alojamiento por esta vez. Por su majestuosa y bella sonrisa, que desaparecía instantáneamente cada vez que por algún motivo, se volvía hacia otro lado, se notaba que en su vida había visto muchos señores oficiales, que en este momento estaba ocupada con otras cosas y que si bien los había invitado, lo hizo solo porque así lo exigían su educación y la posición que ocupaba en la sociedad.

En el gran comedor donde entraron los oficiales, ocupando un lado de la larga mesa se hallaban sentados tomando té una docena de señoras y caballeros, jóvenes y de edad madura. Un oscuro grupo de hombres, envuelto por el leve humo de cigarros, se encontraba de pie, detrás de las sillas de los comensales. Un joven delgado, de patillas pelirrojas, decía algo en inglés en voz alta y tartajeando. Detrás del grupo, a través de la puerta, se veía un cuarto de luz, con mobiliario azul.

—Señores, ustedes son tantos que no hay ninguna posibilidad de presentarlos —dijo el general en voz alta, tratando de parecer muy alegre—. ¡Preséntense ustedes mismos, señores, sin ceremonias!

Los oficiales, unos con caras serias, y hasta severas, otros con sonrisas forzadas, y todos sintiéndose muy incómodos, hicieron reverencias de cualquier modo y se sentaron a la mesa.

El que más incómodo se sentía era el capitán Riabóvich, un oficial de baja estatura y algo encorvado, con anteojos y patillas de lince. Mientras algunos de sus camaradas se ponían serios y otros sonreían de manera forzada, la cara, las patillas de lince, y los anteojos del capitán parecían decir: "Yo soy el oficial más tímido, más modesto y más gris de toda la brigada". En el primer momento, al entrar en el comedor y luego, tomando el té, de ninguna manera podía concentrar su atención sobre un rostro o un objeto. Las caras, los vestidos, las jarras con coñac de cristal tallado, el vaho que se elevaba de los vasos, las esculpidas cornisas, todo ello se fundía en una inmensa impresión general que le inspiraba inquietud y deseo de esconder la cabeza. Igual que un declamador que por primera vez actúa ante el público, veía todo lo que había delante de su vista, pero lo visible no se entendía bien (tal estado, en que el sujeto ve pero no entiende, es denominado por los fisiólogos como "ceguera síquica"). Poco después de haberse familiarizado con el ambiente, Riabóvich recobró la vista y se puso a observar. Siendo hombre tímido y poco sociable, antes que nada le llamó la atención aquello que él nunca tenía, o sea el descomunal coraje de sus nuevos conocidos. Von Rabbek, su mujer, las damas de edad, una señorita con vestido de color lila y un joven de patillas pelirrojas, quien resultó ser el hijo mayor de Rabbek, con mucha habilidad, como si lo hubiera ensayado antes, se ubicaron entre los oficiales y enseguida entablaron una acalorada discusión, en la cual los invitados no podían menos que tomar parte. La señorita de lila comenzó a demostrar calurosamente que la vida de los artilleros era mucho más fácil que la de los oficiales de caballería o infantería, mientras que Rabbek y las dos damas de edad afirmaban lo contrario. Sobrevino una conversación entrecruzada. Riabóvich miraba a la señorita de lila discutir con vehemencia sobre un tema que le era extraño y no le podía interesar, y observaba cómo aparecían y desaparecían en su cara las ficticias sonrisas.

Von Rabbek y su familia hábilmente arrastraban a los oficiales a la discusión, al tiempo que vigilaban con atención sus vasos y sus bocas para cerciorarse de si estaban todos bebiendo, si no faltaba a alguien el azúcar, y por qué fulano no comía los bizcochos y zutano no bebía coñac. Y cuanto más Riabóvich miraba y escuchaba, tanto más le gustaba aquella familia.

Después del té los oficiales pasaron a la sala. El olfato no había engañado al teniente Lobytko; había en la sala muchas señoritas y damas jóvenes. El teniente *setter* ya estaba al lado de una jovencita rubia, vestida de negro, y, doblándose con temeraridad, como si se apoyara sobre un sable invisible, sonreía y movía sus hombros con coquetería. Las cosas que decía, probablemente no tenían ningún sentido pero, con todo, resultaban interesantes, puesto que la rubia miraba con cierta condescendencia su cara satisfecha y le preguntaba con tono indiferente: "¿Será posible?". Y por este desapasionado "será posible" el *setter,* si hubiera sido inteligente, habría podido deducir que difícilmente le gritarían "¡Adelante!".

Empezó a sonar el piano; un melancólico vals salió volando de la sala a través de las ventanas, abiertas de par en par, y todos, sin saber por qué, recordaron que estaban en primavera y que a las ventanas se asomaba la noche de mayo. Todos sintieron flotar en el aire la fragancia de las frescas hojas de álamo, de rosas y lilas. Riabóvich, quien bajo la influencia de la música, comenzó a sentir la acción del coñac que había bebido, miró de reojo hacia la ventana, sonrió y se puso a observar los movimientos de las mujeres; le parecía ya que el aroma de rosas, álamo y lilas no provenía del jardín, sino de los rostros y los vestidos de las mujeres.

El hijo de Rabbek invitó a una joven flaca y bailó con ella dos vueltas. Lobytko se precipitó deslizándose por el parqué hacia la señorita alilada y la llevó en un giro vertiginoso por la sala. El baile había comenzado... Riabóvich estaba de pie junto a la puerta, entre las personas que no bailaban, y se dedicaba a observar. En toda su vida no había bailado una sola vez y nunca había tenido la ocasión de abrazar el talle de una mujer decente. Disfrutaba observar cuando un hombre, a la vista de todos, asía a una joven desconocida por el talle y le ofrecía su brazo como sostén, pero de ninguna manera podía imaginarse a sí mismo en la posición de ese hombre. Hubo un tiempo en que envidiaba el coraje y la desenvoltura de sus camaradas y sufría: la conciencia de que era tímido, encorvado y gris, de que tenía un talle largo y, unas patillas de lince, lo hería de manera profunda, pero con los años, esa conciencia se hizo habitual y ahora, mirando a las parejas que bailaban o a las personas que hablaban en voz baja, ya no les tenía envidia y solo se conmovía con tristeza.

Cuando comenzó la contradanza, el joven von Rabbek se acercó a los que no bailaban e invitó a dos oficiales a un partido de billar. Estos accedieron, y salieron con él de la sala. Riabóvich, que no tenía nada que hacer, y que deseaba tomar parte de cualquier manera posible, en el movimiento general, se fue con lentitud tras ellos. Pasaron por una sala de estar, luego por un estrecho corredor de vidrios llegaron a una habitación en la cual tres soñolientas figuras de lacayos saltaron de los divanes al verlos. Al final, después de atravesar toda una serie de habitaciones, el joven Rabbek y los oficiales entraron en una pequeña estancia donde había una mesa de billar. Comenzó el juego.

Riabóvich, que nunca había practicado ningún juego, excepto los naipes, estaba parado junto al billar y miraba a los jugadores con indiferencia, mientras estos con las guerreras desabrochadas, caminaban, taco en mano, decían chistes y gritaban palabras incomprensibles. Los jugadores no lo notaban, excepto cuando alguno de ellos, después de darle un codazo sin querer, o rozarlo con el taco, se daba vuelta y decía: "¡Perdón!". No había terminado aún el primer partido cuando ya estaba aburrido y le parecía que sobraba allí, que estorbaba...

Sintió deseos de volver al salón y salió.

En el regreso tuvo que vivir una pequeña aventura. A mitad del camino se dio cuenta de que no iba por donde debía. Recordaba con perfección que debía encontrarse con tres soñolientas figuras de lacayos, pero había pasado ya cinco o seis habitaciones sin haberlas visto, como si se las hubiera tragado la tierra. Al notar su error, desanduvo una parte del camino, tomó a la derecha y vino a parar a un gabinete semioscuro, que no había visto cuando iba a los billares; después de cavilar medio minuto, abrió resueltamente la primera puerta que vio y entró en una habitación completamente oscura. Delante de él se veía la hendidura de una puerta por la que se filtraba una brillante luz; a través de la puerta llegaban los amortiguados sonidos de una triste mazurca. Igual que en la sala, las ventanas aquí estaban abiertas de par en par, y olía a rosas, álamo, lilas...

Riabóvich se detuvo pensativo... En este instante de modo inesperado, se oyeron unos pasos presurosos y el murmullo de un vestido; una jadeante voz femenina susurró "¡por fin!" y dos suaves y perfumados brazos, sin duda femeninos, envolvieron su cuello; su mejilla sintió el roce de otra mejilla tibia y al mismo tiempo resonó un beso. Pero enseguida la que besaba dejó escapar un grito ahogado y, según le pareció a Riabóvich, se apartó de él de un salto y con repugnancia. También él estuvo por lanzar un grito y se precipitó hacia la luminosa rendija de la puerta...

Cuando regresó a la sala, su corazón latía acelerado y sus manos temblaban en forma tan visible que se apresuró a esconderlas detrás de la espalda.

Al principio lo torturaban la vergüenza y el miedo de que toda la sala supiera que hacía un instante lo había abrazado y besado una mujer; se encogía y miraba inquieto para todos lados, pero al convencerse de que todo el mundo seguía bailando y charlando con la misma tranquilidad de antes, se entregó por entero a una sensación nueva, que nunca había experimentado antes. Le ocurría algo raro... Su cuello, que acababan de rodear unos brazos suaves y olorosos, estaba impregnado, según le parecía, de una esencia; sobre su mejilla, cerca del bigote izquierdo, donde lo había besado la desconocida, se estremecía un leve y agradable frescor, como de gotas de menta, y cuanto más frotaba ese sitio, más fuerte sentía ese frescor; y todo su ser, desde la cabeza hasta los pies, se hallaba embargado por un sentimiento nuevo y extraño que iba creciendo más y más... Tuvo ganas de bailar, hablar, comer al jardín, reír a carcajadas... Se olvidó por completo de que era algo encorvado y gris, que tenía patillas de lince y un "aspecto indefinido" (así fue denominada una vez su apariencia exterior en una conversación entre damas que él había escuchado sin querer). Cuando la mujer de Rabbek pasó cerca, él le sonrió tan amplia y cariñosamente que ella se detuvo y le dirigió una mirada interrogativa.

—¡Su casa me encanta! —le dijo, acomodándose los lentes.

La generala sonrió y le contó que la casa pertenecía aún a su padre: luego le preguntó si sus padres vivían, cuanto tiempo llevaba en el servicio, por qué estaba tan flaco y otras cosas. Después de recibir las respuestas a sus preguntas, ella prosiguió su camino, mientras que él, luego de esta conversación, empezó a sonreír con más afabilidad aún y pensó que lo rodeaban magníficas personas.

Durante la cena Riabóvich comía maquinalmente todo lo que le servían, bebía, y, sin escuchar a nadie, trataba de explicarse la reciente aventura. Esta revestía un carácter misterioso y romántico, pero no era de difícil explicación. Seguro alguna señorita o dama había concertado con alguien una cita en el cuarto oscuro, esperó un largo rato y, al estar nerviosa y excitada, tomó a Riabóvich por su héroe; ello era tanto más probable por cuanto Riabóvich, al pasar por la habitación oscura, se detuvo pensativo, o sea, tenía el aspecto de un hombre que también esperaba algo... Así se explicó Riabóvich el beso recibido.

"¿Y quién será ella? —pensaba, observando las caras femeninas—. Debe ser joven porque las viejas no van a las citas. Luego, debe ser culta, lo que se adivinaba por el roce de su vestido, por su perfume, por su voz...".

Detuvo su mirada en la señorita de lila y esta le agradó mucho; tenía hermosos hombros y brazos, un rostro inteligente y melodiosa voz. Mirándola, Riabóvich sintió deseos de que aquella desconocida fuera precisamente ella y ninguna otra... Pero ella dejó oír una risa no muy franca y frunció su larga nariz que le pareció avejentada; entonces dirigió la mirada a la rubia del vestido negro. Era más joven, más sencilla y más sincera, tenía unas sienes deliciosas y bebía de su copa en forma muy elegante. Ahora Riabóvich deseó que esta fuera *aquella.* Pero encontró muy pronto que su cara era chata y fijó los ojos en la vecina de ella.

"Es difícil adivinar —pensó, soñando—. Si a la de lila le tomara solo sus hombros y sus brazos, y agregara las sienes de la rubia y los ojos de esta que está a la izquierda de Lobytko, entonces...".

Sumó mentalmente y obtuvo la imagen de la joven que lo había besado, imagen que deseaba —pero no podía— encontrar entre las sentadas a la mesa.

Después de la cena los oficiales, satisfechos y algo ebrios, comenzaron a despedirse y a dar las gracias. Los dueños de la casa volvieron a pedir disculpas por no poder invitarlos a pernoctar.

—¡Estoy muy contento, señores! —decía el general, y esta vez era sincero (probablemente porque despidiendo a los invitados la gente suele ser mucho más sincera y bondadosa que recibiéndolos)—. ¡Muy contento! Hagan el favor de visitarnos otra vez cuando vuelvan. ¡Sin ceremonias! ¿Pero, adónde van? ¿Quieren ir por arriba? No, no, vayan por el jardín, por el bajo, es más cerca.

Los oficiales salieron al jardín. Después de la brillante luz y el ruido, el jardín les pareció muy oscuro y silencioso. Hasta el portón caminaron callados. Estaban semiborrachos, alegres, contentos, pero la oscuridad y el silencio los volvieron pensativos por un instante. A la mente de cada uno de ellos acudió sin duda la misma idea: ¿llegaría para ellos alguna vez el tiempo en que, a semejanza de Rabbek, tuvieran una gran casa, una familia, un jardín, y que tendrían asimismo la posibilidad de agasajar a la gente, aunque fuera con poca sinceridad, de volver satisfechos, borrachos y contentos a los hombres?

Una vez fuera del jardín, todos se pusieron a hablar a la vez y reír en voz alta sin ninguna causa. Caminaban ahora por el sendero que descendía hacia el río y luego corrían junto a él, rodeando los arbustos costeros, los baches y los sauces inclinados sobre el agua. La orilla y el sendero eran apenas visibles, mientras que la otra orilla se hundía toda en las tinieblas. Aquí y allá, en el agua oscura, se reflejaban las estrellas: temblaban y se tornaban difusas, y solo por eso podía adivinarse el rápido correr del río. Era una noche apacible. En la otra orilla gemían las adormecidas chochas y en esta en uno de los arbustos, sin hacer caso al grupo de oficiales, lanzaba sus trinos un ruiseñor. Los hombres quedaron parados un rato junto al arbusto y lo tocaron, pero el ruiseñor seguía cantando.

—¡Cómo es, eh! —se escucharon las exclamaciones de aprobación—. Estamos aquí al lado, pero no nos toma en cuenta para nada. ¡Qué pillo!

En el final del camino el sendero iba elevándose y, al llegar a la verja de la iglesia, entraba en la carretera. Aquí los oficiales, fatigados por la marcha de ascensión, se sentaron a descansar y fumar un poco. En la otra orilla apareció una opaca lucecita roja y ellos, como no tenían nada que hacer, durante largo rato trataron de determinar si era una fogata, una luz en la ventana o alguna otra cosa... Riabóvich miraba también la lucecita y le parecía que esta le sonreía y le guiñaba de tal manera como si supiera lo del beso.

De regreso en su alojamiento, Riabóvich se desvistió de prisa y se acostó. En la misma *izba*[29] se alojaban Lobytko y el teniente Mersliakov, un mozo apacible y taciturno, que se consideraba en su círculo como un oficial culto y que en todas partes donde era posible se ponía a leer el *Noticiero de Europa* que siempre llevaba consigo. Lobytko se desvistió, paseó un largo rato de un rincón a otro, con aire de hombre insatisfecho, y mandó al ordenanza a buscar cerveza. Mersliakov se acostó, colocó la vela junto a la cabecera y se sumergió en la lectura del *Noticiero de Europa*.

"¿Quién será ella?" —pensaba Riabóvich, mirando al cielo raso ennegrecido por el humo.

Le parecía que su cuello estaba aún rociado con una esencia y junto a su boca sentía el frescor de unas gotas de menta. En su imaginación pasaban los hombros y los brazos de la señorita de lila, las sienes y los ojos sinceros de la rubia vestida de negro, talles, vestidos, prendedores. Trató de fijar su atención en estas imágenes, pero ellas saltaban, se diluían, parpadeaban. Cuando en el amplio fondo negro que ve todo hombre al cerrar los ojos, estas imágenes desaparecían en forma total, comenzaba a oír pasos presurosos, el rumorcillo de un vestido, el sonido de un beso, y le invadía una intensa alegría sin causa ninguna... Entregado a esta alegría, oyó regresar al ordenanza notificando que no había cerveza. Lobytko se mostró sumamente indignado y volvió a pasear por la habitación.

—¡Vaya un idiota! —decía, deteniéndose ora frente a Riabóvich, ora delante de Mersliakov—. ¡Cuán necio y tonto tiene que ser uno para no encontrar cerveza! ¿Eh? ¿No es un canalla?

—Pues, claro que aquí, en la aldea, no se puede conseguir cerveza a estas horas —dijo Mersliakov, sin apartar la vista del *Noticiero de Europa*.

—¿Ah, sí? ¿Está usted seguro? —insistía Lobytko. ¡Por Dios, envíenme a la Luna y no tardaré en encontrar cerveza y mujeres! Ahora mismo iré a buscarla... ¡Podrán tildarme de mentiroso si no encuentro nada!

[29] Típica vivienda campesina rusa.

Se estuvo vistiendo sin prisa y calzando sus altas botas, luego fumó en silencio un cigarrillo y salió.

—Rabbek, Grabbek, Labbek —murmuró, deteniéndose en el zaguán—. No tengo gana de ir solo. Riabóvich, ¿no quiere hacer conmigo una *promenade*?

Al no obtener respuesta, volvió, se desvistió sin prisa y se acostó. Mersliakov suspiró, dejó a un lado el *Noticiero de Europa* y apagó la vela.

—Parece mentira... —barbotó Lobytko, encendiendo el cigarrillo en la oscuridad.

Riabóvich se tapó la cabeza, se acurrucó y comenzó a juntar las imágenes que revoloteaban en su mente para formar con ellas una unidad. Pero no obtuvo ningún resultado.

Pronto se quedó dormido y su último pensamiento fue el de que alguien lo había acariciado y alegrado y que en su vida había sucedido algo descomunal y aun estúpido, pero sumamente bueno y festivo. Este pensamiento tampoco lo dejó durante el sueño.

Cuando despertó, la sensación de esencia en su cuello y la frescura de menta cerca de sus labios habían desaparecido, pero la alegría, igual que la noche anterior, cual una ola se agitaba en su pecho. Miró con entusiasmo el marco de la ventana dorado por el sol y prestó atención al movimiento que había en la calle. Cerca de la ventana, alguien hablaba en voz alta. El comandante de la batería Lebedetsky, quien acababa de alcanzar a la brigada, en voz muy baja —por la falta de costumbre de hablar bajo— conversaba con el sargento.

—¿Y qué más? —gritó el comandante.

—Ayer, al cambiar las herraduras, lastimaron al palomito, señoría. El veterinario le aplicó arcilla con vinagre. Ahora lo llevan por la brida, separado. Asimismo, señoría, el herrador Artemiev se emborrachó ayer y el teniente mandó colocarlo sobre el avantrén de la cureña de reserva.

El sargento informó también que Karpov había olvidado los cordones de las trompetas. En medio de la conversación, asomó por la ventana la cabeza de Lebedetsky, con su barba rojiza. Entornando sus miopes ojos, miró las fisonomías soñolientas de los oficiales y saludó.

—¿Está todo en orden? —preguntó.

—El caballo de tiro se produjo una llaga en la cerviz —respondió Lobytko bostezando— con los nuevos arneses.

El comandante suspiró, pensó un rato y dijo en voz alta:

—Creo que iré todavía a casa de Alejandra Evgráfovna. Hay que hacerle una visita. Bueno, adiós, entonces. Hacia la noche los alcanzaré.

Un cuarto de hora después, la brigada emprendió la marcha. Al avanzar por el camino, frente a los graneros, Riabóvich miró hacia la derecha, donde se hallaba la mansión señorial. Las persianas estaban bajas. Por lo visto, todos dormían aún en la casa. Dormía también la que anoche había besado a Riabóvich. Este tuvo ganas de imaginársela dormida. La ventana del dormitorio, abierta de par en par; las verdes ramas que se asoman a esta ventana; la frescura matinal; el olor a lilas, álamo y rosas; la cama, la silla y sobre esta el vestido que había murmurado anoche; los zapatos y el reloj sobre la mesa.

Todo eso lo vio dibujado con claridad y nitidez, pero los rasgos de la cara, la deliciosa sonrisa del sueño, o sea, justamente aquello que era importante y característico se escurría de su imaginación como el mercurio entre los dedos. Habiendo pasado una media *versta,* miró hacia atrás: la iglesia, de color amarillo, la mansión, el río y el jardín aparecían inundados de luz; el río con sus orillas de un intenso color verde, reflejando el cielo azul y brillando al sol aquí y allá, estaba muy bello. Riabóvich miró por última vez el lugar y se sintió tan triste como si dejara algo muy familiar y querido.

Mientras tanto, sobre el camino se extendían ante la vista los cuadros hacía tiempo conocidos y poco interesantes... A la derecha y a la izquierda yacen los campos de centeno y de alforfón, con los grajos que saltan; por delante uno ve polvo y nucas, al volverse atrás, se ve el mismo polvo... Delante de todos marchan cuatro hombres con sables: es la vanguardia. Detrás de ellos va la multitud de cantores y detrás de estos los trompetistas montados. La vanguardia y los cantores, como los antorcheros de las pompas fúnebres, a cada momento se olvidan de la distancia prescrita por el reglamento y se adelantan demasiado... Riabóvich se halla junto al primer cañón de la quinta batería. Ve las cuatro baterías que marchan delante de él. Para un hombre civil, esa larga y pesada caravana, que representa una brigada en marcha, parece una mezcolanza complicada y poco comprensible; no se entiende por qué hay tantos hombres junto a una pieza de artillería y por qué la llevan tantos caballos, atados con arneses extraños, como si aquella efectivamente fuera tan terrible y pesada. Para Riabóvich todo eso es claro y, por lo tanto, muy poco interesante. Sabe hace tiempo para qué delante de cada batería, junto con el oficial, marcha un pirotécnico y cómo se llaman los jinetes que le siguen y los caballos que ellos montan: también eso es muy poco interesante para él. Luego siguen dos caballos de tiro, uno de ellos montado por un conductor con el polvo del día anterior en su espalda y con un tosco y ridículo madero colgado en la pierna derecha; Riabóvich conoce la función de este madero y no le parece ridículo. Todos los conductores agitan de manera maquinal sus látigos y, de vez en cuando, gritan. El cañón es feo. Sobre el avantrén yacen bolsas con avena, cubiertas con una lona; hay teteras, mochilas y bolsitas colgadas sobre el mismo cañón, de modo que este tiene el aspecto de un pequeño e inofensivo animal, rodeado no se sabe para qué, por hombres y caballos. A sus costados, agitando los brazos, marchan seis hombres de servicio. Detrás de la pieza siguen nuevamente las tres clases de conductores y se arrastra otro cañón, tan feo y poco imponente como el primero. Tras él siguen la tercera y la cuarta pieza, junto a la cuarta, otro oficial, y así de manera sucesiva. Hay seis baterías en la brigada, y en cada batería, cuatro piezas. La caravana se extiende a media *versta* y concluye con el convoy de la intendencia, junto al cual camina, pensativa y gacha su cabezota de largas orejas, una figura en extremo simpática: el burro *Magor*, traído de Turquía por el comandante de una batería.

Riabóvich miraba con indiferencia hacia delante y hacia atrás; las nucas y las caras; en otra ocasión hubiera dormitado, pero ahora se sumergió por entero en sus nuevos y agradables pensamientos. Al principio, cuando la brigada emprendía la marcha, quería convencerse a sí mismo de que la historia del beso solo podía ser interesante como una pequeña y misteriosa aventura; que en realidad era insignificante y que pensar en serio en ella resultaba por lo menos estúpido, pero luego desechó la lógica y se abandonó a los sueños. Ora se veía sentado en el salón de Rabbek, al lado de una joven parecida a la señorita de lila y a la rubia del vestido negro; ora cerraba los ojos y se imaginaba con otra joven, por completo desconocida y con rasgos faciales indefinidos; en su mente le hablaba, la acariciaba, se inclinaba sobre su hombro, luego se imaginaba la guerra, la separación, el posterior encuentro, la cena con su mujer y sus hijos...

—¡A los frenos! —resonaba el comando cada vez que descendían una colina.

Él también gritaba "¡a los frenos", y se sentía temeroso de que este grito pudiera interrumpir sus sueños y volverlo a la realidad.

Pasando delante de una propiedad, Riabóvich miró a través de la empalizada al jardín. Ante su vista corría una larga alameda, recta como una regla, cubierta de arena amarilla y bordeada por jóvenes abedules... Con el fervor de un soñador imaginó pequeños pies femeninos caminando por la arena amarilla y de forma inesperada en su visión se dibujaron con nitidez los rasgos de aquella que lo había besado y que él había sabido imaginar la víspera, durante la cena. Esta imagen quedó plasmada en su cerebro y no lo abandonaba.

A mediodía, detrás, cerca del convoy de la intendencia, se oyó un grito:

—¡Firmes! ¡La vista a la izquierda! ¡Señores oficiales!

En un coche, tirado por un par de caballos blancos, pasó el general de brigada. Se detuvo junto a la segunda batería y gritó algo que nadie entendió. Varios oficiales, incluso Riabóvich, galoparon hacia él.

—Y bien, ¿cómo van las cosas? —preguntó el general, parpadeando con sus ojos colorados—. ¿Hay enfermos?

Recibidas las respuestas, el general, menudo y flaco, apretó los labios, pensó un rato y dijo, dirigiéndose a uno de los oficiales:

—En su batería, el conductor de tiro del tercer cañón sacó la rodilla y la colgó en el avantrén, canalla. Castíguelo.

Luego levantó los ojos sobre Riabóvich y prosiguió:

—Examine sus arneses: Me parece que las correas centrales son demasiado largas...

Después de hacer algunas otras aburridas observaciones, el general miró a Lobytko y sonrió.

—Y usted, teniente Lobytko, tiene hoy un aspecto muy triste —le dijo—. ¿Extraña a la señora Lopujova? ¿Eh? ¡Señores, está extrañando a la señora Lopujova!

La Lopujova era una dama voluminosa y muy alta, que hacía tiempo había pasado los cuarenta. El general, quien sentía ardoroso entusiasmo por las damas corpulentas, de cualquier edad que fueran, creía que también sus oficiales profesaban la misma devoción. Los oficiales sonrieron con respeto. El general, contento de haber dicho algo gracioso y mortificante, lanzó una carcajada, tocó la espalda del cochero e hizo el saludo militar. El coche reanudó la marcha...

"Todo con lo que estoy ahora soñando y lo que me parece imposible e irreal, es en verdad una cosa muy común —pensaba Riabóvich, contemplando las nubes de polvo que corrían tras el coche del general—. Es algo muy común y todo el mundo lo ha vivido. Este general, por ejemplo, ha amado en su tiempo, ahora está casado, tiene hijos. El capitán Wachter también es casado y amado, a pesar de su nuca colorada y fea, y de su figura poco esbelta... Salmanov es grosero, tiene mucho de tártaro, y sin embargo ha tenido un romance que concluyó con el casamiento... Soy igual que todos los demás y, tarde o temprano, pasaré por lo que han pasado todos".

La idea de que era un hombre común y que su vida era común lo alegró y lo reconfortó. Se puso a dibujar en su mente a *ella* y su dicha con ahínco, a su antojo, sin contener ya su imaginación...

Cuando de noche la brigada llegó a su destino y los oficiales descansaban en sus tiendas, Riabóvich, Mersliakov y Lobytko estaban cenando, sentados alrededor de un baúl. Mersliakov comía sin prisa y, masticando, leía el *Noticiero de Europa* que sostenía sobre las rodillas. Lobytko charlaba sin parar y echaba cerveza en su vaso, mientras que Riabóvich, con la cabeza trastornada por los sueños del día entero, bebía en silencio. Después de tomar tres vasos se sintió algo embriagado y débil y tuvo un incontenible deseo de compartir con sus camaradas sus nuevas sensaciones.

—Una extraña historia sucedió conmigo en casa de aquellos Rabbek... —comenzó diciendo y trató de dar a su voz un tono indiferente y algo irónico. —Resulta que cuando me dirigí a la sala de billar...

Se puso a contar con todos los detalles la historia del beso y al cabo de un minuto se quedó callado... Lo contó todo en un minuto y se sintió muy sorprendido por haber necesitado tan poco tiempo para su relato. Le parecía que el caso del beso hubiera podido narrarse durante una noche entera. Después de escucharlo, Lobytko, que mentía con frecuencia y que, por lo tanto, no creía a nadie, lo miró con desconfianza y sonrió. Mersliakov movió las cejas y, sin apartar la vista del *Noticiero de Europa*, dijo en tono tranquilo:

—¡Qué situación tan extraña! Se arroja al cuello de uno, sin avisar... Debe tener alteraciones síquicas.

—Sí, debe tenerlas... —convino Riabóvich.

—Un caso parecido me ocurrió una vez... —dijo Lobytko, con ojos asustados. El año pasado me voy a Kovno... Saco el pasaje de segunda clase... El vagón está repleto y no hay ninguna posibilidad de dormir. Le doy al guarda cincuenta *kopeikas* de propina... Este coge mi equipaje y me conduce a un compartimiento... Me acuesta y me cubro con la manta... Oscuridad total, ¿sabe? De repente, siento que alguien me roza el hombro y me respira en la cara. Muevo la mano y tropiezo con un codo... Abro los ojos y, ¡qué me dicen! ¡Era una mujer! Ojos negros, labios rojos, como un buen salmón, las aletas de la nariz respiran pasión, el pecho...

—Permítame —interrumpió tranquilamente Mersliakov—. En cuanto al pecho lo comprendo, pero ¿cómo pudo usted ver los labios, si el vagón estaba a oscuras?

Lobytko empezó a maniobrar y reír de la falta de comprensión de Mersliakov. Riabóvich se sintió molesto. Se apartó del baúl, se echó en la cama y se juró a sí mismo no hablar jamás de sus asuntos íntimos.

Comenzó la vida de campamento... Fueron sucediéndose los días muy parecidos uno al otro. En todos estos días, Riabóvich sentía, pensaba y se comportaba como un enamorado. Cada mañana, cuando el ordenanza le alcanzaba lo necesario para lavarse, se echaba el agua fría sobre la cabeza y recordaba que en su vida había algo bueno y cálido.

Por las noches, cuando sus camaradas comenzaban una plática sobre el amor y las mujeres, prestaba atención y se acercaba, con la expresión que suelen tener en la cara los soldados al escuchar el relato de la batalla en la que ellos mismos han tomado parte. Y en aquellas noches cuando los oficiales, un tanto bebidos y encabezados por el *setter* Lobytko, efectuaban asaltos donjuanescos al suburbio del pueblo, Riabóvich, que tomaba parte en ellos, cada vez estaba más triste, se sentía muy culpable y mentalmente le pedía perdón a *ella*... En las horas de ocio o en las noches de insomnio, cuando tenía ganas de recordar su infancia, al padre, la madre y todo lo familiar y querido, también recordaba sin falta el pueblo Mestechki; el extraño caballo, a Rabbek y su mujer, parecida a la emperatriz Eugenia; la oscura habitación; la brillante hendidura en la puerta...

El 31 de agosto regresaba del campamento, pero ya no con la brigada, sino con dos baterías. Durante todo el trayecto soñó emocionado y se impacientó como si viajara a su lugar natal. Deseaba con todo su corazón volver a ver el extraño caballo, la iglesia, la insincera familia de los Rabbek, la habitación oscura; la "voz interior", que tan a menudo engaña a los enamorados, le susurraba que sin falta la vería a *ella*... Y lo torturaban las preguntas: ¿cómo será su encuentro con ella? ¿De qué hablarían?... ¿Recordaría ella el beso?... En el peor de los casos, pensaba, aun si no se encontrara con ella, ya sería agradable el solo hecho de dar una vuelta por el cuarto oscuro y recordar...

Al anochecer se divisaron en el horizonte la conocida iglesia y los blancos graneros. El corazón de Riabóvich comenzó a latir con más fuerza... Sin escuchar al oficial que iba montado a su lado y le contaba algo, y olvidándose de todo, escudriñaba con avidez el río que brillaba a lo lejos; los tejados de la mansión; el palomar, sobre el cual volaban en círculo las palomas, iluminadas por el sol poniente.

Aproximándose a la iglesia y, luego, escuchando el informe del furriel, esperaba a cada instante ver aparecer de detrás de la verja del templo a un jinete que los invitara a una taza de té, pero el informe de los furrieles había terminado, los oficiales habían desmontado sus cabalgaduras y se habían dirigido lentamente hacia el pueblo, y el jinete emisario seguía sin aparecer...

"Ahora Rabbek se va a enterar, por los *mujiks* de nuestra llegada y enviará a buscarnos" —pensaba Riabóvich, entrando en la *izba* y preguntándose con sorpresa para qué su camarada encendía una vela y para qué los ordenanzas tenían tanto apuro en preparar los samovares.[30]

Lo invadió una honda inquietud. Se acostó, luego se levantó y miró por la ventana si venía el jinete. Pero este no venía. Volvió a acostarse, media hora después se levantó y, sin poder contener la inquietud, salió a la calle y se dirigió a la iglesia. La plaza, cerca de la verja, se hallaba oscura y desierta... Tres soldados estaban parados junto a la bajada y guardaban silencio. Al ver a Riabóvich, se cuadraron de pronto, haciendo el saludo militar. Él les contestó el saludo y comenzó a bajar por el conocido sendero.

En la otra orilla todo el cielo estaba impregnado de color purpurino y salía la luna; dos campesinas, conversando en voz alta, caminaban por la huerta y arrancaban las hojas de repollo; detrás de las huertas se veían las oscuras manchas de varias *izbas*... Mientras que en esta orilla todo era igual que en mayo: el sendero, los arbustos, los sauces, inclinados sobre las aguas... solo que el valiente ruiseñor ya no se dejaba oír ni había olor a pasto fresco ni a álamo.

Al llegar al jardín, Riabóvich miró por la portezuela. El jardín permanecía oscuro y silencioso... No se veían sino los blancos troncos de los abedules cercanos y un tramo de alameda; todo el resto estaba fundido en una masa negra. Riabóvich aguzó con avidez el oído y la vista, pero al cabo de un cuarto de hora, sin haber percibido ningún rumor ni lucecita se retiró con lentitud...

Se acercó al río. Vio por delante los blancos contornos de los baños del general y las toallas que colgaban de los pasamanos del puentecillo. Subió al puente, se quedó ahí parado un rato y sin ninguna necesidad tocó una toalla. Esta era fría y áspera. Miró hacia abajo, al agua... El río corría rápido y murmuraba apenas junto a las estacas de los baños. La rojiza luna se reflejaba cerca de la orilla izquierda, las pequeñas olas corrían sobre el reflejo, lo distendían, lo rompían en pedazos y, parecía que querían llevarlo consigo...

---

[30] Samovar: Recipiente de origen ruso, provisto de un tubo interior donde se ponen carbones, que se usa para calentar el agua del té.

"¡Qué tontería! ¡Qué tontería! —pensó Riabóvich, mirando correr el agua...—. ¡Qué poco razonable es todo esto!".

Ahora que ya no esperaba nada, la historia del beso, su impaciencia, sus vagas esperanzas y su desilusión se le aparecían bajo una luz más clara. Ya no consideraba extraño que no hubiera llegado el jinete y que nunca llegara a ver a la que lo había besado por casualidad, en lugar de otro; al contrario, sería extraño que la viera...

El agua corría no se sabía a dónde ni para qué. De la misma manera había corrido también en mayo; el riachuelo en aquel entonces había desembocado en un río caudaloso y el río en el mar; después se había evaporado, convirtiéndose en lluvia y quizás era esta misma agua que corría ante la vista de Riabóvich... ¿Por qué? ¿Para qué?

Y el mundo entero, la vida toda, se le aparecieron como una broma incomprensible e inútil... Habiendo apartado la vista del agua y mirando al cielo, recordó de nuevo cómo el destino, en la persona de una mujer desconocida, lo había acariciado sin querer; recordó los sueños y las imágenes del verano, y su vida le pareció aburrida, miserable y gris...

Al volver a su *izba*, no encontró a ninguno de sus camaradas. El ordenanza le informó que todos habían ido a la casa "del general Font Riabkin", que había enviado a un jinete para invitarlos... Por un instante, en el pecho de Riabóvich se encendió la alegría, pero la apagó enseguida, se desvistió y se metió en la cama y contrariando a su destino, como si quisiera fastidiarlo, no fue a casa del general.

Apellido de caballo

Al general retirado Buldeiev le dolían las muelas. Se enjuagó la boca con vodka y con coñac, aplicó sobre la muela enferma ceniza de tabaco, opio, trementina y querosene, se untó la mejilla con yodo y se puso en los oídos algodón impregnado de alcohol; pero nada de eso surtía efecto y hasta le provocaba náuseas. Recibió la visita de un médico, quien le revisó y hurgó la muela y le recetó quinina, lo que tampoco le brindó alivió. A la proposición de arrancar la dolorida muela, el general respondió con una negativa rotunda. Los de la casa—la esposa, los niños, las criadas y hasta el pinche de cocina Petka— proponían cada uno su remedio. El mayordomo Iván Evseich vino también y aconsejó intentar la cura con el conjuro.

—Aquí, en nuestro distrito, excelencia —dijo—, hace unos diez años vivía Iákov Vasílich, un empleado de la Dirección Impositiva, que conjuraba el dolor de muelas en un santiamén. Se vuelve hacia la ventana, susurra algo ininteligible, escupe ¡y ya está! Tiene un poder especial...

—¿Y dónde está ahora ese hombre?

—Pues, luego de ser despedido de la Impositiva, se alojó en casa de su suegra, en Saratov. Ahora no se ocupa más que de muelas. Cualquiera que empiece a sentir un dolor de muelas va a verlo, porque en efecto, cura... A los enfermos de Saratov los atiende en persona en su casa, pero si alguien es de otra ciudad, entonces lo hace por telégrafo. Mándele, excelencia, un telegrama, explicándole la situación... que al esclavo de Dios, Alexy le duelen las muelas y que le pide una atención. Y mándele dinero por correo, por el tratamiento.

—¡Tonterías! ¡Es un charlatán!

—Haga el intento, excelencia. Cierto, es un gran aficionado al vodka y vive con una alemana y no con su mujer; además es muy blasfemo, pero no se puede negar que es un señor milagroso.

—¡Mándale el telegrama, Aliosha! —imploró la generala—. Tú no crees en los conjuros, pero yo los experimenté sobre mí misma. Y aunque no creas en estas cosas, ¿por qué no intentarlo? No se te van a atrofiar las manos por eso.

—Está bien —consintió Buldeiev—. Tal como estoy, soy capaz de mandarle un telegrama no solo a un empleado de Impositiva sino al mismo demonio... ¡Oh, no aguanto más! Bueno, ¿dónde vive ese hombre? ¿Cómo hay que escribirle?

El general se sentó a la mesa y tomó la pluma.

—En Saratov lo conocen hasta los perros —dijo el mayordomo—. Sírvase escribir, excelencia, a la ciudad de Saratov... A su señoría Iákov Vasílich... Vasílich...

—¿Y bien?

—Vasílich... Iákov Vasílich... y el apellido es... ¡Me olvidé el apellido! ¡Vasílich!... ¡Diablos! ¿Cómo es su apellido? Cuando venía para acá, recordaba... Espere...

Iván Evseich levantó los ojos hacia el cielo raso y se puso a mover los labios. Buldeiev y la generala esperaban impacientes.

—¿Entonces? ¡Recuérdelo pronto!

—Un momento... Vasílich... Iákov Vasílich... ¡Me olvidé! Es un apellidó simple... como de caballo... ¿Cavallero? No, Cavallero no es... Espere... ¿Será Alazano? Tampoco. Recuerdo que es algo de caballo, pero cómo es, se me escapó de la cabeza...

—No, no. Espere... Jaco... Jamelgo... Sabueso...

—Este es un apellido de perro y no de caballo. ¿No será Crin?

—No, Crin no es. Caballo... Cavallo... Cavalo... Nada de eso...

—¿Y cómo entonces le voy a escribir? ¡Vamos, piense! Ahora... Casco... Potro... Bayo...

—¿Leoncavallo? —preguntó la generala.

—No, señora. Cameras... Tampoco. ¡Me olvidé!

—¿Para qué diablos te metes entonces con tus consejos, si no te acuerdas de nada? —se enojó el general—. ¡Vete de aquí!

Iván Evseich salió despacio, mientras el general se agarraba la mejilla, caminando por las habitaciones desesperado.

—¡Ay, señor! —gemía—. ¡Ay, madre mía! ¡Esto es peor que el infierno!

El mayordomo salió al jardín, levantó los ojos hacia el cielo y trató de recordar el apellido del oficinista:

—Corcel... Cuadrúpedo... Rocín... No, no es. Yugo... Cincha... Rienda...

A los pocos instantes lo llamaron.

—¿Recordaste? —le preguntó el general.

—Todavía no, excelencia.

—¿Quizás, Tropero? ¿Anca? ¿No? Y todos en la casa, a cual más y mejor, se dedicaron a inventar apellidos.

Recordaron todas las edades, géneros y razas de los caballos; examinaron la crin, las pezuñas y los arneses... En la casa, en el jardín, en las dependencias de servicio y en la cocina las personas andaban de un rincón a otro y, rascándose la frente, trataban de dar con el apellido...

A cada momento, llamaban al mayordomo desde la casa.

¿Tropilla? —le preguntaban—. ¿Galope? ¿Pezuña?

—No, no es —respondía Iván Evseich y, levantando los ojos, continuaba pensando en voz alta—: Overo... Pío... Zaino...

—¡Papá! —llegaban los gritos desde el cuarto de los niños—. ¡Troikin! ¡Cuadriga!

Toda la heredad se vio alborotada. El agotado e impaciente general prometió compensar con cinco rublos a aquel que diera con el necesario apellido, y una verdadera multitud asediaba al mayordomo.

—¡Trotín! —le decían—. ¡Montura!

Llegó la noche, pero el apellido todavía no era encontrado y la gente de la casa se fue a dormir sin haber enviado el dichoso telegrama.

El general no pudo pegar los ojos en toda la noche; andaba de un rincón a otro, gimiendo de dolor... A las tres de la madrugada, salió de la casa y golpeó en la ventana del mayordomo.

—¿No será Pegaso? —preguntó con voz llorosa.

—No, excelencia, Pegaso no es —contestó Iván Evseich con un suspiro culpable.

—¡Puede ser que no sea un apellido de caballo sino de alguna otra cosa!

—Le prometo, excelencia, que es de caballo... Eso lo recuerdo muy bien.

—¡Qué desmemoriado es, amigo! Para mí este apellido es ahora lo más importante del mundo. ¡El dolor me está enloqueciendo!

Por la mañana, el general mandó llamar al médico.

—¡Que me la saquen! —decidió—. No aguanto más... Llegó el doctor y le extrajo la muela enferma. El dolor disminuyó rápido y el general se sintió más tranquilo. Cumplida su tarea y cobrados los honorarios, el médico subió a la carretela y partió para su casa. En el campo se encontró con el mayordomo... Este estaba de pie, a la vera del camino y, concentrado en sus pensamientos, miraba distraídamente sus zapatos.

A juzgar por las arrugas que surcaban su frente y por la expresión de sus ojos, aquellos pensamientos eran tensos y mortificantes...

—Remo... Silla... —farfullaba—. Arnés... Recado...

—¡Iván Evseich! —lo llamó el médico—. ¿Podrás venderme unas cinco cuartillas de avena? Nuestros *mujiks* suelen vendérmela, pero es muy mala...

El mayordomo miró como tonto al doctor, esbozó una sonrisa torcida y sin responder una sola palabra, alzó los brazos y echó a correr hacia la casa con tal rapidez como si lo persiguiera el diablo.

—¡Ya lo tengo, excelencia! —gritó con la voz alterada por la alegría, al entrar volando en el despacho del general—. ¡Ya lo tengo, que Dios dé mucha salud al doctor! ¡Avenov! ¡Avenov es el apellido del empleado! ¡Avenov, excelencia!... ¡Mande el telegrama al señor Avenov!

—¡Toma para ti! —dijo el general con desprecio e hizo dos higas ante la cara del mayordomo—. Ya no me hace falta tu apellido de caballo. ¡Toma!

Una criatura indefensa

Con todo y que aquella noche su ataque de gota había sido muy fuerte y de que los nervios le rechinaban, al día siguiente y a la hora debida, Kistunov dio comienzo a la recepción de solicitantes y clientes del Banco. Su aspecto era macilento y agotado, apenas hablaba y le faltaba el aire, como a un moribundo.

—¿En qué puedo ayudarle? —preguntó dirigiéndose a una solicitante, que vestida con una capa anticuada y vista de espaldas, parecía un enorme escarabajo estercolero.

—¡Hágame la merced, excelencia!... —empezó a decir con gran indecisión la solicitante—. Verá... Mi marido, el asesor colegiado Schukin, se ha pasado cinco meses enfermo y mientras estaba en cama (con perdón de usted) y sin que hubiera motivo, excelencia, le dieron el retiro. Cuando fui a cobrar su sueldo (hágame usted la merced de notarlo) le descontaron de este veinticuatro rublos y treinta y seis *kopeks*. ¿Y por qué? ¡Pregunto yo! "Porque cogía de la caja de los compañeros, y otros funcionarios pagaban por él!", me dicen. Pero, ¿cómo iba a ser eso? ¿Cómo iba a coger él nada sin mi permiso? ¡Eso es imposible, excelencia! ¡Yo soy una pobre mujer que vive solo de lo que gana con los huéspedes! ¡Soy débil! ¡Estoy indefensa!... ¡Todo el mundo me insulta y jamás oigo una buena palabra de alguien!

La solicitante, parpadeando, se puso a buscar el pañuelo entre los pliegues de su capa. Kistunov cogió la solicitud y empezó a revisarla.

—Pero, ¿cómo es esto? ¡No comprendo una sola palabra! ¡Seguramente viene usted confundida! Por su contenido se ve que esta solicitud no tiene nada que ver con nosotros. Diríjase a la institución en la que trabajaba su marido.

—¡Pero padrecito! ¡Si he estado ya en cinco sitios y en ninguno me han querido aceptar la solicitud! —dijo Schukina—. Había perdido ya la cabeza cuando mi yerno, Boris Matveich, me aconsejó que me dirigiera a usted: "Tiene usted —me dijo— que dirigirse al señor Kistunov. Es una persona de mucha influencia y que se lo puede arreglar todo". ¡Ayúdeme, excelencia, se lo suplico!

—Nosotros, señora Schukina, no podemos hacer nada por usted. ¿Comprende? Su marido (por lo que aquí se deduce) trabajaba en una institución médico-militar, mientras que nuestra empresa es un giro particular. Comercial, vaya. ¡Lo nuestro es un Banco! ¿Lo comprende?

Encogiéndose otra vez de hombros, Kistunov, se volvió hacia un señor de uniforme con un tumor en el rostro.

¡Excelencia! —dijo Schukina con voz suplicante y quejumbrosa—. ¡Tengo un certificado que me dio el doctor en el que dice que mi marido estaba enfermo! ¡Aquí está! ¡Hágame la merced de mirarlo!

—Perfecto, lo creo —dijo Kistunov irritado—; ¡pero le repito que no tenemos nada que ver en el asunto! ¡Es extraño y hasta ridículo que no lo comprenda usted! ¿Será posible que no sepa su marido adónde tiene que dirigirse?

—¡Él no sabe nada, excelencia! No hace más que decirme: "¡Estas cosas a ti no te importan!". ¿Y a quién le han de importar entonces? ¡La que carga con él soy yo!... ¡Yo!

Volviéndose de nuevo hacia Schukina, Kistunov comenzó a explicarle la diferencia existente entre una institución médico-militar y una banca privada. Schukina, tras escucharle con atención y mover la cabeza en señal de asentimiento, dijo:

¡Así es! ¡Así es! ¡Ya le comprendo, padrecito! Pero en este caso, excelencia, ¡le ruego que dé la orden de que me entreguen, por lo menos, quince rublos! Me conformo aunque no me lo den todo de una vez.

—¡Vaya! —suspiró Kistunov echando hacia atrás la cabeza—. ¡A usted es imposible hacerle comprender nada! ¡Entienda de una vez por todas, que acudir a nosotros con semejante solicitud es igual de impropio que presentar una demanda de divorcio en una farmacia! Si no le han pagado a usted todo, ¿qué tenemos que ver nosotros con ello?

—¡Excelencia! ¡Rogaré a Dios por usted por siempre! ¡Tenga compasión de esta huérfana! —lloró Schukina—. ¡Soy una mujer indefensa, débil...! ¡Me he martirizado hasta el último extremo! ¡Tengo que ocuparme de los juicios con los huéspedes, de los asuntos de mi marido, de los trabajos de la casa! ¡Además estoy haciendo ejercicios espirituales y mi yerno está sin empleo! ¡Lo de que como y bebo, es solo un decir, pues casi no me sostienen los pies! ¡En toda la noche no pude pegar los ojos!

Kistunov sintió palpitaciones. Con el semblante torturado y llevándose la mano al corazón empezó de nuevo a explicar a Schukina... Pero su voz se cortó.

—¡No! ¡Perdone, pero no puedo seguir hablando con usted! —hizo un ademán de desesperación—. ¡Hasta la cabeza me da vueltas! ¡Nos está usted importunando y además está perdiendo el tiempo en balde! ¡Uf...! ¡Alexei Nikolaich —exclamó dirigiéndose a uno de los empleados—. ¡Explíquele, por favor, a la señora Schukina!

Cuando Kistunov hubo terminado de recibir a los solicitantes entró en su despacho, donde firmó unos diez papeles, en tanto que Alexei Nikolaich se ocupaba de atender a Schukina. Sentado ante su mesa, durante largo rato estuvo oyendo dos voces: la de bajo, contenida y monótona, de Alexei Nikolaich, y la llorosa y chillona de Schukina.

—Soy una mujer indefensa, débil... ¡Soy una mujer delicada de salud! —decía esta—. ¡Quizá parezca fuerte, pero si me mira detenidamente no hay en mí ni un tendoncito sano! ¡Apenas si me detienen los pies! ¡He perdido el apetito! ¡Hoy me he bebido el café sin pizca de ganas!

Alexei Nikolaich continuaba explicándole la diferencia existente entre las diversas instituciones y el complicado sistema de la circulación de los documentos oficiales. Pronto, fatigado, el contable vino a sustituirle.

—¡Es una *baba* asombrosamente molesta! —se indignaba Kistunov, retorciéndose nerviosamente los dedos y acercándose a cada momento a la jarra del agua—. ¡Una idiota! ¡Una taruga! A mí me ha dejado aniquilado, y a los demás, los dejará igual. ¡Miserable! ¡Uf! ¡Hasta siento palpitaciones!".

Media hora después llamó al timbre y apareció Alexei Nikolaich.

—¿Qué está pasando ahí? —preguntó con decaimiento Kistunov.

—¡No hay manera de conseguir que comprenda! ¡Estamos, sencillamente, agotados! ¡Le hablo de Juan y me contesta Pedro!

—¡No!... ¡No puedo oír su voz! ¡Me pongo enfermo! ¡No lo puedo resistir!

—Lo mejor será llamar al portero y que la eche, Piotr Alexandrich.

—¡No, no!... —se asustó Kistunov—. ¡Se pondrá a chillar, y esta casa tiene muchos pisos y sabe Dios lo que podrán pensar de nosotros!... ¡Usted, amigo, busque la manera de explicarle!

Un minuto después volvió a escucharse el zumbido de Iván Alexeich. Pasó un cuarto de hora, y en lugar de la voz de bajo zumbó el agudo tenor del contable.

—¡En ex-tre-mo miserable! —se indignaba Kistunov encogiendo nervioso los hombros—. ¡Más tonta que un cerrojo!

¡Que la lleve el diablo! Me parece que empieza a molestarme otra vez la gota. ¡Y otra vez la jaqueca!...

En la habitación inmediata, Iván Alexeich, al cabo extenuado y golpeando con un dedo la mesa y después su propia frente, dijo:

—En una palabra, ¡que en los hombros no lleva usted una cabeza sino esto!...

—¡Vaya! —se ofendió la vieja—. ¡Eso se lo dices si quieres a tu mujer! ¡Y cuidadito con lo que haces con las manos!

Mirándola con rabia, Alexei Nikolaich pronunció con voz baja y estrangulada:

—¡Fuera de aquí!

¿Qué...? Chilló súbitamente Schukina. Cómo se atreve usted. Soy una mujer débil, indefensa. ¡No lo consentiré! ¡Mi marido es un asesor colegiado, cabeza de atún! ¡Iré al abogado Dmitri Karlich y ya verás lo que queda de tu categoría!... ¡He ganado el juicio a tres huéspedes, y tú, por esas palabras groseras, te echarás a mis pies! ¡Hasta tu general llegaré! ¡Excelencia!... ¡Excelencia!...

—¡Largo de aquí! ¡Fuera! ¡Úlcera! —silbó Alexei Nikolaich.

Kistunov, abriendo la puerta, asomó con precaución la cabeza.

—¿Qué pasa? —preguntó con voz llorosa.

En medio de la habitación, Schukina, roja como un cangrejo y girando los ojos a su alrededor, agitaba un dedo en el aire.

En torno a ella, los empleados del Banco, también rojos y desesperados, se miraban perplejos.

—¡Excelencia! —exclamó Schukina precipitándose hacia Kistunov—. ¡Ha sido este! ¡Este... —y señalaba a Alexei Nikolaich—. ¡Se pegó en la frente y pegó en la mesa con el dedo! ¡Usted le mandó que se ocupara de mi asunto, y lo que hace es burlarse de mí!. ¡Soy una mujer débil, indefensa! ¡Mi marido es asesor colegiado y yo misma soy hija de un mayor!

—¡Bien, señora! —gimió, Kistunov—. ¡Yo personalmente me ocuparé! ¡Tomaré las medidas necesarias, pero márchese! ¡Luego...!

—Pero, ¿cuándo voy a cobrar, excelencia? ¡Me hace falta el dinero hoy mismo!

Kistunov se pasó una mano temblorosa por la frente y comenzó de nuevo sus explicaciones.

—¡Señora!... ¡Ya le he dicho que esto es un Banco!... ¡Una empresa privada, comercial! ... ¿Qué es lo que quiere usted, vamos a ver? ¡Comprenda de una vez que nos está molestando!

Schukina, tras escucharle, suspiró.

—Así será, así será... —asintió—; pero usted, excelencia, ¡hágame la merced!... ¡Sea mi padre!... ¡Protéjame!... ¡Si no basta el certificado médico, puedo presentar otro de la Comisaría! ¡Mande que me entreguen el dinero!

Ante los ojos de Kistunov todo se volvió de mil colores. Expiró todo el aire que contenían sus pulmones y, agotado, se dejó caer en una silla.

—¿Cuánto quiere que le den? —preguntó con voz débil.

—Veinticuatro rublos con treinta y seis *kópeks*.

Kistunov extrajo su cartera del bolsillo, sacó de ella veinticinco rublos y se los tendió a Schukina.

—¡Tome y márchese!

Schukina envolvió el dinero en el pañuelo, se lo guardó y, con el rostro fruncido en una dulce, delicada y hasta coqueta sonrisa, preguntó:

—Excelencia, ¿no sería posible que volvieran a instalar a mi marido en su empleo?

—¡Me voy! ¡Estoy enfermo! —dijo Kistunov con voz plañidera—. ¡Me están dando unas palpitaciones tremendas!

Una vez que se hubo marchado, Alexei Nikolaich mandó a Nikita a buscar unas gotas calmantes, y todos, después de tomar veinte cada uno, se sentaron a trabajar. Mientras tanto, Schukina, hablando con el portero, permanecía dos horas en el recibimiento esperando la vuelta de Kistunov.

Y volvió también al día siguiente.

Iónich

I

Cuando los recién llegados a S., capital de provincia, se quejaban del aburrimiento y la monotonía de la vida, los habitantes de la ciudad, como justificándose, decían que, por el contrario, en S. se estaba muy bien; que había allí una biblioteca, un teatro, un club; que había bailes y que, por fin, había familias inteligentes, interesantes y agradables, con las cuales se podía trabar conocimiento. Y mencionaban a la familia de los Turkin como la más instruida y talentosa.

Esta familia vivía en una casa propia, situada en la calle principal, cerca de la residencia del gobernador. Iván Petróvich Turkin, hombre corpulento, moreno, guapo, con patillas, organizaba espectáculos de aficionados con fines benéficos, interpretaba él mismo papeles de viejos generales y solía toser entonces en forma muy graciosa. Conocía muchos chistes, charadas y dichos; solía bromear y decir ocurrencias, y siempre tenía una expresión que no dejaba comprender si hablaba en serio o en broma. Su esposa, Vera Iósifovna, delgada y simpática dama con *pince-nez,* escribía largas narraciones y novelas y las leía con gusto, en voz alta, a sus visitas. Su joven hija, Ekaterina, tocaba el piano. En una palabra, cada miembro de la familia tenía algún talento propio. Los Turkin recibían a sus visitas cordialmente y les mostraban sus talentos de un modo alegre y sencillo. Su casa de piedra era espaciosa y fresca en verano; la mitad de las ventanas daban al viejo y umbroso jardín, donde en primavera cantaban los ruiseñores. Cuando había visitas, desde la cocina se oían los golpes de los cuchillos y en el patio olía a cebolla frita, lo que cada vez prometía una sabrosa y abundante cena.

También al doctor Startsev, Dmitry Iónich, designado como médico del distrito y establecido en Dialich, a nueve *verstas* de S., se le ha dicho que, siendo una persona culta, debiera conocer a los Turkin. Una vez, en invierno, le presentaron, en la calle, a Iván Petróvich; se habló del tiempo, del teatro, del cólera; le siguió una invitación. En primavera, en un día feriado —era la Ascensión— después de recibir a los enfermos, Startsev se dirigió a la ciudad para distraerse un poco y, de paso, comprar una que otra cosa. Iba a pie, sin prisa (no tenía aún caballos propios), y durante todo el camino canturreaba:

"Cuando no bebía aún las lágrimas del cáliz de la vida..."

En la ciudad almorzó, dio un paseo por el jardín público y, al recordar de repente la invitación de Iván Petróvich, decidió hacer una visita a los Turkin para ver cómo era aquella gente.

—Buenas tardes, por favor —dijo Iván Petróvich, recibiéndolo en la puerta—. Encantado de ver a un visitante tan agradable. Venga, lo presentaré a mi fidelísima. Le estoy diciendo, Vérochka —prosiguió, presentando al médico a su mujer—, le estoy diciendo que no tiene ningún derecho romano de quedarse todo el tiempo en su hospital; debe entregar su ocio a la sociedad. ¿No es verdad, querida?

—Siéntese aquí —dijo Vera Iósifovna, indicando al huésped un sitio a su lado—. Puede usted cortejarme. Mi marido es celoso, es un Otelo, pero trataremos de comportarnos de manera que no se dé cuenta de nada.

—Qué gatita traviesa que es... —murmuró Iván Petróvich con ternura y la besó en la frente—. Su visita es muy oportuna —se dirigió nuevamente al invitado—, mi fidelísima escribió una novela grandullona y hoy la va a dar a luz en voz alta.

—Yeanito —dijo Vera Iósifovna al marido—, *dites que l'on nous donne dut bé.*

También fue presentada a Startsev, Ekaterina Ivánovna, señorita de unos dieciocho años, muy parecida a su madre y tan delgada y atractiva como esta. Tenía todavía una expresión infantil y un talle suave y fino; su pecho virginal, ya desarrollado, bello y sano, hablaba de primavera, de auténtica primavera. Luego tomaron té con dulces, miel, confites y muy sabrosos pastelillos que se deshacían en la boca. Al anochecer, poco a poco se reunían las visitas, e Iván Petróvich, dirigiendo a cada una sus ojos sonrientes, decía:

—¡Buenas noches, por favor!

Luego todos se acomodaban en la sala, con los rostros muy serios, y Vera Iósifovna leía su novela. "El frío arreciaba" fue la primera frase. Las ventanas estaban abiertas de par en par, se oían los golpes de los cuchillos en la cocina y se sentía el olor a cebolla frita... Los mullidos y hondos sillones eran cómodos; las luces parpadeaban suavemente en la penumbra de la sala; en aquella noche de verano, cuando desde la calle llegaban las voces y las risas y desde el patio penetraba un aroma de lilas, era difícil imaginar el frío que arreciaba, la nevada llanura, iluminada por los últimos rayos de sol, y a un solitario caminante que avanzaba por el camino; Vera Iósifovna estaba leyendo la historia de una joven y bella condesa que en su aldea construía escuelas, hospitales y bibliotecas, y que se enamoró de un pintor ambulante; estaba leyendo cosas que no existen en la vida, no obstante lo cual resultaba agradable escucharla y la cabeza se llenaba de buenas y apacibles ideas, de modo que uno no tenía ganas de levantarse...

—No está mala... —dijo en voz baja Iván Petróvich.

Y uno de los invitados, escuchando y vagando en su mente por lejanas e ignotas comarcas, replicó en un susurro:

—Sí... en efecto...

Transcurrió una hora y luego otra. Cerca de la casa, en el jardín público, había música y cantaba un coro popular. Al cerrar Vera Iósifovna su cuaderno, todos permanecieron callados durante unos cinco minutos, escuchando "La Astilla", ejecutada por el coro; esta canción trasmitía aquello que faltaba en la novela y que ocurre en la vida.

—¿Publica usted sus obras en las revistas? —preguntó Startsev.

—No —contestó Vera Iósifovna—; no las publico. Las escribo y las guardo en un armario. ¿Para qué publicarlas?, tenemos medios suficientes.

Todos suspiraron, sin saber por qué.

—Y ahora, Kótik, toca para nosotros —dijo Iván Petróvich a su hija.

Levantaron la tapa del piano y abrieron las partituras que ya estaban preparadas de antemano. Ekaterina se sentó y con ambas manos golpeó las teclas; enseguida volvió a golpearlas con todas sus fuerzas, una y otra vez; sus hombros y su pecho se sacudían, ella seguía golpeando con terquedad siempre en el mismo sitio y parecía que no iba a dejar de hacerlo hasta que hundiera las teclas dentro del piano. La sala se llenó de truenos; todo atronaba: el suelo, el techo, los muebles... Ekaterina tocaba un pasaje difícil, interesante, precisamente, por su dificultad, largo y monótono, y Startsev, escuchándolo, se imaginaba piedras que rodaban desde una alta montaña, rodaban y rodaban sin cesar, y sintió deseos de que dejaran de rodar lo antes posible, pero al mismo tiempo, Ekaterina, sonrosada a causa del esfuerzo, fuerte y enérgica, con un mechón caído sobre la frente, le agradaba muchísimo. Después de un invierno transcurrido en Dialich, entre los *mujiks* y los enfermos, resultaba tan novedoso y tan agradable estar sentado en la sala, contemplar a esta elegante joven y tal vez pura criatura y escuchar esos sonidos, fuertes y fastidiosos, pero cultos de todos modos...

—Bien, Kótik, hoy has tocado como nunca —dijo Iván Petróvich, con lágrimas en los ojos, cuando su hija se hubo levantado—. No hubieras podido hacerlo mejor.

Todos la rodearon, felicitándola, asombrándose y asegurando que hacía mucho tiempo que no habían oído tan buena música, mientras ella escuchaba en silencio, con una leve sonrisa, y toda su figura expresaba el triunfo.

—¡Excelente! ¡Magnífico!

—¡Magnífico! —dijo también Startsev, contagiado del entusiasmo general—. ¿Dónde estudió usted música? ¿En el conservatorio?

—No, pero pienso ingresar. Hasta ahora estudié aquí, con *madame* Zavlovskaia.

—¿Hizo sus estudios generales en el liceo local?

—¡Oh, no! —respondió Vera Iósifovna por su hija—. Invitamos a profesores particulares, pues, estará usted de acuerdo en que en el liceo o en el instituto hubiera podido tener influencias perniciosas; mientras una jovencita crece, debe permanecer bajo la única tutela de su madre.

—Así y todo iré al Conservatorio —dijo Ekaterina.

—Nada de eso; Kótik quiere a su mamá. Kótik no querrá apenar a su papá y a su mamá.

—Sí, sí. ¡Partiré! —dijo Ekaterina en tono de broma caprichosa y golpeó con el piececito.

Durante la cena era Iván Petróvich quien mostraba sus talentos. Riendo solo con los ojos, contaba chistes, decía ocurrencias, proponía problemas graciosos y los resolvía él mismo, hablaba siempre en su lenguaje insólito, que fue elaborado en el transcurso de largos ejercicios de agudeza mental y que había quedado, por lo visto, como una costumbre: grandullona; no está malta; buenos días, por favor.

Pero ahí no terminó la cosa. Cuando los invitados, satisfechos y contentos, se agolpaban en el vestíbulo, buscando sus sobretodos y sus bastones, junto a ellos se afanaba el lacayo Pablusha o, como lo llamaban allí, Pava, mozalbete de unos catorce años, con la cabeza rapada y con las mejillas llenas.

—A ver, Pava, ¿cómo era aquella escena? —le preguntó Iván Petróvich. Pava se colocó en pose, levantó un brazo y dijo con tono trágico:

—¡Muere, desdichada!

Y todos rieron a carcajadas.

"Es gracioso" —pensó Startsev, saliendo a la calle.

Entró todavía en un restaurante y bebió cerveza, luego de lo cual se encaminó a pie hacia su Dialich. Durante todo el camino canturreó:

"Mi voz va hacia ti, nostálgica y tierna..."

Después de andar nueve *verstas* y luego, al acostarse, no sentía el menor cansancio, sino que, por el contrario, le parecía que gustoso andaría unas veinte *verstas* más.

"No está mala..." —recordó, al dormirse, y rio.

II

Startsev se proponía siempre volver a visitar a los Turkin, pero había mucho trabajo en el hospital y no conseguía hacerse unas horas libres. Así transcurrió más de un año en el trabajo y en la soledad; pero un día trajeron de la ciudad una carta en un sobre azul...

Vera Iósifovna hacía tiempo que sufría de dolores de cabeza, pero de manera reciente, con las diarias amenazas de Kótik de que se marcharía al Conservatorio, los ataques se hicieron más frecuentes. Todos los médicos de la ciudad habían visitado, uno tras otro, la casa de los Turkin; por fin, tocaba el turno al médico del distrito. Vera Iósifovna le escribió una carta conmovedora, en la cual le rogaba que fuera a aliviar sus sufrimientos. Startsev fue a verla y luego siguió visitando la casa de los Turkin muy a menudo... Como, en efecto, supo ayudar algo a Vera Iósifovna, esta decía a todo el mundo que era un médico extraordinario, asombroso. Pero ya no era la jaqueca la causa de sus frecuentes visitas...

Un día festivo, Ekaterina terminó sus largos y fatigosos ejercicios de piano. Mientras tomaba el té, en el comedor, Iván Petróvich contaba algo gracioso. Sonó el timbre y era necesario ir al vestíbulo para recibir una visita: Startsev aprovechó el momento y, muy agitado, susurró a Ekaterina:

—¡Por Dios, no me torture más, vayamos al jardín!

Ella se encogió de hombros, como si no comprendiera lo que él quería, pero se levantó y se dirigió al jardín.

—Usted toca el piano durante tres o cuatro horas —decía Startsev, andando tras ella—, después se queda sentada con su mamá, de modo que no hay ninguna posibilidad de hablarle. Concédame aunque sea un cuarto de hora, le imploro.

Se acercaba el otoño y el viejo jardín se hallaba silencioso y triste; las alamedas estaban cubiertas de hojas oscuras. Anochecía temprano.

—No la he visto una semana entera —continuó diciendo Startsev—, ¡si usted supiera qué tortura es eso! Sentémonos. Debe escucharme.

Los dos tenían un lugar predilecto en el jardín: el banco bajo un viejo y frondoso arce. Y ahora se sentaron sobre ese banco.

¿Qué desea usted? —preguntó Ekaterina en tono seco y oficial.

—No la he visto una semana entera, no he oído su voz en tanto tiempo. Estoy anhelando oír su voz. Hable.

Sentía admiración por su frescura, por la ingenua expresión de sus ojos y de sus mejillas. Hasta su vestido le parecía extraordinario, simpático y conmovedor por su sencilla y candorosa gracia. Al mismo tiempo, a pesar de esa inocencia, ella parecía tener inteligencia y conocimientos superiores a su edad. Podía hablar con ella sobre literatura, arte y cualquier otra cosa; podía quejarse de la vida y de la gente, aunque sucedía a veces que, en medio de una conversación seria, se ponía a reír sin causa alguna o corría a ocultarse en la casa. Como casi todas las muchachas de S., leía mucho (en general, la gente leía poco en S., y en la biblioteca de la ciudad se decía que si no fuera por las señoritas y los jóvenes judíos habría que clausurarla), y esto agradaba a Startsev de manera infinita; cada vez le preguntaba, con emoción, qué era lo que había leído en los últimos días y, hechizado, escuchaba sus relatos.

—¿Qué leyó usted esta semana, en que no nos hemos visto? —le preguntó—. Hable, le ruego.

—Leí a Písemsky.

—¿Qué obra leyó?

—*Las mil almas* —respondió Kótik—. ¡Qué nombre tan gracioso tenía Písemsky: Aleksey Feofiláktich!

— ¿A dónde va usted? —se asustó Startsev al verla levantarse y dirigirse hacia la casa—. Tengo que hablarle, debo explicarle algo... ¡Quédese aunque sea cinco minutos más! ¡Le suplico!

Ella se detuvo, como si deseara decirle algo; luego, torpemente le metió en la mano una carta, corrió a la casa y allí se sentó de nuevo al piano.

"Esta noche, a las once —leyó Startsev—, en el cementerio, junto al monumento a la Demetti".

"Qué cosa más tonta —pensó, al volver en sí—. ¿Qué tiene que ver aquí el cementerio? ¿Para qué es eso?".

Era claro: Kótik hizo una broma traviesa, ¿a quién se le ocurre en serio dar una cita de noche, lejos de la ciudad, en el cementerio, cuando es tan fácil verse en la calle o en el jardín público?

¿Y acaso estaba bien eso de que él, médico del distrito, persona culta y seria, suspirara, recibiera cartas, vagara por los cementerios e hiciera otras tonterías de las cuales hasta los colegiales se reirían?

¿A dónde lo llevará este romance? ¿Qué dirán sus colegas cuando se enteren? Así pensaba Startsev en el club, vagando entre las mesas, y a las diez y media, de golpe, partió al cementerio.

Ya tenía una yunta de caballos y un cochero, Panteleimón, que lucía un chaleco de terciopelo. Era una noche de luna, apacible y templada, pero ya se sentía el otoño. En el suburbio, cerca de los mataderos, aullaban los perros. Startsev dejó los caballos en una de las callejuelas, sobre el límite de la ciudad, y se dirigió a pie al cementerio. "Cada uno tiene sus rarezas —pensó—. Kótik es rara también y, ¿quién sabe?, puede ser que no bromee" —y él se abandonó a esta remota y vacía esperanza y se sintió embriagado por ella.

Una media *versta* anduvo a campo traviesa. El cementerio se dibujaba a lo lejos, en forma de una franja oscura, como un bosque o un parque. Apareció el muro de piedra blanca, el portón... A la luz de la luna podía leerse la inscripción: "Llegará la hora del descanso eterno".

Startsev abrió la portezuela y penetró en el cementerio; lo primero que vio fueron las cruces blancas y los monumentos a ambos lados de la amplia alameda y las negras sombras que partían de ellos y de los álamos; lejos, alrededor se veía lo blanco y lo negro y los árboles somnolientos inclinaban sus ramas sobre lo blanco. Parecía que allí había más claridad que en el campo; las hojas de los arces, cual extrañas patas se recortaban sobre la arena amarilla de las alamedas y sobre las losas, y las inscripciones en los monumentos se veían claramente. En los primeros momentos Startsev quedó asombrado por lo que estaba viendo por primera vez en su vida y lo que, probablemente, nunca más volvería a ver: un mundo que no se parecía a nada, un mundo en el que la luz de la luna era tan tenue y hermosa como si tuviera allí su cuna; donde no había vida, ninguna señal de vida, pero en cada álamo oscuro, en cada tumba se sentía la presencia de un misterio, que prometía una vida apacible, bella, eterna. Las losas, las flores marchitas y las hojas otoñales exhumaban, un leve soplo de tristeza, de perdón y de paz.

En el silencio de la noche, las estrellas miraban desde el cielo con profundo recogimiento, y los pasos de Startsev, tan inoportunos, resonaban con aspereza. Y cuando en la iglesia el reloj comenzó a dar horas y él se imaginó a sí mismo muerto y enterrado allí para siempre, le pareció que alguien lo estaba mirando y pensó entonces, por un instante, que aquello no era ni paz ni silencio sino una sorda angustia de no existir.

El monumento a la Demetti tenía forma de una capilla, con un ángel encima; años atrás había pasado por la ciudad una compañía italiana de óperas; una de las cantantes murió, la enterraron allí y colocaron ese monumento. En la ciudad nadie la recordaba ya, pero la lamparilla en la entrada reflejaba el brillo de la luna y parecía arder.

No había nadie. ¿Y quién iría allí a medianoche? Pero Startsev siguió esperando y —como si la luz lunar avivara su pasión— esperó afiebrado, imaginando los besos y las caricias. Durante media hora permaneció sentado junto al monumento, luego dio un paseo por las alamedas laterales, con el sombrero en la mano, esperando y pensando en todas aquellas mujeres, señoras y señoritas, que yacían en las tumbas y que en otra época eran bellas y adorables, que amaban y se abandonaban por las noches a las caricias. En realidad la madre naturaleza hace al hombre una broma bastante pesada y no es nada alegre tener plena conciencia de ello. Startsev estaba pensando en estas cosas y, al mismo tiempo, tenía ganas de gritar que deseaba y esperaba el amor costara lo que costara; ya no eran los blancos trozos de mármol lo que estaba viendo, sino bellos cuerpos, formas que se ocultaban púdicamente en las sombras de los árboles; sentía su calor y una languidez que se tornaba penosa...

Y como si bajara el telón, la luna se escondió debajo de las nubes y todo se oscureció en derredor. A duras penas Startsev encontró el portón —estaba oscuro como en una noche de otoño—, luego deambuló más de una hora buscando la callejuela en la que había dejado sus caballos.

—Estoy cansado, apenas me sostienen los pies —dijo al cochero. Y acomodándose con placer en la carretela, pensó: "¡Ay, no debería de engordar!".

III

Al día siguiente, al anochecer, se dirigió a la casa de los Turkin para hacer el pedido de mano. Pero la ocasión no resultó propicia por cuanto Ekaterina se hallaba ocupada en su habitación con el peluquero. Estaba por partir al baile que tenía lugar en el club.

Hubo que esperar largamente en el comedor, tomando el té. Iván Petróvich, al ver que su huésped parecía pensativo y aburrido, sacó del bolsillo de su chaleco algunos papelitos y leyó la graciosa carta de su administrador alemán, quien le comunicaba que en la propiedad estaban estropeadas varias "sierras duras" de las puertas y que el viento había derribado la "falla" alrededor del huerto.

"La dote no ha de ser pequeña" —pensó Startsev, escuchando distraído.

Después de una noche sin dormir, se encontraba en un estado de aturdimiento, como si le hubieran dado de beber algo dulce y somnífero: en su alma había niebla, pero también calor y alegría, mientras en su cabeza un fragmento pesado y frío razonaba:

"¡Detente mientras no sea tarde! ¿Acaso es buena pareja para ti? Es mimada, caprichosa, duerme hasta las dos de la tarde; y tú no eres más que el hijo de un diácono, un médico rural...

"Bueno, ¿y qué? —pensó—. ¿Qué hay con ello?

"Además, si tú te casas con ella —continuó el fragmento—, su parentela te obligará a dejar el empleo en el distrito y radicarte en la ciudad.

"Bueno —pensó—, viviremos en la ciudad si es necesario. Le darán una dote, compraremos los muebles..."

Por fin entró Ekaterina, con un vestido de baile escotado, tan arregladita y bonita que Startsev, entusiasmado, no pudo pronunciar una sola palabra y no hacía más que mirarla y reír.

Ella comenzó a despedirse, y como él ya no tenía ningún motivo para quedarse allí, se levantó también, diciendo que debía volver a su casa, pues lo esperaban los enfermos.

—Qué se le va a hacer —dijo Iván Petróvich—, vaya, entonces. De paso, llevará a Kótik hasta el club.

Afuera lloviznaba, estaba muy oscuro y solo por la tos ronca de Panteleimón se podía adivinar dónde estaban los caballos. Levantaron la capota de la carretela.

—Anduve y anduve, luego me arrojé al río y anduve, anduve —decía Iván Petróvich, ayudando a la hija a subir al coche—. ¡Arranca! ¡Buenas noches, por favor!

Partieron.

—Anoche estuve en el cementerio —comenzó diciendo Startsev—. No es generoso de su parte...

—¿Usted estuvo en el cementerio?

—Sí, estuve allí y la esperé casi hasta las dos de la madrugada. Sufrí.

—Pues, sufra, si no entiende las bromas.

Ekaterina, contenta de haberse burlado con tanta astucia de su enamorado y de saberse amada con tanta fuerza, lanzó una carcajada, pero de repente, dejó escapar un grito, ya que en ese mismo instante los caballos, haciendo un brusco viraje, entraron en el portón del club y la carretela se inclinó. Startsev envolvió con el brazo el talle de Ekaterina;

ella, asustada, no se movió, y él sin poder contenerse, la besó con pasión en los labios y en la barbilla, estrechando el abrazo.

—Basta —dijo ella secamente.

Un momento después ya no estaba en el coche, y el policía estacionado en la iluminada entrada del club gritaba a Panteleimón en tono áspero:

—¿Qué haces ahí pasmado? ¡A ver si te mueves!

Startsev partió para su casa, pero no tardó en volver. Vestido con un frac ajeno, llevaba puesta una dura corbata blanca que se arqueaba continuamente y tenía ganas de desatarse. A medianoche el doctor estaba sentado en el salón del club, junto a Ekaterina, y le decía con calor:

—¡Oh, cuán poco saben los que no han amado nunca! Creo que nadie aún describió exactamente el amor, porque es muy difícil describir este tierno, alegre y tortuoso sentimiento; quien lo haya experimentado siquiera una vez, no intentará expresarlo con palabras. ¿Para qué los preámbulos y las descripciones? ¿Para qué la elocuencia? Mi amor no tiene límites... Le ruego, le imploro —declaró, por fin, Startsev— que sea mi esposa.

—Dmitry Iónich —dijo Ekaterina, después de pensarlo un rato y con una expresión muy seria—, Dmitry Iónich, le estoy muy agradecida por el honor que me hace, lo respeto mucho, pero... —ella se levantó y continuó hablando de pie—, pero perdóneme, yo no puedo ser su esposa. Hablemos con toda seriedad. Dmitry Iónich, usted sabe que lo que más amo en la vida es el arte; adoro la música, la amo locamente, le he dedicado toda mi vida. Quiero ser artista, quiero tener fama, éxitos, libertad, mientras que usted quiere que yo siga viviendo en esta ciudad, que continúe arrastrando esta inútil y vacía vida, que se tornó intolerable para mí. Casarme, ¡oh no, perdóneme! La persona humana debe perseguir un propósito elevado, brillante, la vida hogareña me ataría para siempre. Dmitry Iónich —ella sonrió levemente, ya que al decir "Dmitry Iónich, usted es un hombre bueno, inteligente y noble; usted es el mejor entre todos..." las lágrimas se asomaron a sus ojos—, yo lo compadezco con toda mi alma, pero... usted comprenderá...

Y para no echarse a llorar, ella se dio vuelta y salió del salón.

El corazón de Startsev volvió a latir normalmente. Una vez en la calle, antes que nada se quitó de un tirón la dura corbata y respiró con todo el pecho. Sentía algo de vergüenza, su amor propio estaba ofendido —no esperaba un rechazo— y no podía creer que todos sus sueños, angustias y esperanzas lo hubieran conducido a ese final estúpido, propio de una obrita representada en un espectáculo de aficionados. Y le daba lástima su sentimiento, ese amor suyo; tanta lástima le daba que tenía ganas de llorar o darle con el paraguas en la ancha espalda a Panteleimón.

Durante unos tres días todo trabajo le salía mal y no podía comer ni dormir, pero al enterarse de que Ekaterina había partido a Moscú para ingresar en el Conservatorio, se tranquilizó y volvió a vivir como antes.

Más tarde, recordando a veces cómo había vagado por el cementerio o cómo estaba recorriendo toda la ciudad en busca de un frac, se desperezaba con indolencia y decía:

—¡Qué lío que era aquello!

IV

Pasaron cuatro años y Startsev ya tenía mucho trabajo en la ciudad. Todas las mañanas atendía de prisa a los enfermos en su casa de Dialich, luego partía a ver a los enfermos de la ciudad —lo hacía ya en una *troika*, con cascabeles—, y regresaba tarde, de noche. Había engordado y sufría de fatiga, por lo cual no tenía ganas de andar a pie. También Panteleimón había engordado y cuanto más ancho se volvía, más tristes se hacían sus suspiros y sus quejas acerca del amargo destino que lo condenaba a viajes eternos.

Startsev frecuentaba muchas casas y se encontraba con mucha gente, pero no intimaba con nadie. Los habitantes de la ciudad lo irritaban con sus charlas, sus puntos de vista y aun con su aspecto. Poco a poco, la experiencia le hizo ver que el pequeño burgués, mientras uno jugaba con él a las cartas o compartía su comida, era un hombre pacífico, bien dispuesto y hasta inteligente, pero apenas uno comenzaba a hablarle sobre alguna cosa que no se podía comer, como la política o la ciencia, se metía en un callejón sin salida o se ponía a desarrollar una filosofía tan maligna y obtusa que a uno no le quedaba otra cosa más que dejar de hablar y hacerse a un lado. Al intentar Startsev una plática con un burgués liberal acerca de que la humanidad, gracias a Dios, progresaba y que con el tiempo, se las arreglaría sin pasaportes y sin la pena de muerte, el hombre lo miró de reojo y desconfiado le preguntó: "¿De modo que entonces cualquiera podrá degollar en la calle a quien le plazca?". Y cuando, en la sociedad, durante la cena o el té, Startsev hablaba de la necesidad de trabajar, ya que no se puede vivir sin trabajo, todos lo interpretaban como un reproche, y comenzaban a enfadarse y a discutir con terquedad. Además, aquellos burgueses no hacían nada, nada en lo absoluto y no se interesaban por nada, de manera que resultaba muy difícil encontrar un asunto sobre el cual se pudiera hablar con ellos. Y Startsev evitaba las conversaciones, limitándose a tomar un bocado y jugar al *vint;* si en alguna casa se celebraba una fiesta familiar y lo invitaban a la mesa, se sentaba y comía en silencio, mirando al plato; y todo lo que se hablaba durante la comida era poco interesante, injusto y mentecato; él sentía imitación y se ponía nervioso, pero seguía callado, lo que dio motivo para que en la ciudad lo llamaran "el polaco engreído".

Se apartaba de las diversiones como el teatro y los conciertos, en cambio jugaba todas las noches al *vint,* haciéndolo con placer, durante unas tres horas. Tenía una diversión más, a la que se habituó sin darse cuenta, poco a poco: por las noches, extraer de sus bolsillos los billetes cobrados a los pacientes; estos billetes —amarillos y verdes que olían a perfume y a vinagre, a incienso y aceite de ballena— metidos en todos los bolsillos, sumaban a veces unos setenta rublos; cuando se juntaban varios cientos, los llevaba a la Sociedad de Crédito Mutuo para depositarlos en la cuenta corriente.

En los cuatro años después de la partida de Ekaterina, solo fue dos veces a la casa de los Turkin, por invitación de Vera Iósifovna, que aun trataba de curar su jaqueca. Cada verano Ekaterina volvía a la casa de sus padres para pasar una temporada, pero él no tuvo oportunidad de verla.

Y he aquí que han transcurrido cuatro años. En una apacible y templada mañana trajeron al hospital una carta. Vera Iósifovna escribía a Dmitry Iónich que lo extrañaba mucho y le pedía que la visitara para aliviar sus sufrimientos; además era el día de su cumpleaños. Al pie de la carta había un agregado: "Me asocio a la solicitud de mamá. K.".

Startsev pensó un rato y por la noche fue a casa de los Turkin.

—¡Ah, buenas noches, por favor! —le dijo Iván Petróvich, sonriendo con los ojos—. ¡Buenas *suares!*

Vera Iósifovna, muy envejecida ya, con los cabellos blancos, estrechó la mano de Startsev y dijo con un afectado suspiro:

—Usted, doctor, no quiere cortejarme, nunca viene a vernos; yo ya soy vieja para usted. Pero ahora llegó la joven; quizá tenga más suerte que yo.

¿Y Kótik? Estaba más delgada y más pálida; al mismo tiempo era más hermosa y más esbelta; pero ya no era Kótik sino Ekaterina Ivánovna; ya no tenía la frescura de antes ni la expresión de inocencia infantil. Había algo nuevo en su mirada y en sus modales, algo tímido y culpable, como si allí, en la casa de los Turkin, ya no se sintiera en su propia casa.

—¡Cuántos veranos, cuántos inviernos![31] —dijo, tendiendo la mano a Startsev y notaba que su corazón latía con inquietud; mirándole a la cara con una atenta curiosidad, prosiguió—: ¡Cómo ha engordado usted! Está bronceado por el sol y se le ve más maduro, pero en general ha cambiado poco.

También ahora ella le agradó, pero algo le faltaba o algo le sobraba —él mismo no podría decirlo con precisión—, algo le impedía sentirla como la había sentido antes. No le agradaba su palidez, la nueva expresión de su rostro, su débil sonrisa, su voz, y pocos momentos después ya no le agradaba su vestido, el sillón en que estaba sentada, algo no le agradaba del pasado, cuando poco faltó para que se casara con ella. Recordó el amor, los sueños y las esperanzas que lo inquietaran cuatro años atrás y se sintió incómodo.

Tomaron el té con pastel dulce. Luego Vera Iósifovna leyó en voz alta una novela suya; leyó cosas que nunca ocurren en la vida, y Startsev,

---

[31] Típico saludo ruso que se emplea después de una larga separación; equivale al "¡Cuánto tiempo!" en español.

escuchándola, contemplaba su canosa y bella cabeza y esperaba que terminara de leer.

"Mediocre —pensaba— no es quien no sabe escribir novelas, sino quien las escribe y no sabe ocultarlo".

—No está malta —dijo Iván Petróvich.

Luego Ekaterina Ivánovna tocó el piano larga y ruidosamente; cuando hubo terminado, la felicitaron y le agradecieron durante mucho tiempo.

"En realidad, hice bien en no casarme con ella" —pensó Startsev.

Ella lo miraba, esperando, por lo visto, que la invitara a pasar al jardín, pero él permaneció callado.

—Hablemos un poco —dijo ella, acercándose—. ¿Cómo está usted? ¿Qué novedades tiene? En los últimos días siempre pensé en usted —prosiguió con nerviosidad—; quería enviarle una carta, quería ir a verlo en Dialich y ya lo tenía decidido, pero luego cambié de idea: vaya a saber cuál es su actitud ahora para conmigo. Hoy estuve esperándolo con emoción. Por Dios, vayamos al jardín.

Salieron al jardín y se sentaron en el banco bajo el arce, igual que cuatro años antes. Estaba oscuro.

—¿Cómo le va, pues? —preguntó Ekaterina Ivánovna.

—Pues, bien. Sin novedad —respondió Startsev.

No se le ocurrió nada más para agregar. Callaron.

—Estoy emocionada —dijo Ekaterina Ivánovna y se cubrió la cara con las manos—, pero no me haga caso. Me siento tan bien en casa, estoy feliz de volver a ver a todos. ¡Cuántos recuerdos! Creí que usted y yo hablaríamos sin cesar, toda la noche.

Él vio de cerca su cara y sus ojos brillantes, y aquí, en la oscuridad, ella le pareció más joven y hasta creyó vislumbrar en ella su antigua expresión infantil. En efecto, ella lo miraba con ingenua curiosidad, como si quisiera ver y comprender mejor al hombre que antaño la amaba con tanto ardor, con tanta ternura y con tan poca suerte; sus ojos le estaban agradeciendo por aquel amor. Y él recordó todo lo que hubo, los menores detalles, cómo anduvo vagando por el cementerio y cómo luego, a la madrugada, volvía cansado a su casa; sintió tristeza y lástima por el pasado. Una llamita se encendió en su alma.

—¿Recuerda cómo la acompañé aquella noche al club? —dijo—. Llovía y estaba oscuro...

La llamita en su alma se agrandaba; ya tenía ganas de hablar, de quejarse...

—¡Ah! —dijo con un suspiro—. Usted pregunta sobre mi vida. Acerca de qué manera transcurre nuestra vida aquí. Pues, de ninguna manera. Envejecemos, engordamos, nos dejamos estar. Día tras noche, noche tras día, la vida pasa opaca, sin impresiones, sin ideas... De día gano dinero, de noche mato el tiempo en el club, con los jugadores y los alcohólicos roncos que me dan asco. ¿Qué hay de bueno en ello?

—Pero usted tiene su labor, un noble propósito en la vida. Le gustaba tanto hablar de su hospital. Yo en aquel entonces era una joven algo extraña, me imaginaba a mí misma como una gran pianista. Ahora todas las señoritas tocan el piano y yo lo toco como todas; no tengo nada excepcional, soy tan pianista como mi mamá es escritora. Y claro está, a usted no lo comprendí al principio, pero más tarde, en Moscú, a menudo pensé en usted. No pensé en otra cosa. Qué felicidad la suya, de ser médico rural, aliviar a los que sufren, servir al público. ¡Qué dicha! —repitió Ekaterina Ivánovna con entusiasmo—. Cuando en Moscú pensaba en usted, me lo figuraba tan idealista, tan espiritual...

Startsev recordó los billetes que de noche sacaba de sus bolsillos con tanto placer, y la llamita se apagó en su alma.

Se levantó del banco. Ella se apoyó en su brazo.

—Usted es la mejor persona que he conocido en mi vida —prosiguió—. Volveremos a vernos y a conversar, ¿verdad? Prométamelo. No soy pianista, con respecto a ello no me hago más ilusiones y en su presencia no tocaré ni hablaré de música.

Cuando, después de entrar en la casa, Startsev vio, a la luz de las lámparas, su rostro y sus ojos, tristes, agradecidos e interrogantes, que se dirigían a él, sintió cierta inquietud y volvió a pensar: "Es una suerte que no me haya casado entonces".

Comenzó a despedirse.

—Usted no tiene ningún derecho romano de partir sin haber comido —decía Iván Petróvich, acompañándolo—. Eso está bastante perpendicular de su parte. ¡A ver aquella escena! —dijo en el vestíbulo, dirigiéndose a Pava.

Pava, que ya no era un adolescente sino un joven con bigotes, adoptó la pose, levantó el brazo y dijo en tono trágico:

—¡Muere, desdichada!

Todo ello irritó a Startsev. Tomando asiento en la carretela y observando la casa y el oscuro jardín que le eran tan caros otrora, recordó todo a la vez: las novelas de Vera Iósifovna, los ruidosos conciertos de Kótik, las ocurrencias de Iván Petróvich y la trágica pose de Pava, y pensó en cómo debía ser la ciudad si sus habitantes de más talento eran tan mediocres.

Tres días después, Pava le trajo una carta de Ekaterina Ivánovna. "Usted no viene a vernos. ¿Por qué? —decía la carta—. Temo que haya cambiado su actitud hacia nosotros; me da miedo pensarlo. Tranquilícese, pues; venga y dígame que todo marcha bien. Tengo que hablar con usted. Su E. T.".

Startsev leyó la carta, pensó un rato y dijo a Pava:

—Dile, joven, que hoy no puedo ir, estoy muy ocupado. Dile que iré dentro de unos tres días.

Pero pasaron los tres días y luego una semana sin que él se decidiera a ir. Un día, pasando cerca de la casa de los Turkin, pensó que debería entrar aunque fuera por un minuto, pero vaciló y... se fue. Y después ya no fue nunca más.

V

Pasaron varios años más. Startsev engordó más aún, respiraba en forma pesada y andaba con la cabeza echada hacia atrás. Cuando, rollizo y enrojecido, viaja en su *troika* con cascabeles, y cuando Panteleimón, también rollizo y enrojecido, con el cuello carnoso, está sentado en el pescante, extendiendo hacia adelante sus brazos, tan rectos que parecen hechos de madera, y grita: "¡Cuida tu derecha-a-a!", el cuadro resulta impresionante y parece entonces que no es un hombre quien viaja sino un dios pagano. En la ciudad posee una clientela enorme, no tiene tiempo ni para un respiro; es dueño de una propiedad y de dos casas y busca comprar una más, en condiciones ventajosas; cuando en la Sociedad de Crédito Mutuo le hablan de alguna casa destinada al remate, se dirige a esta casa sin ceremonias, atraviesa todas las habitaciones sin prestar atención a las mujeres semivestidas y a los niños, que lo miran con asombro y miedo, y señalando con el bastón las puertas, pregunta:

—¿Es el gabinete? ¿Este es el dormitorio? ¿Y aquí qué es?

Y, respirando con dificultad, se seca el sudor de la frente.

Está muy atareado, a pesar de lo cual no abandona su cargo de médico del distrito; la avaricia lo tiene dominado y lo hace correr de un lado para otro. En Dialich, y también en la ciudad, lo llaman ya simplemente Iónich. "A dónde estará viajando Iónich" o "Habría que invitar a Iónich al *Concilium*".

Probablemente a causa del engordamiento de la garganta, su voz cambió, tornándose aguda y áspera. También cambió su carácter: se hizo difícil e irritable. Recibiendo a los enfermos, se enfadaba con facilidad, con impaciencia golpeaba el bastón contra el piso y gritaba con voz chillona:

—¡Sírvase solo contestar a las preguntas! ¡No hable!

Lleva una vida solitaria, aburrida; nada le interesa.

Durante todo el tiempo que ha vivido en Dialich, el amor hacia Kótik fue su única y probablemente última alegría. Por las noches, en el club, juega al *vint* y luego se sienta solo a una gran mesa para cenar. Lo atiende el lacayo Iván, el más viejo y respetable; le sirven el *Château-Lafite* número 17, y todos —el encargado del club, el cocinero y el lacayo— saben lo que le gusta y lo que no le gusta, y tratan a toda costa de complacerle, porque si no, puede enojarse de pronto y golpear el suelo con su bastón.

Durante la cena, a veces se vuelve hacia la otra mesa para terciar en la conversación.

—¿Dónde es eso? ¿Eh? ¿A quién?

Y cuando sucede que en la mesa vecina se habla de los Turkin, pregunta:

—¿De cuáles Turkin está hablando? ¿Es donde la hija toca el piano?

Esto es todo cuanto se puede decir de él.

¿Y los Turkin? Iván Petróvich está bien, no cambió en nada e igual que antes dice sus ocurrencias y cuenta sus chistes; Vera Iósifovna, igual que antes, lee a las visitas sus novelas y lo hace con una cordial sencillez y con placer. Kótik toca el piano unas cuatro horas por día. Se le nota envejecida y algo enferma; cada otoño se va con la madre a Crimea. Iván Petróvich las acompaña hasta la estación y, cuando el tren se pone en marcha, se seca las lágrimas y les grita:

—¡Adiós, por favor! —y agita el pañuelo.

Una bromita

Un claro mediodía de invierno... El frío es intenso, el hielo cruje, y a Nádeñka, que me tiene agarrado del brazo, la plateada escarcha le cubre los bucles en las sienes y el vello encima del labio superior. Estamos sobre una alta colina. Desde nuestros pies hasta el llano se extiende una pendiente, en la cual el sol se mira como en un espejo. A nuestro lado está un pequeño trineo, revestido con un llamativo paño rojo.

—Deslicémonos hasta abajo, Nadezhda Petrovna —le suplico—. ¡Siquiera una sola vez! Le aseguro que llegaremos sanos y salvos.

Pero Nádeñka tiene miedo. El espacio desde sus pequeñas galochas hasta el pie de la helada colina le parece un inmenso abismo, profundo y aterrador. Ya solo al proponerle yo que se siente en el trineo o por mirar hacia abajo se le corta el aliento y está a punto de desmayarse; ¡qué no sucederá entonces cuando ella se arriesgue a lanzarse al abismo! Se morirá, perderá la razón.

—¡Le ruego! —le digo—. ¡No hay que tener miedo! ¡Comprenda, de una vez, que es una falta de valor, una simple cobardía!

Nádeñka cede al fin, y advierto por su cara que lo hace arriesgando su vida. La acomodo en el trineo, pálida y temblorosa; la rodeo con un brazo y nos precipitamos al abismo. El trineo vuela como una bala. El aire hendido nos golpea en la cara, brama, silba en los oídos, nos sacude y pellizca furibundo, quiere arrancar nuestras cabezas. La presión del viento torna difícil la respiración. Parece que el mismo diablo nos estrecha entre sus garras y, aullando, nos arrastra al infierno. Los objetos que nos rodean se funden en una sola franja larga que corre de manera vertiginosa... Un instante más y llegará nuestro fin.

—¡La amo, Nadia! —digo a media voz.

El trineo comienza a correr más despacio, el bramido del viento y el chirriar de los patines ya no son tan terribles, la respiración no se corta más y, por fin, estamos abajo. Nádeñka llegó más muerta que viva. Está pálida y apenas respira... La ayudo a levantarse.

—¡Por nada del mundo haría otro viaje! —dice mirándome con ojos muy abiertos y llenos de horror—. ¡Por nada del mundo! ¡Casi me muero!

Al cabo de un rato vuelve en sí y me dirige miradas inquisitivas: ¿fui yo quien dijo aquellas tres palabras o simplemente le pareció oírlas en el silbido del remolino? Fumo a su lado y examino mi guante con atención.

Me toma del brazo y comenzamos un largo paseo cerca de la colina. El misterio por lo visto no la deja en paz. ¿Fueron dichas aquellas palabras o no? ¿Sí o no? Es una cuestión de amor propio, de honor, de vida, de dicha; una cuestión muy importante, la más importante en el mundo. Nádeñka vuelve a dirigirme su mirada impaciente, triste, penetrante, y contesta fuera de propósito, esperando que yo diga algo. ¡Oh, qué juego de matices hay en este rostro simpático! Veo que está luchando consigo misma, que tiene necesidad de decir algo, de preguntar, pero no encuentra las palabras, se siente cohibida, atemorizada, confundida por la alegría...

—¿Sabes una cosa? —dice sin mirarme.

—¿Qué? —le pregunto.

—Hagamos... otro viajecito.

Subimos por la escalera. Vuelvo a acomodar a la temblorosa y pálida Nádeñka en el trineo y de nuevo nos lanzamos en el temible abismo; de nuevo brama el viento y zumban los patines; y de nuevo, al alcanzar el trineo su impulso más fuerte y ruidoso, digo a media voz:

—¡La amo, Nadia!

Cuando el trineo se detiene, Nádeñka contempla la colina por la que acabamos de descender; luego clava su mirada en mi cara, escucha mi voz, indiferente y desapasionada, y toda su pequeña figura, junto con su manguito y su capucha, expresa un extremo desconcierto. Su cara refleja una serie de preguntas:

"¿Cómo es eso? ¿Quién ha pronunciado aquellas palabras? ¿Ha sido él o me ha parecido oírlas y nada más?".

La incertidumbre la torna inquieta, la pone nerviosa. La pobre muchacha no contesta mis preguntas, frunce el ceño, está a punto de llorar.

—¿Será hora de irnos a casa? —le pregunto.

—A mí... a mí me gustan estos viajes en trineo —dice, ruborizándose—. ¿Haremos uno más?

Le "gustan" estos viajes, pero al sentarse en el trineo, palidece igual que antes, tiembla y contiene el aliento.

Descendemos por tercera vez, y noto cómo está observando mi cara y mis labios. Pero yo me cubro la boca con un pañuelo, y toso y al llegar a la mitad de la colina alcanzo a musitar:

—¡La amo, Nadia!

Y el misterio sigue siendo misterio. Nádeñka guarda silencio, piensa en algo... Nos retiramos de la pista y ella trata de aminorar la marcha, esperando siempre que yo diga aquellas palabras. Veo cómo sufre su corazón y cómo ella se esfuerza, para no decir en voz alta:

"¡No puede ser que las haya dicho el viento! ¡Y no quiero que haya sido el viento!".

A la mañana siguiente recibo una esquela: "Si usted va hoy a la pista de patinaje, venga a buscarme. N". Y a partir de ese día voy con Nádeñka a la pista todos los días y, al precipitarnos hacia abajo en el trineo, cada vez pronuncio a media voz siempre las mismas palabras:

—¡La amo, Nadia! En poco tiempo, Nádeñka se habitúa a esta frase, como uno se habitúa al vino o a la morfina. Ya no puede vivir sin ella. Es verdad que siempre le da miedo deslizarse por la colina helada, pero ahora el miedo y el peligro otorgan un encanto especial a las palabras de amor, palabras que constituyen un misterio y oprimen dulcemente el corazón. Los sospechosos son siempre dos: el viento y yo... Ella no sabe quién de los dos le declara su amor, pero ello, por lo visto, ya la tiene sin cuidado; poco importa el recipiente del cual uno bebe, lo esencial es sentirse embriagado.

Una vez al mediodía, fui solo a la pista; mezclado con la multitud, vi a Nádeñka acercarse a la colina y buscarme con los ojos... Tímidamente sube a la escalera... Le da mucho miedo viajar sola, ¡oh, qué miedo! Está blanca como la nieve y tiembla como si se dirigiera a su propia ejecución. Pero va decidida, sin mirar para atrás.

Por lo visto, ha decidido probar, al fin: ¿Se oyen aquellas sorprendentes y dulces palabras cuando yo no estoy? La veo colocarse en el trineo, pálida, con la boca abierta por el miedo, cerrar los ojos y emprender la marcha; después de despedirse para siempre de la tierra. "Zsh-zsh-zsh-zsh"... Zumban los patines. Si Nádeñka está oyendo aquellas palabras o no, no lo sé... La veo levantarse del trineo exhausta, débil. Y se ve por su cara que ella misma no sabe si ha oído algo o no. Mientras estuvo deslizándose hacia abajo, el miedo le quitó la capacidad de escuchar, de distinguir sonidos, de entender...

Y he aquí que llega el primaveral mes de marzo... El sol se torna más cariñoso. Nuestra montaña de hielo se oscurece, pierde su brillo y, por fin se derrite. Nuestros viajes en trineo se interrumpen. La pobre Nádeñka ya no tiene dónde escuchar aquellas palabras y además no hay quien las pronuncie, puesto que el viento se ha aquietado y yo estoy por irme a San Petersburgo, por mucho tiempo, quizá para siempre.

Unos días antes de mi partida, al anochecer, estoy sentado en el jardín. Este jardín está separado de la casa de Nádeñka por una alta empalizada con clavos... Aún hace bastante frío, en los rincones del patio exterior hay nieve todavía, los árboles parecen muertos; pero ya huele a primavera y los grajos, acomodándose para dormir desatan su último vocerío de la jornada. Me acerco a la empalizada y durante largo rato miro por una hendidura. Veo a Nádeñka salir al patio y alzar su triste, acongojada mirada al cielo... El viento de primavera sopla directamente en su pálido y sombrío rostro... Le hace recordar aquel otro viento que bramaba en la colina dejando oír aquellas tres palabras, y su cara se pone triste, muy triste, y una lágrima se desliza por su mejilla. La pobre muchacha extiende ambos brazos como suplicando al viento le traiga una vez más aquellas palabras. Y yo, al llegar una ráfaga de viento, digo a media voz:

—¡La amo, Nadia!

¡Por Dios, hay que ver lo que sucede con Nádeñka! Deja escapar un grito y con amplia sonrisa tiende sus brazos hacia el viento, alegre, feliz, tan bella.

Y yo me voy a hacer las maletas...

Esto sucedió hace tiempo. Ahora Nádeñka está casada con el secretario de una institución tutelar y tiene ya tres hijos. Pero nuestros viajes en trineo y las palabras "La amo, Nadia", que le llevaba el viento, no están olvidadas: para ella son el recuerdo más feliz, más conmovedor y más bello de su vida...

Mientras que yo, ahora que tengo más edad, ya no comprendo para qué decía aquellas palabras, por qué hacía aquella broma...

La condecoración

El maestro de escuela León Pustiakof vive al lado de la casa de su amigo el teniente Ladenzof. Allí dirige sus pasos en aquella mañana del día de Año Nuevo.

—Verás de qué se trata, amigo Gricha —le dice después de las felicitaciones y enhorabuenas usuales—; no te molestaría si no se tratara de un asunto urgente. Préstame por el día de hoy tu condecoración de San Estanislao. Estoy invitado a comer en casa del comerciante Spitchkin y tú conoces a este imbécil: está loco por las condecoraciones; a los que no ostentan ninguna en el uniforme los considera casi como a unos burros. Además, tiene dos hijas... Nastia y Zina... Te lo confieso como a un amigo..., ¿me comprendes, querido? ¡Préstamela, te lo ruego!

Todo este discurso es pronunciado balbuceando. Pustiakof está enrojecido de confusión, y a cada palabra se vuelve, mirando tímidamente hacia la puerta de entrada. El teniente le riñe, pero le cede la condecoración.

Aquella misma tarde, a las dos, Pustiakof, en un coche de alquiler, va a casa de Spitchkin; lleva el abrigo entreabierto y contempla su pecho. Allí, con su esmalte de color y puntas doradas, resplandece la condecoración ajena.

—Hasta uno mismo se tiene más consideración gracias a este juguetito —reflexiona el maestro—. Un chisme tan insignificante, costará todo lo más unos cinco rublos, y ¡cuánta importancia tiene!

Al llegar a casa de Spitchkin se desabrocha completamente el gabán y saca el dinero para pagar al cochero. Le parece que este se ha quedado aturdido al ver sus hombreras, los botones relucientes y la condecoración. Pustiakof tose satisfecho y entra en la casa. Al quitarse el abrigo en la antecámara, mira hacia el salón. Hay allí ya unos quince invitados. Se oye rumor de voces y ruido de platos.

—¿Quién es? —pregunta el dueño—. ¡Hola! ¿Es usted, León Nicolaevitch? ¡Enhorabuena! Llega usted un poco tarde; pero no importa, acabamos de sentarnos.

Pustiakof, con el pecho alzado y la cabeza erguida, entra restregándose las manos. Al mismo instante observa algo terrible: al lado de Zina está sentado un compañero suyo —el maestro de francés Tramblin—. Dejarle ver la condecoración sería exponerse, a una multitud de preguntas y averiguaciones desagradables. Su primer impulso fue arrancar la condecoración o echarse a correr, pero está cosida con firmeza, y escaparse ya no es posible.

Tapándose el pecho con la mano derecha y encogiéndose tanto como puede, entra rápido, hace un saludo general y se sienta en la primera silla vacía que puede encontrar, la cual resulta hallarse frente al francés.

—Seguramente está algo bebido —piensa Spitchkin al notar su cara avergonzada.

Le sirven un plato de sopa. Coge la cuchara con la mano izquierda; pero, acordándose de que esto no se usa, dice que ya ha comido y no tiene hambre.

—Dispénseme... He ido a visitar al canónigo, y me ha convidado..., obligándome a comer...

Se encuentra muy molesto; le ahoga la ira. La sopa huele muy bien y el pescado tiene un aspecto de lo más apetitoso. Prueba dejar libre su mano derecha tapándose la condecoración con la izquierda, pero le resulta incómodo. "Lo notarán; tendré la mano puesta sobre el pecho, como un tenor que se prepara a cantar. ¡Dios mío, que se acabe pronto esta comida! Iré luego al restaurante y tomaré algo".

Después del tercer plato, levanta con timidez los ojos hacia el francés. Tramblin está también visiblemente molesto; le mira con un aire desconcertado, y tampoco come. Al notar que se miran en forma mutua, ambos se avergüenzan y fijan los ojos en sus platos vacíos.

—La habrá visto el canalla; por su aspecto noto que la habrá visto —piensa con desesperación Pustiakof—, y es un miserable, un chismoso; se lo contará mañana al director.

Sirven el cuarto plato, y el quinto... Un caballero alto, con las ventanillas de la nariz anchas y velludas y los ojos pequeños, se pone en pie, se acaricia la cabeza, y exclama: "Brindo por la salud de las señoras".

Los comensales se levantan en forma ruidosa y toman las copas en sus manos. Un alegre "¡viva!" resuena por todas las habitaciones. Las señoras sonríen y alzan también sus copas. Pustiakof se pone a su vez en pie y coge la suya con la mano izquierda.

Haga usted el favor, León Nicolaevitch; déle esta copa a su vecina dice uno de los convidados al maestro; hágala usted beber.

No hay más remedio. Pustiakof, muy a su pesar, tiene que separar la mano de su pecho para coger la copa, y la condecoración, con su arrugada cinta roja, resplandece a la luz del día. El maestro palidece, baja la cabeza y lanza una tímida mirada al francés, que lo contemplaba lleno de asombro y con aire interrogativo; sus labios sonríen con astucia, y el malestar desaparece de su semblante.

—Juli Avgestovitch —le dice el dueño al francés—, alcánceme la botella que tiene delante.

Tramblin, indeciso, alarga la mano y... ¡qué felicidad! Pustiakof ve en su pecho una condecoración.

¡Y no la de San Estanislao: la de Santa Ana! De modo que el francés ha hecho la misma trampa. Pustiakof, lleno de contento, se echa a reír y se recuesta en su silla... Ya no tiene motivo para ocultar su condecoración: los dos han pecado; ninguno puede denunciar al otro.

—¡Ah! —murmura el dueño, al notar la condecoración en el pecho del francés.

—Es extraordinario. Qué pocos han sido condecorados en nuestra escuela —dice Pustiakof al francés—. Tenemos un personal tan numeroso, y somos los dos únicos agraciados.

Tramblin le saluda alegre con la mano y se yergue en toda su majestad, para que de todas partes vean su solapa ornada con la condecoración de Santa Ana, de tercera categoría.

Después de la comida, Pustiakof se pasea por todos los cuartos, y de un modo satisfecho enseña a las señoritas su condecoración. Se siente contento y satisfecho, a pesar de un cierto vacío en el estómago.

—Si lo hubiera sabido antes —piensa mirando con envidia la Santa Ana del francés, que habla con el dueño respecto a condecoraciones—, habría pedido la de San Vladimiro. ¡He sido un bobo!

Esta ero lo único que le molestaba. Por lo demás estaba feliz.

Medidas preventivas

Se trata de una pequeña capital de distrito, que, según la expresión del celador de la cárcel, no se encuentra ni con lupa en los mapas. Todo está silencioso y tranquilo bajo el sol ardiente del mediodía.

Desde el ayuntamiento, y hacia la fila de tiendas del mercado, se dirige con lentitud la comisión sanitaria compuesta por el médico, el inspector de policía, dos procuradores del ayuntamiento y de un diputado comercial. Detrás de ellos caminan con respeto los municipales... La ruta de la comisión, como la del infierno, está sembrada de buenos propósitos; los señores sanitarios andan hablando de la sociedad, de los malos olores, de medidas preventivas y de otras materias semejantes, propias del tiempo del cólera. Las conversaciones son tan instructivas, que el inspector de policía se entusiasma y, volviéndose hacia los otros, declara:

—Así es como tendríamos que reunirnos y discutir las cuestiones de interés público con más frecuencia. Además, da gusto; se siente uno en sociedad, en vez de dedicarnos al chismorreo y las querellas. ¿No les parece justo lo que digo?

—¿Por quién vamos a empezar? —pregunta el diputado comercial volviéndose hacia el médico y hablando con un aire de verdugo escogiendo su víctima—. ¿No le parece conveniente ir primero a la tienda de Ocheinikef? Es un bribón..., y además es hora de que le llamemos al orden. El otro día me trajeron de su tienda sémola que estaba llena de..., ustedes dispensarán, de inmundicias de ratones... Mi esposa no se atrevió a comerla.

—¿Por qué no? Si quiere usted ir a la tienda de Ocheinikef, que sea así —replica el médico con indiferencia.

Los señores de la comisión entran en la tienda "Té, café, azúcar y otros comestibles de A. M. Ocheinikef" y, sin gastar más palabras, empiezan la inspección.

— ¡Muy bien! —dice el médico, contemplando las hermosas pirámides de jabón—. ¡Qué torres Eiffel has construido! ¡Miren qué inventos!... ¡Hum!..., pero, ¿qué significa esto? Miren ustedes, señores, ¡Demian Gavrilovitch corta el jabón y el pan con el mismo cuchillo!

—¡Eso no traerá el cólera! —interviene el dueño de la tienda.

—¡Tienes razón; pero es asqueroso!... ¡Yo también te compro el pan!

—No se incomode usted. Para los clientes más importantes tenemos un cuchillo especial. Puede usted comerlo con tranquilidad, se lo juro...

El inspector de policía pestañea largo rato con sus ojos miopes mirando el jamón; lo raspa con la uña, lo huele, soplando, y luego palpándolo, interroga:

—¿Es con triquina?

—¿Qué me dice? ¡Por Dios! ¡Puede usted suponerlo!

El inspector se turba, se aparta del jamón y se fija en la lista de precios de tés de la casa Asmalof &.

El diputado comercial mete la mano en el barril con sémola y su mano tropieza allí con algo blando, velludo y caliente... Mira adentro y la admiración y la ternura resplandecen en su semblante:

—¡Minino!... ¡Minino!... —balbucea—. Se han hecho un nidito en la sémola, y duermen..., están blanditos... Mándame, Demian Gavrilovitch, un gatito a mi casa.

—Con mucho gusto... Señores: sírvanse inspeccionar los entremeses, los embutidos, el queso... Aquí está el *balik*.[32] El *balik* lo recibí el jueves pasado; es de lo mejor... Michka, ¡trae el cuchillo!...

Los presentes cortan trozos del *balik*, lo huelen y lo saborean.

—Tomaré yo también un bocadito —dice como hablando consigo mismo el dueño de la tienda, Demian Gavrilovitch—. Tenía yo por ahí una botellita... Bebiendo un trago la comida sabe mejor... Michka, ¡venga la botella!...

Michka, con las mejillas hinchadas y los ojos dilatados, descorcha la botella y la coloca en el mostrador.

—Beber en ayunas... —observa el inspector de policía rascándose la nuca—. En tal caso, solo una, y que sea pronto, Demian Gavrilovitch; es que no tenemos tiempo.

Un cuarto de hora después, los sanitarios, enjugándose los labios y mondándose los dientes con cerillas, se encaminan hacia la tienda de Goloribenko. Pero, como si fuera a propósito, la entrada está obstruida... Unos cinco jóvenes altos y corpulentos, están atareados sacando un gran barril de manteca.

—¡Hacia la derecha! ¡Déjalo rodar!... ¡Tira, tira de este lado!... ¡Pon una viga por debajo!... ¡Qué diablo! ¡Señores, apártense; les aplastaremos los pies!

El barril se encaja en la puerta y no hay quien lo saque... Los mozos lo empujan con toda la fuerza, resoplan y se injurian entre ellos.

Cuando a consecuencia de tantos esfuerzos, el aire pierde su pureza, el barril sale por fin; pero de inmediato torna, y rodando vuelve a encajarse con solidez en el dintel de la puerta.

—¡Diablos! —exclama el inspector—. Vamos a casa de Schibukin; estos demonios se quedarán aquí hasta la noche.

Pero la tienda de Schibukin está cerrada.

---

[32] Salmón ahumado preparado al estilo ruso.

—¡Si estaba abierta hace poco! —dicen asombrados los sanitarios—. Cuando entrábamos en casa de Ocheinikef, Schibukin estaba delante de su puerta enjuagando una tetera de cobre. ¿Dónde está? —preguntan a un mendigo que está sentado al lado de la tienda cerrada.

—¡Una limosnita por el amor de Dios! —entona el mendigo con voz ronca—. ¡Tengan piedad de un lisiado, por el amor de Dios! ¡Por el descanso de las almas de sus padres! ...

Los sanitarios le manifiestan con la mano su impaciencia y se alejan todos, excepto el procurador del ayuntamiento, Pliumin, que le da al mendigo un kópek, y luego, como asustado, se persigna, y corriendo alcanza a los demás.

Al cabo de dos horas, la comisión regresa; todos tienen aspecto cansado y fatigado, pero no han ido en balde: un municipal lleva triunfal detrás de ellos una cesta con manzanas podridas.

—Ahora, después de haber trabajado, conviene tomar una copita —declara el inspector de policía guiñando el ojo y señalando a una taberna—. ¡Vamos a reponernos! ¡Sí, no estaría mal! Entremos si les parece.

Los sanitarios entran en la taberna y se sientan alrededor de una mesa coja. El inspector hace una señal al dependiente, y varias botellas aparecen en la mesa.

¡Qué fastidio que no haya nada para tomar un bocadito! —dice el diputado comercial tragando de un golpe el contenido de una copa y haciendo una mueca—. ¿No tendrías tú siquiera algunos pepinos?... ¡Cualquier cosa!...

El diputado se vuelve hacia el municipal y escoge una manzana, menos podrida que las demás.

—¡Vaya!... ¡Si hay aquí algunas que no están del todo echadas a perder! —advierte el inspector—. ¡Escogeré también una! Puedes dejar la cesta en la mesa y elegiremos las mejores. En cuanto a las demás, podrás destruirlas después. ¡Anikita Ivanovitch, eche usted vino! Convendría reunirnos con más frecuencia y discutir sobre las medidas necesarias...; pero vivimos como en un desierto; no hay ni vida social, ni casinos, ni instrucción... ¡Como si viviéramos en Australia! ¡Una copita más! ¡Sírvanse, señores!

¡Doctor! Esta manzana la escogí para usted.

....

—¡Señor inspector! ¿Qué hago con esta cesta? —le dice al inspector de policía al municipal, cuando la comisión sale de la taberna.

—¿La cesta?... ¿Cuál de ellas? ¡Ah, ya!... Destruirla al mismo tiempo que las manzanas... ¿Comprendes? Está contagiada...

—Las manzanas se las han comido ustedes.

—¡Ah!..., pues me alegro mucho. Vete a mi casa y dile a mi señora que no se enfade..., que voy una horita... a casa de Pliumin, a dormir... ¿Comprendes? A dormir un ratito... en los brazos de Morfeo.

Y lanzando miradas al cielo, el inspector mueve tristemente la cabeza, levanta los brazos y dice:

—¡Así se pasa la vida!...

La celebridad

Son las doce de la noche. Mitiá Kuldarof, muy excitado, los cabellos en desorden, entra como un torbellino en casa de sus padres y empieza a correr por todas las estancias.

Sus padres están acostándose. La hermana, ya en el lecho, acaba de leer la última página de una novela. Los hermanos colegiales duermen.

—¿De dónde vienes? —le preguntan sus padres—. ¿Qué te ocurre?

—No me lo pregunten. Yo no me lo esperaba, no; nunca me lo podría esperar. Es increíble.

Se deja caer en una butaca, riendo a carcajadas. La felicidad le impide tenerse en pie.

—Es increíble. No se lo hubieran imaginado nunca. Pueden mirar.

La hermana salta de la cama, se echa un chal sobre los hombros y se acerca a él. Los colegiales se despiertan.

—¿Qué te pasa? Se diría que te has vuelto loco.

—Es de alegría, mamá. Toda Rusia me conoce ahora, toda... Antes eran ustedes los únicos en saber que en este mundo existe Dimitri Kuldarof. En adelante toda Rusia lo sabrá. Madrecita. ¡Dios mío!

Mitiá salta, da algunos pasos y vuelve a arrellanarse en su sillón.

—Pero ¿qué pasa, en fin? Cuéntanoslo con detalle.

—Ustedes viven sin vida, como unos salvajes. No leen los periódicos. No hacen caso alguno de la publicidad. Y la verdad es que los periódicos contienen cosas extraordinarias. Nada de lo que sucede puede mantenerse oculto. ¡Qué feliz soy, Dios mío! En los periódicos solo se habla de gente célebre, y he aquí que ahora se han ocupado también de mí.

—¿Qué hablan de ti? ¿Dónde?

El papá se pone pálido. La mamá mira los grabados y se santigua. Los colegiales saltan de sus camas, tapados apenas por sus camisas de dormir, muy cortas, y se acercan al hermano mayor.

—Sí, señor; se han ocupado de mí; toda Rusia me conoce. Vea usted este periódico, mamá: guárdelo como recuerdo. De vez en cuando lo volveremos a leer. Mírelo.

Mitiá saca de su bolsillo un periódico, lo presenta a su padre y le indica un párrafo marcado con lápiz azul. El padre se pone los lentes.

—¡Lea!

La madre contempla otra vez los grabados y se santigua nuevamente. El padre tose y comienza la lectura. "El día 29 de diciembre, a las once de la noche, Dimitri Kuldarof…

—¿No lo ven ustedes? Continúe...

"Dimitri Kuldarof, al salir de una cervecería sita en la Pequeña Bronnaram, en casa de Kasijin, se encontraba en estado de embriaguez..."

—Sí, sí; ¡era yo! Carfineos Petrovich, mi amigo; todo está reseñado con los menores detalles… ¡Siga!

"…Y encontrándose en estado de embriaguez, resbaló y cayó entre los pies de un caballo enganchado a un coche de alquiler. El caballo se asustó de él, le saltó por encima, arrastró el trineo sobre su cuerpo y echó a correr por las calles hasta que los *dvonih* le detuvieron. Al principio, Kuldarof estaba desmayado y hubo que transportarlo al puesto de policía, a fin de que el médico lo reanimara. ¡El golpe recibido por él en la nuca!..."

—Fue con lanza del coche, papá... ¡Lea, lea!

"...El golpe recibido por él en la nuca resultó leve. Se levantó acta, y a la víctima le prestaron los cuidados que su estado requería".

—Ordenaron que me pusieran en la nuca compresas de agua fría. ¿Se han enterado? Eso es; la noticia ha circulado por toda Rusia. Venga el periódico.

Mitiá coge el periódico y se lo mete en el bolsillo.

—Voy corriendo a casa de Makarof para enseñárselo. También hay que mostrarlo a los Ivarmitskó, a Natalie Ivanovne, a Nissim Vanlievitch. Me voy a escape. ¡Adiós! —Mitiá se pone la gorra y, excitado y alegre, sale corriendo a la calle.

¿Cuál de los tres?

En la terraza de la vieja y lujosa *dacha* de María Ivanovna Langer, viuda de un consejero civil, se encontraba su hija Nadia con Iván Gavrilovich, hijo de un renombrado comerciante moscovita.

Era una tarde soberbia. Si yo fuera maestro en la descripción de la naturaleza, hablaría de la luna que contemplando el paisaje desde detrás de las nubes, bañaba con su luz bruja el bosque, la *dacha* y la carita de Nadia; y del leve rumoreo de los árboles, y del canto de los ruiseñores, y del apagado chapoteo del surtidor...

Nadia, apoyando la rodilla en el borde de una butaca, estaba asida con una mano a la barandilla de la terraza. Sus ojos lánguidos, aterciopelados y profundos, miraban, inmóviles, el bosque verdioscuro. Sobre su cara pálida, iluminada por la luna, resaltaba el rojo color de las mejillas. Iván Gavrilovich, de pie tras ella, se arañaba, con mano nerviosa y temblorosa, la poco poblada perilla. Cuando se cansaba de hacer este movimiento, se ponía a alisarse con la otra mano la papada, voluminosa y deforme. Iván Gavrilovich era feo, parecido a su madre, que tenía tipo de cocinera de pueblo. Su frente, baja y estrecha, parecía achatada; su nariz, respingona y aplastada, mostraba una entrante en lugar de caballete; su pelo era estropajoso y sus ojos, pequeños y estrechos como los de un gato recién nacido, miraban a Nadia interrogantes.

—Perdone usted —tartamudeaba, repitiéndose y suspirando como jadeante—. Perdóneme que le hable de mis sentimientos... Pero la quiero tanto, que no sé si estoy en mis cabales o no... Llevo en el pecho un amor hacia usted, que no es posible expresarlo. Apenas la vi, Nadiezhda Petrovna, enseguida me colé, es decir, me enamore. Perdóneme, pero es que... *(Pausa.)* ¡Qué tiempo más agradable!

—Sí, es magnífico.

—Pues con este tiempo que usted ve, es mucho más agradable amar a una mujer tan agradable como usted. Pero yo soy un desgraciado.

Iván Gavrilovich suspiró y se pegó un tirón de la perilla.

—¡Soy muy desgraciado! Con lo que yo la quiero, y usted, en cambio... ¿Acaso podría usted sentir un sentimiento favorable para mí? Usted es una joven instruida, educada, noble... ¿Y yo? un *kupets* y nada más. Lo que se dice nada... Mucho dinero, pero, ¿para qué me sirve si no me da la felicidad? Sin felicidad, ese dinero es solo una perdición, pura vanidad. Comes bien... No tienes que andar a pie... Una vida completamente vacía... ¡Nadiezhda Petrovna!

—¿Qué pasa?

—No, nada... Quería molestarla un instante.

—¿Qué necesita?

—¿Podría usted llegar a quererme? *(Pausa.)* He ofrecido a su madre de usted mi corazón y mi mano para usted, y me ha dicho que todo depende de usted... Puede usted decidir sin consultar a sus padres. ¿Qué me responde usted?

Nadia permaneció callada. Miró al bosque verdioscuro, donde apenas se distinguían los troncos y el encaje de las ramas. La intrigaban las negras sombras movibles de los árboles con las cimas ligeramente mecidas por el viento. Su silencio abatía a Iván Gavrilovich que, lleno de pena, estaba a punto de echarse a llorar. "¿Y si me dice que no?", pensaba, y esta triste idea hacía correr un escalofrío por sus anchas espaldas.

—Hágame el favor, Nadiezhda Petrovna —profirió—. No me martirice, pues si la molesto es porque la quiero... Porque... *(Pausa.)* Porque sí... *(Pausa.)* Si no me responde usted, me da igual morirme.

Nadia se volvió hacia el pretendiente y señorío. Tendiéndole la mano, le habló con una voz que resonó en los oídos del comerciante moscovita como el canto de una sirena:

—Se lo agradezco mucho, Iván Gavrilovich... Sé desde hace tiempo que me quiere usted, y sé cómo me quiere. Pero es... que... yo... Yo también por la bondad de su corazón y por su fidelidad...

Iván Gavrilovich abrió desmesuradamente la boca, se echó a reír y, lleno de felicidad, se pasó la mano por la cara: ¿no sería un sueño?

—Sé que si me caso con usted —prosiguió Nadia— seré feliz... Pero, ¿sabe, Iván Gavrilovich?, espere un poco... Ahora no le puedo responder de manera afirmativa. Debo pensar bien ese paso... Tengo que reflexionar... Espere un poco.

—¿Mucho?

—No, a lo más un día o dos.

—Bueno...

—Márchese, y recibirá la respuesta por correo... Váyase ahora y déjeme pensar... Adiós. Dentro de un par de días...

Nadia le tendió la mano, que Iván Gavrilovich se apresuró a besar. Ella le hizo un saludo con la cabeza, echó un beso al aire y escapó de la terraza, desapareciendo. Iván Gavrilovich permaneció dos o tres minutos indeciso y pensativo y por último, atravesando unos jardincillos y un soto cercano, se dirigió a su coche, que le esperaba en el camino. Iba trastornado de felicidad, y tan lánguido como si le hubieran tenido un día entero en un baño caliente. Mientras caminaba reía de dicha.

—¡Tronfim! —despertó al cochero, que dormitaba en el pescante—. Despierta y vámonos. Habrá buena propina. ¿Me entiendes? ¡Ja, ja, ja!

Entretanto, Nadia atravesó a la carrera todas las habitaciones hasta llegar a la otra terraza, descendió de ella y, abriéndose paso entre los árboles, los arbustos y los matorrales, corrió al otro camino. Allí la esperaba un amigo de su infancia, el barón Vladimir Schtral, joven de unos veintiséis años. Schtral era pequeño y gordo, un alemancillo rechoncho con una calva ya visible. Terminados sus estudios en la universidad, iba hacia su hacienda de Jarkov y había venido a despedirse. Estaba un poco bebido y, recostado en un banco, silbaba *La Flechita*.

Nadia corrió hacia él y, jadeante, fatigada por la carrera, se arrojó a su cuello. Riendo con estruendo y agarrándose a la garganta, a los cabellos o al cuello de la camisa del alemán, le llenó de besos el rostro adiposo y cubierto de sudor.

—Hace ya una hora que te espero —dijo el barón, cogiéndola por la cintura.

—¿Qué tal te encuentras?

—Bien.

—¿Sales mañana?

—Sí.

—¡Antipático! ¿Vuelves pronto?

—No sé...

El barón besó a Nadia y, quitándosela de las rodillas, donde estaba sentada, la colocó en el banco.

—Bueno, basta de besuqueos —dijo ella—. Después tendremos tiempo de sobra. Ahora, hablemos en serio. *(Pausa.)* ¿Has pensado, Volodia?

—Sí.

—Muy bien. ¿Y qué has decidido? ¿Cuándo será la boda?

El barón torció el gesto.

—¡Otra vez con lo mismo! —respondió—. ¿No te di ayer contestación... definitiva? Ni hablar de casarse. Ayer te lo dije. ¿Para qué hablar de lo que ya ha sido tratado y requetetratado?

—Pero, Volodia, nuestras relaciones deben tener un fin... ¿Cómo no te das cuenta? El fin tiene que llegar.

—Deben tener un fin, pero no será la boda... Te lo repito por centésima vez, Nadine: eres más inocente que una niña de tres años. La inocencia les va bien a las mujeres bonitas; pero no en este caso, paloma.

—¡De manera que no quieres casarte! ¿Es así? Habla claro, alma sin conciencia, habla claro. ¿No quieres casarte?

—No. ¿Qué necesidad tengo yo de estropear mi carrera? Aunque te quiero, sé que serás mi perdición si me caso contigo. No puedes darme ni una fortuna ni un nombre. El matrimonio, amiga mía, es la mitad de la carrera, pero tú... Dejémonos de lloriqueos. Hay que razonar con serenidad. Los matrimonios por amor nunca traen consigo la felicidad y terminan siendo un fracaso...

—¡Mentira! ¡Embustero!

—Cásate y luego muérete de hambre, engendra mendigos... Hay que tener cabeza.

—¿Y por qué no la tuviste entonces? ¿Te acuerdas? Entonces me diste tu palabra de casarte conmigo, ¿verdad?

—Te la di; pero ahora mis planes han cambiado. ¿Verdad que tú no te casarías con un pobretón? ¿Por qué, entonces, quieres que yo me case con una pobre? Desde luego, no pienso hacerme a mí mismo tal jugada. Tengo un porvenir, del cual he de responder ante mí conciencia.

Nadia se enjugó las lágrimas con el pañuelo y, de repente, de la manera más inesperada, volvió a arrojarse al cuello del alemán ortodoxo. Apretándose a él, le llenó la cara de besos.

—¡Cásate conmigo! —le suplicó—. ¡No me abandones! ¡Si supieras cómo te quiero, tesoro! Sin ti no podría vivir, encanto mío. Si te apartas de mí, me matarás. ¿Verdad que vamos a casarnos?

El alemán meditó un instante y respondió en tono concluyente:

—No puedo. El amor es una gran cosa, pero no la primera en este mundo.

—¿De modo que no quieres casarte conmigo?

—No, no puedo.

—¿No quieres? ¿De verdad que no?

—No puedo, Nadine.

—¡Canalla, infame, falsario alemán! ¡No puedo ni verte! ¡Te odio, te desprecio! ¡Eres repugnante! Y nunca te he querido. Si me entregué a ti aquella tarde, fue porque te creía persona decente y pensaba que te casarías conmigo... Pero tampoco entonces te podía aguantar. Quería casarme contigo porque eres barón y rico.

Nadia, accionando con los brazos, retrocedió unos pasos, dirigió a Schtral unos cuantos insultos más y se marchó a la casa.

"Más me hubiera valido no venir a verle —pensó por el camino—. Bien sabía yo que no querría casarse. ¡Será canalla! Y yo, ¡qué imbécil fui aquella tarde! De no haber cometido aquel desliz, no hubiera tenido necesidad de humillarme ahora ante ese maldito tudesco".

Al llegar al patio de la *dacha,* no entró en ella. Después de vagar un poco por los alrededores, se detuvo ante una ventana apenas iluminada. En aquella habitación vivía como inquilino, durante el verano, un joven violinista recién graduado en el conservatorio: Mitia Gusev. Nadia miró adentro por la ventana. Mitia, un apuesto y fornido galán, de rizosa cabellera rubia, se hallaba en casa. En mangas de camisa y chaleco; tendido en la cama, estaba leyendo una novela. Nadia permaneció un momento junto a la ventana y, tras de pensar un poco, llamó a los cristales. El violinista levantó la cabeza:

—¿Quién es?

—Soy yo, Dmitri Ivanich... Abra un momentito.

Mitia se puso la chaqueta presuroso y abrió un postigo.

—Venga, salga, por favor —le rogó ella.

Mitia apareció en la ventana y segundos más tarde ya estaba al lado de Nadia.

—¿Qué desea?

—Venga un momento conmigo —le dijo ella, y le cogió del brazo.

—Pues verá usted, Dmitri Ivanich: haga el favor de no escribirme más cartas de amor. Tenga la bondad de no escribirme. No me quiera ni me diga que me quiere.

Las lágrimas afloraron a sus ojos y corrieron por sus mejillas y por sus hombros.

Eran lágrimas verdaderas, ardientes, gruesas...

—¡No me quiera, Dmitri! ¡No toque el violín para mí! Soy repugnante, malvada. Merezco que me desprecien, que me aborrezcan, que me peguen...

En este punto rompió a llorar y apoyó la cabeza en el pecho de Mitia.

—Soy la más vil de las mujeres y mis pensamientos son también viles, y mi corazón...

Mitia, desconcertado, murmuró cualquier tontería y besó a Nadia en la cabeza...

—Usted es bueno, amable... Le doy mi palabra de que le quiero.... Pero usted no debe quererme. Mi mayor ilusión es el dinero, el lujo, los coches... Me muero al pensar que no tengo dinero. Soy ruin, egoísta...

Aborrézcame, amable Dmitri Ivanich. No me escriba. Me voy a casar con..., con Gavrilich... ¡Fíjese cómo soy! Y usted me quiere, a pesar de todo. Adiós. Seguiré amándole aunque esté casada con otro... Adiós, Mitia.

Así diciendo, abrazó repentinamente a Gusev, le dio un beso en el cuello y huyó hacia la salida.

Ya en su habitación, se sentó a la mesa y, llorando con amargura, escribió:

"Querido Iván Gavrilovich: Soy suya. Le amo y deseo ser su esposa. Nadia".

Acto seguido entregó la carta a la doncella, y le ordenó que la llevara a su destino.

"Mañana..., Dios dirá...", se dijo así misma, y suspiró profundamente.

Este suspiro marcó el fin de su llanto. Sentada a la ventana durante un rato, se tranquilizó; luego se desnudó; y justo a la medianoche, el lujoso edredón de bordados y encajes cubrió el cuerpo de la víbora viciosa, joven y guapa.

También a medianoche Iván Gavrilovich soñaba en voz alta, dando vueltas por su habitación. Sus padres, que estaban presentes, oyéndole soñar, se sentían felices ante la felicidad del hijo.

—La chica es guapa, de familia noble —comentaba el padre—. Hija de un consejero civil y muy bonita. No tiene más que un defecto: ese apellido alemán... Va a creer la gente que te has casado con una alemana...

Whist

En una desapacible noche de otoño, Andrei Stepanich Peresolin salía del teatro. Camino a su casa, meditaba sobre lo beneficioso que sería este si en él se representaran obras de contenido moral. Al pasar ante el edificio en el que tenía su despacho, dejó de pensar en dicha utilidad, y alzando los ojos hacia aquella casa, de la cual él era el timón, miró a las ventanas. Dos de las correspondientes al cuarto de guardia estaban vivamente iluminadas.

"¿Será posible que sigan todavía ocupados con la *Memoria*?... —pensó Peresolin—. ¡Que estén ahí sentados cuatro tontos y esta sea la hora en que no hayan terminado!... ¡Y a lo mejor creerá la gente que soy yo el que no les dejo en paz ni por la noche!... ¡Voy a apresurarlos!... ¡Para, Guri!".

Peresolin bajó del carruaje y entró en el edificio. La puerta principal estaba cerrada y la trasera, que solo tenía un cerrojo estropeado, abierta de par en par. Peresolin utilizó esta última, y un minuto después se encontraba ante la puerta del cuarto de guardia. Esta estaba ligeramente abierta, y Peresolin, asomando la cabeza por ella, vio algo extraordinario. Ante la mesa, que cubrían las grandes páginas de la *Memoria,* y jugando a los naipes a la luz de dos lámparas, se hallaban sentados cuatro funcionarios. Concentrados e inmóviles, iluminados los rostros por el color verde de las pantallas, recordaban a los gnomos de un cuento..., o..., ¡Dios nos libre!..., a monederos falsos. El juego que les ocupaba les prestaba un aspecto aún más misterioso. A juzgar por los gestos y los términos empleados de cuando en cuando en voz alta, jugaban al *whist.* Sin embargo..., por todo cuanto oía Peresolin, aquel juego no podía llamarse *whist...,* ni siquiera juego de naipes... Se trataba de algo nunca visto, extraño y misterioso.

En los funcionarios reconoció Peresolin a Serafin Zvisdulin, a Stepan Kulakevich, a Jeremei Nedoiejov y a Iván Pisulin.

—¿Cómo sales así..., diablo de holandés?... —se enfadó Zvisdulin fijando una mirada furibunda en su compañero de juego sentado *vis à vis*—. ¿Es manera de salir esa?... ¡Yo tenía en la mano al mismo Dorofeev, a Shepeliov y a su mujer, a Stiopka Erlakov, y tú vas y sales de Kofeikin! ¡Ya llevamos dos perdidas!... ¿No comprendes, cabeza de atún, que tenías que haber salido de Pogankin?

—¿Y qué hubiéramos adelantado? —gruñó el compañero—. ¡No hacía nada con salir de Pogankin, porque Iván Andreich tenía en las manos a Peresolin!

"¡Usan mi apellido no se sabe para qué! —pensó encogiéndose de hombros Peresolin—. ¡No me lo explico!".

Pisulin repartió de nuevo las cartas.

—¡Banco de Estado!...

—¡Dos delegaciones de Hacienda!

—¡No tengo del palo!

—Tú..., ¿no tienes del palo?... ¡Hum!...

—¡Alcaldía! ¡Dos!.., ¡Si hay que perecer, a perecer!

—¡Ese una vez las perdió todas con su Instrucción Pública! ¡Ahora vas a tropezar con la alcaldía!

—¡Bastante me importa!

—¡El *schlem*[33] pequeño de Instrucción Pública!

—¡Salgo de un Civil!... ¡Vamos, Varia..., echa algún Titular o algún Regional!

—¿Por qué a un Titular?... Echaré a Peresolin...

—Pero nosotros, a tu Peresolin..., le daremos en las narices. ¡En las narices! ¡Tenemos a Ribnikov, y perderán ustedes el tres!... ¡Vamos!... ¡Saquen a Peresolina! ¡Basta ya de esconder a la muy canalla en el puño!

"¡Ya salió a relucir mi mujer! —pensó Peresolin—. ¡No comprendo esto!".

Sin ganas de permanecer más tiempo en semejante perplejidad, Peresolin abrió la puerta y entró en el cuarto de guardia. Si el mismo diablo, con cuernos y rabo, hubiera surgido ante los funcionarios, estos no se hubieran asustado tanto como se asustaron y sorprendieron con la entrada de su superior. Si ante ellos hubiera aparecido el ejecutor fallecido el año pasado diciendo con voz de ultratumba: "¡Vengan conmigo al lugar preparado para los canallas!", y si hubiera exhalado sobre ellos un frío soplo sepulcral, no hubieran palidecido de la manera que palidecieron al reconocer a Peresolin.

A Nedoiejov, del susto, empezó a sangrarle la nariz; a Kulakevich le zumbó el oído derecho y se le desató por sí sola la bata. Los funcionarios se levantaron lentamente y soltaron las cartas, y después de cambiar entre sí una mirada la bajaron al suelo. Por espacio de un minuto en el cuarto reinó el silencio.

---

33 En el *bridge* y en el *whist*, término que define cuando un lado gana todo.

—Vaya con lo bien que copian la *Memoria* —empezó diciendo Peresolin—. ¡Ahora comprendo por qué les gusta tanto trabajar en ella!... ¿Qué hacían ustedes hace un momento?

—Fue solo un minuto, excelencia... —murmuró Zvisdulin—. Nos entreteníamos mirando las cartitas... Estábamos mirando las cartitas... Estábamos descansando...

Encogiéndose de hombros con lentitud, Peresolin se acercó a la mesa. No eran naipes los que había encima de esta, sino retratos de formato corriente arrancados de los cartones y pegados sobre las cartas de la baraja. Los había en gran cantidad. Examinándolas, Peresolin encontró su propia efigie, la de su mujer, la de muchos subordinados conocidos...

—¡Qué tontería!... ¿Y cómo juegan ustedes?

—¡No fuimos nosotros, excelencia, los que lo inventamos!... ¡Dios nos libre!... ¡No hicimos más que seguir el ejemplo!...

—Bueno, Zvisdulin, ¡explíquemelo! ¿Cómo jugaban? ¡Ya vi y oí cómo me comían con Ribnikov!... ¡Vamos!..., ¿por qué vacila?... ¡No le voy a comer yo! ¡Cuéntemelo!

Zvisdulin continuó largo rato azorado y acobardado; pero, al fin, cuando Peresolin empezó a enfadarse y a enrojecer de impaciencia, obedeció. Reunió las fotos, las barajó, las extendió sobre la mesa y se puso a explicar:

—Cada retrato, excelencia, significa una carta... Aquí hay, lo mismo que en una baraja, cincuenta y dos cartas y cuatro palos... Los funcionarios de la Delegación de Hacienda, son los corazones; los de la Alcaldía, los tréboles; los empleados de Instrucción Pública, los piques, y los de la sucursal del Banco del Estado, los *carreaux*... Luego, los consejeros civiles efectivos son los ases: los consejeros civiles, los reyes: las esposas de los funcionarios de quinta o sexta clase, las damas; los consejeros colegiados, los *valets;* los consejeros de Corte, los dieces..., y así sucesivamente... Yo, por ejemplo, he aquí mi foto, como no soy más que secretario de Alcaldía, soy un tres...

—¡Vaya, vaya!... Entonces, según eso, ¿yo soy un as?

—Sí, excelencia. El as de trébol..., y su señora, la dama.

—¡Hum!... ¡Es original!... ¿A ver?... ¿Jugamos una partida? ¡Veamos! —Peresolin se despojó del abrigo, y, sonriendo, incrédulo, se sentó a la mesa. Los funcionarios, obedeciendo su orden, se sentaron también, y el juego empezó...

Cuando a las siete de la mañana Nazar, el guardián, entró a barrer el cuarto de guardia, quedó asombrado. El cuadro que al llegar con su escobón se ofrecía ante su vista le dejó tan asombrado, que todavía ahora cuando está borracho y su mente se nubla, lo recuerda. Peresolin, pálido, soñoliento y despeinado, de pie ante Nedoiejov, agarraba a este por un botón y le decía:

—¡Compréndeme!... ¡No debías haber salido de Schepeliov sabiendo que yo me tenía en la mano a mí mismo!... ¡Zvisdulin tenía Ribnikov, a su esposa, a tres profesores del Colegio y a mi mujer!... ¡Nedoiejov, a los del Banco y a tres pequeños de la Alcaldía!... ¡Con lo que tenías que haber salido tú era con Krischkin, y no haberte importado que ellos salieran con la Delegación!... ¡Son muy vivos!

—Yo..., excelencia, salí del Titular porque pensaba que tenían ellos el efectivo...

—¡Pero, amigo mío!... ¡No se puede pensar así!... ¡Esa no es manera de jugar!... ¡Así solo juegan los zapateros!... ¡Cuando Kulakevich echó la Alcaldía, tú tenías que haber echado a Iván Ivanovich Grenlanski, porque yo ya sabía que él tenía a Natalia Dmitrievna y, a Egor Egorich!... ¡Lo fastidiaste todo..., y ahora mismo te lo voy a demostrar!... ¡Siéntense, señores!

¡Otra partida!...

Y dando orden de salir al asombrado Nazar, los funcionarios volvieron a sentarse y prosiguieron el juego.

Cirugía

Es una clínica de pueblo. Por ausencia del doctor, que se alejó de allí para casarse, recibe a los enfermos el practicante Kuriatin, hombre grueso, de unos cuarenta años, vestido con una chaqueta de seda cruda, gastada, y unos pantalones, también gastados. En su cara aparecen impresos el sentimiento del deber y la afabilidad. Entre los dedos índice y el corazón de la mano izquierda sostiene un cigarrillo que exhala un olor pestilente. En la consulta entra Vonmiglasov, el sacristán, viejo, alto y robusto, de sotana color marrón y ancho cinturón de cuero. En su ojo derecho, medio entornado, tiene una catarata, y en la nariz, una verruga, que desde lejos parece una gran mosca. Por espacio de un segundo el sacristán busca con los ojos la imagen y, al no encontrarla, se santigua ante una botella de solución de lejía. Luego saca de su pañuelo color rojo un pan ázimo, y con un saludo, lo deposita ante el practicante.

—¡Oaaa! —bosteza el practicante—. ¿Qué le trae por aquí?

—¡Le deseo un buen día de fiesta, Sergei Kusmich! Vengo a su merced... ¡Qué cierto y exacto es lo que dice el *Libro de Horas*... "Mi bebida se mezcla con mi llanto..."! Ayer me siento con la vieja a tomar el té y..., ¡Dios mío!, ¡no puedo tragar ni una gota!... Sorbo un poco, y me quedo sin fuerzas... ¡Además, no era solo la muela, sino todo este lado!... ¡Qué tirones!... Me latía el oído como si tuviera metido (con perdón de usted) un clavito o cualquier otro objeto. ¡Latigazos y más latigazos!... Pero ¡todo por los pecados, Sergei Kusmich! ¡Por los pecados!... El padre cura, cuando se acaba la liturgia, me reprende: "¡Qué lengua trapajosa la tuya, Efim!... ¡Cantas y no hay quién te comprenda!..." ¿Y cómo, juzgue usted mismo, va a poder haber canto si la hinchazón no le deja a uno ni abrir la boca (con perdón suyo) y no ha pegado un ojo en toda la noche?...

—¡Vaya!... ¡Siéntese y abra la boca!

Vonmiglasov se sienta y abre la boca.

Kuriatin frunce el entrecejo, examina aquella, y entre su dentadura, amarillenta por el tiempo y el tabaco, descubre una muela adornada con una profunda caries.

—El padre diácono me mandó que me pusiera vodka con raíz fuerte, pero no me sirvió de nada. Glikeria Anisimovna, ¡que Dios le dé salud!, me dio para que me pusiera en el brazo un hilo del Monte Athos y me encargó, además, que me enjuagara la muela con leche tibia... Yo le confieso que llevé el hilito, pero que lo de la leche tibia no lo hice... Tengo temor de Dios... y en Cuaresma...

—Prejuicios... —pausa—. ¡Hay que extraerla, Efim Mijeich!

—¡Eso usted lo sabrá, Sergei Kusmich! ¡Para eso ha estudiado usted!... ¡Para comprender el cómo y el por qué!... ¡Para saber lo que hay que extraer y lo que se cura con gotas o con...! ¡Por eso nos han sido ustedes dados!... ¡Para que sean nuestros bienhechores!... ¡Que Dios les conceda la salud!... ¡Para que nosotros, de día y de noche, recemos hasta la tumba por ustedes!...

—¡Tonterías!... —dice haciéndose el modesto el practicante, en tanto que se acerca al armario y rebusca entre los instrumentos—. La cirugía... ¡Bobadas!... ¡Claro que para todo esto hay que tener costumbre y seguridad de mano!... Un día, igual que usted, vino a la clínica el terrateniente Alexander Ivanich Egipestski... También por una muela... Es hombre instruido y todo lo pregunta, de todo se entera, del cómo y del por qué. Te da la mano, te llama por tu nombre de pila... Vivió siete años en San Petersburgo. Conocía a todos los profesores... Mucho rato estuvimos aquí con él... "¡Por el amor de Dios! —te suplicaba—. ¡Sácame la muela, Sergei Kusmich!..." ¿Y por qué no iba a extraérsela?... ¡Se la podía extraer!... ¡Lo que hace falta es entender de ello! ¡Sin conocimiento es imposible! Además, hay muchas clases de muelas... A unas hay que sacarlas con tenazas; otras, con un gancho; a otras, con una llave... Según y cómo...

El practicante coge la llave y la contempla por espacio de un minuto con aire interrogativo, luego la deja y coge las tenazas.

—¿A ver?... ¡Abra más la boca! —dice acercándose al sacristán y con las tenazas en la mano—. Le vamos ahora mismo a... ¡No cuesta ningún trabajo! Lo único que hay que hacer es cortar un poco la encía, seccionar en línea vertical y se acabó...

—¡Son nuestros bienhechores!... ¡Bienhechores nuestros!... ¡Nosotros, tontos de nosotros, de nada entendemos, mientras que a ustedes dio Dios el conocimiento!

—¡No hable con la boca abierta!... ¡No es que sea difícil de arrancar..., pero como solo tiene raigones!... ¡No cuesta nada!... —la agarra con las tenazas—. ¡Espere! ¡No se mueva!... ¡Estése quieto!... ¡Es cosa de un abrir y cerrar de ojos! —hace la sección—. Lo importante es agarrarla desde muy abajo... —tira para que la corona no se rompa...

—¡Padres! ... ¡Virgen Santísima!... ¡Huy, huy, huy, huy, huy!...

—¡Nada, nada!... ¡No me agarre las manos! ¡Suéltemelas! —tira—. Ahora... ¡No es una cosa tan fácil!...

—¡Padres!... ¡Progenitores!... —grita Vonmiglasov—. ¡Ángeles!... ¡Oh! ¡Ay..., Ay...! ¡Pero tira ya, tira!... ¿Te vas a pasar cinco años para arrancarla?

—¡Es que el asunto es de... cirugía! Así, de pronto... ¡no es posible!...

Vonmiglasov levanta las rodillas hasta la altura de sus codos. Tiene los ojos desorbitados y entrecortado el aliento. De su rostro carmesí brota el sudor, y de sus ojos, lágrimas. Kuriatin respira ruidosamente, se revuelve junto al sacristán y tira. Después de medio minuto del mayor martirio, las tenazas se escapan de la muela. El sacristán se levanta de un salto y se mete los dedos en la boca. Allí palpa la muela en su antiguo lugar.

—Pues ¡sí que tiras bien! —dice con voz a un tiempo llorosa y burlona—. ¡Que te tiren a ti así en el otro mundo!... ¡Tantas gracias!... Si no sabes sacar una muela, ¿para qué te metes a ello?... ¡Estoy viendo las estrellas!

—¿Y por qué me agarras tú las manos? —se enfada el practicante—. ¡Yo tiro, pero tú me empujas la mano y no dices más que sandeces!... ¡Tonto!

—¡El tonto eres tú!

—¿Crees, *mujik*, que es tan fácil arrancar una muela? ¡Prueba tú a hacerlo!... ¡Esto no es lo mismo que subir al campanario y tocar las campanas! —le remeda—: "¡No sabes! ¡No sabes!"... ¡Quién eres tú para decirlo!... ¡Le saqué una muela al señor Egipestki y no protestó para nada!... ¡Vale mucho más que tú y, sin embargo, no me agarraba las manos!... ¡Siéntate! ¡Siéntate te digo!

—¡No veo más que estrellas! ¡Déjame respirar! ¡Oh!... —se sienta—. ¡Pero no te estés tanto tiempo tirando! ¡Arráncala! ¡No tires tanto! ¡Arráncala de una vez!

—Conque me estás dando lecciones, ¿eh? ¡Vaya por Dios, qué gente más ignorante!... ¡Vivir con ellos sería como para perder el juicio!... ¡Abre la boca!... —aplica las tenazas—. ¡La cirugía, hermano, no es una broma!... ¡No es como cantar en el coro!... —hace la sección—. ¡No te muevas!... La muela es vieja..., tiene unos raigones muy profundos... —tira—. ¡No te muevas! ¡Así, así! ¡No te muevas!... ¡Vaya, vaya!... —se oye un crujido—. ¡Ya lo sabía yo!

Vonmiglasov permanece un minuto inmóvil en su asiento, como privado de sentido. Está atontado... sus ojos fijan una mirada embotada en el espacio y su pálido rostro aparece cubierto de sudor.

—Debería haber cogido la llave —balbucea el practicante—. ¡Vaya historia!...

Al volver en sí el sacristán, se mete los dedos en la boca, y en lugar de dar con la muela enferma tropieza con dos prominencias.

—¡Diablo asqueroso!... ¡Para nuestra perdición es para lo que están aquí! ¡Herodes!

—¿De manera que encima me insultas? —masculla el practicante, guardando las tenazas en el armario—. ¡Mal educado! ¡Qué poco te enseñaron aun a fuerza de azotes en el colegio!... ¡El señor Alexander Ivanich había vivido siete años en San Petersburgo..., tenía instrucción...; solo el traje que llevaba valía cien rublos..., y no se le ocurría insultarme!... ¡En cambio, tú!... ¡Vaya gallina que eres! ¡Si no te pasa nada!..., ¡No te morirás!...

El sacristán coge de la mesa su pan ázimo y sujetándose la mejilla con la mano, se marcha a su casa.

Tristeza

¿A quién confiaré mi tristeza?

Libro de los Salmos

La capital está envuelta en las penumbras vespertinas. Los copos de nieve, grandes, húmedos, giran con lentitud alrededor de los faroles, recién encendidos, y van cubriendo con una delgada y suave capa los tejados, los lomos de los caballos, los hombros, las gorras. El cochero Iona Patápov está todo blanco, como un aparecido. Encorvado cuanto puede estarlo un cuerpo viviente, se halla sentado, inmóvil, sobre el pescante. Se diría que ni un alud de nieve que le cayera encima, podría sacarlo de su quietud... Su caballo también está blanco e inmóvil. Por su inmovilidad, por sus formas angulosas y por la rectitud de palo de sus patas, parece, aun de cerca, un caballito de masa dulce que cuesta una *kopeika.* Con toda seguridad, está sumido en sus pensamientos. El que fue arrancado del arado, de los acostumbrados paisajes grises, y arrojado a este remolino lleno de monstruosas luces, incesante estrépito y gente que corre, no puede menos que pensar...

Hace tiempo ya que Iona y su caballo no se mueven del lugar. Han salido de la cochera antes de la comida y no hubo todavía ningún pasajero. Pero he aquí que descienden sobre la ciudad las tinieblas de la noche. La palidez de las luces de los faroles cede lugar al color más vivo y el alboroto callejero se torna más ruidoso.

—¡Cochero, al barrio Viborg! —oye de pronto Iona—. ¡Cochero!

Iona se estremece y a través de sus pestañas cubiertas de nieve ve a un militar uniformado, con capucha.

—¡A Viborg! —repite el militar—. ¿Estás dormido o qué? ¿A Viborg!

En señal de asentimiento Iona tira de las riendas, lo que hace caer las capas de nieve de sus hombros y del lomo del caballo. El militar sube al trineo. El cochero chasquea los labios, estira el cuello como un cisne, se levanta un poco y agita el látigo, más bien por costumbre que por necesidad. El caballo también estira el cuello, tuerce sus patas de palo y se pone en marcha, indeciso...

—¡A dónde vas, diablos! —no tarda en llegar a los oídos de Iona el grito que parte de la oscura multitud que corre hacia adelante y hacia atrás—. ¿A dónde te metes? ¡Nos vas a atropellar! ¡Cuida tu derecha!

—¡No sabes conducir un caballo! ¡A la derecha! —se enoja el militar.

Despotrica el cochero de un carruaje y lanza miradas furibundas; un transeúnte que al cruzar la calle había rozado el hocico del caballo y ahora se sacude la nieve. Iona se mueve, inquieto, sobre el pescante, agita los codos y mira por todos lados, aturdido, como si no entendiera dónde estaba y para qué estaba allí.

—¡Qué banda de necios! —dice el militar, haciéndose el gracioso—. No tratan de hacer otra cosa que tropezar contigo. Se han confabulado.

Iona se vuelve para mirar al pasajero y mueve los labios... por lo visto quiere decir algo, pero de su garganta no sale más que un ronco murmullo.

—¿Qué cosa? —pregunta el militar.

Iona tuerce la boca en una sonrisa, hace un esfuerzo y murmura:

—Vea, señor... Mi hijo... Se me murió hace pocos días.

—¡Ejem! ¿Y de qué murió?

Iona se vuelve con todo el torso hacia el pasajero y dice:

—¡Vaya uno a saber! Debe de ser por la fiebre... Tres días enteros estuvo en el hospital y murió... La voluntad de Dios.

—¡A ver si doblas, Satanás! —se oye en la oscuridad—. ¿Dónde tienes tus ojos, animal? ¡Vamos, muévete!

—Vamos, vamos... —se impacienta también el pasajero—. De esta manera no llegaremos ni mañana. ¡Apúrate un poco!

El cochero vuelve a estirar el cuello, se levanta un poco y con una pesada gracia agita el látigo. Luego varias veces se vuelve hacia el pasajero, pero este tiene los ojos cerrados y, por lo visto, no está dispuesto a escuchar. Después de bajarlo en Viborg, Iona se detiene junto a una taberna y de nuevo se torna inmóvil, encorvado sobre el pescante... La húmeda nieve vuelve a blanquear al cochero y a su caballo. Pasa una hora, otra...

Tres hombres jóvenes, golpeando el suelo con las galochas y riñendo entre sí pasan por la vereda. Dos de ellos son altos y flacos, el tercero es pequeño y jorobado.

—¡Cochero, al Puente Policial! —grita el jorobado con voz chillona—. Somos tres... ¡Veinte *kopeikas!*

Iona tira de las riendas y chasquea los labios. Veinte *kopeikas* no es un precio conveniente, pero el precio poco le importa ahora...

Fuera un rublo o cinco *kopeikas* le da lo mismo, con tal de tener pasajeros... Los jóvenes, empujándose y jurando, suben al trineo, y los tres tratan de ocupar los dos asientos. Comienza la discusión: ¿quiénes viajarán sentados y quién quedará de pie? Después de una larga pendencia, caprichos y reproches, llegan a la conclusión de que el jorobado, por ser el más pequeño, es quien debe viajar parado.

—¡Bueno, vamos! —chilla el jorobado, acomodándose de pie y respirando en la nuca de Iona—. ¡Dale! ¡Vaya una gorra la tuya, amigazo! Peor que esta no se encontrará en todo San Petersburgo...

—Ja, ja... —ríe Iona—. Tengo la que tengo...

—¡Bueno, la que tengo, dale! ¿Todo el camino vamos a andar así? ¿Eh? ¿Quieres ganarte un sopapo en la nuca?

Tengo un terrible dolor de cabeza —dice uno de los altos—, anoche, en casa de los Dukmasov, Vasily y yo tomamos cuatro botellas de coñac.

—No comprendo, para qué mentir —se enoja el otro alto—. Mientes como una bestia.

—Que Dios me castigue si no es verdad...

—Es tan verdad como aquello de que el piojo tose.

—¡Jo, jo! —ríe Iona—. ¡Qué señores tan alegres!

—Pero... —grita el jorobado con indignación— ¿se dan cuenta? ¿Vas a avanzar más rápido o no, viejo decrépito? ¿Se llama esto ir en trineo? ¿Por qué no le das un latigazo? ¡Arre, Satanás! ¡Arre! ¡Dale más!

Detrás de su espalda Iona siente el movedizo cuerpo y la voz chillona del jorobado. Oye los denuestos que le dirigen, mira a sus pasajeros, y la sensación de soledad deja poco a poco de oprimir su pecho. El jorobado sigue lanzando juramentos hasta que se atraganta con una complicada expresión de seis pisos y tiene un ataque de tos. Los altos se ponen a hablar acerca de una Nadezhda Petrovna, Iona los mira de reojo. Espera una breve pausa, se vuelve hacia los pasajeros y murmura:

—Hace pocos días... este... se murió mi hijo.

—Todos moriremos... —suspira el jorobado, secándose los labios después de toser—. A ver, dale... ¡Apúrate! Señores, en definitiva no puedo viajar así. ¿Cuándo llegaremos?

—A ver, ¡dale en la nuca para animarlo un poco!

—Viejo charlatán, ¿me oyes? ¡Vas a recibir palos en la cabeza! Si uno los trata con ceremonia, tiene que andar de pie. ¿Me oyes, dragón? ¿O te mofas de nuestras palabras?

Iona más bien oye que siente el ruido de un sopapo en su nuca.

—Jo, jo —ríe—. ¡Qué señores tan alegres...! ¡Que Dios les dé mucha salud!

—Cochero, ¿estás casado? —pregunta el alto.

—¿Yo? Jo, jo... ¡Qué señores tan alegres...! Ahora me queda una sola mujer: la húmeda tierra... Jo, jo, jo... ¡La tumba! Mi hijo se murió y yo sigo con vida... Qué cosa tan rara; la muerte se equivocó de puerta... En lugar de venir a buscarme a mí, se llevó a mi hijo...

Iona se vuelve para contar cómo murió su hijo, pero en ese momento el jorobado, suspira con alivio, declarando que, gracias a Dios, han llegado finalmente a su destino. Después de recibir veinte *kopeikas,* Iona sigue con la mirada a los juerguistas que desaparecen en la entrada de una casa oscura. De nuevo se queda solo y de nuevo sobreviene el silencio para él... La tristeza que se había aquietado por breve tiempo, reaparece ahora y oprime el pecho con fuerza mayor aún. Los ojos de Iona recorren de manera inquieta y dolorosa la multitud que camina apresurada por ambos lados de la calle: entre esos millares de personas, ¿habrá una siquiera que quiera escucharlo? La gente corre sin reparar en él ni en su tristeza. Una tristeza enorme, que no tiene límites. De estallar el pecho de Iona y de desparramarse esta tristeza, cubriría, al parecer, todo el mundo y, sin embargo, no se la ve. Supo caber en una cáscara tan ínfima que ni a la luz del día se la puede encontrar...

Iona ve al portero con un paquete y decide entablar conversación con él.

—Querido, ¿qué hora será? —le pregunta.

—Las nueve pasadas... ¿Y por qué te paraste aquí? ¡Vamos, muévete!

Iona se aleja unos pasos, inclina la cabeza y se abandona a la tristeza... Considera ya inútil dirigirse a la gente. Pero no transcurren ni cinco minutos cuando se yergue, sacude la cabeza como si sintiera un dolor agudo y tira de las riendas.., no puede más.

"¡A la cochera! —piensa—. ¡A la cochera!".

Y el caballo, como comprendiendo su pensamiento, se pone en marcha al trote. Una hora y media después Iona ya está sentado junto a una gran estufa sucia. En el suelo y sobre los bancos duermen los hombres, roncando. El aire está pesado y hace calor... Iona mira a los durmientes, se rasca y lamenta haber regresado tan temprano...

"No gané ni para la avena —piensa—. Es por eso que uno siente pena. El hombre que conoce su oficio… que dio de comer al caballo y comió él también, está tranquilo siempre..."

Un cochero joven se incorpora en uno de los rincones, tose semidormido, y se estira hacia el balde con agua.

—¿Tienes sed? —pregunta Iona.

—Eso es. Tengo sed.

Bueno. ¡Salud! ¿Sabes que se me murió mi hijo? ¿Habrás oído hablar? Hace unos días, en el hospital... ¡Qué historia!

Iona quiere saber qué efecto han producido sus palabras, pero no ve nada. El joven se tapó la cabeza con la colcha y no tardó en dormirse. El viejo suspira y se rasca... De la misma manera que el joven tenía ganas de beber, él tiene ganas de hablar. Pronto va a hacer una semana que ha muerto su hijo, pero todavía no ha podido hablar con nadie como corresponde... Hay que hablar del asunto a fondo, sin prisa... Hay que contar cómo enfermó el hijo, cómo sufrió, qué dijo antes de morir y cómo murió... Hay que describir el entierro y el viaje al hospital para retirar la ropa del difunto, hablar acerca de ella... ¡Y cuántas cosas tiene ahora para contar! El oyente debe suspirar, compadecer, consolar... Mejor aún sería hablar con mujeres. Si bien son tontas, por lo menos rompen a llorar a las primeras palabras que oyen.

"Iré a ver al caballo —piensa Iona—. Para dormir hay tiempo... Ya dormirás…"

Se viste y va al establo donde está su caballo. Piensa en la avena, el heno, el tiempo... No puede pensar en su hijo cuando está solo... Podría hablar sobre él con alguien, pero pensar en él y dibujar su imagen a solas resulta intolerable...

—¿Rumias? —pregunta Iona a su yegua, mirándola a los ojos brillantes—. Bueno, bueno... Si no ganamos para la avena, comeremos heno... Así es... Soy viejo ya para andar con el coche... Mi hijo debería de llevar pasajeros en mi lugar... Aquel sí que era un cochero de verdad... No le hacía falta más que vivir...

Iona se queda callado durante un tiempo y luego continúa:

—Así son las cosas, yegüita... Se nos ha ido Kuzma Ionich... Se fue para siempre... Se le ocurrió morirse así como así... Pongamos por caso, tú tienes un potrillo... Eres la madre de ese potrillo... y de repente, digamos, el potrillo se te muere... Le tendrías mucha lástima, ¿verdad?

La yegua sigue rumiando, escucha y resopla sobre las manos de su amo...

Iona se deja llevar por sus propias palabras y se lo cuenta todo...

Un buen fin

Liubof Grigorievna, señora alta y gruesa, como de cuarenta años, que tiene varias ocupaciones, entre ellas la de arreglar casamientos, está sentada en uno de sus días libres en la casa de Stichkin, el jefe de conductores. Stichkin, algo confuso, pero a pesar de esto, muy serio y grave como siempre, pasea a lo largo de la habitación con un cigarro en la boca, diciendo:

—Me alegro mucho de conocerla. Un amigo me ha hablado de usted desde el punto de vista de la ayuda que puede usted prestarme en un asunto delicado, asunto del cual depende la felicidad de mi vida. Yo, señora mía, tengo cincuenta y dos años. Hay gente que a esta edad son padres de hijos mayores. Ejerzo un buen empleo. No poseo gran fortuna, pero sí lo bastante para sostener una familia. Le confieso que, además de mi sueldo, tengo en el banco dinero que ahorré gracias a mi vida de buenas costumbres y sobria. Soy un hombre tranquilo, serio, no soy bebedor, me gusta el orden, y mi vida puede servir de modelo a muchos. Lo único que me falta es un hogar y una compañera fiel. Llevo una vida de gitano, sin alegrías, sin tener a nadie que me dé un consejo. Cuando estoy enfermo, no tengo quien me dé un vaso de agua... Le diré también que en sociedad un hombre casado tiene más importancia que un soltero... Soy hombre culto; pero con todo, ¿qué represento? Nada. Por lo dicho notará usted que me animan deseos de contraer matrimonio con una persona digna.

—Eso es muy natural —suspiró la casamentera.

—No conozco a nadie en este pueblo. ¿Adónde dirigirme si toda la gente me es desconocida? He ahí la causa de que mi amigo me haya aconsejado que acudiera a una persona especialista en estas cuestiones, que esté consagrada a forjar la felicidad humana. Por lo tanto, le ruego, respetable Liubof Grigorievna, que tome este asunto en sus manos y dé nuevo rumbo a mi vida solitaria. Usted sin duda conocerá todas las señoritas de este pueblo y no le será difícil complacerme.

—No es difícil...

—Haga el favor..., una copita...

La casamentera tomó una copa y la vació de un golpe.

—No es difícil —repitió—. Pero, ¿qué clase de novia desea usted, Nicolai Nicolaivitch?

—¿Yo? La que la suerte me depare.

—Cierto que esto depende de la suerte; pero unos prefieren las morenas, a otros les placen las rubias... Cada hombre tiene su gusto.

—En este concepto tengo que advertirla —dijo Stichkin suspirando— que soy hombre serio y positivo; para mí la hermosura y el exterior son cosas secundarias. Usted misma comprenderá que una cara bonita y una mujer guapa dan mucho que hacer. Yo supongo que en una mujer lo principal no es el exterior, sino las cualidades de su interior, es decir, el alma. Una copita, le ruego... Naturalmente, sería muy agradable tener una mujer regordeta, pero ello no es indispensable para la felicidad conyugal. Lo primero es el talento. O, mejor dicho, ni siquiera el talento, porque con este, una mujer suele darse demasiada importancia y va en pos de muchos ideales. De lo que no se puede prescindir en estos tiempos es de la instrucción. Es muy agradable si la esposa conoce el francés, el alemán; pero apañado estaría uno si ella, con todo su saber, no supiera coser un botón. Yo soy de clase culta. Con el príncipe Canitelen hablo como ahora con usted, con toda confianza, lo cual no impide que sea de costumbres sencillas. Me hace falta una joven que me acomode y, sobre todo, que me respete y que sepa agradecerme el honor que le dispenso.

—¡Es natural!

—Ahora hablemos de lo práctico. No busco una rica; no me permitiría nunca la bajeza de casarme por dinero. No quiero comer el pan de mi mujer; quiero que ella coma el mío y que se dé cuenta de ello; empero, una pobre no me conviene. A pesar de que soy hombre acomodado y no me caso por interés, sino por amor, no puedo tomar una pobre. ¿Usted misma comprende? Todo se ha puesto tan caro..., y tendremos hijos.

—La encontraremos, y con dote —dijo la casamentera.

—¡Una copita..., hágame el favor!

Ambos se quedaron callados. La casamentera suspiró, observó al conductor de reojo y le dijo:

—¿En punto de distracción? Dispongo de señoritas de gran valía..., una francesa y otra griega.

El conductor reflexionó un momento y meneó negativamente la cabeza:

—No, se lo agradezco... Ahora en vista de sus atenciones permítame que me entere. ¿Cuánto dinero necesitaría usted para buscarme una novia?

—No pediré mucho... Si me da usted veinticinco rublos y tela para un vestido, como se acostumbra, me quedaré satisfecha. Por lo de la dote, la gratificación varía según su cuantía.

—Es muy caro...

—¡No es caro, Nicolai Nicolaivitch! Antes, cuando los casamientos eran fáciles de arreglar, tomaba menos. Pero en los tiempos que corremos ganamos muy poco... Si el mes reporta unos cincuenta rublos podemos estar satisfechos... y no son los casamientos los que los procuran...

Stichkin miró a la casamentera con estupefacción y se encogió de hombros.

—¿Cómo? —exclamó—. ¿Cincuenta rublos le parecen pocos?

—¡Por supuesto, es poco! Antes me ganaba cien rublos mensuales, y a veces más.

—¡Hum!... Nunca hubiera sospechado que este negocio fuera tan lucrativo... ¡Cincuenta rublos! Pocos hombres hay que ganen tanto. Pero, ¡una copita, hágame el favor!

La casamentera trasegó otra copita sin pestañear... Stichkin la observó atentamente de la cabeza a los pies, y declaró:

—¡Cincuenta rublos!... Eso hace seiscientos rublos al año... ¡Una copita, hágame el favor! Con unos dividendos semejantes, puede usted, Liubof Grigorievna, encontrar un buen partido...

—¿Yo?... —se echó a reír la casamentera—. Soy una vieja...

—¡Por ningún concepto!... Tiene usted una figura... y una cara... blanca... llena...

La casamentera se turbó; Stichkin también, pero se sentó a su lado.

—Usted puede gustar a cualquiera —le dijo—. Si encontrara usted un hombre serio, positivo, cuidadoso, aquí entre nosotros, ganaría usted bastante para convenirse mutuamente y contraer un matrimonio muy ventajoso...

—¡Por Dios! ¿Qué es lo que me cuenta usted, Nicolai Nicolaivitch?

—Nada..., es natural...

Nuevamente se quedaron callados. Stichkin se sonó de manera estrepitosa; la casamentera se ruborizó y mirándole confusa, le interrogó:

—Y usted, Nicolai Nicolaivitch, ¿cuánto gana?

—Setenta y cinco rublos, sin contar las gratificaciones... Además, tenemos los beneficios de las bujías— y de las liebres.

—¿Le gusta la caza?

—No; llamamos liebres a los pasajeros sin billetes.

Pasaron otros momentos en silencio. Stichkin se levantó agitado y emprendió un paseo por la habitación.

—Una esposa joven no me conviene —pronunció por fin—; tengo cierta edad... y deseo una... así... por el estilo de usted..., tranquila, razonable, y con figura semejante...

—¿Por Dios! ¿Qué es lo que dice? —balbuceó la casamentera, tapándose el sonrojado rostro con el pañuelo.

—¡No hay que pensarlo mucho! Usted me gusta y me conviene por sus cualidades. Soy un hombre tranquilo, sobrio, y si le gusto..., ¿qué puede ser mejor? ¡Permítame que le pida su mano!

La casamentera reía y lloraba, y en señal de asentimiento brindó con Stichkin.

—Y ahora —dijo Stichkin, contento y feliz—, permítame que le explique la conducta y el modo de vida que deseo verla llevar... Soy un hombre serio, positivo y severo; tengo sentimientos nobles, y deseo que mi mujer los tenga iguales y comprenda que soy su bienhechor y su dueño.

Se sentó, y empezó a explicar a su novia sus gustos de vida doméstica y los deberes de esposa.

La obra de arte

Sacha Smirnof, único hijo de su madre, entró en el gabinete del doctor Cochelkof llevando debajo del brazo un paquete envuelto en un periódico.

—¡Hola, amiguito! —le saludó el doctor—. ¿Cómo nos encontramos hoy? ¿Qué tal?

Sacha guiñó los ojos, colocó su mano sobre el pecho y pronunció con voz agitada:

—Mi mamá le manda recuerdos... Soy hijo único de mi madre; usted me ha salvado la vida..., me ha curado de una enfermedad peligrosa...; no sabemos cómo demostrarle nuestro agradecimiento.

—¡Está bien, está bien, amiguito! —interrumpió el doctor satisfecho—. Hice lo que otro hubiera hecho en mi lugar.

—Soy hijo único de mi madre... Somos gente pobre y no disponemos de medios suficientes para remunerarle su trabajo... Estamos muy avergonzados... Sin embargo..., mamá y yo..., hijo único de mi madre..., le rogamos acepte este objeto como testimonio de nuestro agradecimiento... Es un objeto caro..., de bronce antiguo..., una obra de arte...

—¿Para qué? Es inútil... —interrumpió el doctor.

—No, no puede usted negarnos este favor —replicó Sacha, desatando el paquete—. Sería un desaire para mamá y para mí... Es una cosa magnífica..., una antigüedad. La heredamos de mi papá; la guardábamos como recuerdo... Mi papá compraba antigüedades y las revendía a los aficionados... Mi mamá y yo hacemos ahora ese trabajo...

Sacha desenvolvió el objeto y lo puso en forma triunfal en la mesa. Era un candelabro de bronce antiguo y de labor artística; un grupo de dos mujercitas, completamente desnudas, en unas posturas que no puedo describir por pudor y temperamento. Las figuritas sonreían y parecía que, si no fuera por la obligación en que estaban de sostener las lamparillas, saltarían de su pedestal armando un escándalo superior a toda imaginación.

El doctor echó una mirada al regalo, se rascó la cabeza y dijo:

—Es, en realidad, una obra de arte; pero... es demasiado; su expresión es... demasiado franca...

—¿Por qué lo toma usted así?

—El diablo en persona no hubiera ejecutado nada más indecente... Colocar esto encima de una mesa es manchar toda la casa.

—¡Qué modo de juzgar el arte tiene usted, doctor! —replicó Sacha—. Es en alto grado artístico, tan solo fíjese. Contiene tanta hermosura, que el alma se eleva a las regiones de la inmortalidad... Contemplando semejante belleza olvida uno todo lo terrestre... ¡Fíjese, fíjese cuánta vida, cuánta expresión!...

—Todo esto lo comprendo de manera divina —le interrumpió el doctor—; pero, amigo mío, soy padre de familia; aquí vienen los niños, entran señoras...

—Claro. Para la muchedumbre, esta obra de arte acaso tenga otra significación. Pero usted, doctor, tiene que considerarla por encima del vulgo...; además, rehusándonos este presente ofenderá usted a mi mamá y a mí. Soy hijo único de mi madre... Me salvó usted la vida... Le entregamos la cosa más preciosa que tenemos; lo que siento es que nos falte la pareja de este candelabro...

—Gracias, amigo mío; se lo agradezco mucho... Mi agradecimiento a su mamá; pero, en realidad, póngase en mi situación: los niños juegan aquí, vienen señoras... ¡Pero vamos, déjelo!... Usted no lo comprende...

—¡Muy bien! —exclamó Sacha gozoso—. Ponga el candelabro aquí, al lado de este jarrón. ¡Qué lástima que no tenga pareja! ¡Qué lástima! ¡Adiós, doctor!

Al quedarse solo, el doctor se estuvo largo rato pasándose la mano por la frente y reflexionando.

—No hay duda de que es una obra de arte. Sería una lástima tirarla. Pero tampoco es posible, conservarla... ¡Hum!... Es un problema... ¿A quién se la regalo?

Después de mucho reflexionar, se acordó de su amigo el abogado Uhof, de quien era deudor por haberle ganado un proceso.

—¡Admirable! —afirmó el doctor—. Como amigo, no querrá cobrarse en metálico y será muy hábil el regalarle esto. Le llevaré ahora mismo esta diablura; es soltero y pícaro...

El doctor se vistió de inmediato, envolvió el candelabro y se dirigió a la casa de su amigo.

—¡Hola, amigo! —exclamó al entrar—. Me alegro de haberte encontrado en casa... Venía a darte las gracias por tu trabajo..., y ya que no quieres recibir honorarios, toma este objeto. Fíjate... ¡Es admirable!

Uhof quedó encantado con el regalo.

—¡Vaya una alhaja! —dijo riendo—. ¡Qué demonios! ¿Quién habrá inventado esto? ¡Magnífico! ¡Soberbio! ¿Dónde lo has encontrado?

Después de haberse extasiado, Uhof miró en forma medrosa la puerta y pronunció:

—Es admirable, pero llévatelo... No puedo aceptar tu regalo.

—¿Por qué? —preguntó asustado el doctor.

—Porque... mi madre viene aquí...; vienen los clientes… y, además, me avergonzaría hasta de los criados...

—¡No te atreverás el desairarme! —exclamó el doctor agitando los brazos—. ¡Es una obra de arte!... ¡Mira qué movimiento..., qué expresión!... Ni lo quiero oír...; me ofenderías...

—Si hubiera por lo menos unas hojitas...

Pero el doctor no lo escuchaba. Movió la mano en señal de despedida, y, contento, se dispuso a marchar.

Volvió a su casa encantado de haberse liberado del obsequio.

Al encontrarse solo, el abogado contempló el candelabro por los cuatro costados; lo tocó, e, igual que el doctor, se quedó largo rato pensando qué haría con aquel utensilio.

—Es una obra de arte magnífica; da lástima tirarla; pero ¿cómo la voy a guardar? Lo mejor sería entregársela a alguien... ¡Ya lo sé! ¡Esta misma noche se la regalo al cómico Chachkin, cuyo beneficio tendrá lugar hoy!

Aquella misma noche el candelabro fue entregado al cómico Chachkin, cuyo cuarto fue tomado por asalto por los espectadores, que venían a aplaudir la obra de arte; se oían chillidos y risas parecidas a relinchos de caballos. Cuando alguna de las artistas se acercaba y llamaba a la puerta preguntando si podía entrar, el cómico invariablemente contestaba:

—¡No, chica, no! Estoy vistiéndome...

—Después del espectáculo, el cómico se frotaba las manos y encogía los hombros preguntando:

—¿Qué haré con esta porquería? Vivo en una casa particular..., recibo artistas. Si fuera una fotografía, sería posible ocultarla en el cajón de la mesa...

—¡Véndala, señor! —le aconsejó el peluquero, ayudándole a vestirse—. Aquí cerca vive una anciana que compra antigüedades... Pregunte usted por Smirnova...; todo el mundo la conoce...

Así lo hizo el cómico...

Dos días después, el doctor Cochelkof estaba en su gabinete reflexionando sobre los ácidos biliosos, cuando la puerta se abrió con estrépito y Sacha Smirnof penetró en la estancia... Toda su figura resplandecía de felicidad... En sus manos lleva algo envuelto en periódicos:

—¡Doctor! —dijo jadeante—. ¡Imagínese usted mi alegría! Hemos encontrado la pareja de su candelabro. Mi mamá es completamente feliz... Soy hijo único de mi madre... Usted me salvó la vida...

Sacha, temblando de agradecimiento, colocó delante del doctor el candelabro. El doctor abrió la boca, quiso decir algo; pero no pudo pronunciar ni una frase; se quedó paralítico.

Los veraneantes

En el andén del apeadero de un lugar veraniego se pasea una parejita de recién casados. Él la estrecha amoroso el talle y ella se inclina ligeramente hacia él; los dos se sienten felices. La luna los contempla desde las nubes y frunce el ceño; seguro los envidia en su inútil soledad. El aire, inmóvil, está impregnando del perfume de las lilas y de los cerezos.

Al otro lado de la vía se escucha el chillido agudo de los grillos.

—¡Qué hermoso, Sacha!

—¡Qué hermoso! —repite la joven—. Me parece un sueño. Fíjate, qué hermoso y atrayente es aquel bosquecito, qué bellos estos enormes postes telegráficos. ¿No es verdad que animan el paisaje? Hablan de la gente, de la civilización. ¿Te gusta cuando el viento nos trae el sonido lejano de un tren en marcha?

—Sí; pero ¡qué manos tan calientes tienes, Varia! Estás nerviosa. ¿Qué hay para cenar?

—Okroshka[34] y pollo; habrá bastante. De la ciudad he hecho traerte sardinas en conserva.

La luna hace una mueca y se esconde detrás de las nubes; la felicidad humana le recuerda su aislamiento y su lecho solitario detrás de los montes y valles...

—¡El tren llega! ¡Qué hermoso! —exclama Varia.

A lo lejos aparecen tres ojos centelleantes. El jefe de estación sale al andén. Por todos lados aparecen luces de señales.

—Miraremos cómo se marcha el tren y nos iremos a casa —dice Sacha bostezando—. ¡Qué dichosos somos, Varia! Es verdad; parece un sueño.

El monstruo negro se acerca al andén y se detiene... Por las ventanas alumbradas se asoman hombros, sombreros, caras dormidas.

—¡Hola, hola! —dicen desde un vagón—. Varia con su marido han salido a recibirnos. ¡Están aquí! ¡Varia! ¡Varia! ¡Hola!

Dos niñas saltan del coche y se cuelgan de Varia. Detrás de ellas aparecen una señora regordeta y un caballero alto y flaco; luego dos colegiales cargados de maletas; después la institutriz, y, por último, detrás de la institutriz, la abuela.

---

[34] Sopa fría muy popular en la cocina rusa a base de verduras crudas, patatas cocidas, huevo y jamón con la bebida *kvas*.

—¡Ya nos tienes aquí, querido! —dice el caballero estrechando la mano de Sacha—. ¡Ya sé que nos esperabas! Perdías la paciencia esperando al tío; te enfadabas conmigo, de seguro. ¡Kolia, Kostia, Nina, Fifa…, chiquillos! Abracen al primo Sacha. ¡Todos hemos venido, toda la familia, y por unos tres o cuatro días! ¡Sé que no te estorbamos!... ¡Solo te ruego que no gastes cumplidos!

Viendo al tío con su familia, el matrimonio se queda aterrado. Mientras el tío habla y le abraza, Sacha prevé lo que va a suceder: que él y su mujer cederán a los huéspedes sus tres cuartos, las mantas, las almohadas; que las sardinas, el pollo y la sopa serán engullidas por los recién llegados; que los primos arrancarán las flores, derramarán la tinta; que la tía no cesará de hablar de su enfermedad, la solitaria, y sus dolores de estómago, y de recordarles que es baronesa de nacimiento.

Sacha mira con odio a su joven esposa y le dice en voz baja:

—¡Han venido por ti! ¡Que el demonio se los lleve!

—¡No, por ti! —le contesta ella, pálida de coraje—. ¡No son mis parientes, son los tuyos!

Y volviéndose a los huéspedes, les dice con sonrisa afable:

—¡Vaya, sean muy bienvenidos! La luna reaparece y ahora sonríe; parece alegrarse de no tener parientes.

Sacha mira al otro lado para ocultar su cara desesperada; hace un esfuerzo para dar a su voz un sonido alegre y bondadoso, y exclama:

—¡Enhorabuena, enhorabuena, queridos míos!

ÉL Y ELLA

Son como nómadas. Solamente a París le conceden meses. A otras capitales como Berlín, Viena, Roma, Madrid o San Petersburgo, les escatiman el honor de su presencia. En París se sienten *quasi* como en casa: es para ellos la capital, mientras que el resto de Europa no pasa de ser una provincia aburrida y sin gusto, a la que solo se puede mirar por una rendija de las cortinas de cualquier *Grand Hotel* o desde el proscenio.

Todavía no son viejos, pero ya han tenido ocasión de visitar dos o tres veces todas las capitales europeas. Hartos de Europa, comienzan a hablar de un viaje a América y seguirán hablando hasta que alguien les convenza de que la voz de ella no es tan notable como para mostrarla en dos hemisferios.

Verlos no resulta cosa fácil. En la calle, imposible, porque van siempre en coche y solo salen cuando está oscuro, por la tarde o por la noche. Hasta la hora de comer, duermen. Suelen despertarse de mal humor y no reciben a nadie. Solo de cuando en cuando, a horas indeterminadas, entre bastidores o mientras están cenando, acceden a hablar con alguien.

La cara de ella aparece en las postales. Pero en las postales parece guapísima, y la realidad es que nunca lo ha sido. No den crédito a las fotografías: es una mujer feísima. La mayor parte de la gente la ve en escena. Pero en escena está irreconocible: los polvos, los coloretes, los afeites y los cabellos ajenos ocultan su cara como un antifaz.

Y en los conciertos, igual.

En el papel de Margarita, esta mujer de veintisiete años, rugosa, torpona, de nariz cubierta de pecas, parece una doncellita de diecisiete, esbelta y adorable. Cuando se halla en escena es cuando menos se asemeja a sí misma.

Si quieres verlos, logra acceso a algún banquete de los que se les ofrecen o de los que ella ofrece antes de partir de una capital a otra. A simple vista parece muy fácil lograr tal acceso, pero solo personas muy selectas consiguen llegar hasta la mesa... Entre los escogidos se encuentran los señores críticos, los pillos que se las dan de críticos, los cantantes indígenas, los directores de orquesta y de coro y los aficionados de relucientes calvas que han adquirido categoría de asiduos del teatro y de los banquetes, gracias al oro, a la plata y a los parientes. Estos banquetes no resultan aburridos; para un observador representan un buen punto de vista. Vale la pena asistir a un par de ellos.

Las figuras célebres (entre los comensales hay muchas) comen y hablan. Su postura es libre y desenvuelta: el cuello para un lado, la cabeza para otro, y un codo apoyado en la mesa. Los viejos hasta se escarban en los dientes.

Cerca de ella se sientan los periodistas, casi todos ellos borrachos, que se conducen con la misma desenvoltura que si la conocieran hace un siglo. A poco más llegarían a permitirse con ella familiaridades excesivas: bromean a gritos, beben, se quitan la palabra los unos a los otros (eso sí, sin olvidar el consabido *pardon*), pronuncian estrepitosos brindis y, al parecer, no temen al ridículo. Algunos, inclinándose con ceremonia, a lo *gentleman*, le besan la mano.

Los seudocríticos conversan, doctorales, con los aficionados y los entendidos. Los aficionados y los entendidos callan: envidian a los periodistas, sonríen beatíficos y solo beben vino tinto, que suele ser de excelente calidad en estos convites.

Ella, la reina de la fiesta, va ataviada de manera sencilla, aunque lo que lleva ha costado un dineral. Un grueso brillante asoma por el escote de encaje. En cada brazo, una pulsera de oro macizo. El peinado es de lo más discutible; a las damas les gusta, y a los caballeros no. Su rostro resplandece y regala la más amplia de sus sonrisas a los hermanos comensales. Ella sabe sonreír a todos a la vez, hablar con todos a la vez y asentir con gracia a todos a la vez. Observa su cara y creerás que solo la rodean amigos a los cuales profesa profundísima simpatía. Al final del banquete, la reina reparte fotos a determinadas personas, escribiendo al dorso el nombre del afortunado y poniendo su autógrafo. Por supuesto, habla en francés, y al terminar el ágape, incluso en otros idiomas. Pronuncia el inglés y el alemán fatal, pero a ella le sale la mar de gracioso. Al verla tan simpática, olvida uno que es la fealdad misma.

¿Y él? El, *le mari d'elle*, sentado a cinco o seis sillas de distancia bebe mucho, come mucho, calla mucho, hace bolitas de pan y relee las etiquetas de las botellas. Su figura denota aburrimiento, pereza, fastidio...

Es rubio, con una calva que surca su cabeza a modo de senderos. Las mujeres, el vino, las noches de insomnio y el largo deambular por esos mundos de Dios han pasado por su cara como un rastrillo dejando impresas en ella profundas arrugas. Aunque no rebasa los treinta y cinco años, aparenta muchos más. Tiene la cara como empapada de *kvas* y los ojos hermosos, pero abúlicos... En otros tiempos no fue muy feo, mas ahora lo es. Sus piernas son zambas, sus manos terrosas y su cuello peludo. A causa de sus encorvadas piernas y de sus extraños andares, en toda Europa le llaman "el carromato". Vestido de frac recuerda a una chova mojada con la cola seca. Los comensales no le hacen el menor caso, y él les paga con la misma moneda.

Ve a uno de estos banquetes, mira a los dos esposos, obsérvalos y dime qué es lo que ha vinculado y qué es lo que vincula a estas dos personas.

Al verlos dirás, palabras más, palabras menos, lo que sigue:

—Ella es una cantante célebre, él no pasa de ser el marido de una cantante célebre o, dicho en términos usados entre la farándula, el marido de su mujer. Ella gana alrededor de ochenta mil rublos al año; él no hace nada; es decir, que le queda tiempo para ser el criado de ella. Ella necesita un cajero y un apoderado que trate con empresarios y se ocupe de formalizar los contratos. Ella solo conoce y trata al público que aplaude; la caja y todos los accesorios prosaicos de su vida no merecen su atención. Por consiguiente, él le hace falta; le hace falta como apéndice, como lacayo... Le despediría si supiera administrarse ella misma. Él, cobrando un saneado salario de ella, que no da valor al dinero, la roba en complicidad con las criadas, despilfarra el dinero de ella, anda siempre en francachela, puede que hasta guarde dinero para días peores; y se encuentra tan a sus anchas como el gusano que ha conseguido meterse en una buena manzana. De no tener ella dinero, él la abandonaría.

Así piensan y dicen quienes les observan durante los banquetes. Piensan y dicen eso porque, imposibilitados de penetrar en el fondo del asunto, tienen que hacer un juicio superficial. A ella la miran como a una diosa y de él se apartan como de un pigmeo con viscosidad de rana; y, sin embargo, la *vedette* europea está ligada al insignificante renacuajo por vínculos envidiables y generosos.

Mira lo que escribe él:

"Me preguntan por qué amo a esta furia. En verdad, no merece que se la quiera. Ni tampoco que se la odie. Lo único que merece es que nadie repare en ella, que todo el mundo ignore su existencia. Solo puede amarla un loco. Un loco o yo, lo que en realidad, viene a ser lo mismo.

"Es fea. Cuando nos casamos era un monstruo; tanto más ahora. No tiene frente. En lugar de cejas lleva sobre los ojos dos rayas apenas visibles, y sus ojos son dos hendiduras poco profundas en las que no resplandece nada: ni inteligencia, ni deseos, ni pasiones. Por nariz luce una patata. Aunque tiene la boca pequeña y bonita, se la afean sus horribles dientes. No hay en su cuerpo ni pecho ni cintura. Este último defecto se oculta un poco por su diabólica habilidad para ponerse el corsé, arte para el que posee una mano maestra. Es chica y gorda, de una gordura fofa. *En masse,* todo su cuerpo adolece de un defecto que yo considero capital: su absoluta falta de feminidad. No creo femeninas la palidez del cutis ni la flaccidez muscular; en eso discrepo de muchos. No es una dama ni una señorita, sino una tendera de ademanes burdos: al andar bracea desmesuradamente; sentada cruza las piernas y se balancea con todo el cuerpo hacia adelante y hacia atrás; cuando está tendida levanta las piernas, etcétera.

"Es descuidada. Sus maletas constituyen el mejor ejemplo de ello: la ropa limpia está revuelta con la sucia, los puños con los zapatos y con mis botas, los corsés nuevos con los rotos... Nunca recibimos visitas a causa del eterno desorden y la suciedad reinantes en nuestras habitaciones de los hoteles. Pero, en fin, ¿para qué vamos a extendemos? Fíjense en ella al mediodía, cuando levantándose de la cama, sale con pereza de abajo de la manta: no reconocerán a la mujer de voz de ruiseñor. Despeinada, con el cabello revuelto, con los ojos soñolientos y aceitosos, desgarrada la camisa por los hombros, descalza, medio bizca, envuelta en las nubes de humo del tabaco fumado la noche anterior, ¿creerán que tiene alguna semejanza con un ruiseñor?

"Bebe. Bebe como un húsar: lo que se le antoja y cuando se le antoja. Bebe hace mucho. Si no bebiera, estaría por encima de la Patti o, al menos a su misma altura. Se ha bebido la mitad de lo que ha ganado, y muy pronto se beberá la otra mitad. Los malditos alemanes la han enseñado a tomar cerveza, y ahora no se acuesta nunca sin vaciar dos o tres botellas antes de dormirse. De no beber no padeciera el catarro gástrico que padece.

"Es poco amable, de lo que pueden dar fe los estudiantes que a veces la invitan a participar en sus conciertos.

"Le gusta la publicidad. El reclamo nos cuesta anualmente varios miles de francos. Yo odio los anuncios con toda mi alma. Por cara que sea esta publicidad estúpida, nunca llegará a valer lo que vale su voz. A mi mujer le gusta que le hagan reverencias y le desagrada que digan de ella la verdad, si esta verdad no parece un elogio. Tiene en más aprecio un beso de Judas comprado que una crítica honesta. ¡Ausencia absoluta de dignidad!

"Aunque es inteligente, le falta desarrollo mental. Su cerebro ha perdido la elasticidad hace tiempo y, envuelto en grasa, ha terminado por aletargarse.

"Es caprichosa, inconstante, sin ningún criterio sólido. Ayer afirmó que el dinero era una trivialidad; hoy, en cambio, actúa en cuatro funciones porque se ha convencido de que no hay en el mundo nada mejor que el dinero; y mañana volverá a afirmar lo que negó ayer. No quiere saber nada de la patria, ni reconoce personajes políticos, ni tiene un periódico preferido, ni admira a ningún escritor.

"Pese a su riqueza, no ayuda a los pobres. Es más; a veces no paga como es debido a modistas y peluqueros. No tiene corazón.

"¡Es una mujer mil veces perversa!

"Sin embargo, obsérvenla cuando, arreglada, maquillada, erguida, avanza hacia el proscenio para competir con los ruiseñores y los jilgueros que saludan al alba en mayo. ¡Qué empaque imponente y qué encanto en sus andares de cisne! Obsérvenla, se los suplico, y pongan atención. Cuando levanta la mano y abre la boca por primera vez, las dos mirillas de su cara se convierten en dos ojazos llenos de brillo y de pasión. En ninguna parte hallarán ojos tan seductores. Cuando comienza a cantar, cuando sus primeros trinos se expanden por el aire y yo siento dulcificarse mi alma inquieta, fíjense en mi cara y les revelará el secreto de mi amor.

"—¿Verdad que es hermosa? —pregunto entonces a mis vecinos de asiento.

"Me contestan que sí, pero eso no me basta: en esos momentos aniquilaría a quien osara pensar que esa criatura extraordinaria no es mi mujer. Entonces olvido todo lo pasado y vivo solo el presente.

"¡Miren qué artista! ¡Cuánto sentido se encierra en cada uno de sus movimientos! Ella lo interpreta todo: el amor, el odio, el alma humana... Por algo el teatro se viene abajo aplaudiendo.

"Al terminar el último acto, la saco del teatro pálida, exhausta, como si en una velada hubiera vivido toda una existencia. Yo también voy pálido y rendido de fatiga. Cogemos un coche y nos dirigimos al hotel.

"Una vez allí, ella se tiende en silencio, sin desnudarse. Yo, igualmente silencioso, me siento en el borde de la cama y le beso la mano. En estas ocasiones no me rechaza ni me aparta de ella. Nos dormimos juntos, dormimos de un tirón hasta la mañana siguiente y nos despertamos para mandarnos al diablo el uno al otro...

"¿Saben ustedes cuándo la amo también? Cuando asiste a bailes o banquetes. Me encanta la magnífica actriz que lleva dentro. Porque, en verdad, hay que poseer un gran genio artístico para imponerse a la naturaleza de la manera que ella sabe hacerlo...

"No la reconozco en los banquetes. De una gallina desplumada se transforma en un pavo real".

Esta carta está escrita con mano ebria y letra apenas legible. Ha sido escrita en alemán y contiene faltas de ortografía a montones.

He aquí lo que escribe ella:

"Me preguntan ustedes si quiero a este muchacho. Pues sí, le quiero a veces... ¿Por qué? Sabe Dios...

"En verdad es feo y antipático. Las criaturas de su estilo no nacen con derecho a ser correspondidas en el amor. Los hombres como él no pueden hacer otra cosa que comprar el amor porque no pueden conseguirlo de balde. Juzguen ustedes mismos.

"Igual de día que de noche, está borracho como una cuba. Le tiemblan las manos, produciendo una impresión muy desagradable. Cuando está embriagado vocifera y arma bronca. Me pega incluso a mí. Y si no se encuentra bajo los vapores del alcohol, se tira en cualquier parte, donde primero se le ofrece, y no despega los labios.

"Va siempre harapiento, aunque no le faltan medios para vestirse mejor. La mitad de mis ganancias se evapora, pasando por sus manos, sin que nadie pueda saber adónde va a parar.

"Nunca consigo imponerle un freno. Las infelices artistas casadas tienen unos cajeros horriblemente caros: los maridos se llevan la mitad de la caja.

"Y no se lo gasta en mujeres, lo sé muy bien: las desprecia.

"Es vago. Jamás le he visto ocupado en nada. Lo único que hace es beber, comer y dormir.

"No ha hecho ningún estudio. Le expulsaron del primer curso de la universidad, por insolente.

"No desciende de familia hidalga; y, lo peor de todo, es alemán.

"Me disgustan los alemanes. De cien alemanes hay noventa y nueve idiotas y un genio. Esto me lo dijo un príncipe que era alemán, aunque con forro francés.

"Fuma un tabaco repugnante.

"Sin embargo, posee buenas cualidades. Más que a mí, ama mi noble arte. A veces, cuando, antes de iniciarse la función, anuncian que yo no puedo cantar por enfermedad (es decir, porque se me ha metido en la cabeza algún capricho), él va y viene como abatido, apretando los puños.

"No es cobarde ni teme a nadie. Es lo que más me gusta en las personas. Les contaré un pequeño episodio de mi vida. Fue en París, un año después de graduarme del conservatorio. Yo era entonces muy joven y solo empezaba a aprender a beber. Todas las noches corría una juerga que duraba cuanto duraban mis fuerzas, juveniles y frescas. Huelga decir que las orgías las realizaba acompañada. En una de ellas, mientras chocaba mi copa con uno de mis ilustres admiradores, se acercó a la mesa un muchacho feo y desconocido que, mirándome directamente a los ojos, me preguntó:

"—¿Por qué bebe usted?

"Nos echamos a reír, pero el muchacho no se turbó. Su segunda pregunta fue todavía más osada, con un comentario que le salía del alma:

"—¿De qué se ríen? Los canallas que ahora la emborrachan no le darán ni un céntimo cuando, a fuerza de beber, se le estropee a usted la voz y se encuentre en la miseria.

"¿Qué les parece la insolencia? Mis acompañantes armaron gran alboroto. Yo, en cambio, senté al muchacho a mi lado y pedí vino para él.

Resultó que el amigo de la abstinencia bebía como el que más. *À propos*[35], le llamo "muchacho" solo porque tenía unos bigotillos muy pequeños.

"Le pagué su osadía casándome con él.

"Habla poquísimo. Suele decir una sola palabra; la pronuncia con voz cavernosa, trepidante la garganta y convulsivo el rostro. Cuando más la repite es cuando se halla rodeado de gente, en banquetes o en bailes... Si alguien, sea quien fuere, miente, él levanta la cabeza y, sin mirar a nadie ni reparar en nada, replica:

"—¡Mentira!

"Es su palabra predilecta. ¿Qué mujer puede resistir el fulgor de ojos con que se pronuncia esta palabra? A mí me encanta la palabra misma, y el brillo de sus ojos, y el temblor convulsivo de su cara. No todo el mundo sabe emplear este término saludable y audaz; mi marido, en cambio, lo suelta siempre y en cualquier parte.

"Le amo a veces, y este 'a veces', según recuerdo, coincide con los momentos en que pronuncia esa excelente palabra. Aunque, en realidad, Dios sabe por qué le querré. Entiendo muy poco de sicología y, al parecer, este es un asunto sicológico..."

Esta carta está escrita en francés, con una letra magnífica, casi masculina. En ella no hallarás ni una sola falta de ortografía.

La novia

I

Eran ya las diez de la noche y la luna llena brillaba sobre el jardín. En la casa de los Shumin recién terminaba la misa que había encargado la abuela, María Mijáilovna. Desde el jardín, adonde había ido por un rato, Nadia vio cómo ponían la mesa en la sala para los entremeses, y a su abuela, con un pomposo vestido de seda, afanarse en las habitaciones; el padre Andrey, arcipreste de la catedral, platicaba con la madre de Nadia,

---

[35] A propósito, en francés.

Nina Ivánovna, que en este momento, con la iluminación nocturna y a través de la ventana, parecía extrañamente joven; cerca de ellos se hallaba de pie Andrey Andreich, el hijo del padre Andrey, escuchando con atención.

El jardín estaba quieto y fresco, y sobre la tierra se extendían oscuras e inmóviles sombras. Lejos, muy lejos, quizás fuera de la ciudad, resonaba el croar de las ranas. Se sentía el mes de mayo, ¡amable mayo! Se respiraba a todo pulmón y daban ganas de pensar que en algún lugar bajo el cielo, por encima de los árboles, fuera de la ciudad, en los campos y en los bosques se desarrollaba la vida primaveral, misteriosa, bella, rica y santa, inaccesible a la comprensión del hombre, débil y pecaminoso. Y daban ganas de llorar.

Nadia tenía ya veintitrés años; desde los dieciséis había soñado de forma apasionada con el matrimonio y ahora, por fin, era novia de Andrey Andreich, el mismo que estaba tras la ventana; el joven le gustaba, la boda había sido ya fijada para el siete de julio y, sin embargo, no se sentía contenta, dormía mal por las noches y hasta perdió su alegría... Desde el sótano, donde se hallaba la cocina, a través de la ventana abierta se oían el apresurado golpear de los cuchillos y los portazos; olía a pavo asado y cerezas en escabeche.

Alguien salió de la casa y se detuvo en el pórtico; era Alejandro Timofeich o, simplemente, Sasha, huésped que hacía unos diez días había llegado de Moscú. En otro tiempo solía visitar a la abuela una lejana parienta suya, María Petrovna, una noble viuda empobrecida, menuda, delgadita y enferma. Tenía un hijo, Sasha. Se decía que era un buen pintor y, al morir su madre, la abuela, para la salvación de su propia alma, le costeó los estudios en el colegio Komissarov, de Moscú; al cabo de dos años el muchacho pasó a la Escuela de Bellas Artes, en la cual permaneció casi quince años; regresó, a duras penas, de la Sección de Arquitectura, pese a lo cual, no se dedicó a esta, sino que se puso a trabajar en una litografía moscovita. Casi todos los veranos venía a la casa de la abuela para descansar y mejorar de su mala salud.

Llevaba puestos una chaqueta abrochada, un pantalón de lona, muy gastado en la parte inferior, y una camisa sin planchar. Toda su figura tenía un aspecto demacrado; era muy flaco, de ojos grandes, tez morena, barbudo, con dedos largos y delgados; no obstante todo ello, sus facciones eran bellas. Consideraba a los Shumin como a sus familiares y se sentía con ellos como en su propia casa. La habitación en la cual se alojaba, desde hacía tiempo que se llamaba "el cuarto de Sasha".

Desde el pórtico vio a Nadia y se dirigió hacia ella.

—¡Qué bien se está aquí! —le dijo.

—Claro que se está bien. Debiera usted vivir aquí hasta el otoño.

—Tendré que hacerlo, según parece. Es posible que me quede hasta septiembre.

Rio sin ninguna razón y se sentó a su lado.

—Estoy mirando desde aquí a mamá —dijo Nadia—. ¡Parece tan joven ahora! Mi mamá tiene, por supuesto, sus debilidades —añadió, después de un breve silencio— pero, así y todo, es una mujer poco común.

—Sí, es buena... —consintió Sasha—. Su mamá es, a su modo, claro, una mujer muy bondadosa y simpática, pero... ¿Cómo le diría?... Esta mañana temprano entré en la cocina... Allí cuatro criadas duermen sobre el suelo; camas no hay, colchones tampoco; hay andrajos, chinches, cucarachas, hedor... lo mismo que hace veinte años, no hay ningún cambio. No hablemos de su abuela, pues la abuela es la abuela y Dios sea con ella; pero su mamá habla francés y toma parte en los espectáculos teatrales. Ella sí debiera de comprender...

Al hablar, Sasha solía levantar ante su interlocutor dos largos y delgados dedos.

—Todo me parece raro aquí, por falta de costumbre —prosiguió—. ¡Nadie hace nada, caramba! Su madre no hace más que pasear durante el día entero, como si fuera una duquesa; la abuela tampoco hace nada, ni usted tampoco. Y su novio, Andrey Andreich, lo mismo.

Nadia había oído ya estas cosas el año pasado y quizás también el antepasado y sabía que Sasha no era capaz de razonar de una manera distinta; antes, esto la hacía reír, pero ahora sintió un inexplicable fastidio.

—Todo eso es viejo y me aburre —dijo ella, levantándose—. Debiera usted inventar algo nuevo.

Sasha rio y se levantó también y ambos se encaminaron hacia la casa. Alta, hermosa y esbelta, ella parecía ahora, a su lado, muy sana y elegante; no dejó de sentirlo y ello le produjo cierta confusión y lástima por él.

—Además, no debiera usted decir ciertas cosas —dijo—. Acaba usted de mencionar a mi Andrey, pero el caso es que usted no lo conoce.

—"A mi Andrey"... ¡Dios sea con su Andrey! Lo que me da lástima es la juventud de usted.

Cuando entraron en la sala, la gente ya estaba sentada a la mesa. La abuela, o como la llamaban en casa, "abuelita", obesa, fea, con espesas cejas y con bigotito, hablaba en voz alta y por su manera de hablar, se notaba que era la persona que mandaba en la casa. Le pertenecían varios puestos en la feria y una antigua mansión con columnas y con jardín, pero todas las mañanas ella rogaba a Dios para que la salvara de la ruina y lo hacía llorando. Su nuera, Nina Ivánovna, madre de Nadia, rubia, con la figura muy ceñida, con lentes y con brillantes en cada dedo; el padre Andrey, anciano delgado, sin dientes y con una expresión como si se dispusiera a contar algo muy divertido, y su hijo Andrey Andreich, novio de Nadia, regordete y bien parecido, de cabello ondulado que hacía recordar a un actor o a un pintor. Hablaban sobre el hipnotismo.

—En mi casa te pondrás bien en una semana —dijo la abuelita dirigiéndose a Sasha—. Pero tienes que comer más. Porque pareces no sé qué cosa —suspiró—. ¡Tienes un aspecto que da miedo! No hay nada que hacer: eres el hijo pródigo.

—Después de dilapidar los bienes paternales —observó el padre Andrey lentamente con la mirada burlona— el condenado fue a pacer con las bestias irracionales...

—Quiero a mi tata —dijo Andrey Andreich y tocó el hombro de su padre—. Es un viejo simpático. Un viejo bueno.

Todos callaron. Sasha rio de repente y cubrió su boca con la servilleta.

—¿De modo que usted cree en el hipnotismo? —inquirió el padre Andrey a Nina Ivánovna.

—No puedo afirmar que creo —respondió ella, dando a su cara una expresión muy seria y hasta severa—, pero debo reconocer que en la naturaleza hay muchas cosas misteriosas e inexplicables.

—Estoy completamente de acuerdo con usted, aunque debo añadir por mi cuenta que la fe reduce en forma considerable la región del misterio.

Sirvieron un pavo grande y muy gordo. El padre Andrey y Nina Ivánovna continuaron su conversación. Los brillantes relucían en los dedos de ella; luego brillaron las lágrimas en sus ojos; se sintió embargada por la emoción.

—No me atrevo a discutir con usted —dijo ella— pero admita que hay en la vida muchas interrogantes insolubles.

—Ni una sola, le puedo asegurar.

Después de la cena Andrey Andreich tocaba el violín y Nina Ivánovna lo acompañaba al piano. Hacía diez años él había regresado de la Facultad de Filología, pero no tuvo ningún empleo ni ocupación y solo, de vez en cuando, tomaba parte en los conciertos con fines benéficos, por lo cual lo consideraban en la ciudad como artista.

Andrey Andreich tocaba; los demás escuchaban en silencio. Sobre la mesa, en el samovar, hervía con leve murmullo el agua, pero Sasha era el único que tomaba el té. Más tarde, al dar las doce en el reloj, se rompió de pronto una cuerda de violín; todos se echaron a reír, se levantaron y comenzaron a despedirse.

Después de acompañar a su novio, Nadia subió al piso alto, donde vivía con la madre (la abuela ocupaba el piso bajo). Abajo, en la sala, empezaron a apagar las luces, pero Sasha seguía tomando té. Lo hacía siempre por largo tiempo, a la manera moscovita, bebiendo unos siete vasos. Después de desvestirse y acostarse, Nadia oyó todavía durante un tiempo a las criadas, que, abajo, recogían la mesa y a la abuelita, que las reprendía. Por fin, todo quedó en silencio y solo de tiempo en tiempo resonaba abajo la sorda tos de Sasha en su habitación.

II

Cuando Nadia se despertó, debían de ser cerca de las cinco: despuntaba el día. A lo lejos resonaba la matraca del sereno. Nadia no tenía ganas de dormir ni tampoco de quedarse acostada, pues el colchón era demasiado blando e incómodo; se sentó, pues, en la cama, como lo había hecho en todas las noches de mayo, y se puso a meditar. Sus pensamientos eran los mismos de la noche anterior: los monótonos, innecesarios e inoportunos recuerdos de cómo Andrey Andreich empezó a cortejarla y le propuso matrimonio; cómo ella aceptó y cómo, más tarde, poco a poco, llegó a apreciar a este hombre bueno e inteligente. Y, sin embargo, sin saber por qué, ahora que hasta la boda no quedaba más de un mes, empezó a sentir un miedo y una inquietud como si la esperara algo indefinido y triste.

"Tic-toc, tic-toc... —sacudía perezoso el sereno su matraca—. Tic-toc..."

A través de la antigua y amplia ventana se ve el jardín: más lejos, tupidos arbustos de lilas en flor, adormecidos y lánguidos por el frío; y la niebla, espesa y blanca, que se acerca flotando con sigilo para cubrir las lilas. Sobre los lejanos árboles gritaban los grajos, semidespiertos:

—Dios mío, ¿por qué estoy tan deprimida?

Puede ser que todas las novias sientan lo mismo antes de la boda. ¡Quién sabe! ¿O será la influencia de Sasha? Pero ya van varios años seguidos que Sasha dice siempre las mismas cosas, como si leyera un libro, y cuando habla parece ingenuo y extraño. ¿Por qué entonces la imagen de Sasha siempre está en la mente? ¿Por qué?

El sereno hace mucho que dejó de agitar la matraca. Bajo la ventana y en el jardín los pájaros comenzaron el alboroto, la niebla se ha ido y todo en derredor quedó iluminado por la luz primaveral y sonriente. Un poco más, y todo el jardín se despertó, acariciado por el sol, y las gotas de rocío, que cual diamantes, brillaron sobre las hojas; el viejo y abandonado jardín pareció joven y vistoso aquella mañana.

Ya se despertó la abuelita. Se oyó la gruesa tos de Sasha. Abajo ya estaban preparando el samovar, alguien movía las sillas.

Las horas pasaban lentamente. Hacía mucho tiempo ya que Nadia estaba levantada y paseaba por el jardín, pero la mañana se prolongaba, interminable.

Apareció Nina Ivánovna, con los ojos llorosos y un vaso de agua mineral en la mano. Era aficionada al espiritismo y la homeopatía, leía mucho, le gustaba dilucidar las dudas que la asaltaban, y Nadia veía en todo ello un sentido hondo y misterioso. Ahora Nadia dio un beso a su madre y se puso a caminar a su lado.

—¿Por qué has llorado, mamá? —le preguntó.

—Anoche empecé a leer una novela que trata de un viejo y de su hija. El viejo tiene un empleo y, claro, el jefe se enamora de su hija. No terminé de leer el libro todavía, pero hay un pasaje tan emotivo que una no puede contener las lágrimas —dijo Nina Ivánovna y sorbió del vaso—. Esta mañana lo recordé y lloré otra vez.

—Los últimos días me siento muy triste —dijo Nadia, después de un silencio—. ¿Por qué será que no duermo?

—No sé, querida. Cuando yo no tengo sueño de noche, cierro los ojos con fuerza, así, y me imagino a Anna Karénina, su modo de caminar y de hablar, o si no me imagino algo histórico, del mundo antiguo...

Nadia se percató de que su madre no la comprendía, no podía comprenderla. Lo sintió por primera vez en su vida y hasta se asustó y tuvo ganas de esconderse; se retiró a su habitación.

A las dos se sentaron a la mesa para almorzar. Era miércoles, día de vigilia, y a la abuelita le sirvieron, por eso, sopa sin carne y sarga con *kasha.*

Para burlarse de la abuela, Sasha comió sopa de carne y también el *borsch* de vigilia. Bromeaba durante todo el almuerzo, pero sus bromas resultaban aparatosas, con infalible moraleja, y cuando, antes de soltar su ocurrencia levantaba los dedos, que parecían muertos, nadie tenía ganas de reír: todos sentían profunda piedad por él.

Después de almorzar, la abuela se retiró a su cuarto a descansar. Nina Ivánovna tocó el piano durante unos minutos y luego se retiró también.

—¡Ah, querida Nadia! —comenzó Sasha su acostumbrada plática de sobremesa—. ¡Si usted me hiciera caso! Si me hiciera caso...

Ella estaba sentada, con los ojos cerrados, en el hondo y antiguo sillón, mientras él paseaba, sin hacer ruido, de un rincón a otro.

—¡Si usted partiera a estudiar! —decía—. Solo las personas instruidas y santas son interesantes y necesarias. Cuanto mayor sea la cantidad de estas personas, más pronto vendrá el reino de Dios sobre la tierra. Y poco a poco, de nuestra ciudad no va a quedar entonces ni una sola piedra; todo se hará añicos, todo cambiará, como por arte de magia. Y habrá entonces aquí enormes y magníficos edificios, jardines maravillosos, personas extraordinarias, notables... Pero no es esto lo fundamental. Lo principal es que la multitud, en el sentido nuestro y tal como ella existe ahora, no existirá en aquel entonces, porque cada persona tendrá fe y cada uno sabrá para qué vive; ninguno buscará apoyo en la multitud. ¡Palomita querida, márchese! Muestre a todo el mundo que esta pecaminosa vida, gris e inmóvil, la tiene harta. ¡Muéstreselo aunque sea a usted misma!

—No puedo, Sasha. Me caso.

—Bah... ¿Qué necesidad tiene de ello?

Salieron al jardín y caminaron un rato.

—De todos modos, querida mía, hay que meditar, hay que comprender cuán impura, cuán inmoral es su vida ociosa —prosiguió Sasha—. Trate de comprenderme... Si, por ejemplo, usted, su madre y su abuelita no hacen nada, esto significa que alguien trabaja por ustedes, sacrificando su vida. ¿Acaso es este un proceder limpio?

Nadia quería decir: "sí, es verdad"; quería decir que lo comprendía; pero las lágrimas se asomaron a sus ojos, se volvió silenciosa y tímida y se retiró a su habitación.

Al anochecer vino Andrey Andreich y, como de costumbre, estuvo tocando el violín durante mucho tiempo. En general, era parco en hablar y quizás amaba el violín porque mientras tocaba podía permanecer callado. Después de las diez, al despedirse, ya con el sobretodo puesto, abrazó a Nadia y empezó a besar con avidez su cara, sus hombros, sus brazos.

—¡Mi querida, mi amada... divina mía!... —murmuró—. ¡Cuán dichoso soy! ¡Estoy loco de júbilo!

A ella le pareció haber oído ya estas palabras hacía tiempo, hacía mucho tiempo, o haberlas leído en alguna parte... En una vieja novela, rota y abandonada tiempo atrás.

En la sala, Sasha estaba sentado a la mesa y tomaba té, sosteniendo el platillo sobre sus cinco largos dedos; la abuelita hacía solitarios; Nina

Ivánovna leía un libro; chisporroteaba la llamita de la mariposa y, al parecer, todo era quietud y bienestar. Nadia se despidió, subió a su cuarto, se acostó y se durmió enseguida. Pero igual que la noche anterior, se despertó con el alba. El sueño se había ido y el corazón estaba oprimido, inquieto. Sentada en la cama, la cabeza reclinada sobre las rodillas, pensaba en el novio, en la boda... Sin saber por qué, recordó que su madre no amaba a su difunto marido, no poseía nada y vivía en plena dependencia de la abuelita, su suegra. Y por más que pensara, Nadia no pudo comprender por qué hasta entonces veía en su madre algo especial, fuera de lo común, y por qué no se daba cuenta de que solo era una mujer ordinaria y desdichada.

Tampoco Sasha dormía: se le oía toser allí abajo. Era un hombre ingenuo y extraño, pensó Nadia; en sus sueños, en todos sus maravillosos jardines y mágicas fuentes había algo de absurdo; y sin embargo, aun en esta ingenuidad y en este absurdo había tanta belleza, que apenas ella se ponía a pensar en marcharse a estudiar, su corazón, todo su pecho, ya se sentían invadidos por una fresca sensación de alegría y de júbilo.

—Mejor no pensar en ello, mejor no pensar... —susurraba—. Más vale no pensar.

"Tic-toc... —sacudía el sereno su matraca a lo lejos—. Tic-toc... tic-toc..."

III

A mediados de junio Sasha de repente sintió tedio y empezó a preparar su regreso a Moscú.

—No puedo vivir en esta ciudad —declaraba, sombrío—. No hay agua corriente ni canalización. Me da asco comer; es terrible la mugre en la cocina...

—Espera un poco, hijo pródigo —trataba de convencerlo la abuela, y añadía en un susurro, como si fuera un secreto—: el siete será la boda.

—No tengo ganas.

—¡Pero si tú querías quedarte aquí hasta septiembre!

—Sí, pero ahora no quiero. Tengo que trabajar.

El verano resultó húmedo y frío, los árboles estaban mojados, el jardín tenía un aspecto poco acogedor y, en efecto, daban ganas de trabajar. En las habitaciones, abajo y arriba, se oían voces femeninas desconocidas; en el cuarto de la abuela zumbaba la máquina de coser: había apuro con el ajuar. Seis abrigos de piel entraban en la dote de Nadia, y el más barato de ellos, según la abuela, costaba trescientos rublos. El alboroto irritaba a Sasha y él se encerraba en su habitación, enojado; así y todo, lo convencieron para que se quedara y obtuvieron su palabra de que no se marcharía antes del primero de julio.

El tiempo transcurría rápido. El día de San Pedro, por la tarde, Andrey Andreich y Nadia fueron a la calle Moscú para mirar una vez más la casa que hacía tiempo estaba alquilada y preparada para la joven pareja. La casa tenía dos pisos, pero por el momento solo estaba amueblado el piso superior. En la sala había sillas de Viena, un piano y un pupitre para el violín; el brillante piso estaba pintado al estilo parquet. Olía a pintura. En la pared colgaba un gran cuadro pintado al óleo, con un marco dorado: una dama desnuda y junto a ella un jarrón de color lila con el asa rota.

—Magnífico cuadro —dijo Andrey Andreich y suspiró, en señal de respeto—. Es del pintor Shishmachevsky.

Más adelante se encontraba un pequeño salón de estar, con una mesa redonda, un diván y sillones tapizados de azul claro. Sobre el diván pendía una gran fotografía del padre Andrey, con caperuza y condecoraciones. Luego entraron en el comedor y luego en el dormitorio; allí, en la penumbra, había dos camas, una al lado de la otra, y parecía que quienes colocaron los muebles en el dormitorio daban por sentado que allí todo estaría bien, por siempre, y que no podía ser de otra manera. Andrey Andreich conducía a Nadia a través de las habitaciones, sosteniéndola por el talle, mientras que ella se sentía débil y culpable; odiaba todas estas habitaciones, camas y sillones; la desnuda dama le producía asco. Le resultaba claro ya que había dejado de amar a Andrey Andreich o, quizás, que no lo había amado nunca; pero cómo decírselo, a quién decírselo y para qué, esto no lo comprendía y no podía comprender, aunque pensaba en ello todos los días y todas las noches... Él la sostenía por el talle, le hablaba con cariño y con modestia, y se mostraba tan feliz paseándose por este apartamento suyo; pero ella no veía más que vulgaridad; estúpida, ingenua, intolerable vulgaridad, y el brazo de él que envolvía su cintura le parecía duro y frío como un aro. Y a cada instante ella se sentía dispuesta a huir, a prorrumpir en llanto, a arrojarse por la ventana. Andrey Andreich la llevó al cuarto de baño, tocó un grifo empotrado en la pared y de golpe corrió el agua.

¿Qué te parece? —dijo, echándose a reír—. He mandado construir en la buhardilla un depósito para cien baldes, y ahora, como ves; siempre vamos a tener agua.

Recorrieron el patio exterior, luego salieron a la calle y llamaron a un coche. Espesas nubes de polvo volaban en el aire y parecía que iba a llover enseguida.

—¿No tienes frío? —preguntó Andrey Andreich, entrecerrando los ojos a causa del polvo.

Ella no respondió.

—Ayer, Sasha me reprochó el no hacer nada, ¿recuerdas? —dijo él al cabo de un minuto—. Pues bien, él tiene razón. ¡Muchísima razón! Yo no hago nada ni puedo hacerlo. ¿Por qué será, querida? ¿Por qué me repugna la mera idea de que algún día me ponga una gorra con escarapela y vaya a ocupar un puesto? ¿Por qué me siento tan incómodo cuando veo a un abogado, a un profesor de latín o a un miembro del Ayuntamiento? ¡Oh, madre Rusia! ¡Oh, madre Rusia, a cuántos ociosos e inútiles sobrellevas todavía! ¡A cuántos como yo soportas sobre tu lomo, sufrida Rusia!

Y así, generalizaba su ocio; veía en él un signo de la época.

—Cuando nos casemos, querida —continuó— iremos al campo para trabajar. Compraremos un pequeño terreno con jardín y con río, y vamos a trabajar y a ver pasar la vida... ¡Oh, qué bien estaremos allí!

Él se quitó el sombrero y el viento despeinó sus cabellos, mientras ella lo escuchaba, pensando: "Dios mío, ¿cuándo llegaremos a casa?". Casi ya cerca de la casa alcanzaron al padre Andrey.

—¡Ahí va mi padre! —se alegró Andrey Andreich y agitó su sombrero—. Quiero a mi padre, no lo puedo negar —dijo, pagando al cochero—. Es un viejo simpático. Un viejo bueno.

Nadia entró en la casa indispuesta y malhumorada, pensando en que toda la tarde debería atender a sus invitados, sonreír, escuchar el violín, oír majaderías y no hablar de otra cosa que no fuera la boda. Entró el padre Andrey con su astuta sonrisa.

—Tengo el placer y el bendito consuelo de verla gozando de buena salud —dijo a la abuela y resultaba difícil comprender si hablaba en broma o en serio.

IV

El viento golpeaba en las ventanas y en el techo; se oían silbidos y en la chimenea el duende casero, con voz quejumbrosa y melancólica, canturreaba una tonadilla. Eran las doce de la noche pasadas. Todos se habían acostado ya en la casa, pero nadie dormía y a Nadia le parecía que abajo alguien tocaba el violín. Se oyó un golpe fuerte, debía ser un postigo, azotado por el viento. Un minuto después entró Nina Ivánovna, en camisón, con una vela.

—¿Oíste el golpe, Nadia? ¿Qué habrá sido? —preguntó.

La madre, con los cabellos atados en una trenza y con una tímida sonrisa, en esta noche tormentosa parecía mayor, más fea y más baja. Nadia recordó que no hacía mucho consideraba a su madre como a una mujer extraordinaria y escuchaba orgullosa las palabras que ella decía; pero ahora no podía recordar esas palabras y lo que acudía a su memoria era insípido, innecesario.

En la chimenea resonó el canto de varias voces bajas y hasta se oyó un "¡A-ah, Dio-o-os mío!". Nadia se sentó en la cama y, de repente, asiendo con fuerza sus cabellos, rompió a llorar.

—¡Mamá, mamá querida —balbució—, si supieras todo lo que me pasa! ¡Te ruego que me dejes partir! ¡Te lo suplico!

—¿A dónde? —preguntó Nina Ivánovna, sin entender, y se sentó sobre la cama—. ¿Partir a dónde?

Nadia siguió llorando durante un rato sin poder pronunciar una sola palabra.

— ¡Deja que me vaya! —dijo, por fin—. No debe haber boda ni la habrá, ¡compréndeme! No quiero a este hombre... Ni siquiera puedo hablar de él.

No, querida, no —se puso a hablar con rapidez Nina Ivánovna, muy asustada—. Tranquilízate, esto te ocurre porque estás de mal humor. Pero va a pasar. Esto le ocurre a cualquiera. Seguramente has reñido con Andrey, pero ya se sabe: los que se aman, pelean.

—Bueno, mamá, vete. ¡Vete! —lloró Nadia con más fuerza aún.

—Sí —dijo Nina Ivánovna al cabo de un minuto—. No hace mucho eras una criatura, una niña, y ahora ya eres una novia. En la naturaleza se realiza una continua transformación. Ni te darás cuenta cuando tú misma te conviertas en madre y en una vieja y tengas una hija tan rebelde como la que tengo yo.

—Mi querida mamá, mi buena mamá: eres inteligente y también eres desgraciada —dijo Nadia—. Eres muy desgraciada... ¿Para qué, entonces, dices trivialidades? Dime, por Dios, ¿para qué?

Nina Ivánovna iba a decir algo, pero no pudo pronunciar ni una sola palabra y se retiró a su cuarto, sollozando. Las voces bajas volvieron a cantar en la chimenea. Nadia empezó a sentir miedo, saltó de la cama y se dirigió de prisa a la habitación de su madre. Esta se hallaba tendida en la cama, con la cara llorosa; cubierta con una colcha celeste, sostenía en la mano un libro.

—¡Mamá, escúchame! —dijo Nadia—. Te lo ruego, piénsalo bien y compréndeme. Comprende hasta qué grado es vacía y humillante nuestra vida. Se me han abierto los ojos, ahora lo veo todo. ¿Qué es este Andrey Andreich? Ni siquiera es inteligente, mamá... ¡Dios mío! ¡Comprende, mamá, es un estúpido!

Nina Ivánovna se sentó con brusquedad.

—¡Tú y tu abuela me torturan! —dijo volviendo a llorar—. ¡Yo quiero vivir! ¡Vivir! —repitió, golpeándose dos veces el pecho con su pequeño puño—. ¡Denme libertad, pues! Soy joven aún y tengo ganas de vivir, pero ustedes han hecho de mí una anciana...

Lloró con amargura, se recostó y se encogió bajo la colcha, pareciendo pequeña, lastimera y tontita. Nadia fue a su cuarto, se vistió y sentada junto a la ventana, se puso a esperar el amanecer. Estuvo pensando toda la noche, mientras alguien golpeaba siempre en los postigos, silbando.

Por la mañana, la abuela se quejó de que durante la noche el viento había abatido todas las manzanas en el jardín y quebrado un viejo ciruelo. Comenzaba un día gris, opaco y desagradable, que hasta incitaba a prender la luz; todo el mundo se quejaba del frío, y la lluvia golpeaba en las ventanas. Después del té, Nadia entró en el cuarto de Sasha y, sin decir una palabra, se puso de rodillas en el rincón, junto a la butaca, cubriéndose la cara con las manos.

—¿Qué pasa? —preguntó Sasha.

—No puedo... —murmuró ella—. ¡No comprendo, no concibo cómo he podido vivir aquí antes! Desprecio a mi novio, me desprecio a mí misma, desprecio toda esta vida ociosa y sin sentido.

—Bueno, bueno... —observó Sasha, sin saber todavía de qué se trataba—. No es nada... Eso está bien.

—Estoy harta de esta vida —prosiguió Nadia—. No la soportaré ni un día más. Mañana mismo me iré de aquí. ¡Lléveme consigo, por amor de Dios!

Durante un minuto Sasha se quedó mirándola con sorpresa; al fin, comprendió y se alegró como un niño. Agitó los brazos y se puso a taconear como si bailara de alegría.

—¡Magnífico! —exclamaba, frotándose las manos—. ¡Dios, esto sí que es bueno!

Ella, en tanto, lo miraba sin pestañear, con sus grandes ojos enamorados, esperando, como hechizada, que Sasha no tardaría en decirle algo significativo, ilimitado en su importancia: él no le dijo nada todavía, pero ella veía ya abrirse ante sí algo nuevo y amplio, algo que ella no conocía antes y por eso lo miraba, llena de esperanza, dispuesta a todo, inclusive a morir.

—Mañana me voy —dijo Sasha, después de pensar— y usted dirá que quiere acompañarme hasta la estación... Sus cosas las meteré en mi baúl y le compraré el boleto; después de la tercera campanada usted subirá al vagón y listo. Viajaremos juntos hasta Moscú y luego usted seguirá sola hasta San Petersburgo. ¿Tiene usted pasaporte?

—Tengo.

—Le juro que no se va usted a lamentar ni arrepentir —dijo Sasha, entusiasmado...—. Irá usted a la capital, se dedicará al estudio y luego que la lleve el destino adonde quiera. Cuando le dé vuelta a su vida, todo cambiará. Lo principal es dar vuelta a la vida, el resto no tiene importancia. Así que ¿mañana en camino?

—¡Oh, sí! ¡Por amor de Dios!

A Nadia le parecía que estaba muy emocionada, que un peso le oprimía el alma y que hasta el momento de partir habría de sufrir y debatirse en dolorosas meditaciones; sin embargo, apenas de vuelta en su cuarto, se recostó en la cama, se durmió enseguida, y siguió durmiendo, con cara llorosa y con una sonrisa, hasta la noche.

V

Mandaron por un coche. Nadia, ya con el sombrero y el abrigo puestos, fue arriba para echar la última mirada a su madre y a todo lo suyo; en su cuarto se quedó un rato parada junto a la cama, todavía tibia, miró en derredor y luego pasó con sigilo a la habitación de su madre. Ésta dormía y el cuarto estaba silencioso. Nadia besó a su madre, le arregló los cabellos y permaneció cerca de ella unos dos minutos...

Luego, sin prisa, volvió abajo.

Afuera caía una lluvia fuerte. El coche, todo mojado y con la capota levantada, esperaba junto al portón.

—No vas a caber, Nadia —dijo la abuela cuando el criado se puso a cargar las maletas—. ¡Y cómo se te ocurre ir a la estación con este tiempo! ¡Mejor te hubieras quedado en casa! ¡Mira cómo llueve!

Nadia quiso decir algo y no pudo.

Ya Sasha le ayudó a subir al coche; ya le cubrió las piernas con una manta. Ya él mismo se sentó a su lado.

—¡Buen viaje! ¡Que Dios te bendiga! —gritaba la abuela desde el pórtico—. ¡Escríbenos, Sasha!

—Bueno. ¡Adiós, abuelita!

—¡Que te guarde la Reina de los Cielos!

—¡Qué tiempo! —dijo Sasha. Solo ahora Nadia empezó a llorar. Ahora vio con claridad que iba a partir sin falta, cosa que no creía del todo al despedirse de la abuela y al mirar a su madre, a su padre, el nuevo apartamento y la desnuda dama con el jarrón; y todo ello ya no la atemorizaba ni la oprimía, sino que resultaba ingenuo y pequeño y se alejaba, retrocediendo más y más. Y cuando se instalaron en el vagón y el tren se puso en marcha, todo el pasado, tan grande y serio, se encogió, convirtiéndose en una bolita, en tanto se desplegaba un enorme y ancho futuro, que hasta ahora se hallaba apenas visible. La lluvia golpeaba en las ventanillas del vagón, por las cuales no se veía más que el verde campo y el raudo pasar de los postes telegráficos y de los pájaros posados sobre los alambres; de repente, la alegría le cortó la respiración: recordó que avanzaba hacia la libertad, que iba a estudiar y esto era igual a lo que antaño se llamaba "irse con los cosacos". Ella reía, lloraba y rezaba.

—¡No es na-ada! —decía Sasha, sonriendo—. ¡No es na-ada!

VI

Transcurrió el otoño y tras él el invierno. Nadia sentía ya una fuerte nostalgia y todos los días pensaba en su madre y en su abuela; también pensaba en Sasha. Las cartas que llegaban de la casa eran apacibles, bondadosas, y parecía que todo había sido ya perdonado y olvidado. En mayo, después de los exámenes, Nadia, sana y alegre, partió para su casa y por el camino se detuvo en Moscú para encontrarse con Sasha. Este estaba igual que el verano pasado; barbudo, con los cabellos revueltos, llevaba la misma chaqueta y los pantalones de lona, y tenía los mismos ojos, grandes y bellos; pero su semblante era macilento, fatigado; parecía más viejo y más flaco y tosía a menudo. Sin saber por qué, Nadia pensó que él tenía también un aire gris, provinciano.

—¡Dios mío, Nadia está aquí! —dijo Sasha y se echó a reír con alegría—. ¡Mi palomita querida!

Se quedaron sentados un rato en el taller de litografía, impregnado de humo de cigarrillos y de un fuerte, sofocante olor a tinta china y pinturas; luego fueron al cuarto de Sasha, sucio y con el mismo humo; en la mesa, junto al apagado samovar, había un plato roto con un papel oscuro, y sobre toda la mesa y en el suelo había gran cantidad de moscas muertas. Todo indicaba aquí que Sasha había edificado su vida personal en forma negligente, vivía de cualquier manera, con un absoluto desprecio hacia las comodidades, y si alguien le hablara de su dicha personal, de su vida o le confesara su amor, no comprendería nada y solo se echaría a reír.

—Bueno, al final, todo ha resultado bien —contaba Nadia deprisa—. Mamá vino a verme a San Petersburgo, en otoño; decía que la abuela no está enojada, pero que iba a menudo a mi cuarto y hacía la señal de la cruz.

Sasha la miraba con alegría, pero tosía seguido y hablaba con voz quebrada; Nadia se fijaba en él, sin comprender si en efecto su enfermedad era seria o solo le parecía así.

—Sasha, querido —le dijo—, está usted enfermo.

—No, no es nada. Estoy algo enfermo, pero poca cosa...

—¡Oh, Dios mío! —se angustió Nadia—. ¿Por qué no trata de curarse, por qué no cuida usted su salud? Mi querido Sasha —prosiguió y las lágrimas brotaron de sus ojos; en su imaginación surgieron, de repente, Andrey Andreich, la desnuda dama con el jarrón y todo su pasado, que le parecía ahora tan lejano como su infancia; y lloraba porque Sasha ya no le parecía original, inteligente, interesante como era el año pasado. Querido Sasha, usted está muy enfermo. No sé qué haría yo para que no estuviera tan pálido y delgado. ¡Le debo tanto! ¡Usted ni puede imaginarse cuánto ha hecho por mí, mi buen Sasha! En realidad, es usted ahora para mí la persona más íntima, la más familiar.

Se quedaron sentados durante un rato, conversando; y ahora, después de haber pasado el invierno en San Petersburgo, Nadia percibió en las palabras de Sasha, en su sonrisa y en toda su figura el soplo de algo terminado, anticuado, pasado de moda y quizás ya sepultado.

—Pasado mañana pienso marcharme hacia el Volga —dijo Sasha— y luego haré un tratamiento de *kumis.*[36] Quiero probarlo. Iré en compañía de un matrimonio amigo. La esposa es una persona sorprendente; trato de inculcarle deseos de estudiar. Quiero que cambie su vida.

Después de conversar, partieron a la estación. Sasha la invitó con té y manzanas; y cuando el tren se puso en marcha y él, sonriendo, agitaba el pañuelo, hasta por sus piernas se notaba que estaba muy enfermo y que probablemente no viviría mucho tiempo.

Nadia llegó a su ciudad a mediodía. En el trayecto desde la estación hasta la casa las calles le parecieron muy anchas y las casas muy pequeñas, aplastadas; no había gente en las calles y solo se encontró con el alemán, afinador de pianos, que llevaba puesto un sobretodo rojizo. Todas las casas parecían estar cubiertas de polvo. La abuela, aún más vieja, igual que antes gruesa y fea, abrazó a Nadia y lloró largo tiempo, ocultando la cara en su hombro y sin poder apartarse de ella. También Nina Ivánovna parecía mucho más vieja, fea y demacrada, pero, igual que antes, mantenía ceñida su figura y los brillantes relucían en sus dedos.

—¡Querida mía! —decía temblando con todo el cuerpo—. ¡Querida mía!

Luego permanecieron sentadas, llorando en silencio. Era evidente que tanto la abuela como la madre se percataban de que el pasado estaba perdido para siempre y de manera irrecuperable; no existían ya ni la posición social, ni el honor de antaño, ni el derecho de invitar a la gente; así sucede cuando en medio de una vida fácil y despreocupada, de golpe llega por la noche la policía, realiza un allanamiento y descubre que el dueño de la casa ha cometido un desfalco o una falsificación; ¡adiós, entonces, para siempre, vida fácil y despreocupada!

Nadia fue arriba y vio la cama, la misma de siempre, las mismas ventanas con las blancas e ingenuas cortinas y, a través de las ventanas, el mismo jardín, inundado de sol, alegre, ruidoso. Tocó su mesa, se sentó y se quedó pensando un rato. Durante el almuerzo comió bien y luego

---

[36] Bebida de las estepas del Asia Central hecha con leche de yegua, de burra, de camella o de vaca, que se utilizaba para curar enfermedades pulmonares.

tomó té con sabrosa crema, pero algo le faltaba ya, sentía un vacío en las habitaciones y los techos le parecían bajos. Por la noche se acostó y se cubrió y le causaba gracia estar tendida en esa cama, caliente y muy blanda.

Nina Ivánovna entró por un minuto y se sentó como lo hacen los culpables; con timidez y mirando de reojo.

—Y bien, Nadia —preguntó después de un corto silencio—, ¿estás contenta? ¿Muy contenta?

—Sí, mamá, estoy contenta. Nina Ivánovna se levantó y persignó a Nadia.

—Como ves, me volví religiosa —dijo—. Ahora estudio filosofía, ¿sabes? y siempre pienso y pienso... y muchas cosas se tornaron ahora para mí claras como el día. Antes que nada es necesario, según me parece, que toda la vida pase a través de un prisma.

—Dime, mamá ¿cómo está la salud de la abuela?

—Por ahora parece que está bastante bien. Cuando te fuiste entonces con Sasha y llegó tu telegrama, la abuela, apenas lo hubo leído, se cayó desmayada; tres días permaneció sin moverse. Luego siempre rezaba y lloraba. Pero ahora está bien.

Ella dio algunos pasos por la habitación.

"Tic-toc..." —sacudía su matraca el sereno.

—Antes que nada, es necesario que toda la vida pase por un prisma —dijo Nina Ivánovna—, es decir que es preciso que la vida, en nuestra conciencia, se divida en elementos más sencillos, como en los siete colores primarios, y cada elemento hay que estudiarlo por separado.

Nadia no oyó lo que había dicho luego su madre ni cuándo se había retirado, ya que pronto se quedó dormida.

Pasó mayo, llegó junio. Nadia se había acostumbrado ya a la casa. La abuela se afanaba con el samovar y suspiraba profundamente; por las noches, Nina Ivánovna hablaba de su filosofía; igual que antes, ella vivía en la casa como la pariente pobre y por cada moneda de veinte *kopeikas* debía dirigirse a la abuela. Había muchas moscas en la casa y los cielos rasos en las habitaciones parecían tornarse cada vez más bajos. La abuelita y Nina Ivánovna no salían a la calle por temor a encontrarse con el padre Andrey o con Andrey Andreich. Nadia paseaba por el jardín, por la calle; miraba las oscuras cercas y pensaba que en la ciudad hacía tiempo ya que todo estaba envejecido, pasado de moda y que todo no hacía más que esperar su fin o el principio de algo joven, fresco. ¡Oh, si llegara pronto esta nueva y luminosa vida, en la cual uno podría enfrentar con osadía a su destino, tener conciencia de sus derechos, ser alegre y libre! ¡Tarde o temprano, esta vida ha de llegar! Llegará el tiempo en que de la casa de la abuela, donde cuatro criadas deben vivir en un sucio cuarto del sótano, no quedará ni rastro y nadie se va a acordar de ella. Tan solo los chicos vecinos divertían a Nadia; cuando paseaban por el jardín, aquellos golpeaban en la cerca y se mofaban de ella, riendo:

—¡La novia! ¡La novia!

Desde Saratov llegó una carta de Sasha. Con su alegre y danzante letra le escribía que el viaje por el Volga tuvo un éxito completo, pero que en Saratov se sintió algo enfermo, perdió la voz y que desde hacía dos semanas se hallaba en el hospital. Nadia comprendió lo que ello significaba y la invadió un presentimiento cercano a la certeza. Le desagradaba que ese presentimiento y el pensar en Sasha no le causaran tanta emoción como antes. Tenía un apasionado deseo de vivir, de volver a San Petersburgo, y su amistad con Sasha se le aparecía como un simpático pero lejano pasado. Durante la noche no durmió y por la mañana se sentó cerca de la ventana, aguzando el oído. En efecto, se oyeron voces abajo; la abuela, alarmada, preguntaba algo de prisa. Luego alguien prorrumpió en llanto... Cuando Nadia descendió, la abuela se encontraba en un rincón, rezando, y tenía la cara llorosa. Sobre la mesa había un telegrama.

Durante largo rato Nadia caminó por la habitación, oyendo llorar a su abuela, luego tomó el telegrama y lo leyó. Se comunicaba que el día anterior por la mañana, en Saratov, había fallecido, por causa de la tisis, Alejandro Timofeich o simplemente Sasha.

La abuela y Nina Ivánovna fueron a la iglesia para encargar un funeral, mientras que Nadia anduvo durante un tiempo por las habitaciones, pensando. Tenía clara conciencia de que su vida estaba revolucionada, como lo quería Sasha; que ella se sentía allí extraña, sola e inútil, que también a ella todo allí le resultaba inútil; el pasado había sido arrancado de ella y desapareció como si se hubiera incendiado y el viento desparramara las cenizas. Entró en la habitación de Sasha y se detuvo. "¡Adiós, querido Sasha!" —pensó, y en su imaginación surgió una nueva vida, ancha y luminosa; esta vida de contornos no muy nítidos aún y llena de misterios, la atraía y la fascinaba.

Subió a su cuarto para preparar las maletas y a la mañana siguiente se despidió de los suyos y, animosa y alegre, abandonó la ciudad para siempre.

El padre de familia

Es frecuente que después de un día de juerga o de haber perdido a las cartas, las funciones físicas se desequilibren.

Stepan Stepanich Jilin se despierta de muy mal humor. Su aspecto es hosco, arrugado y desaliñado. Su rostro gris lleva impreso un gesto de desagrado. No se sabe si es que está ofendido o si es que algo le da asco. Se viste despacio; bebe despacio su agua de Vichy y da vueltas por las habitaciones.

—¡Quisiera saber qué animal es el que anda por aquí y deja las puertas abiertas! —gruñe enfadado, envolviéndose en la bata y escupiendo en forma ruidosa—. ¡Quiten de ahí ese papel! ¿Qué hace ahí tirado?... ¡Veinte personas en la servidumbre y hay menos orden que en una taberna! ... ¿Quién ha llamado? ¿A quién se le ha ocurrido venir?

—Ha venido la abuelita Anfisa. La que asistió a nuestro Fedia —contesta la mujer.

—¡Aquí viene a parar todo el mundo! ¡Quitapanes ajenos!

—¡No es posible comprenderte, Stepan Stepanich! ¡La invitas tú mismo y luego te enfadas!

—¡No me enfado!... ¡Hablo! ¡Deberías estar ocupada en algo en lugar de estar ahí sentada, mano sobre mano, y buscando discusiones! ¡Juro por mi honor que no comprendo a estas mujeres! ¡No las comprendo!... ¿Cómo podrán pasarse los días enteros sin hacer nada?... El marido trabajando como un buey, como un animal, y la mujer, la compañera de su vida, repantigada como una princesa, sin hacer nada, y de puro aburrimiento esperando solo la ocasión de reñir con su marido… ¡Ya es hora, querida, de que dejes esos aires de colegiala! ¡Ya no eres una colegiala ni una señorita! ¡Eres una madre de familia! ¡Una esposa!... ¿Vuelves la cabeza, eh…? ¡Ajá…! Claro, no es agradable oír verdades que duelen.

—Es extraño que esas verdades que duelen las digas solo cuando te duele el hígado.

—¡Vaya!... ¡Ya empieza la escena!...

—¿Estuviste ayer en las afueras o fuiste a jugar a casa de alguien?

—¿Y aunque así fuera! ¿Qué le importa a nadie? ¿Es que estoy obligado a dar cuenta a todos de lo que hago? ¿Pierdo acaso un dinero que no me pertenece?... ¡Lo que yo gasto y lo que se gasta en esta casa es mío! ¿Lo está oyendo usted? ¡Mío!...

Y así por el estilo todo lo demás. Pero en ningún otro momento se muestra Stepan Stepanich tan juicioso, tan magnánimo, tan riguroso y tan justo como cuando sus familiares, a la hora de la comida toman asiento a su alrededor.

La discusión empieza por lo general con la sopa. Al engullir la primera cucharada, Jilin hace una mueca de disgusto y deja de comer.

—¡El diablo sabrá qué es esto! —masculla—. ¡Tendré que irme a comer a la taberna!

—¿Pues qué es lo que pasa? —pregunta, intranquila, su mujer—. ¿No está buena la sopa?

—¡Haría falta un paladar de cerdo para comer esta bazofia! ¡Está salada y apesta a trapo!... ¡Le han echado chinches en lugar de cebolla!... Es sencillamente indignante, Anfisa Ivánovna —prosiguió, dirigiéndose a la invitada—, que después de dar día por día el dinero a espuertas, y de andar privándose de todo, le alimentan a uno así. Pretenderán seguramente que deje mi empleo y me ponga yo mismo a guisar en la cocina.

—Pues la sopa de hoy está buena... —dijo tímidamente la institutriz.

—¿Buena?... ¿La encuentra usted buena de verdad? dice Jilin, mirándola con enfado—. ¡Claro que eso de los gustos es muy personal! En general, hay que reconocer que nuestros gustos son muy distintos a los de usted, Varvara Vasilievna. Por ejemplo, a usted le satisface plenamente la conducta de este niño —Jilin, con trágico ademán, señala a su hijo Fedia—. Está usted entusiasmada con él..., pero yo... yo en cambio estoy indignado. Lo estoy.

Fedia, chiquillo de siete años, de rostro pálido y enfermizo, deja de comer y baja la mirada. Su rostro palidece más aún.

—Sí. Está usted entusiasmada, mientras que yo sencillamente me indigno... ¿Quién de los dos tiene razón? No lo sé; pero me permito pensar que yo, en mi calidad de padre, he de conocer a mi hijo mejor que usted. ¡Mire cómo está sentado!... ¿Se sientan así los niños bien educados? ¡Siéntate bien!

Fedia levanta la barbilla y estira el cuello, con lo que cree estar más erguido. Las lágrimas asoman a sus ojos.

—¡Come! ¡Coge la cuchara como es debido! ¡Espera, que he de ocuparme de ti, chiquillo malcriado!

¡Y cuidado con llorar! ¡Mírame!

Fedia se esfuerza en mantenerse sentado derecho: pero su cara tiembla y sus ojos rebosan lágrimas.

¿Conque lloras, eh?... Tú eres el que tiene la culpa y el que llora. ¡Largo de aquí! ¡Ponte en ese rincón..., animal!

—Pero déjale primero que coma —intercede la mujer.

—¡Nada de comer! ¡Semejante ca...! ¡Chicos tan traviesos no tienen derecho a comer!

El semblante de Fedia se contorsiona, todo él se agita, y deslizándose de la silla se dirige al rincón.

—Y no será esto solo... —prosigue el padre—. Si los demás no quieren ocuparse de tu educación, ¡qué le vamos a hacer!..., me ocuparé yo. Conmigo, amiguito, te aseguro que no vas a hacer travesuras ni a llorar a la hora de la comida. ¡Estúpido!... ¡Lo que tienes que hacer es trabajar! ¿Entiendes? ¡Hay que trabajar! ¡Tu padre trabaja..., conque trabaja tú también! ¡Nadie debe comer el pan sin haberlo ganado! ¡Es menester saber portarse como un hombre! ¡Como un hombre!

¡Termina, por el amor de Dios! —ruega en francés la mujer—. ¡Al menos delante de extraños, no nos comas!... La vieja lo está oyendo todo y por ella se enterará toda la ciudad.

Yo no tengo que guardarme de los extraños —contesta Jilin en ruso—. Anfisa Ivánovna está viendo que cuanto digo es justo... Entonces..., según tú... ¿he de estar contento con este chiquillo? ¿Sabes lo que me cuesta? ¿Sabes muchacho malcriado, lo que me estás costando?... ¿O es que te figuras que yo fabrico el dinero o que me lo dan gratis? ¡Bueno, basta ya de lloriqueos! ¡A callar! ¿Me oyes o no? ¿Quieres acaso que te dé unos azotes?

Fedia deja escapar un chillido y rompe a sollozar.

—¡Esto ya es insoportable! —dice la madre levantándose de la mesa y tirando la servilleta—. ¡No nos dejas nunca comer tranquilos! ¡Estoy harta de tus reproches!

Y llevándose la mano al cuello y apretándose los párpados con el pañuelo, sale del comedor.

—Su señoría se ha ofendido —gruñe Jilin con forzada sonrisa—. La han educado con demasiada delicadeza... ¡Así es, Anfisa Ivánovna! ¡Hoy en día no se quiere oír las verdades!... ¡Y, además, luego viene a resultar que los que tenemos la culpa somos nosotros!

Transcurren unos cuantos minutos en silencio. Jilin pasea la mirada por los platos y, observando que nadie ha tocado siquiera la sopa, suspira con fuerza y mira con fijeza el rostro enrojecido y lleno de inquietud de la institutriz.

—¿Por qué no come usted, Varvara Vasilievna? —pregunta—. ¿Quiere decir eso que está usted ofendida? ¡Bien!... ¿No le gusta escuchar la verdad..., eh?... Pues perdón, pero mi carácter es así y no puedo ser hipócrita. Yo digo la verdad por encima de todo —un suspiro—. Estoy observando, sin embargo, que mi presencia no es grata... Parece ser que delante de mí no se puede ni hablar ni comer... Si me lo hubieran dicho antes, me hubiera marchado... Así que nada... Me voy.

Jilin se levanta y, de manera digna, se dirige a la puerta. Al pasar por delante de Fedia, que sigue llorando, se detiene.

—¡Después de lo que acaba de ocurrir, queda usted en libertad de acción! —dice a Fedia, echando hacia atrás la cabeza con un gesto lleno de dignidad—. ¡No volveré a intervenir en su educación! ¡Me lavo las manos! Pido perdón a usted y a sus instructores por haberles molestado actuando con sinceridad como padre. Al mismo tiempo, y de una vez para siempre, ¡declino toda responsabilidad sobre su futuro destino!

Fedia lanza un chillido y solloza aún más fuerte. Jilin, siempre con dignidad, se vuelve hacia la puerta y se retira a su dormitorio.

Al despertar de su siesta de sobremesa, empieza a experimentar remordimientos de conciencia. Se siente avergonzado ante su mujer, ante su hijo, ante Anfisa Ivánovna... Recuerda con fuerte aprensión lo ocurrido durante la comida: pero puede más su amor propio, y faltándole el valor de la sinceridad continúa enfadado y gruñendo.

Cuando despierta a la mañana siguiente está de un humor perfecto y, mientras se lava, silba a lo bajo. Al entrar en el comedor para tomar su café encuentra allí a Fedia, que se levanta al ver a su padre y mira a este con aire desconcertado.

—¡Bien, joven!... ¿Qué hay?... —pregunta alegremente Jilin, sentándose a la mesa—. ¿Qué nos cuenta usted de nuevo?... ¿Vives?... ¡Bueno..., pues ven acá, chiquitín!... ¡Da un beso a tu padre!...

Fedia, pálido y con cara seria, se acerca a su padre y le roza la mejilla con unos labios que tiemblan. Después se aleja y vuelve a ocupar silencioso su sitio.

Las sensaciones fuertes

Lo que voy a relatar ocurrió hace poco en el Tribunal de Moscú. Los miembros del jurado, obligados a pasar la noche en el tribunal, entablaron, antes de acostarse, una conversación acerca de las sensaciones fuertes, a propósito de un testigo que, según parece, se quedó tartamudo y con el cabello blanco a consecuencia de un instante de terror. Los jurados estuvieron de acuerdo en contar cada uno a su vez, antes de irse a acostar, alguna historia de sus vidas respectivas. La vida humana es corta, lo cual no impide que en ella ocurran multitud de peripecias.

Uno de los jurados refirió cómo él estuvo a punto de ahogarse; el otro relató cómo viviendo en el campo, en un sitio alejado de toda farmacia y de todo médico, envenenó a su propio hijo, dándole por equivocación vitriolo en lugar de bicarbonato de sosa. La criatura sucumbió, y el padre por poco se vuelve loco. El tercero, hombre joven, pero enfermizo, describió sus dos tentativas de suicidio: una vez se pegó un tiro, y la segunda se echó debajo de un tren. El cuarto, un hombrecito regordete y vestido a la última moda, nos contó lo siguiente:

"Tenía yo veintidós o veintitrés años cuando me enamoré con locura de mi actual esposa y pedí su mano... Ahora me pegaría gustoso una buena paliza por haberme casado demasiado joven; pero entonces no sé lo que habría sido de mí si Natacha me hubiera rechazado. Era este un amor verdadero, tal como lo pintan en las novelas, un amor loco, apasionado, etc. Mi felicidad me ahogaba, y, en verdad, fastidiaba a todos: a mi padre, a mis amigos, a los criados, pues yo no me cansaba de describirles lo ferviente de mi amor. La gente feliz es tonta y aburrida. Debía de estar insoportable; pero hacía como todo el mundo.

"Entre mis amigos había un joven abogado que empezaba su carrera. Ahora su nombre es conocido en toda Rusia, pero en aquellos tiempos era un principiante; aún no había ganado dinero ni alcanzado el derecho de pasar por la calle al lado de sus amigos sin reconocerlos. Yo venía a verle unas dos veces a la semana.

"Al llegar a su casa nos echábamos en los divanes y empezábamos a filosofar.

"Una vez estaba yo tendido en él sofá y trataba de convencerle de que la carrera de abogado es la más ingrata. A mi parecer, el juzgado no necesitaba ni procuradores ni abogados; después de oír a los testigos, la opinión está formada y los discursos no pueden ni cambiarla ni influir en ella; más bien la embrollan. Si un hombre mentalmente normal tiene la convicción de que fulano de tal es culpable, o de que el techo es blanco, no hay Demóstenes que le obligue a cambiar su juicio, y es inútil luchar contra esto. ¿Quién me convence de que mi bigote es rojo, cuando sé que es negro? Al oír un buen orador, me puedo conmover hasta llorar; pero esto no cambiará mi íntima convicción, basada en la evidencia y en los hechos. Mi abogado me decía que yo era un joven inexperto y que no decía más que tonterías. Según él, un hecho evidente se pone más claro si gente de conciencia y talento lo aclara, y, además, el talento es una fuerza tan poderosa que puede transformar las piedras en polvo y mucho más las opiniones de mercaderes y burgueses. La debilidad humana no puede luchar con el talento: es igual que mirar al sol o parar el viento. Un solo misionero convierte con su palabra millares de salvajes al cristianismo. Ulises era un hombre de muchísima convicción, y a pesar de esto se dejó engañar por las sirenas, etc. La historia entera está llena de ejemplos semejantes; mas en la vida se encuentran a todo paso, y esto no puede ser de otro modo; si no, no habría ninguna diferencia entre un hombre de talento y un estúpido.

"Yo persistía en mi opinión e insistía que la convicción es más fuerte que el talento, a pesar de no poder definir con claridad lo que es convicción y lo que es talento. Seguro hablaba solo por hablar".

—Vamos a ponerte a ti como ejemplo —me dijo el abogado—. Tú estás convencido de que tu novia es un ángel y de que eres el más feliz de los mortales; pero yo te aseguro que me bastan diez o veinte minutos para que te sientes a esta mesa y le escribas a tu novia una carta rompiendo con ella.

Solté una carcajada.

—No te rías; hablo en serio —observó mi amigo—. Si yo quiero, al cabo de veinte minutos te asustará la idea de casarte. No soy un gran talento, pero tú tampoco eres muy fuerte.

—¡A ver, prueba! —le contesté.

—¿Para qué? Lo digo sin intención de hacerlo. Eres un buen chico, y sería una crueldad someterte a prueba semejante. Además, hoy no tengo ganas de hablar.

Nos sentamos a cenar. El vino y el pensar en mi novia me llenaban de alegría; estaba rebosando juventud y felicidad. Mi amor era tan inmenso, tan poderoso, que el abogado, sentado frente a mí, me parecía chiquito y desgraciado...

—¡Haz la prueba! —le repetí varias veces—. ¡Anda, te lo ruego!

El abogado movió la cabeza, frunciendo el ceño. Era evidente que empezaba a fastidiarle.

—Sé que tú después de mi experimento me lo agradecerás; pero hay que pensar también en la novia. Ella te quiere, y tu repulsa la haría sufrir. Y, además, ¡qué bonita es! Te envidio.

El abogado suspiró y entabló una conversación sobre lo encantadora que era mi Natacha. Tenía gran poder descriptivo. Las pestañas de una muchacha o sus deditos eran para él temas inagotables. Yo le escuchaba con delicia.

—He encontrado multitud de muchachas: pero te confieso como amigo, que una que se pueda comparar a tu novia no la he visto nunca: es una perla, una excepción. Tiene sus defectos, es natural; pero, a pesar de todo, es encantadora.

El abogado empezó a hablar de los defectos de mi novia. Ahora comprendo con perfección que hablaba de las mujeres en general; pero entonces me parecía que se trataba solo de Natacha. Notó con entusiasmo su naricita respingada, sus exclamaciones, su risa chillona, sus mimos; en una palabra, justo lo que me encantaba más. Todo eso me parecía infinito agradable y gracioso. Luego, sin hacérmelo notar, pasó del tono entusiasta al paternal y hasta ligeramente descriptivo... Estábamos solos; no había ningún presidente de tribunal para imponer silencio al abogado... No me daba tiempo de abrir la boca, y, además, ¿qué le podía objetar? No decía nada de nuevo: todo lo sabíamos. El veneno no consistía en las palabras, sino en la forma infernal en que lo decía. Escuchándole me convencí de que una palabra tiene millares de significados según el tono que se le da. Ahora no puedo repetirlas ni reproducir la intención que daba a sus frases; diré solamente que entonces, paseando a lo largo del cuarto, me indignaba, me sublevaba y me despreciaba a mí mismo. Hasta le creí cuando, con lágrimas en los ojos, me declaró que yo era un gran hombre, que debía aspirar a algo mejor, que en el porvenir debería cumplir hazañas extraordinarias y que el casamiento me ataría para siempre.

—¡Amigo mío! —exclamaba apretándome las manos—. Te lo suplico; aprovecha, ahora que es tiempo, y detente: ¡Te conjuro! No lo hagas. ¡Que Dios te proteja de una equivocación semejante! ¡Amigo mío, no desperdicies tu juventud!

Créalo usted o no, pero media hora después estaba yo sentado a la mesa y le escribía una despedida a mi novia. Escribía y me alegraba, porque aún era tiempo y podía reparar mi error. Pegué el sobre y me fui a la calle a echar la carta, el abogado vino conmigo.

—¡Muy bien, perfecto! —me elogió cuando la carta desapareció en las tinieblas del buzón—. ¡Te felicito con toda mi alma! ¡Me alegro por ti!

Dio algunos pasos al lado mío y luego siguió:

—Es natural; el matrimonio tiene también sus ventajas. Yo, por ejemplo, soy de los que consideran el matrimonio y la vida de familia como la mayor felicidad.

Y me pintó su vida solitaria de tal modo, que aparecieron ante mis ojos todos los horrores de la soltería.

Describió con entusiasmo a su futura esposa, las dulzuras del hogar, y lo hacía con tanta veracidad y hermosura, que al llegar a su puerta me sentía desesperado.

—¿Qué has hecho conmigo, hombre abominable? —exclamaba jadeando—. ¡Eres culpable de mi perdición! ¿Por qué me obligaste a mandarle aquella carta? ¡Si yo la quiero, la quiero!...

Le juraba amor eterno, y me horrorizaba de mi acción insensata y estúpida. Ninguno de ustedes se puede imaginar una sensación tan hondamente desesperada. ¡Ah! ¡Lo que sufrí yo en aquellos momentos!... Si entonces hubiera tenido un revólver al alcance de mi mano, me hubiera suicidado, sin vacilar.

—¡Basta! ¡Basta! —dijo el abogado riendo y golpeándome en el hombro—. No llores. La carta no llegará a manos de tu novia. La dirección en el sobre la puse yo, y no tú, y la embrollé de tal modo que nadie la comprenderá. Que te sirva esto de lección: no discutas lo que no puedes comprender.

—¡Ahora, caballeros, he acabado! Que cuente el siguiente.

El quinto jurado se acomodó en su butaca; abría ya la boca para empezar su relato, cuando dio la hora el reloj de la torre de Spasskauja.

—Las doce... —dijo uno de los jurados—. ¿De qué clase serán las sensaciones que experimenta en este momento nuestro acusado?

El asesino pasa la noche aquí, en el edificio del tribunal. Estará sentado o acostado, pero seguro no duerme, y oye las campanadas de este reloj. ¿Qué piensa? ¿Cuáles son sus sensaciones?

Y los jurados olvidaron de repente "las sensaciones fuertes". Lo sufrido por el compañero que escribió la carta a su Natacha ya no parecía ni importante ni gracioso... Nadie volvió a relatar historias... En silencio se desnudaron y se acostaron...

Amorcito

Oleñka, la hija del asesor de colegio[37] retirado Plemiánnikov, estaba sentada, pensativa, en un peldaño del pórtico, en el patio de su casa. Hacía calor, las moscas insistían en molestar y resultaba agradable pensar que la noche ya estaba cerca. Desde el este avanzaban oscuras nubes y, de vez en cuando, llegaba una brisa húmeda.

De pie, en medio del patio, mirando al cielo, estaba Kukin, empresario del parque de diversiones "Tivoli", quien se hospedaba en un pabellón de la casa.

—¡Otra vez! —decía con desesperación—. ¡Otra vez habrá lluvia! ¡Todos los días llueve, todos los días! Como si fuera a propósito... ¡Es la muerte! ¡Es la ruina! ¡Todos los días tengo tremendas pérdidas!

Agitó los brazos y prosiguió, dirigiéndose a Oleñka:

—Ya ve usted, Olga Semiónovna, cómo es nuestra vida. ¡Es para llorar! Uno trabaja, se afana, sufre, no duerme de noche, pensando en la manera de mejorar las cosas y todo ¿para qué? Por un lado, es el público, ignorante y salvaje. Le doy la mejor opereta, la magia, excelentes cupletistas, pero ¿le interesa eso acaso? ¿Lo entiende acaso? No, lo que el público necesita es un teatro de feria. ¡Quiere vulgaridades! Por otro lado, mire usted el tiempo. Casi todas las noches llueve. Desde que empezó, el diez de mayo, siguió lloviendo sin parar todo el mes de mayo y luego también en junio, ¡es algo terrible! El público no viene, pero el arrendamiento ¿lo pago o no? A los actores ¿les pago o no?

Al atardecer del día siguiente el cielo volvió a nublarse y Kukin decía con risa histérica:

—¡Muy bien!... ¡Que llueva! ¡Que se inunde todo el parque y que me ahogue allí mismo! Ya sé que no voy a tener suerte en este mundo

---

[37] Octava clase en la escala jerárquica civil rusa.

ni tampoco en el otro... ¡Que los actores me demanden ante el juzgado! ¡Que me manden a Siberia a los trabajos forzados! ¡Que me lleven al cadalso! ¡Ja, ja, ja!

Al tercer día sucedió lo mismo...

Oleñka escuchaba a Kukin en silencio, con expresión seria, y a veces las lágrimas asomaban a sus ojos. Al final, las desgracias de Kukin la conmovieron y terminó enamorándose de él. Era flaco, de baja estatura, con cara amarilla y el cabello peinado sobre las sienes; hablaba con una débil vocecita de tenor y al hablar torcía la boca; en su cara siempre estaba reflejada la desesperación; y a pesar de todo, suscitó en Oleñka un sentimiento auténtico y profundo. Siempre amaba a alguien y no podía vivir sin ello. Antes amaba a su papá, que ahora estaba enfermo y pasaba el tiempo sentado en su sillón, a oscuras, respirando con dificultad; luego amaba a su tía, que vivía en Briansk y los visitaba una vez cada dos años; y antes aun, cuando era alumna del colegio, amaba a su profesor de francés. Era una señorita apacible, bondadosa y compasiva, de mirada mansa y tierna; tenía buena salud. Mirando sus llenas y sonrosadas mejillas, su blanco y suave cuello, que tenía un lunar, su ingenua y bondadosa sonrisa, que aparecía en su rostro cuando ella escuchaba algo agradable, los hombres pensaban: "Sí, no está mal..." y sonreían también, mientras que las damas no podían contenerse y, en plena conversación, la asían de la mano y exclamaban, contentas:

— ¡Amorcito!

La casa que habitaba desde el día de su nacimiento y que en el testamento estaba anotada a su nombre, se hallaba en un extremo de la ciudad, en el arrabal Gitano, cerca del parque "Tivoli"; por las noches, al oír la música y el estallido de los cohetes, ella imaginaba a Kukin desafiando a su destino y acometiendo en un ataque frontal contra su principal enemigo: el indiferente público; su corazón latía con dulce ansiedad, ahuyentando el sueño, y cuando él, a la madrugada, regresaba a casa, ella, desde su dormitorio, golpeaba con suavidad en la ventana y le sonreía con cariño, sin mostrarle, a través de las cortinas, más que la cara y un hombro...

Él pidió su mano y se casaron, y cuando vio mejor su cuello y sus hombros redondeados y sanos, levantó los brazos y exclamó:

—¡Amorcito!

Era dichoso, pero como llovió el día de la boda y también por la noche, su rostro no cesaba de trasuntar un aire de desesperación.

Después de la boda las cosas marcharon bien. Ella atendía la caja, vigilaba el orden en el parque, anotaba los gastos, pagaba los sueldos, y sus mejillas rosadas, junto con su ingenua y radiante sonrisa, aparecían fugazmente ya en la ventanilla de la boletería, ya entre bastidores, ya en el bufet. Y ya decía a sus conocidos que lo más notable, lo más importante y lo más necesario en el mundo era el teatro y que solo en el teatro uno podía obtener el gozo auténtico y llegar a ser culto y humano.

—Pero ¿acaso el público lo entiende? —decía ella—. Lo que él necesita es teatro de feria. Anoche dábamos "Fausto al revés" y casi todos los palcos estaban vacíos; si Vánechka y yo hubiéramos ofrecido alguna obra vulgar, créame, el teatro habría estado repleto. Mañana Vánechka y yo damos, "Orfeo en los infiernos". ¡Venga usted también!

Todo lo que Kukin decía sobre el teatro y los actores, lo repetía ella también. Igual que él, despreciaba al público por su indiferencia hacia el arte y por su ignorancia; intervenía en los ensayos, dando indicaciones a los actores; vigilaba la conducta de los músicos, y cuando el periódico local publicaba alguna nota desfavorable al teatro, ella lloraba y más tarde iba a la redacción a pedir explicaciones.

Los actores la querían y la llamaban "Amorcito" y "Vánechka y yo"; a su vez ella los compadecía y les daba pequeños préstamos, y cuando la engañaban a veces, lloraba a escondidas, sin quejarse a su marido.

También en invierno las cosas marchaban bien. Arrendaron el teatro de la ciudad por toda la temporada y lo alquilaban por períodos breves ya al elenco ucranio, ya al prestidigitador, ya a los aficionados locales. Oleñka engordaba y resplandecía de satisfacción, mientras que Kukin se tornaba más flaco y más amarillo y se quejaba de las tremendas pérdidas, aunque durante todo el invierno las cosas iban bastante bien. Por las noches tosía y ella le hacía beber té de frambuesa y de tilo, le frotaba el pecho con agua de colonia y lo envolvía en sus suaves chales.

—¡Lindo mío! —le decía con absoluta sinceridad, alisándole los cabellos—. ¡Lindo mío!

Durante la Cuaresma Kukin viajó a Moscú para formar la compañía y ella no podía dormir sin él y pasaba las noches junto a la ventana, mirando las estrellas. En aquellos momentos se comparaba con las gallinas, que tampoco duermen de noche y se sienten intranquilas, si el gallo no está en el gallinero. Kukin se demoró en Moscú, le escribió que pensaba volver para la Semana Santa y en sus cartas ya hacía disposiciones con respecto a "Tivoli". Pero en víspera del Lunes Santo, a avanzadas horas de la noche, resonaron de repente lúgubres golpes en el portón; alguien golpeaba el postigo y este retumbaba como un tonel: ¡bum! ¡bum! ¡bum! La somnolienta cocinera corrió a abrir la puerta, chapaleando en los charcos con los pies descalzos.

—¡Abra, por favor! —decía del otro lado del portón una sorda voz de bajo—. ¡Un telegrama!

Ya antes, Oleñka, había recibido telegrama de su marido, pero esta vez, sin saber por qué, se quedó atónita. Con manos temblorosas, abrió el telegrama y leyó lo siguiente:

"Iván Petrévich falleció hoy súbitamente coratán esperamos disposiciones tepelio martes".

Así estaba en el telegrama: "tepelio" y una palabra incomprensible "coratán"; la firma era del director de la compañía de operetas.

—¡Palomito mío! —se puso a sollozar Oleñka—. ¡Vánechka, querido mío! ¿Para qué te habré encontrado? ¿Para qué te habré conocido y amado? ¿Por qué dejaste sola a tu pobre y desgraciada Oleñka?

El sepelio de Kukin fue el martes, en Moscú, en el cementerio de Vagáñkovo; Oleñka regresó el miércoles y apenas cayó sobre la cama y comenzó a llorar en voz tan alta que se la oía en la calle y casas vecinas.

—¡Amorcito! —decían las vecinas, persignándose—. Amorcito, Olga Semiónovna, ¡cómo se desespera la pobre!

Tres meses después, Oleñka regresaba un día de misa, triste, vestida de riguroso luto. Por casualidad, caminaba a su lado un vecino suyo, Vasily Andréich Pustoválov, encargado del depósito de maderas del mercader Babakaiev. También él salía de la iglesia; llevaba un sombrero de paja y un chaleco blanco con cadenita de oro, y más parecía un terrateniente que un comerciante.

—Cada cosa tiene su orden, Olga Semiónovna —decía en tono reposado y con compasión en su voz—. Si alguno de nuestros íntimos se muere es porque Dios lo desea así, y en estos casos debemos recordarlo y resignarnos.

Después de acompañar a Oleñka hasta la puerta de su casa, él se despidió y siguió su camino. Durante el resto del día, su reposada voz resonó en los oídos de Oleñka y apenas cerraba ella los ojos se le aparecía su oscura barba. Por lo visto, ella a su vez le causó impresión, ya que poco tiempo después fue a visitarla una señora de edad, a quien ella apenas conocía y quien no bien se había sentado a la mesa, se puso a hablar sin tardanza acerca de Pustoválov, en el sentido de que era una persona buena y seria y que cualquier mujer estaría muy contenta, casándose con él. Tres días más tarde el mismo Pustoválov le hizo una visita; se quedó poco tiempo, unos diez minutos, y habló poco, pero Oleñka lo quería ya, lo quería tanto, que no pudo pegar los ojos en toda la noche, ardía como si tuviera fiebre y a la mañana siguiente mandó llamar a la señora de edad. Al cabo de poco tiempo se comprometieron; luego celebraron la boda.

Después del casamiento las cosas marcharon bien. Comúnmente él permanecía en el depósito de maderas hasta la hora de almorzar, luego iba a hacer diligencias y lo remplazaba Oleñka, quien se quedaba en la oficina hasta la noche, escribiendo las cuentas y despachando las mercaderías.

—El precio de la madera sube ahora cada año en un veinte por ciento —decía ella a los compradores y a sus conocidos—. Figúrese, antes vendíamos maderas locales, pero ahora Vánechka tiene que viajar todos los años a la provincia de Moguilev para buscar madera. ¡Y qué tarifas! —exclamaba cubriéndose ambas mejillas con las manos, en señal de terror—. ¡Qué tarifas!

Le parecía que desde tiempos remotos se dedicaba a comerciar en madera, que lo más importante y lo más necesario en la vida era la madera y que había algo íntimo y conmovedor en las palabras: viga, estaca, tabla, listón, alfarjía, rollizo, tirantillo, costero... Por las noches soñaba con montañas enteras de tablones y de tirantes; con interminables caravanas de carros que transportaban madera a largas distancias; soñaba que todo un regimiento de troncos, del tamaño de doce por cinco, atacaba el depósito de madera en una acción de guerra, y que los troncos, las vigas y los costeros se golpeaban, emitiendo el sonoro ruido de madera seca; todos caían y de nuevo se levantaban encaramándose unos sobre otros; Oleñka dejaba escapar un grito y se despertaba, mientras Pustoválov le decía con ternura:

—Oleñka, ¿qué tienes, querida? ¡Persígnate!

Sus pensamientos eran los mismos que los de su marido. Si él opinaba que en la habitación hacía calor o que los negocios marchaban con cierta lentitud, lo mismo pensaba ella. Su marido no era afecto a las diversiones y en los días feriados se quedaba en casa; ella hacía lo mismo.

—Ustedes siempre están en casa o en la oficina —les decían los conocidos—. ¿Por qué no van alguna vez al teatro o al circo?

—Vánechka y yo no tenemos tiempo para ir al teatro —respondía ella con dignidad—. Somos gente de trabajo y no estamos para estas cosas. Y además ¿qué hay de bueno en esos teatros?

Los sábados iban a oír Las Vísperas, los días de fiesta a misa y, regresando de la iglesia, caminaban juntitos, con rostros enternecidos; los dos olían bien y el vestido de seda de ella producía un agradable murmullo; en casa tomaban té con pan de leche y con toda clase de dulces, luego comían un pastel. Todos los días, a mediodía, en el patio de la casa y aun en la calle flotaba un sabroso olor a *borshb,*[38] cordero asado o pato; en los días de vigilia olía a pescado y no se podía pasar cerca del portón sin sentir ganas de comer. El samovar en la oficina siempre estaba con agua hirviente y a los clientes se les convidaba con té y rosquillas. Una vez por semana los esposos iban a la casa de baños y volvían, caminando juntitos, con rostros colorados los dos.

—Estamos bien, gracias a Dios —decía Oleñka a sus conocidos—. ¡Ojalá que todos vivan como nosotros!

---

[38] Sopa de remolacha, símbolo de la comida rusa.

Cuando Pustoválov partía a la provincia de Moguilev para traer madera, ella lo extrañaba mucho, no podía dormir por las noches, lloraba. A veces la visitaba el veterinario militar Smirnin, hombre joven, que alquilaba un pabellón de su casa. Le contaba alguna historia o jugaba con ella a los naipes y esto la divertía. Especialmente interesantes resultaban los relatos de su propia vida familiar; era casado y tenía un hijo, pero se hallaba separado de su mujer porque ella lo había engañado; ahora la odiaba y le enviaba mensualmente cuarenta rublos para la manutención del hijo.

Escuchándolo, Oleñka suspiraba y meneaba la cabeza, y sentía lástima por él.

—¡Qué Dios la guarde a usted! —decía, despidiéndolo y acompañándolo con la bujía hasta la escalera—. Gracias por haber compartido mi aburrimiento y que la Reina de los cielos le dé mucha salud...

Imitando a su marido, se expresaba siempre en forma digna y juiciosa: el veterinario desaparecía ya abajo detrás de la puerta, cuando ella lo llamaba para decir:

—Sabe, Vladímir Platónich, debería usted de hacer las paces con su mujer. Debería de perdonarla, aunque sea por su hijo... El chico, seguramente, ya entiende todo.

Y cuando regresaba Pustoválov, le contaba a media voz acerca del veterinario y de su desdichada vida familiar, y los dos suspiraban, meneando la cabeza, y hablaban sobre el chico, que, seguramente, extrañaba a su padre; luego, por un extraño correr del pensamiento, ambos se colocaban ante los iconos y, haciendo profundas reverencias, rogaban a Dios que le mandara hijos.

Y así vivieron los Pustoválov en paz, en amor y en completa concordia durante seis años. Pero una vez, en invierno, Vasily Andréich, después de beber té caliente en el depósito, salió sin la gorra a despachar madera tomó frío y cayó enfermo. Lo atendían los mejores médicos de la ciudad, pero la enfermedad se impuso y él murió al cabo de cuatro meses. Y de nuevo Oleñka quedó viuda.

—¿Por qué me has abandonado, palomito mío? —sollozaba después del entierro—. ¿Cómo voy a vivir ahora sin ti, sola y desgraciada? Buena gente, tengan piedad de mí que soy una huérfana...

Llevaba vestido negro con crespones y desechó para siempre el sombrerito y los guantes: salía pocas veces y solo lo hacía para ir a la iglesia o a visitar la tumba de su marido; vivía en su casa como una monja. Y solo al transcurrir seis meses, se quitó los crespones y comenzó a abrir los postigos de las ventanas. A veces se la veía ya ir al mercado con su cocinera, pero cómo vivía ahora en su casa y qué pasaba ahora allí, de eso solo podían hacerse conjeturas. Algunos por ejemplo, adivinaban algo porque la habían visto tomar el té en su pequeño jardín, en compañía del veterinario, quien le leía el periódico en voz alta, y aun porque, al encontrarse en el correo con una dama conocida, Oleñka le había dicho:

—Nuestra ciudad carece de un adecuado control veterinario y esta es la causa de muchas enfermedades. En todo momento se oye hablar de que la gente se enferma por causa de la leche y porque se contagian de los caballos y de las vacas. En realidad, hay que cuidar la salud de los animales domésticos de la misma manera como se cuida la de las personas.

Repetía las ideas del veterinario y sobre cualquier asunto tenía ahora la misma opinión que tenía él. Era evidente que no podía pasar ni siquiera un año sin cariño y que encontró su nueva dicha en un ala de su propia casa. A otra mujer en su lugar la hubieran juzgado con severidad, pero nadie podía pensar mal de Oleñka, pues todo era muy claro en su vida. Ni ella ni el veterinario revelaban a nadie el cambio que se había operado en sus relaciones; más aún, trataban de ocultarlo, pero no lo lograban, ya que Oleñka no podía tener secretos. Cuando lo visitaban los colegas del regimiento, ella, sirviéndoles el té o la cena, se ponía a hablar de la peste de los vacunos, de la perlesía, de los mataderos de la ciudad, mientras que él se sentía muy confundido y, una vez retirados los visitantes, la cogía por la mano y le susurraba, enojado:

—¡Te he pedido ya que no hables de lo que no entiendes! Cuando los veterinarios conversamos entre nosotros, hazme el favor de no entrometerte. ¡Al final, esto ya resulta tedioso!

Ella lo miraba, sorprendida y alarmada, y le preguntaba:

—Volódechka ¿y de qué quieres que hable?

Y lo abrazaba, con lágrimas en los ojos, suplicándole que no se enojara, y ambos eran dichosos.

Empero, esta dicha no fue larga. El veterinario se había ido junto con su regimiento, se había ido para siempre, ya que el regimiento había sido trasladado muy lejos, poco menos que a Siberia. Y Oleñka quedó sola.

Esta vez estaba ya sola por completo. Su padre hacía tiempo ya que había muerto y su sillón se hallaba tirado en el desván, cubierto de polvo y con una pata menos. Ella estaba más delgada y menos bella, y en la calle los transeúntes ya no la miraban como antes ni le sonreían; por lo visto, sus mejores años habían pasado ya, se habían quedado atrás, y comenzaba ahora una nueva vida desconocida, en la cual mejor era no pensar. Al anochecer Oleñka se sentaba en el pórtico y desde el "Tivoli" llegaba a sus oídos la música y el estallido de los cohetes, pero eso ya no suscitaba en ella ninguna clase de ideas. Paseaba su mirada indiferente por el patio vacío, sin pensar ni desear nada, y luego, al llegar la noche, iba a dormir; en los sueños se le aparecía su patio desierto. Comía y bebía como por obligación.

Pero lo fundamental, y lo peor, era no tener ninguna opinión. Ella veía los objetos que la rodeaban y comprendía todo lo que pasaba alrededor de ella, pero no podía formar su opinión sobre ningún asunto ni sabía tampoco de qué hablar. ¡Y qué terrible resulta no tener ninguna opinión! Se ve, por ejemplo, una botella en pie, o si está lloviendo, o bien un *mujik* está viajando en su carro, pero para qué está allí la botella o la lluvia, o el *mujik* y qué sentido tienen, eso no se sabe ni se sabría explicar, aunque le dieran a uno mil rublos. En los tiempos de Kukin y de Pustoválov y más tarde con el veterinario Oleñka podía explicado todo y hubiera podido dar su opinión sobre cualquier asunto; ahora, en cambio, sus pensamientos y su corazón, estaban tan desiertos como su patio. Y sentía miedo y amargura, como si hubiera comido ajenjo hasta hartarse.

Poco a poco, la ciudad se ensanchaba en todas direcciones; el arrabal Gitano era una calle, y en el sitio donde tenían ubicación el parque "Tivoli" y los depósitos de madera, crecieron edificios y se formó una red de callejuelas. ¡Cuán rápido corre el tiempo! La casa de Oleñka se tornó más oscura, el techo está oxidado, el cobertizo tiende a inclinarse hacia un costado y todo el patio exterior se halla cubierto de maleza y de ortigas. La misma Oleñka está más vieja y más fea; en verano permanece sentada en el pórtico, y su alma, igual que antes, está vacía; solo hay en ella un tedio y un leve sabor a ajenjo. En invierno ella se queda sentada junto a la ventana, contemplando la nieve, y cuando llega un soplo de primavera, cuando el viento trae el tañido de las campanas de la catedral, y los recuerdos del pasado de golpe invaden su mente, su corazón se oprime con dulzura y le hace derramar abundantes lágrimas, pero solo por un instante; luego vuelve al vacío y no sabe para qué vive. Bryska, la gatita negra, buscando mimos, ronronea suavemente, pero estas caricias gatunas no conmueven a Oleñka. ¿Acaso es esto lo que ella necesita? Si tuviera un amor que se apoderara de todo su ser, su alma, su mente; que le diera ideas, dirección a su vida; que calentara su sangre aletargada... Y ella echa a la negra Bryska de sus rodillas, diciéndole con fastidio:

—Vete, vete... ¡Nada tienes que hacer aquí!

Y así día tras día, año tras año, sin ninguna alegría y sin ninguna opinión. Con lo que decía Mavra, la cocinera, estaba ya todo dicho.

Al anochecer de un caluroso día de julio, cuando por la calle arreaban un rebaño y nubes de polvo llenaban el patio, de pronto alguien golpeó en el portón. Oleñka misma fue a abrir y apenas miró al visitante quedó atónita; en la calle estaba el veterinario Smirnin, ya canoso y vestido de civil. De repente ella recordó todo y, sin poder contenerse, rompió a llorar y apoyó la cabeza sobre el pecho de él; sin decir una palabra, presa de una fuerte agitación, no se dio cuenta de cómo había entrado en la casa y cómo se había sentado a la mesa para tomar el té.

—¡Palomito mío! —murmuraba, temblando de alegría—. ¡Vladímir Platónich! ¿De dónde lo trae Dios?

—Quiero radicarme aquí de manera definitiva —contaba él—. Pasé a retiro y quiero probar suerte aquí; anhelo una vida libre y estable. Además, ya es tiempo de mandar a mi hijo al colegio secundario. Ha crecido. Me he reconciliado con mi mujer ¿sabe?

—¿Y dónde está ella? —preguntó Oleñka.

—Está en una hostería, junto con mi hijo, mientras yo ando buscando un apartamento.

—Dios mío, ¿y por qué no toma mi casa? ¿Acaso no sirve para vivir? Ay Dios, si yo no pienso cobrarles... —se agitó Oleñka y volvió a llorar—. Ustedes vivirán aquí... para mí es suficiente el pabellón. ¡Qué alegría, Dios mío!

Al día siguiente ya estaban pintando el techo y blanqueando las paredes de la casa y Oleñka, en jarras, andaba por el patio dando órdenes. Su rostro estaba iluminado por su antigua sonrisa, y toda ella parecía animada y remozada, como si se hubiera despertado de un largo sueño. Llegó la mujer del veterinario, una dama flaca y fea, de cabellos cortos y cara caprichosa, acompañada de Sasha, un niño regordete, de claros ojos azules, con hoyuelos en las mejillas, y cuya poca estatura no correspondía a su edad (tenía nueve años cumplidos). Y apenas entró en el patio, el chicuelo, se puso a correr tras la gata y no tardó en oírse su risa alegre.

—¡Tía! ... ¿Es suya esta gata? —preguntó a Oleñka—. Cuando tenga cría, regálenos, por favor, un gatito. Mamá tiene mucho miedo a los ratones.

Oleñka conversó con él, le hizo tomar el té y sintió de repente que entraba un calor agradable en su pecho y que su corazón se oprimía con dulzura como si el chiquillo fuese su hijo. Y cuando, por la tarde, él estaba haciendo los deberes en el comedor, ella lo miraba con ternura, susurrando:

—Palomito mío... lindito... ¡Chiquillo mío, qué inteligente que eres, qué blanquito!

—Se llama isla una porción de tierra —leyó el chico— rodeada de agua por todas partes.

—Se llama isla una porción de tierra... —repitió ella, y era esta la primera opinión suya expresada con seguridad, después de tantos años de silencio y de vacío en la mente.

Y ya tenía sus opiniones y durante la cena conversaba con los padres de Sasha acerca de la dificultad que los niños tenían ahora para estudiar en los colegios, recalcando que a pesar de todo, la instrucción clásica era mejor que la profesional, por cuanto el colegio ofrecía todas las perspectivas: uno podía estudiar luego lo mismo para médico que para ingeniero.

Sasha empezó a ir al colegio. Su madre había ido a Karkov, para visitar a su hermana y no volvía; su padre partía todos los días a inspeccionar rebaños y solía pasar afuera varios días, y le parecía a Oleñka que Sasha quedaba abandonado por completo, que era un extraño en casa de sus padres y que moría de hambre; y ella lo trasladó a su pabellón y lo acomodó en una pequeña habitación.

Hace ya medio año que Sasha vive en su casa. Todas las mañanas Oleñka entra en su cuarto, el niño duerme profundo, sin respirar, apoyando la mejilla en una mano. Le da lástima despertarlo.

—¡Sásheñka! —le dice con tristeza—. ¡Levántate, palomita! Es hora de ir al colegio.

El muchacho se levanta, se viste, dice una oración y se sienta a tomar té; bebe tres vasos de té y come dos rosquillas y la mitad de un pan francés con mantequilla. Aún no se ha despertado del todo y está de mal humor.

—Sásheñka, no conoces la fábula de memoria; no la has aprendido bien —dice Oleñka y lo mira de tal manera, como si lo despidiera para un largo camino—. Estoy preocupada por ti. Trata de estudiar bien, palomito... Hay que obedecer a los profesores.

—¡Ya lo sé, ya lo sé! —dice Sasha.

Luego él va por la calle al colegio, pequeñito, pero con una gorra grande y con un cartapacio a la espalda. Tras él camina sigilosamente Oleñka.

—¡Sásheñka-a! —lo llama.

Él se vuelve y ella le pone en la mano un dátil o un caramelo. Al doblar por el callejón en que está el colegio, el chico siente vergüenza de ser acompañado por una mujer alta y corpulenta; y vuelve la cabeza y dice:

—Vuelve a casa, tía; ahora ya llegaré solo.

Ella se detiene y lo sigue con su mirada, sin pestañear hasta que el chicuelo desaparece en la entrada del colegio. ¡Ah, cómo lo quiere! Entre sus cariños anteriores ninguno había sido tan profundo; nunca su alma se había sometido de manera tan desinteresada, tan abnegada y tan placentera como ahora, al tomar cada vez más incremento su sentimiento maternal. Por este chiquillo, que le era extraño, por los hoyuelos de sus mejillas, por su gorra, ella daría su vida, la daría con satisfacción, con lágrimas de alegría. ¿Por qué? Vaya uno a saber por qué...

Después de acompañar a Sasha al colegio, regresa a casa, sin apresurarse, satisfecha, sosegada, llena de amor; su rostro, rejuvenecido, en el último año y medio, sonríe, radiante; los transeúntes, mirándola, sienten satisfacción y le dicen:

—¡Buenos días, Olga Semiónovna! ¿Cómo le va, amorcito?

—Ahora ya no es tan fácil estudiar en el colegio —cuenta ella en el mercado—. Figúrese, ayer, en primer año mandaron tantos deberes: una traducción del latín, un problema y una fábula de memoria... ¿Acaso es fácil para un chico?

Y ella se pone a hablar de los deberes, de los profesores, de los manuales, diciendo lo mismo que dice Sasha.

Después de las dos almuerzan juntos; al anochecer, juntos hacen los deberes y lloran. Acostándolo en la cama, lo santigua largamente y susurra una oración; luego, acostada ella misma, piensa en aquel lejano y nebuloso futuro en que Sasha, terminados sus estudios, será médico o ingeniero, tendrá una gran casa propia, caballos y carruajes; se casará y tendrá hijos... Ella se duerme, pensando siempre en lo mismo, y de sus ojos cerrados se asoman las lágrimas y se deslizan por las mejillas. Y la gatita negra está recostada cerca de ella y ronronea: —grur… grur... grur...

De repente se oyen fuertes golpes en el portón. Oleñka se despierta y el miedo le corta la respiración; su corazón late con fuerza. Pasa medio minuto y vuelven a resonar los golpes.

"Debe ser un telegrama de Karkov —piensa ella y todo su cuerpo empieza a temblar—. La madre quiere que Sasha vaya a vivir con ella, en Karkov... ¡Dios mío!

Está presa de la desesperación; la cabeza, los pies y las manos se le ponen fríos y, al parecer, en todo el mundo no hay persona más desdichada que ella. Pero transcurre un minuto más, se oyen voces: es el veterinario que regresó del club.

"Ah, bueno, no es nada gracias a Dios" —piensa ella.

Poco a poco cae el peso de su corazón y vuelve a sentirse bien; se acuesta y piensa en Sasha, quien duerme en la habitación vecina y, de vez en cuando, dice en sueños:

—¡Te voy a dar! ¡Vete! ¡No me toques!

Pesadilla

Cuando de regreso de San Petersburgo, Kunin, el miembro de la Sociedad Protectora de los Intereses Campesinos, joven aproximadamente de treinta años, hizo su entrada en su hacienda de Borísovo, su primera disposición fue enviar a Siñkovo un jinete en busca del pope de dicho pueblo, padre Yakov Smirnov.

Unas cinco horas después el padre Yakov aparecía ante él.

—Mucho gusto en conocerle —dijo Kunin saliéndole al encuentro en la antesala—. ¡Hace un año que tengo aquí mi domicilio y mi trabajo, y me parece que ya va siendo hora de que nos conozcamos! ¡Sírvase pasar!... Pero..., ¡qué joven es usted! —exclamó asombrado—. ¿Qué edad tiene?

—Veintiocho años —contesté el padre Yakov estrechando con debilidad la mano que se le tendía y ruborizándose sin saber por qué.

Kunin, tras conducir al visitante a su despacho, empezó a hacerle preguntas.

"¡Qué cara tan vulgar! —pensó mirándole—. ¡Enteramente la de un *baba*!".

En efecto, el rostro del padre Yakov ofrecía gran semejanza con la de un *baba*. Nariz respingona, mejillas de color rojo vivo y grandes ojos azul grisáceo, bajo apenas, visibles cejas. Unos cabellos largos, rojizos, secos y lacios caían como palos sobre sus hombros. El bigote no había hecho más que empezar a adquirir forma de verdadero bigote masculino, y en cuanto a la barbita..., tampoco su barbita valía la pena. Era una de esas barbitas ralas, a través de las cuales se trasluce con fuerza la piel y a las que no se pude peinar con el peine, sino acaso pellizcar un poquito... Tan pobre vegetación hallábase esparcida de forma desigual por el rostro, a manera de maleza, hasta el punto que se diría que el padre Yakov, intentando caracterizarse de sacerdote, había sido interrumpido en mitad de su faena cuando empezaba a pegarse la barba. Iba vestido con una sotana de color café claro con achicoria, provista de grandes remiendos en ambos codos.

"¡Qué ser tan extraño! —pensó Kunin, mientras le miraba los faldones, salpicados de barro—. ¡Que venga por primera vez a una casa y no sea capaz de vestirse de modo conveniente!..."

—Siéntese, padre —le dijo en tono más suelto que acogedor, al tiempo que le acercaba una butaca a la mesa—. Le ruego que se siente.

El padre Yakov ahogó una tosecita con el puño, se dejó caer con torpeza sobre el borde de la butaca y colocó las palmas de sus manos en sus rodillas.

Con su pequeña estatura, estrecho el pecho, el rostro encarnado y cubierto de sudor, producía desde el primer momento a Kunin una desagradable impresión. Nunca había podido pensar que en Rusia existieran sacerdotes de aspecto no ya tan poco respetable, sino lamentable. En la postura del padre Yakov, en su manera de apoyar las palmas de las manos en sus rodillas y de estar sentado en el borde de la butaca, le parecía descubrir una ausencia de dignidad y hasta una actitud de servilismo.

—Yo..., sabe, padre..., le he hecho venir para tratar de un asunto... —dijo Kunin, recostándose en el respaldo de la butaca—. Me ha caído en suerte la grata obligación de prestarle ayuda en una de sus útiles actividades... Es el caso que, al volver de San Petersburgo, encontré aquí una carta del presidente regional, Yegor Dmitríevich, en la que me propone tomar bajo mi protección la escuela de niños que ha de ser inaugurada en su pueblo de Siñkovo... Yo, por mi parte, padre, me alegro en el alma...; ya, hasta voy más lejos...: acepto con entusiasmo la proposición —levantándose empezó a pasear por la estancia—. Desde luego, tanto de Yegor Dmitrievich como de usted, será conocido que no dispongo de muchos medios... Mi hacienda está hipotecada y me veo reducido a vivir del sueldo que me da la Sociedad Protectora de los Intereses Campesinos... Ello quiere decir que no podrá usted contar con una ayuda muy eficaz, aunque no dejaré de hacer cuanto esté en mis posibilidades... ¿Cuándo piensa usted abrir la escuela, padre?...

—Cuando haya dinero —contestó el padre Yakov.

—¿Dispone usted ahora de alguna cantidad?

—Casi de ninguna... Los campesinos acordaron en la Junta pagar treinta *Kópeks* al año por varón...; pero no pasa de ser una promesa..., mientras que solo para dar los primeros pasos harían falta por lo menos doscientos rublos...

—¿Sí?... Con gran sentimiento mío no dispongo ahora de esa suma —suspiró Kunin—. Se me ha ido mucho dinero en el viaje y hasta he salido de él entrampado... Pero unamos nuestros esfuerzos e ideemos algo.

Y Kunin se puso a pensar en voz alta.

Mientras exponía sus cálculos, examinaba el rostro del padre Yakov, buscando en él un gesto de aprobación o de conformidad: pero aquel rostro era impasible, permanecía inmóvil y solo expresaba timidez y desasosiego. Mirándole podía pensarse que Kunin estaba hablando de cosas tan complicadas que el padre Yakov no era capaz de comprenderlas y que si escuchaba era solo por delicadeza y por temor a ser atrapado en su incomprensión.

"El muchacho, sin duda, es muy inteligente —pensó Kunin—. Tiene un exceso de timidez y es algo tonto".

Cuando entró el criado, portador de una bandeja que contenía dos vasos de té, tostadas y pastitas secas, el padre Yakov pareció avivarse, llegando hasta sonreír. Cogiendo su vaso se dispuso en el acto a beberlo.

—¿Y si escribiéramos a Su Ilustrísima? —prosiguió Kunin, pensando en voz alta—. En resumidas cuentas no hemos sido nosotros, sino las altas autoridades eclesiásticas las que suscitaron esta cuestión de las escuelas... Ellos son los que tienen que indicar los medios de que hemos de valernos... Hasta recuerdo haber leído que para este fin había sido asignada determinada suma... ¿No sabe usted nada de ello?

El padre Yakov se hallaba tan ocupado en ingerir su té, que no contestó de inmediato a esta pregunta. Alzó sus ojos azul grisáceo hacia Kunin, meditó un momento y, como acordándose de ella de golpe, negó con la cabeza. Por su feo rostro, de una a otra oreja, se deslizaba una expresión de complacencia... del más vulgar y prosaico apetito. Vació el vaso hasta la última gota y lo depositó sobre la mesa. Luego volvió a cogerlo, miró su fondo y lo dejó otra vez en el mismo sitio. La expresión de complacencia se esfumó de su rostro...

Luego Kunin vio cómo su invitado cogía una pasta del platillo, mordía un pedacito y, después de darle unas cuantas vueltas en la mano, se le introducía rápidamente en el bolsillo.

"¡Bueno! ... ¡Este ya no es proceder de sacerdote!... —pensó Kunin, encogiendo con desagrado los hombros—. ¿Es avaricia o se trata de una chiquillada?".

Tras dar a beber a su huésped otro vaso de té y acompañarle hasta la antesala, Kunin se dejó invadir por el sentimiento desagradable que la visita de Yakov le produjera.

"¡Qué ser tan salvaje y extraño! —pensaba—. ¡Sucio, desaliñado, bruto, tonto y de seguro borracho!... ¡Dios mío!... ¡Y que este sea un sacerdote! ¡Un padre espiritual! ¡Un maestro para el pueblo!...

"Imagino la ironía de la voz del diácono cuando le diga antes de la misa: '¡Bendígame tu autoridad!...' ¡Vaya autoridad! ¡Una autoridad sin gota siquiera de dignidad!... ¡Un mal educado, que se esconde las tostadas en los bolsillos como un colegial! ¡Puf!... ¡Dios mío!... ¿Dónde tendría los ojos el arcipreste cuando confirió las órdenes a esta persona? ¿Cómo consideran al pueblo para adjudicarle maestros semejantes? Aquí se necesitan personas que..."

Y Kunin se puso a meditar sobre cómo deberían ser los sacerdotes rusos...

"Si yo, por ejemplo, fuera sacerdote... ¡Un sacerdote instruido, amante de su trabajo, puede hacer mucho bien!... ¡Yo, hace tiempo que tendría la escuela abierta! Pues ¿y el apostolado? Pues ¿y los sermones?... Cuando un sacerdote es sincero y le inspira el amor de su ministerio... ¡qué maravillosos e inflamados sermones es capaz de pronunciar!".

Kunin cerró los ojos y empezó a componer mentalmente un sermón. Poco después, sentado ante la mesa, lo anotaba.

"He de dárselo a ese del pelo rojo para que lo lea en la iglesia". A la mañana del domingo siguiente y con el fin de ultimar la cuestión de la escuela y al mismo tiempo conocer la iglesia a la que pertenecía como feligrés, Kunin se dirigió a Siñkovo. A pesar de hallarse en pleno deshielo, la mañana era magnífica. El sol, brillando deslumbrante, resquebrajaba con sus rayos, aquí y allá, las escasas y blanquecinas capas de vieja nieve. Esta despedía desde él tal tornasol y tal fulgor de diamantes que hería la vista, en tanto que a su lado se apresuraba a verdecer el joven grano. Las cornejas de blanco pico volaban sobre la tierra. Una de ellas desciende y, antes de posarse con firmeza sobre las patas, da unos cuantos saltitos.

La iglesia de madera a la que se acercaba Kunin era vetusta y gris. Las pequeñas columnas del pórtico, en un tiempo pintadas de blanco y ahora por completo desconchadas, parecían dos feas lanzas de carro. La imagen que presidía sobre la puerta era solo una mancha oscura. Esta pobreza, sin embargo, conmovió a Kunin. Bajando la vista entró tímidamente en la iglesia y se detuvo junto a la puerta. El oficio no había hecho más que empezar. Un viejo y encorvado sacristán leía las *Horas* con voz de tenor de ultratumba y de modo ininteligible. El padre Yakov, que sin ayuda de diácono celebraba el oficio, recorría la iglesia meciendo el incensario. De no haber sido por el sentimiento de humildad que se apoderó de Kunin al entrar en una iglesia pobre, la vista del padre Yakov le hubiera hecho sin duda sonreír. El pequeño sacerdote estaba revestido con una casulla arrugada, larga en exceso y hecha con una gastada tela amarilla, cuyo borde se arrastraba por el suelo. En la iglesia no había mucha gente.

Lo que más sorprendió a Kunin, al mirar a los feligreses, era ver que estos eran solamente mujeres y niños.

—¿Dónde estaban los hombres en la edad de trabajo...? ¿Dónde la juventud y el vigor?... Sin embargo, después de haber observado durante algún tiempo aquellos rostros, Kunin se dio cuenta de que había tomado por viejos a los jóvenes. Dicho sea de paso no concedió entonces especial importancia a este engaño óptico. El interior de la iglesia era tan gris y vetusto como el exterior. Ni en el *ikonostas* ni sobre las paredes de color indefinido había un solo pequeño espacio que no estuviera ahumado por el tiempo. La iglesia tenía muchas ventanas, pero su tono general, era gris, por lo que aparecía llena de crepúsculo.

"El que tenga el alma limpia, ¡qué bien podrá rezar aquí —pensó Kunin—. ¡Así como en Roma, en la basílica de San Pedro asombra la grandeza, aquí conmueve tanta humildad y sencillez!".

Sin embargo, su espíritu de oración se dispersó como el humo, cuando el padre Yakov penetró en el recinto del altar y dio comienzo a la misa. Su juventud y el haber sido ordenado sacerdote apenas salido del seminario no le habían permitido adquirir un estilo particular en el ejercicio de su ministerio. Al leer parecía estar dudando sobre el tono en que debía terminar: si en un agudo tenor o en un bajo poco marcado. Sus saludos e inclinaciones revelaban inseguridad. Andaba de prisa y cerraba bruscamente la Puerta del Zar.[39]

El viejo sacristán, que sin duda era sordo, oía mal las deprecaciones, dando lugar a que entre ellos surgiera un desacuerdo, pues cuando aún no había tenido tiempo el padre Yakov de leer lo que le correspondía, ya el sacristán cantaba su parte. Otras veces era el padre Yakov el que, habiendo terminado, esperaba, mientras el viejo continuaba callado junto al altar, prestando oído, hasta que le tiraban del faldón. La voz del viejo era enfermiza, de ultratumba. Ceceaba y respiraba con fatiga. Como complemento de todo esto, quien acompañaba al sacristán en su canto era un niño muy pequeño, cuya cabeza apenas se veía a través de la barandilla del coro. El niño tenía una voz de tiple aguda y chillona y parecía empeñarse en no cantar al unísono.

Kunin permaneció un rato oyendo la misa y después salió a fumar. Se sentía lleno de desencanto y contemplaba casi con desagrado la iglesia gris.

"Es frecuente —pensaba— escuchar lamentaciones sobre la disminución del sentimiento religioso en el pueblo... ¿Y cómo no ha de ser así?... ¡Bastan para ello sacerdotes semejantes!".

Otras veces volvió a entrar Kunin en la iglesia, sintiéndose cada vez más inclinado a salir al aire libre. Terminado el oficio, se dirigió a la casa del padre Yakov. Esta, por fuera, en nada se distinguía de las isbas de los campesinos. Solo se advertía que la paja había sido echada con más

[39] Puerta principal del altar.

cuidado sobre el tejado y que en las ventanas lucía la blancura de unos visillitos. El padre Yakov hizo entrar a Kunin en una habitación clara y pequeña, con el suelo de arcilla y las paredes cubiertas de papel barato. Pese a ciertos intentos de lujo, como por ejemplo, algunas fotografías encuadradas en marquitos y un reloj con unas tijeras atadas a las pesas, el ajuar asombraba por su modestia. Contemplando aquellos muebles, se diría que el padre Yakov había ido pidiéndolos de casa en casa hasta reunirlos de a poquitos. En esta le habían dado una mesa redonda de tres patas; en aquella, un taburete; en una tercera, una silla con el respaldo completamente torcido hacia atrás; en la cuarta, una silla de respaldo derecho, pero con el asiento desfondado; y en la quinta, había sido ofrendado de manera generosa con una especie de diván, de respaldo plano y asiento de rejilla. Esta especie de diván, de color rojo oscuro, exhalaba un fuerte olor a pintura. Kunin pensó primero sentarse en una de las sillas; pero, después de meditarlo, optó por el taburete.

—¿Es la primera vez que viene usted a nuestra iglesia? —preguntó el padre Yakov mientras colgaba su sombrero en un clavo grande y feo.

—En efecto..., la primera. Verá usted, padre... Antes de que pasemos a tratar de nuestro asunto, ofrézcame un poco de té. Tengo tal sed que parece que se me ha secado el alma.

El padre Yakov parpadeó, carraspeó y se retiró tras una mampara. Se oyó un bisbiseo.

"Seguro está cuchicheando con su mujer —pensó Kunin—. Sería interesante saber qué clase de mujer tiene este pelirrojo".

Poco después, encarnado y sudoroso, el padre Yakov salía de detrás de la cortina. Esforzándose en sonreír, tomó asiento frente a Kunin en el borde del diván.

—Ahora prepararán el samovar —dijo sin mirar a su visitante.

"¡Dios mío!... ¡Ni siquiera han empezado a preparar el samovar! —se espantó para sus adentros Kunin—. Le tienen a uno aquí esperando..."

—Le traigo —dijo Kunin en voz alta— el borrador de la carta que he escrito al arcipreste. Se lo leeré después que tomemos el té. Quizá quiera usted añadir algo...

—Muy bien.

Se hizo el silencio. El padre Yakov miró de reojo, asustado, a la mampara, se arregló el pelo y se sonó.

—Tenemos un tiempo maravilloso —dijo.

—Sí... Por cierto que ayer leí algo muy interesante. Parece ser que la *Zemstvo*[40] ha acordado poner todas sus escuelas bajo vigilancia eclesiástica. Esto la caracteriza.

Kunin se levantó y, tras dar unos cuantos pasos sobre el suelo de arcilla, empezó a exponer sus puntos de vista.

—La cosa en sí no importa —decía—. Lo único necesario es que el clero esté a la altura de su vocación y que comprenda con claridad los problemas que le incumben. Yo, por desdicha mía, conozco algunos que, por su falta de desarrollo espiritual y sus pocas cualidades morales, no servirían ni para escribanos militares..., sin hablar ya del sacerdocio... Estará usted de acuerdo conmigo en que un mal profesor es mucho menos perjudicial para una escuela que un mal sacerdote.

Kunin miró al padre Yakov. Este, sentado, con la espalda encorvada, se hallaba tan ensimismado en algún pensamiento que sin duda no escuchaba ya a su invitado.

—Ven, Yasha —se oyó decir a una voz femenina tras la mampara.

El padre Yakov se espabiló y pasó al otro lado de aquella. De nuevo empezó el cuchicheo.

La tardanza en servir el té llenaba de tristeza a Kunin.

"No... Seguramente que no me lo darán... —pensaba mirando la hora—. Además..., parece por completo que no soy aquí una visita grata. El dueño de la casa se limita a estar ahí, sentado delante de mí, sin abrir la boca".

Kunin cogió el sombrero, esperé la vuelta del padre Yakov y se despidió de él.

"¡Me ha hecho perder toda la mañana! —pensaba, enfadado, durante el camino—. ¡Es un tronco!... ¡Un tarugo! ¡Se interesa tanto por la escuela como yo por la nieve que cayó el año pasado!... ¡No!...

---

[40] Organismo local encargado de la construcción y administración de hospitales, escuelas, caminos, correo, suministro de comida, etcétera.

"¡Con este no hay nada que hacer!... ¡No se conseguirá nada!... ¡Si el mariscal de la nobleza supiera la clase de sacerdotes que hay aquí..., no le entrarían tantas prisas con esto de la escuela!... ¡Lo primero que hay que hacer es cuidar de que haya buenos sacerdotes, que luego..., ya se pensará en escuelas!".

Ahora Kunin casi aborrecía al padre Yakov. Aquel hombre, con su lamentable y caricaturesca figura metida en la larga y arrugada sotana, con su rostro de *baba,* su manera de oficiar y de vivir y su tímida respetuosidad, ofendían aquel resto de sentimiento religioso que, en unión de los cuentos del aya, vivía aún de manera tenue en su corazón. Costaba trabajo a su amor propio soportar la distracción y frialdad con que el padre Yakov había acogido su sincera y ardiente intervención en un asunto en el que él era el principal interesado. Por la noche de aquel mismo día, Kunin estuvo largo rato dando vueltas por sus habitaciones y meditando. Luego, resolviéndose de pronto, se sentó ante la mesa y se puso a escribir una carta al arcipreste. Después de solicitar su bendición y dinero para la escuela, empezó de manera sincera, con confianza filial, a exponerle su opinión sobre el sacerdote de Siñkovo.

"Es joven —escribía—, poco cultivado, no lleva, al parecer, una vida muy sobria ni satisface en general las seculares exigencias del pueblo ruso sobre sus pastores espirituales".

Después de escrita esta carta, Kunin respiró aliviado y fue a dormir convencido de que había hecho una buena acción.

El lunes por la mañana, cuando estaba en la cama todavía, le anunciaron la visita del padre Yakov. No teniendo gana de levantarse, hizo decir que no estaba en casa. El martes se marchó, por tener que asistir a una junta; pero el sábado, al volver, supo por la servidumbre que durante su ausencia el padre Yakov había venido a diario.

"¡Cómo se ve que le gustaron las pastitas!", pensó Kunin.

El domingo, al anochecer, vino el padre Yakov. Aquella vez no eran solo los faldones, sino también el sombrero, el que traía salpicado de barro. Como el día de su primera visita, su rostro estaba encendido y sudoroso, y como entonces, se sentó en el borde de la butaca. Kunin decidió no abordar siquiera el tema de la escuela..., no *echar margaritas a...*

—Le traigo, Pavel Mijailovich —empezó diciendo el padre Yakov—, una notita sobre los libros de estudio que harían falta.

—Gracias.

Todo revelaba que no era la notita lo que motivaba la visita del padre Yakov. Su persona entera expresaba un vivo azoramiento; pero al mismo tiempo, en su semblante se dibujaba la resolución del hombre iluminado de pronto por una idea. Lo que intentaba decir era importante, sumamente necesario, por lo que se esforzaba en vencer su timidez.

"¿Por qué no habla? —pensaba, enfadado, Kunin—. ¡Yo, sin tiempo para atenderle, y él, sentado!"

Con el fin de suavizar de algún modo la violencia que le producía el propio silencio y de ocultar su lucha interior, el sacerdote dejó ver una sonrisa forzada. Aquella sonrisa larga, sufrida, extendiéndose a través del sudor y la rojez del rostro, que tan poco se acomodaba a la mirada inmóvil de sus ojos grises azulados, hizo a Kunin volver la cabeza. Experimentaba un sentimiento parecido a la repulsión.

—Perdóneme, padre —dijo—; pero tengo que marcharme.

El padre Yakov se espabiló de nuevo, como el hombre dormido a quien han dado un golpe, y, sin cesar de sonreír, se cruzó los faldones de la sotana sobre las piernas: A pesar de la repugnancia que le inspiraba, Kunin sintió de repente lástima de aquel hombre y quiso mitigar su crueldad.

—Le suplico, padre, que lo deje para otro día... —dijo—. Un ruego le dirijo al despedirme... Tuve una inspiración..., ¿sabe?..., y escribí dos sermones. Los someto a su examen. Si sirven..., pronúncielos usted...

—Muy bien —dijo el padre Yakov, cubriendo con la palma de la mano los sermones de Kunin, depositados sobre la mesa—. Me los llevaré.

Luego, tras un momento de indecisión y cruzando siempre la sotana sobre las piernas, dejó de sonreír con sonrisa forzada y levantó resuelto la cabeza.

—Pavel Mijailovich —dijo, tratando en forma visible de hablar fuerte y claro.

—¿Se le ofrece algo?

—Oí decir que había usted despedido a su escribano..., y... que buscaba otro.

—En efecto. ¿Puede usted recomendarme a alguien?

—Verá..., es que yo..., yo... ¿No podría usted darme a mí ese empleo?

—¿Cómo?... Pero ¿es que deja usted el sacerdocio?... —se asombró Kunin.

—No, no... —se apresuró a decir el padre Yakov, palideciendo, en tanto que todo su cuerpo temblaba sin saber por qué—. ¡Dios me libre! ¡Si lo duda usted, no!... ¡Entonces, no!... Lo decía solo porque..., entre otras cosas... Con el fin de aumentar mis ingresos... ¡Pero no se moleste! ¡No es necesario!...

—¿Ingresos? ¡Hum!... ¡Si solo pago a mi escribiente veinte rublos mensuales!

—¡Dios mío!... ¡Y yo que me hubiera conformado con diez! —murmuró el padre Yakov volviendo la cabeza—. ¡Diez me bastarían!... ¡Usted, claro, se asombra!... ¡Todos se asombran!... "¡Qué pope más ansioso!". "¿En qué se le va el dinero?..." ¡Yo también me creo codicioso, y no hago más que reprochármelo! ¡Me avergüenzo de mirar a los ojos de la gente!... ¡A usted, Pavel Mijailovich, se lo declaro llamando a Dios por testigo!

El padre Yakov suspiró hondamente y prosiguió:

—¡Por el camino he venido preparando para usted toda una confesión..., que ya he olvidado por completo! ¡No puedo encontrar ahora las palabras!... ¡Escúcheme!... ¡De la feligresía percibo ciento cincuenta rublos al año, y la gente se pregunta en qué empleo el dinero!... Yo se lo explicaré todo con arreglo a la conciencia... Al seminario en que está mi hermano Pedro doy cuarenta rublos anuales en pago a sus gastos, salvo el papel y las plumas, que corren de mi cuenta...

—Bien..., sí, sí...; pero ¿a qué viene todo esto? —dijo Kunin, sintiendo en su ánimo una terrible pesadez ante la sinceridad del visitante y sin saber cómo eludir el brillo lacrimoso de sus ojos.

—Además, aún no he terminado de pagar al Consistorio cuanto le debo por el puesto que ocupo. Me fueron impuestos doscientos rublos, de los cuales he de entregar diez al mes. ¡Juzgue usted mismo lo que me queda...! ¡Sin contar con que doy, por lo menos, tres mensualidades al padre Avraami!

—¿A qué padre Avraami?

—El padre Avraami es el sacerdote que había en Siñkovo antes de que yo viniera. Lo retiraron por... lo débil que estaba, pero vive todavía en Siñkovo. ¿A dónde va a ir?... ¿Quién le va a dar de comer?... ¡Aunque sea viejo, necesita un rincón, pan y ropas!... ¡Yo no puedo permitir que un eclesiástico vaya a pedir limosna! ¡El pecado entonces sería mío!... ¡Si tiene deudas con todo el mundo, sería mi pecado no saldárselas!

Y el padre Yakov, levantándose del asiento con un súbito impulso y fijando la mirada en el suelo, empezó a recorrer a grandes pasos la habitación.

—¡Oh, Dios mío..., Dios mío! —balbucía, tan pronto alzando como bajando los brazos—. ¡Que Dios Todopoderoso nos tenga de su mano!... ¿Por qué habré tomado este estado si la fe es poca y las fuerzas fallan? ¡Mi desesperación no tiene fin!... ¡Oh, Virgen Santísima, sálvanos!...

Tranquilícese, padre —dijo Kunin.

—¡El hambre me atormenta, Pavel Mijailovich! —prosiguió el padre Yakov—. ¡Perdone con generosidad mi falta de valor! ¡Ya sé que si me inclinara, que si pidiera..., todos me ayudarían...; pero no puedo hacerlo!... ¡Me avergüenza la idea de hacerlo!... ¿Cómo iba yo a poder pedir a los campesinos?... ¡Usted que tiene aquí su trabajo, también lo ve!... ¿Quién se atrevería a pedir limosna a un mendigo?... ¡En cuanto a pedir más a los ricos, a los terratenientes…, tampoco puedo hacerlo!... ¡Tal vez sea orgullo… vergüenza!

Con un gesto de desesperación, el padre Yakov se rascó con nerviosismo la cabeza con ambas manos.

—¡Oh, qué vergüenza siento!... ¡Dios mío, qué grande es mi vergüenza!... ¡No puedo soportar..., orgulloso de mí..., que la gente vea mi pobreza!... ¡El día que vino usted a visitarme, Pavel Mijailovich, no tenía té en casa! ¡Ni una brizna de él, pero el orgullo me impedía confiarme a usted!... ¡Todo me da vergüenza!... ¡Mis sotanas, mi hambre!... Y, además..., ¿es propio de un sacerdote este sentimiento de orgullo?

El padre Yakov, como inconsciente de la presencia de Kunin, se detuvo en medio del despacho y empezó a hablar consigo mismo.

—¡Bien!... Supongamos que yo puedo soportar el hambre, la vergüenza...; pero..., ¡Dios mío!..., ¿y mi esposa?... ¡La saqué de una buena familia! ¡No es mujer acostumbrada al trabajo rudo! ¡Estaba habituada al té, a los bollos, y a las sábanas!... ¡En casa de sus padres tocaba el piano! ¡Por su juventud..., no ha cumplido todavía los veinte años..., es natural que quiera..., que le agrade vestirse..., hacer visitas! ¡Y, sin embargo, en mi casa está peor que una cocinera! ¡Me da hasta vergüenza sacarla a la calle!... ¡Oh, Dios mío!... ¡Dios mío! ¡Su única alegría es que le lleve de alguna casa donde haya sido invitado unas manzanitas o alguna que otra pastita!...

El padre Yakov volvió a rascarse la cabeza con ambas manos.

—¡No es amor lo que hay entre nosotros, es lástima! ¡No puedo verla sin compadecerme de ella!... ¡Dios mío!... ¡Qué cosas ocurren en el mundo!... ¡Tales cosas ocurren, que si los periódicos hablaran de ellas, la gente no las creería!... ¿Cuándo les llegará el fin?

—¡Espere, padre! —casi gritó Kunin, asustado de aquel tono—. ¿Por qué tener un concepto tan sombrío de la vida?

—¡Tenga la generosidad de perdonarme, Pavel Mijailovich! —balbució el padre Yakov, como borracho—. ¡Dispénseme! ¡Estas no son más que tonterías y le ruego no haga caso de ellas!... ¡Solo me culpo y me culparé siempre a mí mismo...

Y el padre Yakov, volviendo la cabeza, añadió en un bisbiseo:

—Imagínese que una mañana temprano salgo de Siñkovo, para dirigirme a Luchkovo, y veo que junto a la orilla hay una mujer ocupada en algún quehacer... Me acerco y no puedo creer a mis ojos... ¡Qué espanto!... ¡Aquella mujer que aclaraba la ropa era la mujer del médico!... Esta esposa del médico tenía hechos estudios en un pensionado, y el caso significaba que, para que la gente no la viera ocupada en aquel trabajo, se levantaba temprano y se iba a realizarlo a una *versta* de distancia de la aldea. ¡Qué orgullo indomable!... Cuando me vio a su lado y se dio cuenta de que había sido descubierta su pobreza se turbó... Yo, atónito, corro hacia ella, intento ayudarle; pero ella esconde a mi vista la ropa..., teme que vea las camisas rotas...

—¡Todo esto se antoja inverosímil! —dijo Kunin, sentándose y fijando una mirada casi espantada en el pálido rostro del padre Yakov.

—¡Eso es justamente!... ¡Inverosímil!... ¡Jamás en la vida tuvieron que ir las mujeres de los médicos a aclarar la ropa al río...! ¡En ningún país se ve una cosa así!... Yo..., como pastor..., como padre espiritual..., no debía haberla dejado llegar a ese extremo; pero ¿qué podía haber hecho para impedirlo?... ¿Qué?... ¡Yo soy el primero en procurar que su marido me asista gratis!... ¡Con cuán completa justeza calificó usted esto de inverosímil!... ¡Ni siquiera los ojos pueden creerlo!... ¡Mientras celebro la misa..., cuando desde el altar veo a mis fieles..., al hambriento Avraami, a mi mujer!... ¡Cuando recuerdo aquellas manos azules por el frío!... ¡Créame!... ¡Todo se me olvida y quedo inconsciente, como un tonto, hasta que el sacristán me llama la atención!... ¡Oh, qué espanto!

El padre Yakov volvió a pasearse por la habitación.

—¡Señor Jesucristo!... ¡Santos todos!... ¡Ni siquiera oficiar puedo!... ¡Mientras usted me hablaba de la escuela, yo permanecía allí como un tonto..., sin comprenderle nada, y solo pensando en la comida!... ¡Incluso ante el altar!... Pero, bueno..., ¿qué estoy haciendo? —se recobró el padre Yakov—. ¡Usted iba a marcharse! ... ¡Perdóneme! ¡Lo decía solo por decir!

Kunin le estrechó la mano en silencio, le acompañó hasta la antesala y, de vuelta en su despacho, se detuvo ante la ventana. Vio al padre Yakov salir de casa, calarse el roñoso sombrero de ancha ala y, despacio, con la cabeza baja, como avergonzado de su sinceridad, emprender el camino.

"No se ve el caballo", pensó Kunin.

Temía pensar que el sacerdote hubiera ido todos aquellos días a pie a su casa. Hasta Siñkovo había de siete a ocho *verstas*, y un barro abundante cubría el camino. Kunin vio luego al cochero Andrei y al chicuelo Paramón saltar sobre los charcos y, salpicándose de barro, correr hacia el padre Yakov para pedirle la bendición. El padre Yakov se quitó el sombrero y bendijo despacio a Andrei. Después, bendijo a Paramón, acariciándole con suavidad la cabeza.

Kunin se pasó la suya por los ojos, pareciéndole que con aquel gesto se habían humedecido. Se apartó de la ventana y recorrió con mirada turbia el aposento en el que todavía parecía resonar la tímida y estrangulada voz... Miró a la mesa... Por fortuna el padre Yakov, en su prisa, se había olvidado de llevarse los sermones. De un salto, Kunin se lanzó sobre ellos y los rompió en mil pedazos, que arrojó bajo la mesa.

—¡Y yo ignorante de todo esto! —gimió, dejándose caer en un sofá—. ¡Y que llevo más de un año trabajando aquí como miembro de la Sociedad Protectora de los Intereses Campesinos!... ¡Que soy juez de paz honorífico y pertenezco al Consejo Pedagógico!... ¡Lo que soy es un muñeco ciego! ¡Un fatuo!... ¡Pronto! ¡Hay que socorrerles! ¡Pronto!

Torturado, se apretaba las sienes, exprimía su inteligencia.

"El día veinte —pensaba— cobraré mis doscientos rublos de sueldo, que con algún bonito pretexto daré a la mujer del médico... Se los llevaré para que haga celebrar un tedeum, y ante el doctor me fingiré enfermo… De esta manera no ofenderé su orgullo. También ayudaré a Avraami..."

Con los dedos contaba su dinero, temiendo convencerse de que aquellos doscientos rublos apenas alcanzarían a pagar a su administrador, a los criados y al *mujik* que venía a traer la carne... Sin querer hubo de recordar aquel pasado, no muy lejano, en el que de manera pródiga usaba de los bienes de su padre. Todavía un mocoso de veinte años, regalaba a las mujeres ligeras, valiosos abanicos, daba diez rublos diarios al cochero Kuzma y hacía presentes, por satisfacer su vanidad, a las artistas. ¡De qué gran utilidad hubieran sido ahora aquellos billetes de tres... de diez rublos… diseminados acá y allá!...

"El padre Avraami gasta en comer solo tres rublos al mes... Con uno, la mujer del sacerdote puede hacerse una camisa, y la del médico, tomar una lavandera...

¡En fin!... ¡Sea como sea, he de ayudarles! ¡Les ayudaré sin falta!".

Aquí Kunin se acordó de repente de la denuncia enviada al arcipreste, y el frío contrajo su cuerpo. Este recuerdo llenó su alma de un sentimiento opresor de vergüenza ante los propios ojos y la invisible verdad.

Y así empezó y terminó el sincero esfuerzo hacia una actividad bienhechora de uno de esos muchos hombres nobles, pero satisfechos en exceso y poco reflexivos.

La corista

Una vez cuando ella era más joven, más bonita y tenía más voz, Nicolay Petróvich Kolpakov, su admirador, estaba de visita en la casa de campo que ella alquilaba cerca de la ciudad. El día era muy caluroso y pesado. Kolpakov acababa de almorzar, había bebido una botella entera de oporto, de mala calidad, y se sentía indispuesto y malhumorado. Ambos estaban aburridos y esperaban que bajara el calor para salir a pasear.

De pronto sonó el timbre de la puerta. Kolpakov, que estaba sin levita y llevaba puestas las pantuflas, se levantó de un salto y echó a Pasha una mirada interrogativa.

—Debe de ser el cartero o, quizá, una amiga —dijo la corista.

Kolpakov no se incomodaba ni ante las amigas de Pasha ni ante los carteros, pero, por si acaso, cogió su ropa y pasó al cuarto contiguo, mientras Pasha corrió para abrir la puerta. Grande fue su sorpresa al ver que en el umbral no estaba el cartero ni tampoco una amiga suya, sino una mujer desconocida, joven, bella, bien vestida y, a todas luces, decente.

La desconocida estaba pálida y respiraba con dificultad, como si hubiera subido una alta escalera.

—¿Qué desea usted? —preguntó Pasha.

La señora no contestó enseguida. Dio un paso adelante, examinó despacio la habitación y se dejó caer en una silla como si estuviera cansada o indispuesta; luego movió durante largo rato sus pálidos labios, tratando de pronunciar algunas palabras.

—¿Mi marido está en su casa? —preguntó al fin, alzando hacia Pasha sus grandes ojos, con los párpados enrojecidos por el llanto.

—¿Qué marido? —murmuró Pasha, y de golpe sintió tanto miedo que se le enfriaron las manos y los pies—. ¿Qué marido? —repitió, comenzando a temblar.

—Mi marido... Nicolay Petróvich Kolpakov.

—No... no, señora... Yo... no conozco ningún marido.

Un minuto transcurrió en silencio. La desconocida llevó varias veces el pañuelo a su boca y, para dominar el temblor interior, contenía el aliento, mientras que Pasha permanecía de pie, inmóvil, delante de ella, y la miraba con desconcierto y miedo.

—¿De modo que no está aquí? —preguntó la señora con voz firme y con una extraña sonrisa.

—No sé a quién se refiere usted.

—Es usted repugnante, infame, asquerosa... —farfullo la desconocida, observando a Pasha con repulsión y odio—. Sí, sí... asquerosa. ¡Me alegro mucho de que por fin pueda decírselo!

Pasha sintió que esta dama vestida de negro, de ojos iracundos y con dedos finos y blancos, tenía de ella una impresión muy desagradable, como de algo repelente y despreciable, y se avergonzó de sus mejillas coloradas, de su nariz picada de viruelas y del terco mechón en la frente que se resistía a los peinados.

Y le pareció que si ella fuera delgada, no estuviera empolvada y no tuviera aquel mechón, hubiera podido ocultar que no era una mujer decente y no hubiera tenido tanto miedo y tanta vergüenza para enfrentarse a esta dama, desconocida y misteriosa.

—¿Dónde está mi marido? —volvió a preguntar la señora—. Aunque, en realidad, me da lo mismo que esté aquí o no esté. Pero debo decirle que han descubierto un desfalco y a Nicolay Petróvich lo buscan... Quieren detenerlo. ¡He aquí lo que ha hecho usted!

La señora se levantó y presa de intensa emoción dio unos pasos por el cuarto. Pasha la miraba, pero no entendía nada a causa del miedo.

—Hoy mismo lo encontrarán y arrestarán —dijo la señora, dejando oír un breve sollozo que reflejaba la ofensa y la tristeza—. ¡Yo sé quién lo arrastró hasta esta terrible situación! ¡Asquerosa, repugnante! ¡Bestia vendible! —la señora torció los labios y frunció la nariz a causa de la repulsión—. Soy impotente... escúcheme, infame mujer, soy impotente, usted es más fuerte que yo, pero hay quien me defenderá a mí y a mis hijos. ¡Dios lo ve todo! ¡Él es justo! La reclamará a usted por cada lágrima mía, por todas las noches que pasé en vela. ¡Llegará el tiempo en que usted se acordará de mí!

De nuevo sobrevino el silencio. La señora recorría la habitación, retorciéndose las manos mientras Pasha la miraba aún con torpe sorpresa, sin comprender, y esperaba de ella algo terrible.

—¡Señora, yo no sé nada! —dijo, y rompió a llorar.

—¡Miente! —gritó la señora y un brillo malicioso apareció en sus ojos—. ¡Lo sé todo! Hace tiempo que la conozco. Sé que durante el último mes él la visitaba todos los días.

—Sí. ¿Y qué hay con eso? Me visita mucha gente, pero yo no obligo a nadie. Cada uno sabe lo que hace.

—Pero si le estoy diciendo: ¡Se ha descubierto un desfalco! Él gastó dinero que no le pertenecía. Por una... como usted; por usted decidió cometer un delito... Escúcheme —dijo la señora con un tono decidido, deteniéndose frente a Pasha—. Usted no puede tener principios, no vive sino para causar daño, este es su propósito; pero no puedo pensar que haya caído tan bajo y que no haya quedado en usted un rastro de sentimiento humano. Él tiene mujer, hijos... Si lo condenan y mandan al exilio, mis hijos y yo nos moriremos de hambre... ¡Compréndalo! Y, sin embargo, existe un medio para salvarlo a él y a nosotros del oprobio y la miseria. Si hay un depósito de novecientos rublos lo dejarán en paz. ¡Solo novecientos rublos!

—¿Qué novecientos rublos? —preguntó Pasha en voz baja—. Yo no sé... No he aceptado nada...

—No le pido novecientos rublos... Usted no tiene dinero y además yo no necesito lo suyo. Le pido otra cosa... A las mujeres como usted, los hombres, por lo general, les regalan alhajas. ¡Devuélvame las que le regaló mi marido!

—Señora... ¡El señor no me regaló nada! —chilló Pasha, comenzando a comprender.

—¿Dónde está el dinero, entonces? Él gastó lo de él, lo mío y lo ajeno... ¿Adónde fue a parar todo eso? ¡Escúcheme, se lo suplico! Estuve muy indignada y le dije cosas muy desagradables, pero le pido disculpas. Usted debe odiarme, lo sé, pero si es capaz de condolerse, comprenderá mi situación. ¡Devuélvame las alhajas, se lo suplico!

—Mmhhh... —dijo Pasha, encogiéndose de hombros—. Con gusto lo haría, pero le juro por Dios que el señor no me dio nada. Créame. Aunque espere... Tiene razón —se turbó la corista—. Una vez el señor me trajo dos cositas. Se las devolveré si usted desea...

Pasha abrió uno de los cajones de la cómoda y extrajo una pulsera de oro hueca y una pequeña sortija con un rubí.

—¡Sírvase! —dijo, ofreciendo estos objetos a la visitante.

La señora enrojeció y su cara comenzó a temblar. Se sintió ofendida.

—¿Qué me ofrece usted? —dijo. No le pido limosna, sino algo que no le pertenece... lo que usted, aprovechando la situación, exprimió de mi marido… hombre débil y desdichado... El jueves pasado, cuando la vi junto con él en el embarcadero, usted llevaba unas pulseras y unos broches caros. De modo que no trate de representar ante mí a un inocente corderito. Le pido por última vez: ¿me devolverá las alhajas o no?

—Por Dios, señora, lo que usted dice es muy raro... —dijo Pasha, empezando a ofenderse—. Le aseguro que de Nicolay Petróvich nunca recibí nada, aparte de esta pulsera y esta sortija. El señor solía traerme empanadas dulces.

—Empanadas dulces... —la desconocida hizo una mueca—. En casa los niños no tienen qué comer y aquí abundan las empanadas dulces. ¿Se niega usted de manera absoluta a devolver las alhajas?

No habiendo obtenido respuesta alguna, la señora se sentó y se puso a mirar fijamente a un punto, meditando.

—¿Qué voy a hacer ahora? —musitó—. Si no consigo los novecientos rublos, él está perdido y los niños y yo también estamos perdidos. ¿Qué voy hacer? ¿Matar a esta canalla o arrodillarme ante ella?

La señora se cubrió la cara con el pañuelo y prorrumpió en sollozos.

—¡Le suplico! —se oía a través de su llanto—. Usted llevó a mi marido a la ruina y la perdición; sálvelo, pues... Usted no sentirá compasión por él, pero los niños... niños... ¿Qué culpa tienen los niños?

Pasha vio en su imaginación a los pequeñuelos que están en la calle, llorando de hambre, y se puso a sollozar ella también.

—Pero ¿qué quiere que haga, señora? —dijo—. Usted dice que soy una canalla y que arruiné a Nicolay Petróvich, pero le juro por Dios... Le aseguro que no saco ningún provecho con él... En nuestro coro Motia es la única que tiene un protector rico; todas las demás vamos tirando, a pan y agua. Nicolay Petróvich es un señor educado y correcto, por eso lo recibía. No podemos rechazar a las visitas.

—¡Le pido las alhajas! ¡Démelas! Estoy llorando... me humillo ante usted... ¡Me pondré de rodillas ahora mismo!

Asustada, Pasha dejó escapar un grito y agitó las manos. Sintió que esta hermosa y pálida dama, que se expresaba con tanta elegancia, como se habla en el teatro, era capaz de ponerse de rodillas ante ella, justo a causa de su orgullo, de su dignidad, para enaltecerse a sí misma y rebajar a la corista.

—¡Está bien, le daré las alhajas! —se apresuró Pasha, secándose los ojos—. Sírvase. Pero no son de Nicolay Petróvich... Las recibí de otras visitas. Sírvase...

Pasha abrió el cajón superior de la cómoda, sacó un prendedor de diamantes, una hilera de corales, varias sortijas, un brazalete, y entregó todo aquello a la dama.

—Llévelas, si quiere, pero de su marido no he tenido nada. ¡Lléveselas y que le aprovechen! —prosiguió Pasha, ofendida por aquella amenaza de arrodillarse—. Y si usted es una dama respetable y su legítima esposa ¿por qué entonces no lo tiene a su lado? Yo no lo llamé, él mismo vino a verme...

La señora examinó, a través de las lágrimas, los objetos que le fueron entregados y manifestó:

—Esto no es todo. No llegará ni a quinientos rublos.

Pasha sacó con brusquedad de la cómoda un reloj de oro, una cigarrera y un par de gemelos y dijo, haciendo un amplio ademán con las manos:

—No me queda nada más... Puede revisar los muebles si quiere. La visitante dejó oír un suspiro, con manos temblorosas envolvió las alhajas en un puñado y, sin decir una palabra, sin saludar siquiera con la cabeza, salió de la casa.

Se abrió la puerta del cuarto contiguo y entró Kolpakov. Estaba pálido y sacudía la cabeza con bastante nerviosismo, como si acabara de tragarse algunas píldoras muy amargas; en sus ojos brillaban las lágrimas.

—¿Qué alhajas me ha regalado usted? —le increpó Pasha—. ¿Cuándo me las trajo, si se puede saber?

—Alhajas... ¡No se trata de eso! —replicó Kolpakov y sacudió la cabeza—. ¡Dios mío! Ella lloró y se humilló ante ti...

—Le estoy preguntando: ¿qué cosas me ha regalado usted? —gritó Pasha.

—Dios mío, ella, tan decente, orgullosa, pura... quería ponerse de rodillas ante esta... ¡ante esta mujerzuela! ¡Y yo fui causante de ello! ¡Permití que las cosas llegaran hasta aquí!

Kolpakov se agarró la cabeza y gimió: ¡no me lo perdonaré nunca! ¡Jamás! ¡Apártate de mí... basura! —gritó con asco, retrocediendo y empujando a Pasha con manos temblorosas—. Ella quería arrodillarse y... ¿delante de quién? Delante de ti... ¡Dios mío!

Se vistió de prisa y, eludiendo a Pasha con aprensión se dirigió hacia la puerta y salió.

Pasha se acostó y se echó a llorar en voz alta. Ya tenía lástima por las alhajas que había entregado de manera impulsiva y se sentía ofendida. Luego recordó cómo, tres años antes, un comerciante le había pegado sin motivo alguno, y lloró aún más fuerte.

Una noche de espanto

Iván Ivanovitch Panihidin palideció, y empezó su historia con voz emocionada:

—Una niebla densa se extendía por encima del pueblo, cuando en la víspera del año nuevo 1883 volvía yo a casa. Había pasado la velada en la de un amigo, entreteniéndonos en una sesión espiritista. Las callejuelas que tenía que atravesar no estaban alumbradas y había que andar casi a tientas. En aquel tiempo vivía yo en Moscú, en un barrio muy apartado. El camino era largo; los pensamientos, pesados; mi corazón estaba oprimido...

"Tu existencia declina..., arrepiéntete...", me había dicho el espíritu de Espinosa, que habíamos consultado.

Le pedí que me dijera algo más, y entonces no solo repitió la misma sentencia, sino que añadió: "Esta noche".

Yo no creo en el espiritismo; pero la idea y hasta las alusiones a la muerte me abaten por completo.

La muerte es imprescindible e inminente; pero a pesar de todo, es una idea que la naturaleza repele...

Ahora, cuando me encontraba en medio de las tinieblas, cuando la lluvia caía sin cesar y el viento aullaba lastimero; cuando alrededor no se veía ni un ser vivo, no se oía ni una voz humana, mi alma estaba llena de un temor incomprensible. Yo, hombre sin prevenciones, corría a toda prisa temiendo mirar atrás. Me parecía que si volvía la cara la muerte se me aparecería bajo la forma de un fantasma.

Panihidin, suspiró, tomó un trago de agua y siguió.

Este miedo infundado, pero comprensible, no me abandonaba. Subí los cuatro pisos de mi casa y abrí la puerta de mi cuarto. Mi modesta habitación estaba oscura. El viento gemía en la chimenea; parecía que se quejaba de hallarse puertas afuera.

Si hay que creer en las palabras de Espinosa, esta noche mi muerte vendrá, acompañada de ese gemido... ¡brr!..., ¡qué horror!... Encendí un fósforo. El viento aumentó, y el gemido se convirtió en aullido furioso; los postigos se estremecían como si alguien tirara de ellos.

"Desgraciados los que carecen de hogar en una noche como esta", pensé...

No tuve tiempo de seguir mis pensamientos; cuando la llama amarilla del fósforo alumbró el cuarto, un espectáculo inverosímil y horroroso se presentó ante mi vista...

Lástima que un golpe de viento no alcanzara a mi fósforo apagando este, me hubiera evitado ver lo que me erizó los cabellos... Grité, di un paso hacia la puerta y, lleno de terror, de espanto y de desesperación, cerré los ojos.

En medio del cuarto había un ataúd.

La lucecita del fósforo ardió poco tiempo; sin embargo, el aspecto del ataúd quedó grabado en mis ojos. Era de un brocado rosa, con una cruz de galón dorado en la tapa. El brocado, las asas y los pies de bronce, indicaban que el difunto había sido rico; a juzgar por el tamaño y el color del ataúd, el muerto era una joven de alta estatura.

Sin razonarlo ni detenerme, salí como loco y me eché escaleras abajo. En el pasillo y en la escalera todo era oscuridad; los pies se me enredaban en el abrigo. Cómo no me caí y no me rompí los huesos, no lo comprendo. Al verme en la calle me apoyé en un farol y traté de tranquilizarme. Mi corazón latía; la garganta estaba seca... No me hubiera asombrado si hubiera encontrado en mi cuarto un ladrón, un perro rabioso, un incendio... No me hubiera asombrado si el techo se hubiera hundido, si el piso se hubiera desplomado... Todo esto es natural y concebible. Pero, ¿cómo vino a parar a mi cuarto un ataúd? Un ataúd de precio, hecho con toda evidencia para una joven rica; ¿cómo había ido a parar a la pobre morada de un empleado insignificante? ¿Estará vacío, o habrá dentro un cadáver? ¿Y quién es esa desgraciada que me hizo tan terrible visita? ¡Misterio!

Si no es un milagro, será un crimen.

Perdía la cabeza en conjeturas. La puerta estaba siempre cerrada en mi ausencia, y el sitio donde escondía la llave solo lo sabían mis mejores amigos; pero ellos no iban a ponerme un ataúd en mi cuarto, Se podía presumir que el fabricante lo llevó allí por equivocación; pero, en tal caso, no se hubiera ido sin cobrar su importe, o por lo menos un anticipo.

Los espíritus me han profetizado la muerte. ¿Me habrán provisto tal vez del ataúd?

Yo no creía, y sigo no creyendo, en el espiritismo; pero una coincidencia semejante desconcertaría a cualquiera.

"Es imposible. Soy un cobarde, un chiquillo. Habrá sido una alucinación. Al volver a casa estaba tan mal impresionado, que los nervios me hicieron ver lo que no existía. ¡Es claro! ¿Qué otra cosa puede ser?".

La lluvia me mojaba; el viento me arrebataba el gorro y me arremolinaba el abrigo... Estaba chorreando... Tenía frío... No podía quedarme allí. Pero ¿adónde ir? ¿Volver a casa y encontrarme otra vez frente al ataúd? No podía ni pensarlo; me hubiera vuelto loco al ver otra vez aquel ataúd, que con toda probabilidad contenía un cadáver. Me decidí por ir a pasar la noche en casa de un amigo.

Panihidin se secó la frente bañada de sudor frío, suspiró y siguió su relato:

—Mi amigo no estaba en casa. Después de llamar varias veces, me convencí de que se hallaba ausente. Busqué la llave detrás de la viga, abrí la puerta y entré. Me apresuré a quitarme el abrigo mojado, lo tiré al suelo y caí desplomado en el sofá. Las tinieblas eran completas; el viento rugía con más fuerza; en la torre del Kremlin se oyó el toque de las dos. Saqué los fósforos y encendí uno. Pero la claridad no me tranquilizó; al contrario, lo que vi me llenó de horror. Vacilé unos momentos y huí como loco de aquel lugar... En la habitación de mi amigo vi un ataúd... ¡de doble tamaño que el otro!

El color marrón le daba un aspecto más lúgubre... ¿Por qué se encontraba ahí? no cabía duda: era una alucinación... No era posible que en todas las habitaciones hubiera ataúdes. Por lo visto, adonde fuera, por todas partes llevaría conmigo la terrible visión de la última morada.

Por lo visto sufría yo una enfermedad nerviosa, contraída a consecuencia de aquella sesión espiritista y de las palabras de Espinosa.

"Me vuelvo loco", pensaba, aturdido, cogiéndome la cabeza. "¡Dios mío! ¿Cómo remediar esto?".

Sentía vértigos... Las piernas se me doblaban... Llovía a cántaros; estaba mojado hasta los huesos, sin gorra y sin abrigo... Imposible volver a buscarlos; estaba seguro de que todo aquello era alucinación y, sin embargo, el temor me aprisionaba, mi cara estaba inundada de sudor frío; los pelos, de punta...

Me volvía loco y me exponía a pillar una pulmonía. Por suerte, me acordé de que en la misma calle vivía un médico conocido mío, que precisamente había asistido también a la sesión espiritista. Me dirigí hacia su casa; en aquel tiempo aún no estaba casado y tenía su cuarto en un quinto piso de una gran casa.

Mis nervios tuvieron que soportar todavía otro choque... Al subir la escalera oí un ruido atroz: alguien bajaba corriendo, batiendo las puertas y gritando con todas sus fuerzas: "¡Socorro, socorro! ¡Portero!".

Un momento después vi aparecer una figura oscura que bajaba rodando las escaleras...

—¡Pagostof! —exclamé al reconocer a mi amigo el médico— ¿Es usted? ¿Qué le ocurre?

—Pagostof se detuvo y me agarró la mano de manera convulsiva; estaba lívido, respiraba con dificultad, su cuerpo temblaba, sus ojos erraban abiertos con desmesura...

—¿Es usted, Panihidin? —me preguntó con voz ronca—. ¿Es de verdad usted? ¡Pero está usted pálido como un muerto! ¡Dios mío! ¿No es una alucinación? ¡Me da usted miedo!...

—Pero ¿qué le pasa?... ¿Qué ocurre?...

—¡Amigo mío! ¡Gracias a Dios que es usted en verdad! ¡Qué contento estoy de verle! Esta maldita sesión espiritista me ha trastornado los nervios. Imagínese usted lo que se me ha aparecido en mi cuarto al volver: ¡un ataúd!

No lo pude creer y pedí que me lo repitiera.

—¡Un ataúd, un verdadero ataúd! —dijo el médico cayendo extenuado en la escalera—. No soy cobarde; pero el diablo mismo se asustaría de encontrarse con un ataúd en su cuarto después de una sesión espiritista...

Entonces, balbuceando y tartamudeando, conté al médico lo de los ataúdes que había visto yo también. Por algunos momentos nos quedamos mudos mirándonos uno al otro. Luego, para convencemos que todo esto no era un sueño, empezamos a pellizcarnos.

—Nos duelen los pellizcos a los dos —dijo por fin el médico—; esto quiere decir que no soñamos y que los ataúdes, el mío y los de usted, no son fenómenos ópticos, sino que existen de veras. ¿Qué haremos?

Pasé una hora haciendo conjeturas y suposiciones; estábamos helados, y, por fin, resolvimos dominar nuestro temor y entrar en el cuarto del médico. Previnimos al portero, quien subió con nosotros. Al entrar encendimos una vela y vimos un ataúd de brocado blanco con flores y borlas doradas. El portero se persignó con devoción.

—Ahora vamos a enterarnos —dijo el médico temblando— de si el ataúd está vacío u ocupado.

Después de mucho vacilar, el médico se acercó y, rechinando los dientes de miedo, arrancó la tapa. Echamos una mirada y vimos que... el ataúd estaba vacío.

No había cadáver; pero había una carta con el contenido siguiente:

"Querido amigo: Ya sabrás que los negocios de mi suegro van de mal en peor y tiene muchas deudas. Un día de estos vendrán a embargarle, y esto nos arruinará y nos deshonrará. Hemos decidido esconder todo lo de más valor, y como la fortuna de mi suegro consiste en ataúdes (es el de más fama en nuestro pueblo), tuvimos que poner a salvo los mejores. Confío que tú, como buen amigo, me ayudarás a defender nuestra honra y nuestra fortuna, y a consecuencia de esto te envío un ataúd, rogándote que lo guardes hasta que pase el peligro. Necesitamos la ayuda de amigos y conocidos. No me niegues este favor. El ataúd no se quedará en tu cuarto más que una semana. A cuantos se consideran amigos míos les he mandado muebles de estos, contando con su nobleza y generosidad. Tu amigo, *Tchelustin*". Después de aquella noche tuve que curarme los nervios durante tres meses. Nuestro amigo, el yerno del fabricante de ataúdes, salvó su fortuna y su honra. Ahora tiene una funeraria y vende panteones; pero sus negocios no prosperan, y cada noche, al volver a mi casa, temo ver junto a mi cama un catafalco o un panteón.

Pequeñeces

Nicolás Ilich Beliaev, propietario de casas en San Petersburgo y asiduo concurrente a las carreras, hombre joven, de unos treinta y dos años, bien alimentado y de sonrosadas mejillas, entró al anochecer en casa de la señora Olga Ivánovna Irnina, con la cual tenía relaciones o, según su expresión, arrastraba una larga y aburrida novela. En efecto, las primeras páginas de esta novela, interesantes e inspiradas, hacía tiempo ya que habían sido leídas; las que ahora se sucedían nada ofrecían de nuevo ni interesante.

No habiendo encontrado a Olga Ivánovna en casa, nuestro héroe pasó a la sala, se tumbo en un canapé y se puso a esperarla.

¡Buenas noches, Nicolás Ilich! —se oyó una voz infantil—. Mamá vuelve enseguida. Ella y Sonia fueron a casa de la modista.

En la misma sala se hallaba recostado en un diván el hijo de Olga Ivánovna, Aliosha, chicuelo de unos ocho años, esbelto, bien cuidado y vestido con una elegante chaqueta de terciopelo y largas medias negras. Tirado sobre un almohadón de raso y, por lo visto, imitando a un acróbata, a quien había observado en el circo, levantaba ya una pierna, ya otra. Cuando sus elegantes piernas se fatigaban, hacía trabajar las manos o bien se levantaba de un salto, se ponía en cuatro patas y trataba de levantar los pies. Todo lo cual realizaba con el rostro muy serio, jadeando con esfuerzo, como si él mismo lamentara que Dios le diera un cuerpo tan inquieto.

—¡Ah, buenas noches, mi amigo! —dijo Beliaev—; ¿Eres tú? No me di cuenta. ¿Tu mamá está bien?

Aliosha, que había asido con su mano derecha la punta de su pie izquierdo y adoptado así una pose de lo más extraña, dio una vuelta, se levantó de un salto y miró a Beliaev, escondiéndose detrás de una gran pantalla afelpada.

—¡Qué quiere que le diga! —dijo encogiéndose de hombros—. Es una mujer, y a las mujeres, Nicolás Ilich, siempre les duele algo.

Por no tener nada que hacer Beliaev se puso a examinar el rostro de Aliosha. Desde el comienzo de sus relaciones con Olga Ivánovna, ni una sola vez había prestado atención al chico ni se daba cuenta de su existencia: estaba a la vista, sí, un chicuelo, pero para qué y qué papel desempeñaba, en eso Beliaev no tenía ganas de pensar.

En las sombras crepusculares el rostro de Aliosha, con su frente pálida y negros ojos inmóviles, hizo recordar a Beliaev, de manera inesperada, a Olga Ivánovna tal como era en las primeras páginas de la novela. Sintió deseos de acariciar al chico.

—¡Ven acá, gorrión! —le dijo—.

Deja que te mire un poco de cerca.

El muchachito saltó desde el diván y corrió hacia Beliaev.

—Y bien —comenzó diciendo Nicolás Ilich, poniendo la mano sobre el delgado hombro del chiquillo—. ¿Qué tal? ¿Cómo va esta vida?

—Vea... Antes vivíamos mucho mejor.

—¿Por qué?

—¡Muy sencillo! Antes Sonia y yo nos dedicábamos a la música y la lectura solamente, mientras que ahora tenemos que estudiar también los versos en francés. Usted ha ido a la peluquería hace poco.

—Es cierto.

—Sí, porque noto que su barbita está más corta. Permítame que se la toque. ¿No le duele?

—No, no me duele.

—¿Por qué será que al tirar solo de un pelito a uno le duele, pero tironeando muchos pelos juntos no duele ni un poquito? ¡Ja, ja! Sabe, es una lástima que no lleve patillas. Aquí habría que afeitar y aquí, por los costados, dejar crecer los pelos...

Se arrimó a Beliaev y se puso a jugar con su cadenita.

—Cuando ingrese en el colegio —decía— mamá me comprará un reloj. Le pediré que me compre una cadenita igual que esta... ¡Oh, qué medallón! Papa tiene uno igual, pero en lugar de estas rayitas hay letras... y en el medio está el retrato de mamá. Papá tiene ahora otra cadenita, sin eslabones; es como una cinta...

—¿Cómo lo sabes? ¿Ves a tu papá?

—¿Yo? Mmm... No. Yo...

Aliosha enrojeció y, presa de una fuerte confusión por haber sido sorprendido en la mentira, se puso a rasgar con la uña el medallón. Beliaev lo miró fijamente a la cara y preguntó:

—¿Visitas a tu papá?

—¡N... no!

—Háblame con franqueza y honestidad... Veo por tu cara que no dices la verdad. Pues ya que se te escapó la lengua, no tienes por qué andar con rodeos. Dime, ¿vas a la casa de él? ¡Háblame como a un amigo!

Aliosha pensó un rato.

—¿No le va a decir a mamá?

—¡Qué va!

—¿Palabra de honor?

—Palabra de honor.

—¡Jure por Dios!

—¡Pero qué chico!... ¿Por quién me tomas?

Aliosha miró en su derredor, abrió mucho los ojos y comenzó a susurrar:

—Por amor de Dios, no se lo diga a mamá... En general, no se lo diga a nadie, porque es un secreto. Si mamá llega a saberlo, estamos fritos todos: Sonia, Pelagia y yo... Bueno, escuche. Sonia y yo vamos a ver a papá todos los martes y viernes. Cuando Pelagia nos lleva de paseo, antes de comer, entramos en la confitería de Apfel, donde nos espera papá... Siempre está en un reservado, donde hay una mesa de mármol y un cenicero en forma de ganso...

—¿Y qué hacen ustedes allí?

—Nada. Al principio, nos saludamos; luego nos sentamos todos a la mesa y papá nos convida con café y pastelillos. Sonia los prefiere de carne, ¿sabe?... pero yo no los paso. Me gustan con repollo y huevos. Comemos tanto que después, durante el almuerzo, tratamos de comer más aún para que mamá no se dé cuenta.

—¿Y de qué hablan allí?

—¿Con papá? De todo. Nos besa, nos acaricia y nos cuenta toda clase de historias graciosas. Usted sabe, nos dice también que cuando seamos más grandes iremos a vivir con él. Sonia no quiere, pero yo estoy de acuerdo. Cierto que sin mamá va a ser algo aburrido, pero le voy a escribir cartas. Además, podremos visitarla en los días de fiesta, ¿no es cierto? Papá dice también que me va a comprar un caballo. ¡Es un hombre muy bueno! No sé por qué mamá no quiere que viva con nosotros, y no nos deja ir a verlo. ¡Si él la quiere tanto! Siempre pregunta por su salud y sus ocupaciones. Cuando ella estaba enferma, él se tomaba la cabeza entre las manos… así, mire... y se ponía a correr por la habitación. Y nos pidió que la obedeciéramos y respetáramos. Escuche, ¿es verdad que somos desdichados?

—Mmmm... ¿Por qué?

—Así lo dice papá. Son, dice, muy desdichados, niños. Hasta resulta extraño escucharlo. Ustedes, dice, son desdichados, mamá es desdichada y yo soy desdichado. Recen, dice, a Dios por nosotros y por ella.

Aliosha detuvo su mirada en un pájaro disecado y se quedó pensativo.

—Sí-í... —mascullό Beliaev—. Conque esas tenemos. Realizan congresos en confiterías. ¿De modo que tu mamá no lo sabe?

—Nooo... ¡Cómo va a saberlo! Pelagia no se lo dirá por nada. Anteayer papá nos convidó con peras. Eran dulces como la miel. Me comí dos.

—Ejem... Escúchame... este... ¿Tu papá no dice nada de mí?

—¿De usted? Mire, en realidad...

Aliosha examinó con atención la cara de Beliaev y se encogió de hombros.

—No dice nada especial.

—Más o menos ¿qué dice?

—¿No se va a ofender?

—¡Qué va! ¿Acaso me reta?

—No lo reta, pero sabe... Está enojado con usted. Dice que por su culpa mamá es desgraciada y que usted... la ha perdido. Es algo raro: yo le explico que usted es buena persona, que nunca le grita a mamá, pero él no hace más que menear la cabeza.

—¿Así que dice que yo la he perdido?

—Sí. ¡No se ofenda usted, Nicolás Ilich!

Beliaev se levantó, durante un rato se quedó de pie y luego comenzó a caminar por la sala.

—Es extraño y... ridículo —dijo, encogiéndose de hombros y sonriendo con ironía—. Él mismo es culpable por los cuatro costados y ahora resulta que soy yo quien la ha perdido, ¿qué te parece? Mira qué corderito inocente. ¿Así que te dijo sin más que yo había perdido a tu madre?

—Sí, pero... usted me ha dicho que no se iba a ofender.

—No me ofendo... y además ¿qué te importa? Qué cosa más ridícula: caí atrapado en una jaula y todavía resulta que soy culpable.

Se oyó un timbre. El chico dio un salto y desapareció de la sala. Un minuto después entró una dama acompañada de una niña. Era Olga Ivánovna, madre de Aliosha. Este seguía detrás de ella, bailoteando, canturreando y agitando los brazos. Beliaev saludó con la cabeza sin dejar de caminar.

—Claro, ¿a quién culpar ahora sino a mí? —murmuró, dejando oír una risita irónica—. ¡Tienes razón! ¡Es el marido ofendido!

—¿De qué estás hablando? —preguntó Olga Ivánovna.

—¿De qué? Escucha un poco las cosas que predica tu fidelísimo. Resulta que yo soy un canalla y un malhechor; que te perdí a ti y a los chicos. Todos ustedes son desdichados y solo yo soy feliz. ¡Terriblemente feliz!

—¡No te comprendo, Nicolás! ¿De qué se trata?

—Pues, escucha un poco a este joven caballero —dijo Beliaev, señalando a Aliosha.

Aliosha se ruborizó, luego de golpe se puso pálido y todo su rostro se contrajo por el miedo.

—¡Nicolás Ilich! —murmuró—. ¡Shhh!

Olga Ivánovna miró con sorpresa a Aliosha, a Beliaev y luego otra vez a Aliosha.

—¡Anda! ¡Pregúntale! —continuó Beliaev—. Tu Pelagia, esa cabeza de chorlito, los lleva a las confiterías y les arregla entrevistas con el papaíto. Pero eso es lo de menos; el asunto está en que el papito es un mártir, mientras que yo soy un malhechor, un canalla que ha arruinado la vida de los dos...

—¡Nicolás Ilich! —gimió Aliosha—. ¡Usted me ha dado su palabra de honor!

—¡Déjame en paz! —Beliaev hizo un ademán de fastidio—. Estoy hablando de cosas más importantes que la palabra de honor. ¡Lo que me indigna es la hipocresía, la mentira!

—¡No comprendo! —murmuró Olga Ivánovna y en sus ojos brillaron las lágrimas—. Oye, Aliosha —se dirigió a su hijo—: ¿Veías a tu padre?

Sin oírla, Aliosha miraba espantado a Beliaev.

—¡No puede ser! —dijo la madre—. Voy a preguntar a Pelagia.

Olga Ivánovna salió.

—¡Escuche, usted me ha dado su palabra de honor! —exclamó Aliosha, temblando con todo el cuerpo.

Beliaev hizo un ademán distraído y siguió caminando. Estaba pensando en la ofensa y, como antes, no se daba cuenta de la presencia del chico. Él, persona mayor y sería, no estaba para niñerías.

Mientras tanto Aliosha, sentado en un rincón relataba atormentado a Sonia cómo había sido engañado. Lo hacía temblando, tartamudeando, llorando; por primera vez en su vida tropezaba de manera tan brutal, cara a cara, con la mentira; no sabía antes que, aparte de las peras dulces, pastelillos y relojes caros, existen en el mundo muchas otras cosas que no tienen nombre en el lenguaje infantil.

La lengua larga

Natalia Mihailovna, señora muy joven y guapa, acaba de llegar en el tren de Jalta, donde ha pasado el verano, y mientras come, charla sin cesar, refiriendo los encantos de aquel país. El marido, alegre y satisfecho de su llegada, mira su cara entusiasmada con ojos enternecidos, y de vez en cuando le dirige alguna pregunta.

—Dicen que la vida es allí muy cara —le preguntó, entre otras cosas.

—¿Cómo decirte? Creo que la carestía no es tan grande como la suelen pintar. Teníamos con Julia Petrovna una habitación bastante confortable por veinte rublos al día. Todo depende de saber arreglarse. Por supuesto, que si va uno de excursión a los montes, por ejemplo, la Ai-Patri..., el caballo..., el guía..., resulta caro... ¡carísimo!..., Pero, chico, ¡qué montes aquellos! Imagínate unos montes altísimos..., mil veces más altos que la iglesia... Arriba, niebla..., nada más que niebla... Abajo, piedras, nada más que piedras... ¡Ah! ¡ Cuánto lo recuerdo!

—A propósito. Durante tu ausencia leí no pocas atrocidades sobre aquellos guías... ¿Es cierto que son tan perversos?

Natalia Mihailovna hace una mueca y mueve la cabeza negando.

—Son tártaros como todos los demás tártaros —contesta—. Pero, después de todo, yo no los vi más que de lejos una o dos veces... Me los señalaron, pero no les hice caso... Sentía siempre aversión hacia toda clase de circasianos, griegos, moros...

—Parece que son unos tenorios.

—Puede ser... Hay algunas descaradas que...

Natalia Mihailovna salta de su silla, y con ojos dilatados, como si viera algo terrorífico, le dice a su marido, recalcando las frases:

—¡Vasitchka! ¡Qué mujeres tan ligeras se encuentran!... ¡Qué inmorales!.., y no de baja extracción o de clase media, no; ¡aristócratas del mejor mundo!... ¡Yo lo veía y no lo creía! ¡No podré nunca olvidarlo! Es posible carecer de principios hasta tal punto... que no me atrevo a contarlo... Tomaremos, por ejemplo, mi compañera Julia Petrovna... Tiene un marido tan simpático, dos hijos, forma parte de la mejor sociedad..., quiere pasar por una santa, y ¿sabes lo que hacía?... No te lo puedes figurar...; pero esto quedará entre nosotros... ¿Me das tu palabra que no lo contarás a nadie?

—¡Vaya qué idea! ¿A quién se lo voy a contar?

—¿Palabra de honor? Bueno, tendré confianza...

La señora deja el tenedor en la mesa, y con aire misterioso le dice a su marido bajando la voz:

—Imagínate lo siguiente... Se fue, aquella Julia Petrovna a dar un paseo a caballo por los montes. El tiempo era magnífico. Delante iba ella con su guía; detrás, yo. A los dos o tres kilómetros de la población, Julia Petrovna lanzó un grito y se llevó las manos al pecho.

El tártaro la sostuvo; se hubiera caído de la silla sin su auxilio... Me acerqué a ella con mi guía... "¿Qué ocurre? ¿Qué pasa?".

"¡Me encuentro mal, me muero! No puedo seguir más adelante". ¡Imagínate mi susto! "Volvamos atrás", le dije. "No puedo volver", me contestó; "si doy un solo paso, me muero. Tengo espasmos". Y nos suplicó a mí y a Suleiman que fuéramos a casa a traerle sus gotas, que la aliviarían.

—Espera; no entiendo... —balbucea el marido—. Me referías que a los tártaros no los veías más que de lejos, y ahora hablas de un tal Suleiman.

—¡Ya vuelves con tus tonterías! —interrumpe la señora sin dejarse turbar—. ¡Odio estas suspicacias! ¡No las puedo soportar! ¡Es idiota y absurdo!

—No soy suspicaz; pero... ¿de qué sirve mentir? Te paseabas con los tártaros, ¡qué sea enhorabuena! ¿Para qué estos embustes?

—¡Eres imposible! —contesta indignada la señora—. ¡Estás celoso de Suleiman! ¡Quisiera saber cómo ibas tú a los montes sin guía! ¡Lo quisiera ver! Si no conoces ni entiendes aquella vida, harías mejor en callarte. ¡Escucha y calla! Allí no se puede dar un solo paso sin guía.

—¡Por supuesto!

—¡Hazme el favor de dejar esas tontas sonrisitas! No soy una Julia cualquiera para soportarlas. Yo, aunque no pretendo pasar por una santa, no me permitiría ciertas cosas... ¡Ca!... Mametkul; aquel pasaba todo el tiempo con Julia Petrovna, y yo, no... En cuanto daban las once, basta... "¡Suleiman, largo!". Y mi tartarito se marchaba. Yo le trataba con mucha severidad... Apenas me venía con algunas pretensiones, por lo del dinero, o alguna otra cosa, enseguida le reñía: "¡Cómo! ¿Qué quiere decir esto?". ¡Ah! ¡Ah! ¡Ah!... No le llegaba la camisa al cuerpo. ¿Sabes, Vasitchka? Tenía unos ojos negros como el carbón... Una cara morenita, una cara de tártaro tan graciosa... ¡Ah, le trataba con mucha severidad!...

—Me lo imagino —dice el esposo haciendo bolitas de migas con el pan.

—¡Eres tonto, Vasitchka, muy tonto! Ya sé lo que piensas... Conozco tus ideas... Pero te aseguro que paseándose no se propasaba nunca. Por ejemplo, íbamos de excursión a los montes o a la cascada de Ucha-Su. Yo le ordenaba siempre: "¡Suleiman, atrás! ¿Oyes?". Y el pobrecillo tenía que seguirme... Y hasta en los momentos más patéticos le advertía siempre: "¡A pesar de todo, no has de olvidar que tú eres un tártaro, y yo la señora de un consejero de Estado!". ¡Ah! ¡Ah ¡Ah!...

La señora suelta una carcajada, luego pone una cara asustadísima y cuchichea:

—¡Pero esta Julia!... ¡Esta Julia!... Una puede distraerse, hacer alguna travesura... ¿Por qué no? Hay que descansar de la frivolidad de la vida mundana. Lo concibo así. Diviértete, nadie te lo echará en cara; pero tomarlo en serio, dar escándalos...., ¡esto no es admisible! ¡Imagínate, ella estaba celosa!... ¡Qué majadería!... Una vez llegó Mametkul... Es su galán... Ella estaba ausente. Lo llamé a mi cuarto..., charlamos..., pasamos el rato..., son muy graciosos..., la tarde pasó sin sentir... De pronto llegó Julia como un torbellino... Se encaró conmigo, con Mametkul; nos armó una escena... ¡Horror!... Esto, Vasitchka, no lo concibo...

Vasitchka lanza un ¡hum! muy significativo, frunce el ceño y camina a grandes pasos.

—¡Por lo visto te has distraído! —dice sonriendo.

—¡Qué estúpido! —replica la señora—. ¡Ya sé lo que piensas! Tienes siempre malas ideas. ¡Otra vez no te contaré nada! ¡Nada!

La señora se calla y pone una cara compungida.

Ana colgada al cuello

I

Después de la bendición nupcial ni siquiera hubo merienda ligera; los recién esposados bebieron una copa; cambiaron de traje y partieron a la estación. En lugar de una alegre fiesta de bodas y una cena, en lugar de música y baile, el viaje a un monasterio, a doscientas *verstas* de distancia. Esta actitud fue aprobada por muchas personas, las cuales decían que por cuanto Modest Alekseich era un funcionario de cierta jerarquía y ya no era joven, un casamiento ruidoso pudiera quizás parecer no muy decente; por otra parte, resulta aburrido escuchar música cuando un funcionario de cincuenta y dos años se casa con una jovencita que acaba de cumplir los dieciocho. Se decía también que Modest Alekseich, siendo un hombre de rígidas costumbres, emprendió este viaje al monasterio ante todo para darle a entender a su joven esposa que también en el matrimonio él otorgaba el primer lugar a la religión y la moralidad.

Una multitud de colegas, empleados y parientes, reunida en el andén para despedir a la flamante pareja, esperaba, copa en mano, la partida del tren para gritar el "hurra", y Piotr Leóntich, el padre, vestido de frac y con un sombrero de copa, ya ebrio y muy pálido, tendía su copa de champaña hacia la ventanilla y decía en tono implorante:

—¡Aniuta! ¡Ania! ¡Ania, una sola palabra!...

Desde la ventanilla Ania se inclinaba hacia él, y su padre le susurraba algo, envolviéndola con un fuerte olor a vino, le resoplaba en el oído —nada se le podía entender— y hacía la señal de la cruz sobre su cara, pecho y manos; tenía la respiración entrecortada y en sus ojos asomaban las lágrimas. Mientras tanto, los hermanos de Ania, Petia y Andriusha, alumnos del colegio, lo tironeaban del frac y le susurraban, confundidos:

—Papaíto, basta... Papaíto, no hagas esto...

Cuando el tren se puso en movimiento, Ania, vio a su padre correr un trecho tras el vagón, tambaleándose y derramando el vino; vio también cuán lastimera, bondadosa y culpable era su cara.

—¡Hurra-a! —gritaba.

Los recién casados se quedaron solos. Modest Alekseich examinó el compartimento, distribuyó el equipaje sobre los estantes y se sentó, sonriendo, frente a su joven esposa. Era un funcionario de estatura mediana, más bien grueso, muy bien alimentado, con largas patillas y sin bigotes, y su redonda, afeitada y bien acusada barbilla se parecía a un talón. Lo más característico de su cara era la ausencia de bigotes, ese sitio desnudo, recién afeitado, que se convertía gradualmente en gruesas mejillas, temblorosas como la gelatina. Se comportaba en forma circunspecta, sus movimientos eran pausados, sus maneras suaves.

—No puedo menos que recordar ahora una circunstancia —dijo, sonriendo—. Hace cinco años, cuando Kosorotov recibió la orden de Santa Ana, de segundo grado, y fue a dar las gracias a su excelencia, este se expresó de esta manera: "De modo que usted tiene ahora tres Anas: una en el ojal y dos colgadas al cuello". Es que en aquella época, la mujer de Kosorotov, persona frívola y pendenciera, de nombre Ana, acababa de reintegrarse a su hogar. Espero que para la ocasión en que yo reciba la orden de Santa Ana de segundo grado, su excelencia no tenga motivos para decirme lo mismo.

Sonreía con sus ojillos. Ella sonreía también, turbada por la idea de que en cualquier momento este hombre podía besarla con sus gruesos y húmedos labios y de que ella no tenía derecho a negárselo. Los suaves movimientos de su abultado cuerpo la asustaban; tenía a la vez miedo y asco. Él se levantó sin prisa, se quitó la condecoración, se sacó el frac y el chaleco y se puso la bata.

—Así estaremos bien —dijo, sentándose al lado de Ania.

Ella recordó cuán penosa había sido su boda, cuando el sacerdote, los invitados y todos los presentes en la iglesia la miraban con tristeza, según le parecía: ¿por qué ella tan joven, simpática y bella, se casaba con este señor de edad, tan poco interesante? Todavía esta mañana estaba entusiasmada porque todo se había arreglado tan bien, pero durante la ceremonia y ahora en el vagón se sentía culpable, engañada y ridícula. Hela aquí casada con un hombre rico, no obstante lo cual, seguía sin dinero, el vestido de novia se compró a crédito, y cuando hoy su padre y sus hermanos fueron a despedirla ella vio por sus caras que no tenían ni una *kopeika*. ¿Podrán cenar hoy? ¿Y mañana? Y le pareció, sin saber por qué, que el padre y los chicos estaban en casa, sin ella hambrientos, y sentían la misma angustia que en la primera noche después del entierro de su madre.

—"¡Qué desdichada soy! —pensó—. ¿Por qué soy tan desdichada?".

Con la torpeza de un hombre serio, que no acostumbra tratar a las mujeres, Modest Alekseich le rozaba el talle y le daba golpecitos en el hombro, mientras que ella pensaba en el dinero, en su madre, en la muerte de esta. Fallecida su madre, Piotr Leóntich, su padre, profesor de caligrafía y dibujo en el colegio secundario, se dio a la bebida; sobrevino un período de necesidades, los muchachos carecían de zapatos y de galochas, el padre fue llevado varias veces al juzgado, el ujier vino a la casa y embargó los muebles... ¡Qué vergüenza! Ania debió cuidar a su padre borracho, remendar los calcetines a sus hermanos, ir de compras al mercado, y cuando alguien se ponía a elogiar su belleza, juventud y elegantes modales, le parecía que todo el mundo se daba cuenta de su sombrerito barato y de sus zapatos con agujeros disimulados con tinta. Y de noche venían las lágrimas y la inquieta y obsesionante idea de que al padre, a causa de su vicio, no tardarían en echarlo del colegio y que él no lo soportaría y moriría, como su madre. Pero entonces algunas damas conocidas se empeñaron en buscarle un hombre bueno. Al poco tiempo encontraron a este Modest Alekseich, que no era joven ni buen mozo, pero que tenía dinero. Tenía en el banco unos cien mil rublos y era dueño de una herencia, entregada en arriendo. Era un hombre de principios morales y bien mirado por sus superiores; nada le costaría, según le habían dicho a Ania, conseguir una cartita de parte de su excelencia para el director del colegio y aun para el curador, para que no dejaran cesante a Piotr Leóntich...

Mientras recordaba estos detalles, se oyó de pronto una música, que penetró por la ventanilla junto con el ruido de voces. El tren se detuvo en un apeadero. Detrás del andén, entre la multitud, alguien tocaba con brío el acordeón y un barato y chillante violín, mientras que desde las *dachas*, bañadas por la luz de la luna, por encima de los altos abedules y álamos, llegaban los sones de una banda militar: seguro se realizaba allí una velada danzante. Sobre el andén paseaban los veraneantes y los que venían de la ciudad para pasar un día tranquilo y respirar aire puro. Entre ellos se encontraba Artynov, el dueño de todo este lugar de descanso, un ricachón alto y corpulento, de cabello negro y con cara de armenio; tenía ojos saltones y vestía un traje extraño. Llevaba una camisa, desabrochada sobre el pecho, y altas botas con espuelas; desde sus hombros bajaba una capa negra que se arrastraba por la tierra como la cola de un vestido de gala. Tras él, inclinando sus afilados hocicos, iban dos perros de caza.

Las lágrimas brillaban aún en los ojos de Ania, pero ella no pensaba ya en su madre, ni en el dinero, ni en su boda, sino que estrechaba las manos a los colegiales y a los oficiales conocidos, reía alegremente y saludaba de prisa:

—¡Buenas noches! ¿Cómo le va? Salió a la plataforma y se ubicó bajo la luz de la luna de modo que la vieran toda, con su magnífico vestido y su sombrero nuevo.

—¿Por qué estamos parados aquí? —preguntó.

—Porque hay un apartadero aquí —le respondieron—. Están esperando el tren correo.

Al darse cuenta de que la estaba mirando Artynov, ella entornó los ojos con coquetería y empezó a hablar en francés en voz alta, y, porque su propia voz resonaba tan agradable, se oía la música y la luna se reflejaba en el estanque, porque con tanta avidez y curiosidad la miraba Artynov, ese conocido donjuan y enredador; y porque todo el mundo estaba animado, de repente sintió alegría; y cuando el tren se puso en marcha y los oficiales conocidos la despidieron con un saludo militar, ella ya estaba canturreando la polca cuyos sones le enviaba aun la banda militar que atronaba a lo lejos, detrás de los árboles; y volvió a su compartimiento con la sensación de que en este apeadero la habían convencido de que sería dichosa sin duda, ocurriera lo que ocurriese.

Los desposados se quedaron en el monasterio dos días, luego volvieron a la ciudad. Se instalaron en un apartamento fiscal. Cuando Modest Alekseich se iba a la oficina, Ania tocaba el piano, o lloraba de tedio, o se recostaba en el diván y leía novelas u hojeaba una revista de modas. Durante el almuerzo Modest Alekseich comía mucho y hablaba de política, designaciones, traslados y condecoraciones; de que era necesario trabajar; que la vida familiar no es un placer sino un deber; que no puede haber un rublo si falta una *kopeika* y que por encima de todas las cosas él colocaba la religión y la moralidad. Y, sosteniendo en su puño el cuchillo, cual una espada, sentenciaba:

—¡Cada persona debe tener sus obligaciones!

Ania lo escuchaba; de miedo no podía comer y casi siempre se levantaba de la mesa con hambre. Después de comer, el marido se acostaba a descansar y roncaba con fuerza, y ella iba a ver a los suyos. El padre y los muchachos la miraban de una manera especial, como si un instante antes de su llegada estuvieran juzgándola por haberse casado por interés, con un hombre que no amaba, fastidioso y aburrido; su vestido murmurante, sus pulseras, todo su aspecto de dama los incomodaba y ofendía; en su presencia se sentían algo confusos y no sabían de qué hablar con ella; pero la querían igual que antes y aun no se habían acostumbrado a almorzar sin ella. Ania se sentaba a la mesa y comía con ellos la sopa de repollo, la *kasha*[41] y patatas fritas con la grasa de cordero, que olía a vela. Con mano temblorosa Piotr Leóntich echaba vodka en su copa y

---

[41] Papilla de cereales de hortalizas.

la apuraba de prisa, con avidez y asco; luego bebía otra copa, luego otra más... Petia y Andriusha, muchachitos delgados y pálidos, de grandes ojos, retiraban de la mesa el jarro y decían, turbados:

—Papaíto, no bebas... Basta ya, papaíto...

También Ania se alarmaba y le imploraba que no bebiera más, mientras que él estallaba de pronto y golpeaba con el puño la mesa.

—¡No permitiré a nadie vigilarme! —gritaba—. ¡Mocosos! ¡Los echaré de la casa a todos!

Pero en su voz se sentían la debilidad y la bondad y nadie le tenía miedo. Por la tarde empezaba a vestirse; pálido, con cortes de navaja en la barbilla, estirando su enjuto cuello, quedaba media hora ante el espejo, arreglándose. Se peinaba, se atusaba los negros bigotes, se perfumaba, anudaba la corbata, luego se ponía los guantes y el sombrero de copa e iba a dar lecciones privadas. Y si el día era feriado, se quedaba en casa pintando al óleo o tocando el armonio que chillaba y rugía; trataba de arrancarle sonidos armoniosos y bellos, acompañándolo con su canto, o reñía a los muchachos:

—¡Pillos! ¡Canallas! ¡Han estropeado el instrumento!

Por las noches, el marido de Ania jugaba a los naipes con sus colegas que vivían bajo el mismo techo, en la Casa fiscal. Durante el juego se reunían también las mujeres de los empleados, feas, vestidas sin gusto, vulgares como cocineras; en la casa comenzaban los chismes, tan feos y desabridos como sus autoras. De cuando en cuando Modest Alekseich iba con Ania al teatro. En los entreactos no la dejaba dar un paso sola, sino que paseaba del brazo con ella por los pasillos y el vestíbulo. Después de saludar a alguien, se apresuraba a susurrar al oído de Ania: "Consejero civil… es recibido en la casa de su excelencia..." o bien: "Tiene medios... casa propia...". Cuando pasaban cerca del bufet, Ania tenía ganas de comer algo dulce; le gustaban el chocolate y la torta de manzanas, pero no tenía dinero y no se decidía a pedírselo al marido. Este cogía una pera, la apretaba con los dedos y preguntaba, indeciso:

—¿Cuánto cuesta? Veinticinco *kopeikas.*

—¡Mire usted! —decía, dejando la pera en su lugar, pero como le resultaba incómodo alejarse, del bufet sin comprar nada, pedía agua mineral y tomaba toda la botella él solo, de modo que hasta le asomaban las lágrimas a los ojos. En estos momentos Ania lo odiaba.

A veces se ponía de repente todo colorado y decía con rapidez:

—¡Saluda a esta anciana dama!

—Pero si no la conozco.

—No importa. Es la esposa del director de la cámara fiscal. Salúdala, te digo —gruñía, insistiendo—. No se te va a caer la cabeza por eso.

Ania saludaba y, en efecto, no se le caía la cabeza, pero tenía una sensación penosa. Hacía todo lo que quería su marido y estaba enojada consigo misma por haberse dejado engañar por él como una tontuela cualquiera. Se había casado nada más que por el dinero, pero ahora lo tenía menos aun que antes del casamiento. Por lo menos su padre solía darle una moneda de veinte *kopeikas,* mientras que ahora no tenía ni eso. No era capaz de tomar el dinero a escondidas, ni tampoco podía pedirlo; le tenía miedo a su marido y temblaba ante él. Le parecía que ese miedo lo llevaba ya en su alma desde hacía mucho tiempo. Antes, en su infancia, la fuerza más imponente y terrible, que avanzaba como una nube o una locomotora, dispuesta a aplastar, era el director del colegio; la otra fuerza semejante, a la que se temía y de la que se hablaba en su familia era su excelencia; había también una docena de fuerzas más pequeñas, entre estas los profesores del colegio, con bigotes afeitados, severos e implacables; y ahora, al final, Modest Alekseich, hombre de rígidas reglas, quien hasta por su cara se parecía al director. En la imaginación de Ania todas estas fuerzas se fundían y, tomando el aspecto de un enorme y terrible oso polar, avanzaban sobre los débiles y culpables, como su padre, y ella no se animaba a contradecirlos, sonreía forzadamente y mostraba una falsa satisfacción ante las caricias toscas y los abrazos que le causaban terror.

Una sola vez Piotr Leóntich se atrevió a pedirle al yerno prestados cincuenta rublos para pagar una deuda muy desagradable, ¡pero cómo debió sufrir!

—Bien, se los daré —dijo Modest Alekseich después de pensar un rato—. Pero le advierto que no lo voy a ayudar más hasta que no deje de beber. Para un hombre que tiene un empleo nacional semejante debilidad es vergonzosa. No puedo menos que hacerle recordar un hecho de público conocimiento: el de que esta pasión perdió a muchas personas, mientras que de abstenerse, quizás hubieran llegado con el tiempo a ser personajes de elevada posición.

Siguieron los extensos períodos que comenzaban con: "A medida que...", "Partiendo de la situación...", "En virtud de lo antedicho...", mientras el pobre Piotr Leóntich sufría por la humillación y experimentaba un fuerte deseo de beber una copa.

También los muchachos, que iban a visitar a Ania con los zapatos rotos y con los pantalones gastados, tenían que escuchar preceptos aleccionadores.

—Cada persona debe tener sus obligaciones —les decía Modest Alekseich.

En cuanto al dinero, no se lo daba. En cambio, solía regalar a Ania sortijas, pulseras y broches, señalando que era bueno tener estas cosas para el caso de cualquier emergencia. Y con frecuencia abría la cómoda de ella y efectuaba una revisión para cerciorarse de que todas las alhajas seguían en su lugar.

II

Mientras tanto llegó el invierno. Mucho antes de la Navidad, en el diario local había aparecido el anuncio sobre el habitual baile de invierno que "tendría lugar" el 29 de diciembre en el club de nobles. Todas las noches, después de los naipes, Modest Alekseich cuchicheaba, agitado, con las mujeres de sus colegas, miraba a Ania con aire preocupado y luego paseaba durante largo rato por la habitación, meditabundo. Al fin, una vez, por la noche, muy tarde, se detuvo delante de Ania y le dijo:

—Debes hacerte un vestido de baile. ¿Comprendes? Pero, por favor, consulta con María Grigórievna y Natalia Kuzmínishna.

Y le dio cien rublos. Ella los aceptó, pero al encargar el vestido, no consultó a nadie; solo habló con su padre y trató de imaginar cómo se hubiera vestido para el baile su difunta madre. Esta se vestía siempre según la última moda; a Ania le dedicaba muchas horas, la vestía con elegancia como a una muñeca y le enseñó a hablar en francés y a bailar la mazurca a la perfección (antes de casarse, y durante cinco años, estuvo empleada como institutriz). Igual que su madre, Ania podía transformar un viejo vestido en nuevo, lavar los guantes con bencina, alquilar las *bijoux*[42] o, igual que su madre, sabía entornar los ojos, tartajear, adoptar poses elegantes, entusiasmarse si era necesario y mirar con expresión triste y enigmática.

Cuando, media hora antes de partir al baile, Modest Alekseich hubo entrado, sin levita, en el aposento de su mujer para colocarse la condecoración ante el *trumeau,* hechizado por su belleza y el esplendor de su fresco y vaporoso vestido, se peinó las patillas satisfecho y dijo:

—Mira, tú... ¡mira la mujercita que tengo!... ¡Aniuta! —prosiguió de pronto en tono solemne—. Yo te hice feliz y hoy tú podrás hacerme feliz a mí. Te ruego, ¡preséntate a la esposa de su excelencia! ¡Por el amor de Dios! ¡Mediante ella podré obtener el cargo de informante mayor!

Partieron al baile. He aquí el club de nobles y la entrada con el portero. El vestíbulo con los percheros, las *shubas,*[43] los lacayos que corren y las damas escotadas que se protegen con sus abanicos de las corrientes de aire; huele a gas de alumbrado y a soldados. Cuando Ania, subiendo las escaleras del brazo de su marido, oyó la música y en un enorme espejo se vio de cuerpo entero, iluminada por una infinidad de luces, en su alma se despertó la alegría y el presentimiento de dicha que había experimentado ya en aquella noche de luna, en el apeadero. Iba orgullosa, segura de sí misma, sintiéndose por primera vez una dama y no una chicuela, e imitando, sin querer, a su difunta madre en su modo de caminar y en sus ademanes. Y por primera vez en su vida se sintió rica y libre. Ni siquiera la presencia de su marido le incomodaba, por cuanto, habiendo atravesado el umbral del club, adivinó por instinto que la compañía del viejo marido lejos de humillarla, por el contrario, le imponía el sello de un excitante misterio, que tanto les gusta a los hombres. En el gran salón

---

[42] Joyas, en francés.

[43] Abrigos de piel.

ya atronaba la orquesta y comenzaba el baile. Acostumbrada a su apartamento en la casa fiscal, Ania se sintió invadida por una impresión de luces, colores abigarrados, música y ruido; al pasear su mirada por la sala pensó: "¡Ah, qué lindo!", y enseguida distinguió entre la multitud a todos sus conocidos, a aquellos con quienes solía encontrarse antes en las veladas y los paseos, los oficiales, los abogados, los profesores, los funcionarios, los terratenientes, su excelencia y las damas de alta sociedad, vestidas de fiesta, muy escotadas, bellas y feas, que estaban ocupando ya sus posiciones en los pabellones y los quioscos de la feria de beneficencia para comenzar la venta a favor de los pobres. Un enorme oficial con charreteras —lo había conocido siendo colegiala, pero ahora no recordaba su apellido— surgió como brotado de la tierra y la invitó para el vals: volando ella se alejó del marido y le parecía ya navegar en un barco de vela en medio de una fuerte tormenta, mientras que su marido se quedaba lejos, en la orilla... Bailó con pasión el vals, la polca y la cuadrilla, pasando de mano en mano, mareada por la música y el ruido, mezclando el idioma ruso con el francés, tartajeando y riendo, sin pensar en el marido ni en nadie. Tenía éxito entre los hombres, de ello no cabía duda, y no podía ser de otro modo; se quedaba sin aliento a causa de la emoción, apretaba con fuerza en sus manos el abanico y tenía sed. Piotr Leóntich, su padre, vestido con un frac arrugado que olía a bencina, se le acercó, tendiéndole un platito con helado rojo.

—Estás encantadora hoy —dijo, mirándola con admiración— y nunca he lamentado tanto que te hayas apurado para casarte... ¿Para qué? Yo sé que lo has hecho por nosotros, pero... —con manos temblorosas sacó un paquetito de billetes y dijo—: A propósito, hoy cobré por mis lecciones y puedo saldar la deuda con tu marido.

Ella le puso el platito en las manos, arrastrada por alguien se alejó danzando, y por encima del hombro de su pareja vio a su padre deslizarse por el parqué, abrazar a una dama y lanzarse con ella a girar por la sala.

"¡Qué simpático es cuando no está borracho!" —pensó.

Bailó la mazurca con el mismo oficial gigante; este, pesado y grave como una mole uniformada, caminaba, movía los hombros y el pecho, y apenas daba golpecitos con los pies, ya que tenía muy poca gana de bailar, mientras que ella revoloteaba a su lado, excitándolo con su belleza, con su cuello descubierto; en sus ojos ardía el ímpetu y sus movimientos eran apasionados, pero él se tornaba cada vez más indiferente y le tendía las manos con benevolencia, como un rey.

— ¡Bravo, bravo...! —se decía entre el público.

Pero, poco a poco, también el oficial gigante se fue contagiando del ritmo general; se sintió animado, emocionado y, sucumbiendo al hechizo, enardecido se movió liviano y juvenil, mientras ella no hacía más que mover los hombros y mirar con picardía, apareciendo ya como una reina y él como un esclavo, y le parecía que toda la sala los estaba mirando y que todas esas personas languidecían de envidia. Apenas le hubo dado las gracias el oficial gigante, el público se apartó de pronto y los hombres se estiraron de forma extraña bajando los brazos... Era su excelencia en persona, de frac y con dos estrellas, quien se dirigía hacia ella. Sí, su excelencia caminaba derecho hacia ella, ya que la miraba a la cara y le sonreía melosamente, moviendo los labios, cosa que solía hacer cuando veía a mujeres bonitas.

—Mucho gusto, mucho gusto... —comenzó diciendo—. A su marido lo mandaré a la cárcel por habernos escondido semejante tesoro. Vengo con un encargo de mi mujer —prosiguió, ofreciéndole el brazo—. Debe usted ayudarnos... Sí... Hay que otorgarle un premio de belleza... como se hace en América... Sí, sí... Los americanos... Mi mujer la está esperando con impaciencia.

La condujo a un quiosco que tenía forma de una pequeña *izba,* donde atendía al público una dama de edad; la parte inferior de su rostro era desproporcionado, grande; de tal modo que parecía tener en la boca una piedra de gran tamaño.

—Ayúdenos —dijo con voz nasal y arrastrando las sílabas—. Todas las mujeres bonitas están trabajando en la feria de beneficencia; usted es la única que está desocupada. ¿Por qué no quiere ayudarnos?

Ella se retiró y Ania ocupó su lugar junto a un samovar de plata con tazas. No tardó en comenzar un animado negocio: por una taza de té, Ania cobraba no menos de un rublo, y al oficial gigante le obligó a tomar tres tazas. Se acercó Artynov, el ricachón de ojos saltones que padecía asma, pero que esta vez ya no llevaba aquel traje extraño con el cual Ania lo había visto en verano, sino vestía de frac, como todos. Sin apartar su mirada de Ania, bebió una copa de champaña y pagó por ella cien rublos, luego tomó una taza de té y dio cien rublos más, todo ello en silencio, padeciendo asma... Ania llamaba a compradores y les cobraba el dinero, muy convencida ya de que sus sonrisas y sus miradas no proporcionaban a la gente más que un gran placer. Comprendió que había sido creada para esta ruidosa, brillante y riente vida, con música, bailes, admiradores, y su antiguo miedo ante la fuerza que avanzaba amenazando aplastarla, ahora le parecía ridículo; ya no temía a nadie y solo lamentaba la ausencia de su madre, que se hubiera alegrado junto con ella de sus éxitos.

Piotr Leóntich, que ya estaba pálido, pero que se sostenía aún firme sobre sus piernas, se acercó a la pequeña *izba* y pidió una copa de coñac. Ania se ruborizó, esperando que dijera algo impropio (ya sentía vergüenza de tener un padre tan pobre y tan ordinario), pero él bebió, le arrojó de su paquetito un billete de diez rublos y se alejó con dignidad, sin decir una sola palabra. Poco tiempo después ella lo vio con una pareja en el *grand rond* y esta vez ya se tambaleaba algo y lanzaba exclamaciones, con gran confusión de su dama; Ania recordó cómo, hacía unos tres años, en un baile, su padre se había tambaleado y gritado de manera parecida, y el asunto concluyó con la llegada del subcomisario que lo llevó a su casa a dormir y al día siguiente el director del colegio amenazó con despedirlo... ¡Qué inoportuno era aquel recuerdo!

Cuando en las pequeñas *izbas* se habían apagado los samovares y las fatigadas benefactoras habían entregado la ganancia a la señora de la piedra en la boca, Artynov condujo a Ania, del brazo, a la sala en que fue servida la cena para todas las participantes en la feria. Los comensales no pasaban de veinte personas, pero la cena fue muy ruidosa. Su excelencia pronunció un brindis: "En este comedor lujoso será apropiado beber una copa por el florecimiento de comedores baratos, que fueron el objeto de la feria de hoy". El general de brigada brindó "por la fuerza ante la cual afloja hasta la artillería" y todos comenzaron a chocar sus copas con las de las damas. ¡Fue una cena muy, pero muy alegre!

Cuando a Ania la acompañaban ya a su casa, amanecía; y las cocineras iban al mercado. Alegre, embriagada, llena de nuevas impresiones y rendida, se desvistió, se dejó caer en la cama y se durmió enseguida...

Después de la una de la tarde la despertó la doncella, anunciándole la visita del señor Artynov. Se vistió con rápidez y fue a la sala. Poco más tarde llegó su excelencia, para agradecer su participación en la feria de beneficencia. Dirigiéndole miradas melosas y moviendo los labios, le besó la mano, pidió permiso para visitarla otras veces y se fue, mientras que ella se quedó parada en medio de la sala, sorprendida, hechizada, sin poder creer que el cambio de su vida, el asombroso cambio, hubiera ocurrido tan pronto: y en este momento entró su marido, Modest Alekseich... Se detuvo delante de ella con la misma expresión dulzona, aduladora y respetuosa del lacayo que se ve en presencia de personas ilustres y poderosas; y con viveza, con indignación, con desprecio, segura ya de que nada tenía que temer, ella le dijo, subrayando cada palabra:

—¡Váyase, imbécil!

A partir de entonces Ania no tenía ya un solo día libre, ya que, si no tomaba parte en un picnic asistía a un paseo o a un espectáculo. Todas las noches regresaba al amanecer y se acostaba en la sala, en el suelo, y luego, de un modo conmovedor, contaba a todo el mundo cómo dormía bajo las flores. Necesitaba mucho dinero, pero ya no tenía miedo a Modest Alekseich y gastaba su dinero como si fuera el suyo; no se lo pedía ni exigía, se limitaba a enviarle las cuentas o las esquelas: "Sírvase entregar al portador doscientos rublos" o "Pague inmediatamente cien rublos".

Durante las fiestas de Pascua, Modest Alekseich fue condecorado con la orden de Santa Ana de segundo grado. Cuando fue a dar las gracias, su excelencia dejó de lado el diario y se acomodó en el sillón.

—De modo que usted tiene ahora tres Anas —dijo, mirándose sus blancas manos de uñas rosadas—: una en el ojal y dos colgadas al cuello.

Modest Alekseich se puso dos dedos en los labios, por cautela, para no echarse a reír en voz alta y contestó:

—Ahora lo que queda es esperar la aparición del pequeño Vladimiro. Me atrevo a rogar a su excelencia que sea el padrino.

Aludía a la orden de San Vladimiro de cuarto grado e imaginaba ya cómo contaría en todas partes este *calembour* suyo tan acertado por su ocurrencia y su valentía; quería decir algo más, igualmente acertado, pero su excelencia saludó con la cabeza y volvió a sumergirse en el diario...

Entretanto, Ania continuaba con sus paseos en *troika,*[44] iba de caza con Artynov, interpretaba papeles en piezas de un acto, salía a cenar y visitaba cada vez menos a los suyos. Estos almorzaban solos. Piotr Leóntich bebía más que antes, faltaba el dinero, y el armonio hacía tiempo que se había vendido para pagar las deudas. Los muchachos ya no lo dejaban salir solo y lo vigilaban para que no se cayera; y cuando, durante los paseos en la calle Kíevskaia tropezaba con la *troika* en que iba Ania, con Artynov en el pescante, Piotr Leóntich se quitaba el sombrero de copa e intentaba gritar algo, mientras Petia y Andriusha lo tomaban por los brazos y le decían en tono suplicante:

—No hagas eso, papaíto... Basta, papaíto...

GRISCHA

Grischa, chiquitín de dos años y medio, rollizo y sonrosado, se pasea con su niñera por la alameda. Lleva abriguito, gorra de pieles y bufanda; calza unas botas de goma que le llegan hasta las rodillas. Siente calor; los rayos ardientes del sol de abril le molestan los ojos.

Toda su pequeña y torpe figurita, andando tímidamente junto a su niñera, revela indecisión.

Hasta ahora Grischa no conocía más mundo que la habitación cuadrada en uno de cuyos rincones está su camita, mientras en el otro yace el baúl de la niñera; en el tercero, una silla, y en el cuarto cuelga una

[44] Coche o trineo tirado por tres caballos.

lámpara de aceite, donde flota una mariposa. Debajo de la cama se encuentran una muñeca sin brazos y un tambor.

Detrás del baúl hay gran variedad de objetos: carretes sin hilos, papeles, cajas rotas y un payaso. En este mundo, además de Grischa y de la niñera, aparecen con frecuencia mamá y la gata. Mamá se parece a una muñeca, y la gata, a la pelliza de papá, solo que a la pelliza le faltan los ojos y el rabo. Del mundo que lleva el nombre de "cuarto del niño" se abre una puerta que comunica con el espacio donde se come y se toma el té. Allí está la silla alta de Grischa y un reloj, el cual sirve para mover la péndola y hacer sonar una campanilla. Contiguo al comedor hay un aposento amueblado con butacas encarnadas. La alfombra ostenta una mancha sospechosa, por la cual le amenazan a Grischa con el dedo. Detrás de esta habitación hay todavía otra, cuyo ingreso es vedado a Grischa, en la que habita papá, personalidad harto vaga. La presencia de la niñera y dc mamá se explica; ellas le visten, le dan de comer, le acuestan; pero la utilidad de papá nadie la comprende. No olvidemos a otra persona enigmática, la tía, la que regaló a Grischa el tambor. Ella aparece y desaparece a voluntad.

¡Dónde se oculta! Grischa miró más de una vez debajo de la cama, detrás del baúl y del diván, pero en ninguna parte puede hallarla...

Existen en este nuevo mundo, tal cantidad de mamás, papás y tías, que no se sabe a cuál de ellas acudir. Pero lo más extraordinario son los caballos. Grischa mira sus pies que se mueven con rapidez, y mira a la niñera para que le explique este fenómeno; pero ella no dice esta boca es mía.

De repente oye fuertes pasos, se acerca despacio un destacamento de soldados; tienen caras amenazadoras y palos en las manos. Grischa, aterrorizado, levanta los ojos hacia la niñera para ver si el peligro es grande. Pero la niñera no corre ni llora. Esto quiere decir que no hay tal peligro. Grischa sigue a los soldados con los ojos y procura dar pasos lentos como ellos.

Dos grandes galgos atraviesan la alameda; tienen hocicos largos, llevan la lengua fuera, y la cola levantada. Grischa cree que hay que seguirles y corre detrás de ellos.

—¡Para! —grita con fuerza la niñera, cogiéndolo por los hombros—. ¿Dónde vas! ¿Quién te ha permitido correr?

Pasan delante de una niñera que está sentada con un cestillo lleno de naranjas. Grischa toma una y quiere seguir su camino.

—¿Qué haces? —exclama su compañera; le arranca la naranja y le da un golpe en las manos. ¡Estúpido!

Ahora Grischa ve en el suelo un pedacito de cristal; lo cogería con gusto. El cristalito brilla como la mariposa. Pero lo deja por temor de que vuelvan a pegarle.

—¡Hola! ¿Qué tal? —dice de pronto una voz por encima de Grischa, y el niño ve un hombre alto con botones relucientes.

Con gran satisfacción suya ve que la niñera se para, le da la mano al hombre y se quedan conversando. La luz del sol, el ruido de los coches, los caballos, los botones relucientes, todo es tan nuevo, extraordinario y hermoso, que Grischa está lleno de alegría y ríe.

—¡Vamos, vamos! —grita tirando al hombre alto por los faldones de su abrigo.

—¿Adónde? —le pregunta el hombre.

—¡Vamos! —insiste Grischa.

Quisiera decir que desearía coger de camino a mamá, papá y la gata; pero su lengua no lo sabe articular.

Al cabo de un rato, la niñera se marcha de la alameda y entra en un gran patio lleno de nieve y oscuro. El hombre de los botones relucientes viene con ellos. Los tres atraviesan el patio y suben por una escalera negra. La puerta se abre y entran en un cuarto. Hay mucho humo: huele a guisado. Una mujer fríe algo en el hogar. La cocinera y la niñera se abrazan, se sientan en un banco y hablan con el hombre. Grischa, envuelto en su ropa de pieles, se sofoca de calor.

—¿Por qué será? —piensa, y mira el techo negro, el hogar, las paredes oscuras.

—¡Ma-a-má! —grita lloriqueando.

—¡Calla! —le riñe la niñera.

La cocinera pone en la mesa una botella, tres copas y un gran pastel. Las dos mujeres y el hombre de los botones relucientes beben varias copas, brindan, cantan, y el hombre abraza a una u otra de sus compañeras.

Grischa alarga la mano hacia el pastel y le dan un pedacito. Lo come, y sigue con los ojos a la niñera, que bebe... Tiene sed.

—¡Dame! ¡Dame! —le pide.

La cocinera le da un sorbo de su copa. Siente algo que le abrasa la boca; abre los ojos con desmesura, mueve los brazos. La cocinera le contempla, riéndose...

De regreso a su casa, Grischa le cuenta a mamá, a las paredes, a la cama, dónde ha estado y lo que ha visto. Habla más con las manos y la cara que con la lengua. Enseña cómo brilla el sol, cómo corren los caballos, qué hogar tan grande hay allí, qué temeroso está aquel cuarto y cómo bebe la cocinera...

De noche no puede dormir. Los soldados con sus palos, los grandes galgos, los caballos, el cesto de naranjas, el cristalito, los botones relucientes, todo baila delante de él y le atormenta. Se revuelve de un lado al otro, habla y, por fin, empieza a llorar.

—Tiene calentura —dice mamá tocándole la frente—; ¿de qué será?

—¡Hogar! —llora Grischa—. ¡Hogar, vete!

—Seguro ha comido demasiado —declara mamá.

Y Grischa, rebosando de las impresiones de la vida nueva que acaba de conocer, recibe de mamá una cucharada llena de aceite de ricino.

El incendio

Pieza en dos actos

ACTO PRIMERO

SESIÓN EN EL CONCEJO

El alcalde

(Rascándose la oreja y mascando)

Propongo a los señores presentes que escuchen al jefe de los bomberos, Sima Vavilovitch, quien, en el asunto de que se trata, es más entendido que yo. Él nos dará las explicaciones necesarias y nosotros decidiremos.

El jefe de bomberos

Yo lo comprendo de este modo... *(Se suena con un gran pañuelo a cuadros).* Los diez mil rublos asignados a los bomberos representan acaso mucho dinero... *(Se limpia el sudor de la calva).* Pero esto es solo en apariencia. Esto no es dinero. Esto es una ilusión; esto es aire... Indudablemente, con diez mil rublos se puede mantener un destacamento de bomberos; pero la cosa hará reír. Ustedes saben la importancia vital, la enorme importancia que tiene la torre vigía de los bomberos. Esto se lo afirmarán todos los sabios. Pues bien; para expresarme de forma categórica, diré que nuestra torre no vale nada. ¡Nada! Es demasiado baja. Junto a ella, todas las casas son más altas. Ocultan la torre. Si los bomberos no descubren un incendio, no es culpa suya. En cuanto a los caballos y a los barriles... *(Se desabrocha el chaleco, suspira y prosigue su discurso).*

Los concejales *(Unánimemente)*

Que el presupuesto sea aumentado en mil rublos. *(El alcalde interrumpe la sesión por algunos minutos para expulsar de la sala de la audiencia a un reportero).*

El jefe de los bomberos

Muy bien. ¿Ustedes convienen, pues, en que la torre sea alargada en dos metros? Muy bien. Pero hay que fijarse que en este asunto andan mezclados los intereses del gobierno y de todo el país, y que si un maestro de obras lo toma por su cuenta, no pensará en los intereses del Estado, sino en los suyos propios. En cambio, si emprendemos el trabajo por nosotros mismos, sin apresuramiento, la cosa vendrá a costarnos... *(Levanta los ojos hacia el techo, como calculando.)* Los ladrillos, a quince rublos el millar; el transporte, en los vehículos de los bomberos... Además, cincuenta vigas de a 12 metros...

Los concejales *(Interrumpiéndole)*

Que la construcción se encargue a Simón Vavilovitch, a quien serán entregados desde luego 1523 rublos 44 *kopeks.*

LA ESPOSA DEL JEFE DE LOS BOMBEROS
(Sentada entre el público, cuchichea con su vecina)
No me explico por qué mi Senia[45] se compromete a esto. ¡Con su precaria salud ocuparse de construcciones!... ¡Qué divertido! ¡Qué gusto en pasar todo el día insultando a los obreros! Ello le reportará una ganancia de 500 rublos acaso; más perderá por 1000 rublos de salud. Su buen corazón le pierde.

EL JEFE DE BOMBEROS
Hablemos del personal. Yo, como principal interesado, puedo decir... *(Turbándose)* que ello me es igual... Soy hombre de edad, de salud delicada: de un día a otro podré morirme. El médico me advirtió que tengo una dureza en los intestinos. Como no me cuide, una vena es capaz de romperse: deberé morir, de sopetón, sin recibir los últimos Sacramentos... *(Murmullos en el público:* una muerte de perro*)*.

EL JEFE DE BOMBEROS
No lo digo por mí. He vivido bastante. Nada necesito. Solo me extraña y hasta me siento ofendido. *(Hace con la mano un gesto de desesperación)*. Trabaja uno de manera honrada por su sueldo, sin aprovecharse en lo más mínimo, sin descansar ni de noche ni de día, sin cuidar de su salud, y... después de todo, ¿para qué?... ¿Para qué me afano? ¿Cuáles son mis ventajas? No lo digo por mí, repito; lo digo en general... Otro no viviría con un sueldo semejante... A un borrachín cualquiera le cuadraría ese salario. Un hombre honrado e inteligente antes se dejaría morir de hambre que trabajar por tan poco dinero y andar en líos con caballos y bomberos. *(Se encoge de hombros)*. ¿Cuál es mi beneficio? Si en el extranjero conocieran nuestro modo de proceder, ¡bien nos pondrían los periódicos! En Europa, por ejemplo en París, en cada calle hay una torre para señalar el fuego, y a los jefes de bomberos les dan cada año una gratificación igual al sueldo entero. Así se puede servir.

---

[45] Diminutivo de Simón.

Los concejales
Que se entregue a Simón Vavilovitch, a título de recompensa por sus muchos años de servicio, 200 rublos.

La esposa del jefe de los bomberos
(A su vecina)
Me alegro de que no haya necesitado pedirlo. ¡Qué listo es! Anteayer, en casa del párroco, jugando a la brisca, perdimos 100 rublos, y ahora lo sentimos tanto... *(Bostezando).* No sabe usted cuánto lo sentimos... Ya es hora de ir a casa a tomar el té.

ACTO SEGUNDO

ESCENA JUNTO A LA TORRE

El guarda *(Desde lo alto de la torre, apuntando hacia abajo)*
¡Oye, tú! ¡Hay fuego en el almacén de maderas! ¡Toca la alarma!

Otro guarda *(Desde abajo)*
¿Y no te has enterado hasta este momento? Hace más de media hora que la gente corre. Mucho has tardado en apercibirte de ello... *(Pensativo).* Que lo pongan arriba, que lo pongan abajo; para un tonto todo viene a ser igual. *(Toca la campana de alarma).*

(Tres minutos después, el jefe de bomberos, en paños menores y medio dormido, se asoma a la ventana de su casa, la cual está enfrente de la torre).

El jefe de bomberos
¿Dónde es el fuego, Dionisio?

El guarda de abajo
(Cuadrándose y haciendo el saludo militar)
En el depósito de maderas, señor.

El jefe de bomberos
(Meneando la cabeza)
¡Todo sea por Dios! Con esta sequedad y el viento que reina... ¡Que Dios los guarde a esos pobres! ¡Qué desgraciados son!... Oye, Dionisio, que los bomberos enganchen y acudan con tranquilidad al lugar del siniestro... Yo iré allí dentro de un ratito mientras que me visto y tomo el té.

El guarda de abajo
El caso es, que no hay nadie; todos se han ido. Únicamente Andrés se encuentra aquí.

El jefe de bomberos
(Como asustado)
¡Canallas! ¿Dóndc cstán?

El guarda de abajo
Macario ha echado unas medias suelas a las botas del diácono y ha ido a entregarlas. A Miguel, usted mismo le encargó que fuera al mercado a vender la avena de los caballos... Yegor se marchó con el carro de los bomberos al otro lado del río en busca de la cuñada del sargento, Kikita está borracho...

El jefe de bomberos
¿Y Alexis?

El guarda de abajo
Alexis, en el río, recogiendo cangrejos. Usted mismo se lo mandó, porque espera usted invitados.

El jefe de bomberos *(Con desdén)*
¿Cómo puede uno servir teniendo a sus órdenes gente semejante? Hombres sin cultura, groseros, borrachos. Si lo supieran en el extranjero, ¿qué se diría de nosotros? En París, por ejemplo, los bomberos corren de

continuo por la calle, aplastando a los transeúntes. Que haya o no fuego, han de correr siempre. Mientras que aquí, arde el almacén de maderas, ocasionando un desastre inmenso, y nadie se encuentra en su puesto. ¡Que el diablo se los trague! ¡Cuán lejos estamos de Europa! *(Vuelve el rostro hacia dentro de la habitación y habla en tono cariñoso)*. Máchinka, prepara mi uniforme.

TÍTULOS DE ESTA COLECCIÓN

1984 / Rebelión en la granja. *George Orwell*
Almacén de antigüedades. *Charles Dickens*
Almas muertas o las aventuras de Chichikov. *N. Gogol*
Ana Karenina. *León Tolstoi*
Antología de cuentos fantásticos. Varios
Carta al Greco. *Nikos Kazantzakis*
Cartas de relación. *Hernán Cortés*
Crimen y castigo / El eterno marido / La mujer de otro. *Fedor Dostoievski*
Cuentos escogidos. *Antón Chejov*
Cumbres borrascosas. *Emily Brontë*
David Copperfield. *Charles Dickens*
Divina comedia. *Dante Alighieri*
Doce historias y un sueño. *H. G. Wells*
Drácula. *Bram Stoker*
El amante de lady Chatterley. *D. H. Lawrence*
El conde de Montecristo. *Alejandro Dumas*
El Corán
El gatopardo. *Giuseppe Tomasi di Lampedusa*
El idiota. *Fedor Dostoiesvski*
El origen de las especies. *Charles Darwin*
El suicidio. *Émile Durkheim*
Eudemonología o el arte de ser feliz / Ensayos e ideas. *Arthur Schopenhauer*
Fanny Hill, Memorias de una cortesana. *John Cleland*
Grandes esperanzas. *Charles Dickens*
Guerra y paz. *León Tolstoi*
Historia de dos ciudades. *Charles Dickens*
Historia verdadera de la conquista de la Nueva España. *Bernal Díaz del Castillo*
Ilíada. *Homero*
Jane Eyre. *Charlotte Brontë*
La amada inmóvil, Plenitud y otros poemas. *Amado Nervo*
La cartuja de Parma. *Stendhal*
La dama de blanco. *Wilkie Collins*
La luna y seis peniques / El filo de la navaja. *W. Somerset Maugham*
La madre / La buena tierra. *Pearl S. Buck*
La montaña mágica. *Thomas Mann*
La piedra lunar. *Wilkie Collins*
La República. *Platón*
La voluntad de poder. *Federico Nietzsche*
Las mil y una noches. *Anónimo*
Las uvas de la ira. *John Steinbeck*
Los bandidos de Río Frío. *Manuel Payno*
Los hermanos Karamazov / Humillados y ofendidos / El ladrón honrado. *Fedor Dostoievski*
Los miserables. *Víctor Hugo*
Los tres mosqueteros. *Alejandro Dumas*
Memorias de mis tiempos. *Guillermo Prieto*
México bárbaro / México insurgente. *J. K. Turner / J. Reed*
Moby Dick. *Herman Melville*
Muerte en la tarde / París era una fiesta. *Ernest Hemingway*
Naná. *Émile Zola*
Odisea. El regreso de Odiseo. *Homero*
Oliver Twist. *Charles Dickens*
Por quién doblan las campanas. *Ernest Hemingway*
Servidumbre humana. *William Somerset Maugham*
Sinuhé, el Egipcio. *Mika Waltari*
Vida de los doce Césares. *Suetonio*
Viejo muere el cisne / La isla. *Aldous Huxley*
Ulises. *James Joyce*

Impreso en los talleres de
Trabajos Manuales Escolares,
Oriente 142 No. 216
Col. Moctezuma 2a. Secc.
Tels. 5 784.18.11 y 5 784.11.44
México, D.F.